清华社会科学前沿系列教材
丛书主编 彭凯平 刘涛雄

数字经济学

戎珂 周迪 著

Digital
Economics

清华大学出版社
北京

版权所有，侵权必究。举报：010-62782989，beiqinquan@tup.tsinghua.edu.cn。

图书在版编目(CIP)数据

数字经济学 / 戎珂，周迪著. —北京：清华大学出版社，2023.5（2024.8重印）
清华社会科学前沿系列教材
ISBN 978-7-302-63493-5

Ⅰ. ①数… Ⅱ. ①戎… ②周… Ⅲ. ①信息经济学－高等学校－教材 Ⅳ. ①F062.5

中国国家版本馆 CIP 数据核字(2023)第 081833 号

责任编辑：纪海虹
封面设计：崔浩源
版式设计：方加青
责任校对：王荣静
责任印制：杨　艳

出版发行：清华大学出版社
　　　　　网　　址：https://www.tup.com.cn，https://www.wqxuetang.com
　　　　　地　　址：北京清华大学学研大厦 A 座　　邮　　编：100084
　　　　　社 总 机：010-83470000　　　　　　　　　邮　　购：010-62786544
　　　　　投稿与读者服务：010-62776969，c-service@tup.tsinghua.edu.cn
　　　　　质 量 反 馈：010-62772015，zhiliang@tup.tsinghua.edu.cn
印 装 者：三河市东方印刷有限公司
经　　销：全国新华书店
开　　本：188mm×260mm　　　　印　张：19.5　　　　字　数：437 千字
版　　次：2023 年 7 月第 1 版　　印　次：2024 年 8 月第 3 次印刷
定　　价：68.00 元

产品编号：092872-01

目 录 Contents

第一部分 新动能：数字经济的缘起

第一章 数字经济的起源与发展逻辑 2
第一节 数字经济概念的梳理 2
第二节 数字经济的发展历程 7
第三节 数字经济发展的意义 11
第四节 数字经济分析框架 14
课后思考 16

第二部分 新基建：数字基础设施

第二章 数字基础设施与数字赋能 18
第一节 从传统信息技术到数字技术 18
第二节 新型数字基础设施 20
第三节 数字基础设施的发展与未来 32
课后思考 33

第三部分 新组织一：双边平台和消费互联网

第三章 平台经济和双边市场介绍 35
第一节 平台的解构 35
第二节 平台的分类 40
第三节 双边平台的发展逻辑 43
课后思考 50

第四章 双边平台内的经济现象 51
第一节 网络效应与用户效用 51

第二节　产品定价与价格结构 52
　　第三节　黏性与锁定 54
　　第四节　搜寻与匹配 55
　　第五节　平台分层 56
　　第六节　信息披露 57
　　第七节　从双边到多边 58
　　第八节　经济学建模：网络效应的模型化 60
　　课后思考 63

第五章　双边平台的竞争与合作 64

　　第一节　平台竞争 64
　　第二节　多归属问题 65
　　第三节　流量竞争 66
　　第四节　平台兼容 67
　　课后思考 68

第六章　双边平台的生态化与国际化 69

　　第一节　生态互补者 69
　　第二节　平台生态治理 70
　　第三节　平台跨国竞争 71
　　课后思考 73

第七章　平台经济反垄断 74

　　第一节　平台经济反垄断的来龙去脉 74
　　第二节　双边平台垄断行为的经济学分析 76
　　第三节　平台经济反垄断的影响 79
　　课后思考 80

第八章　消费互联网 81

　　第一节　消费互联网简介 81
　　第二节　消费互联网的运营模式 83
　　第三节　消费互联网：共享经济的热潮 88
　　课后思考 96

第四部分　新组织二：产业平台和产业互联网

第九章　产业平台初探 98
第一节　产业平台简介 98
第二节　典型的产业平台案例 102
第三节　产业平台的经济学现象：开发者与产业平台 107
课后思考 110

第十章　产业互联网 111
第一节　产业互联网的定义 111
第二节　产业互联网的框架 116
第三节　产业互联网的发展类型 123
课后思考 125

第五部分　新模式：数字生态

第十一章　数字生态的简介 127
第一节　数字生态的源起 127
第二节　数字生态的定义 131
第三节　数字生态的结构 132
第四节　数字生态的培育 134
第五节　数字生态的商业模式 142
课后思考 146

第十二章　数字生态的竞争 147
第一节　信息产业与数字产业 147
第二节　中美数字生态的竞争 148
第三节　数字生态的未来博弈策略 154
课后思考 155

第六部分　新要素：数据要素市场

第十三章　数据生态 157
第一节　数据的定义和特征 157
第二节　数据生态的解构 159

第三节　数据算法 161
课后思考 165

第十四章　数据的确权 166

第一节　数据确权的现实背景 166
第二节　数据确权的理论背景 167
第三节　数据分级授权带来的福利 169
第四节　影响数据分级授权效果的因素 170
第五节　数据分类分级授权的制度设计 175
课后思考 177

第十五章　数据的定价与交易 178

第一节　数据定价 178
第二节　数据要素市场交易体系 182
第三节　分类分级标识体系构建思路 190
课后思考 191

第十六章　数据的治理与监管 192

第一节　国内外数据治理和跨境流通现状 192
第二节　数据要素市场面临的问题 196
第三节　数据要素市场分类分级的监管体系 198
课后思考 200

第七部分　新冲击：数字经济的宏观影响

第十七章　数字经济和经济发展 202

第一节　数字经济对宏观经济活动的影响 202
第二节　数字经济下宏观经济活动的特点 206
课后思考 213

第十八章　数据要素和经济增长 214

第一节　生产要素与经济增长：一个历史的视角 214
第二节　数据要素如何影响经济增长 218
第三节　数据要素和经济增长：宏观经济模型简介 221
课后思考 223

第十九章　数字经济的宏观贡献……224

第一节　国外数字经济规模的测算方法及结果……224
第二节　国内数字经济规模的测算方法及结果……233
第三节　数字经济测算的其他视角……235
课后思考……237

第二十章　人工智能与就业……238

第一节　人工智能时代……238
第二节　人工智能的国际格局……243
第三节　人工智能、机器人与就业……246
课后思考……250

第二十一章　大数据与绿色发展……251

第一节　大数据时代……251
第二节　数字经济与"双碳"目标……257
第三节　大数据赋能绿色发展：以公共数据为例……259
课后思考……261

第二十二章　数字货币与数字税费……262

第一节　数字货币简介……262
第二节　数字货币的应用场景……268
第三节　数字税费的设计理念……270
课后思考……273

第八部分　新格局：数字经济的区域扩张

第二十三章　数字经济与区域经济发展……275

第一节　数字经济赋能区域经济发展的机制……275
第二节　数字城市的演绎路径……277
第三节　数字鸿沟扩大了还是缩小了？……282
课后思考……285

第二十四章　数字经济全球化……286

第一节　从工业全球化到数字全球化……286
第二节　新动能：数字贸易……290

第三节　新组织：平台型跨国企业 292
第四节　新模式：数字生态国际化 294
第五节　数字全球化的未来展望 297
课后思考 298

参考文献 299

第一部分

新动能：数字经济的缘起

何为数字经济？数字经济概念的范畴是什么？数字经济与传统经济的区别是什么？数字经济从何而来？发展数字经济的意义是什么？数字经济分析的体系框架又有什么不同？我们通过第一部分对数字经济起源与发展逻辑进行探索，寻找这些"新问题"的答案。

CHAPTER 1 第一章

数字经济的起源与发展逻辑

第一章为本书的引言,初步介绍数字经济,展现数字经济的宏观图景。本章由四小节组成:数字经济概念的梳理、数字经济的发展历程、数字经济发展意义、数字经济分析框架。通过学习本章内容,可对数字经济的定义、数字经济国内外发展历程与意义、学科的分析框架等有所认识。

第一节 数字经济概念的梳理

一、数字经济的定义

数字经济的定义随着信息技术的发展仍在动态演化过程中,且由于各国数字经济实践的侧重有所不同,全球范围内尚无统一标准定义。截至目前,数字经济的定义可以分为狭义和广义两种。

(一)狭义定义——数字产业

狭义定义将数字经济的概念范畴限定为数字产业,特指从传统经济中独立出来、具有数字化特征的产业总和。英国和法国是该观点的主要代表国家。数字产业的特征包括:加工对象为信息,生产手段为数字技术,生产成果是数字化产品,其生产加工过程或本身产生明显的利润,或通过赋能其他现有行业产生额外价值增值。比如,法国定义的数字经济是以信息和通信技术为基础的行业总和,包括电信行业、视听行业、互联网行业、软件行业以及需要以该四种行业技术为支撑的其他行业,如网络经济行业、通信行业、软件行业等都属于数字化产业的范畴(许宪春和张美慧,2020)。英国将数字经济定义为在各产业中全部数字化投入带来的经济产出之和,数字化投入包括数字基础设施(以各类IT、OT的硬软件设备为主)、数字技术、数字中间产品以及数字服务等(Nathan et al.,2013)。

(二)广义定义——数字化经济活动

广义定义则将概念范畴由数字产业扩展到以互联网信息技术为基础的经济活动总和。该定义以中国、俄罗斯、韩国为典型代表。在2017年俄罗斯提交的关于发展"数字经济"项目的提议中,将数字经济定义为以提高国民经济水平和国家竞争力为主要目的,而在生产活动、管理活动、政府治理等过程中普遍使用数字技术和经济技术的活动,从数字产业拓展到全方位利用数字技术的各项社会活动。而韩国的定义更加宽泛,不再限定于社会活动的具体类型,唯一标准是该社会活动是以信息通信产业为基础进行的。该定义将数字产业理解为数字经济活动的支柱性组成部分,并将电子交易、网络购物、互联网搜索等居民日常活动囊括到数字经济的范围当中。中国在2016年G20杭州峰会发布《二十国集团数字经济发展与合作倡议》(以下简称G20倡议),将数字经济定义为:"以使用数字化的知识和信息作为关键生产要素、以现代信息网络作为重要载体、以信息通信技术的有效使用作为效率提升和经济结构优化的重要推动力的一系列经济活动。"[1]

广义定义能够更好地刻画这一新型社会经济形态,因此本书采用中国信通院关于数字经济的最新定义(在G20倡议基础上的更新):"数字经济是以数字化的知识和信息作为关键生产要素,以数字技术为核心驱动力量,以现代信息网络作为重要载体,通过数字技术与实体经济深度融合,不断提高经济社会的数字化、网络化、智能化水平,加速重构经济发展与治理模式的新型经济形态。"

二、数字经济的组成部分

在数字经济四化框架——数字产业化、产业数字化、数字化治理、数据价值化[2]的基础上,参考当前联合国定义的数字经济架构,本书概括数字经济主要由三部分内容构成(如图1.1):①内核:数字经济的核心是数据和数字技术。这一内核涉及了底层数字基础设施(硬件、软件、网络、云基础设施等)到中间核心技术(信息技术、通信技术、运营技术)再到上层应用(数字平台、数字设备、应用程序等),其中数据作为生产要素贯穿底层基础设施到上层应用,赋能数字经济内核。②中间层:数字经济的狭义范畴为数字产业化。以信息和通信行业为主,包括但不限于基础电信、电子信息制造、软件与服务、互联网等。这些行业生产的关键产品或服务依赖于数字核心技术,包括数字平台、移动应用程序和支付服务。数字经济在很大程度上受到这些行业创新服务的影响,这些服务对经济的贡献越来越大,并可能对其他行业产生潜在的溢出效应。[3]③最外层:数字经济的广义范畴包含产业数字化和数字化治理。其中产业数字化指的是数字技术赋能农业、工业、服务业。传统行业越来越多地使用数字产品和服务,在这些行业中,新的活动或商业模式已经出现,并正因数字技术而发生转变。在农业中,数字技术推动农业的现代化转型;产业平台、工业互联网促使工业向智能制造不断优化升级;服务业也在双边平台、消费互联网、零工经济的赋能下发生深刻变化。而数字化治理指的是社会治理+数字技术,呈现的形式包括数字化公共服务、多主体参与的社会共治等形式,整体提升了社会现代化水平。

---

[1] 中华人民共和国国家互联网信息办公室. 二十国集团数字经济发展与合作倡议 [EB/OL]. (2016-09-29) [2022-06-29]. http://www.cac.gov.cn/2016-09/29/c_1119648520.htm.
[2] 中国信通院. 2021中国数字经济发展白皮书 [R]. 2022.
[3] United Nations. Digital Economy Report 2019[R]. 2020.

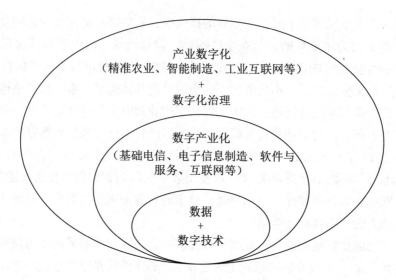

图 1.1　数字经济的组成部分

三、数字经济的特征

从农业经济,到工业经济,再到今天的数字经济,数字经济作为全新的社会经济形态,具有区别于传统经济的新特征,具体包括生产要素、组织形式、商业模式和经济格局四个方面,如表 1.1 所示。

表 1.1　传统经济与数字经济的特征对比

传 统 经 济	数 字 经 济
L(劳动力)+K(资本)	L(劳动力)+K(资本)+D(数据)
供应链	消费互联网与产业互联网
单一商业模式	生态型商业模式
全球专业分工;多元化	网络效应与本地整合;多元化与两极化

(一)数据要素的驱动

在农业经济时代,主要的生产要素是土地和劳动力;在工业经济时代,新加入了资本要素;而在数字经济时代,数据要素进入了生产与分配过程,成为数字经济时代的核心驱动力。2019 年党的十九届四中全会首次将"数据"确立为新生产要素:"健全劳动、资本、土地、知识、技术、管理、数据等生产要素由市场评价贡献、按贡献决定报酬的机制。"① 由于数据要素具有非竞争性、规模报酬递增等特征(Jones and Tonetti, 2020),其进入经济生产过程,与传统生产要素相结合,通过降低生产和流通的成本,极大地促进了宏观经济增长,形成数字经济时代的核心驱动力。

---

① 人民网. 中共中央关于坚持和完善中国特色社会主义制度推进国家治理体系和治理能力现代化若干重大问题的决定 [EB/OL]. (2019-11-06) [2022-06-29]. http://cpc.people.com.cn/n1/2019/1106/c64094-31439558.html.

（二）依托消费互联网与产业互联网

在传统经济中，供应链是主要的产业组织形式，强调专业化分工和上下游整合。而到了数字经济时代，在 C 端，企业打造双边平台，形成网络效应，依托消费互联网形成规模经济；在 B 端，在产业平台的基础上构建产业生态——一个包含了消费者、生产者、供应商和其他互补机构组成的有机整体，形成产业互联网（工业互联网）的组织形式，赋能垂直产业。为此，消费互联网和产业互联网构成了数字经济时代的主要组织形式。

（三）生态型商业模式

传统经济下的商业模式是单一的商业模式（Independent BM），根据产品不同，商业模式是相互独立的、静态的。而在数字经济下，企业的商业模式转变为生态型商业模式（Ecosystem BM）：在一个生态系统中，利益共同体（Value Community）的多个商业模式集成的商业模式。生态型商业模式具有可协同、可演化的特征，能够协调多个互动的价值创造（Value Co-creation）和价值获取（Value Co-capture）的过程，以达到商业生态愿景的共同演化（Value Co-design）。

（四）数字全球化趋势

在工业全球化的背景下，以全球专业分工为主要的全球化趋势。而在数字经济时代，逐渐由工业全球化转变为数字全球化，网络效应+本地整合为主要的全球化路径。在数字技术引领的数字全球化趋势下，中美两国具有数字经济的先发优势，而中美两国的全球竞合将成为未来很长一段时间内数字全球化的一大主旋律。

四、数字经济的产业分类

明确数字经济产业范围，有助于理解数字经济的概念范畴，同时为数字经济规模测算提供了前提条件。同时，数字经济产业分类的演化过程，在一定程度上也反映了数字经济概念的不断深化以及其范畴的不断扩展。

早期对数字经济产业的定义主要围绕电子商务这一单一内容展开。以美国经济分析局（BEA）在 1999 年提出的数字经济核算框架为例，其统计的范围主要涉及三方面内容：支持基础设施、电子业务流程（如何进行业务）和电子商务交易（在线销售商品和服务）。其中支持基础设施包括用于电子商务的硬件、软件、电信网络、支持服务和人力资本，比如计算机、路由器、卫星、有线与光通信、系统和应用软件、网站开发服务、程序员人力资源等；电子业务流程包括在线采购和销售、生产管理、物流以及内部通信和支持服务；而电子商务交易部分的统计是通过以计算机为媒介的网络出售的商品和服务的价值。

随着数字经济概念范畴的扩展，数字经济产业分类不再局限于电子商务或某一种数字经济门类，而是基于广义数字经济内涵的产业分类，体现了数字经济的发展以及内涵的变迁。2021 年美国经济分析局更新的用于数字经济估算的卫星账户（该卫星账户于 2018 年首次发布，此后每年进行更新），如表 1.2 所示，主要包括基础设施、电子商务、收费数字服务三部分。① 该卫星账户的主要用途是估算数字经济的总价值，因此是以数字产品、数字服务为分类对象，表中所列举各子类中的服务与产品绝大部分已被纳入美国数字经济价值的估算当中，已成为当前数字经济价值计算的重要标准。

表 1.2 美国经济分析局数字经济卫星账户

大 类	子 类	子 类 说 明
基础设施	硬件	计算机系统的元器件：显示器、硬盘驱动器和半导体等；通信产品、视听设备
	软件	个人计算机和商业服务器等设备使用的程序和操作软件（商业软件和企业内部开发供自己使用的软件）
	设施	为数字经济生产提供的建筑物以及数字产品，比如数据中心、半导体制造厂、安装光缆、交换机、中继器等
电子商务	B to B 电子商务	使用互联网或其他电子方式在企业之间购买商品和服务。交易发生在制造商、批发商和其他行业的企业间和企业内部，交易的目的是生产用于最终消费的商品和服务
	B to C 电子商务	使用互联网或其他电子方式向消费者或零售商（电子）销售商品和服务
收费数字服务	云服务	计算服务：包括远程和分布式托管、存储、计算和安全服务
	电信服务	与电话、有线和卫星电视以及无线广播有关的服务，不包括互联网
	互联网和数据服务	与提供互联网访问以及网络托管、网络搜索、网络检索和流媒体内容和信息相关的服务
	数字中介服务	通过数字平台为交易提供信息，并成功匹配两个独立方以换取明确费用的服务。这些平台的收益通常包括中间产品的生产者或消费者支付的费用
	其他收费数字服务	所有其他购买的数字服务（不包括云服务、电信服务、互联网和数据服务，以及数字中介服务）

资料来源：美国经济分析局。

2021 年中国国家统计局发布了数字经济核心产业统计分类（如表 1.3），该分类基于《国民经济行业分类》（GB/T 4754—2017）同质性原则，对国民经济行业分类中符合数字经济产业特征和以提供数字产品（货物或服务）为目的的相关行业类别活动进行再分类。② 数字经济的产业分类包含"数字产业化"和"产业数字化"两部分，数字产品制造业、数字产品服务业、数字技术应用业、数字要素驱动业、数字化效率提升业五大部分体现数字经济与三大产业③的深度融合，体现数字技术的广泛应用场景。

---

① 美国经济分析局.数字经济卫星账户 [R]. 2021.
② 中国国家统计局.数字经济及其核心产业统计分类 [R]. 2021.
③ 又称三次产业，第一产业是指农、林、牧、渔业（不含农、林、牧、渔的辅助性活动）；第二产业是指采矿业（不含开采的辅助性活动），制造业（不含金属制品、机械和设备的修理业），电力、热力、燃气及水生产和供应业，建筑业；第三产业即服务业，是指除第一产业、第二产业之外的其他行业。

表 1.3 中国国家统计局数字经济核心产业统计分类

大类代码	大类名称	中类名称
01	数字产品制造业	计算机制造、通信及雷达设备制造、数字媒体设备制造、智能设备制造、电子元器件及设备制造、其他数字产品制造
02	数字产品服务业	数字产品批发、数字产品零售、数字产品租赁、数字产品维修、其他数字产品服务
03	数字技术应用业	软件开发、电信及广播电视和卫星传输服务、互联网相关服务、信息技术服务、其他数字技术应用
04	数字要素驱动业	互联网平台、互联网批发零售、互联网金融、数字内容与媒体、信息基础设施建设、数据资源与产权交易
05	数字化效率提升业	智慧农业、智能制造、智能交通、智慧物流、数字金融、数字商贸、数字社会、数字政府、其他数字化效率提升

资料来源：国家统计局。

通过比较美国和中国的数字经济产品和产业分类，可以总结出数字经济主要囊括了与数字相关的底层基础、上层产品与服务以及传统产业数字化的部分。将数字经济落实到相关产品和产业中，可以将抽象的数字经济概念实体化，为进一步理解数字经济的理论与实践奠定了基础。

第二节 数字经济的发展历程

一、世界数字经济发展历程

数字经济在近些年得到了大量关注，已成为经济管理领域的新焦点。但是，其本身并不是突然出现的，而是经历了一段积累发展历程，在数字技术取得重大进展后，才最终在这个年代实现了蓬勃发展和产生了不容忽视的经济社会影响。接下来，本书将以全球视角梳理世界数字经济发展的历程。

（一）早期数字经济的理论探索

数字经济概念的形成经历了从信息经济，到互联网经济，再到数字经济的演变，体现了信息技术的不断渗透，促使新型经济形态形成的过程。

信息经济（Information Economy）概念的提出是在 20 世纪六七十年代，经历了从"信息产业"到"信息经济"的转变，体现了信息通信技术（ICT）的不断深化，与产业、生活逐渐融合的过程。美国经济学家弗里茨·马克卢普（Fritz Machlup）最早在其 1962 年出版的 *The Production and Distribution of Knowledge in the United States* 一书中提出了"知识产业"的概念，从部门经济的角度出发，指出提供信息产品和服务的产业是重要的经济部门。在此基础上，马克·普拉特（Marc Porat）在 1977 年正式提出了"信息经济"的概念，并在 *The Information Technology* 一书中界定了信息经济的范畴和测算方法，该方法于 1981 年被经济合作与发展组织（OECD）采纳，并用于测算信息经济在国民经济中的规模占比。在此后出版的一系列信息经济相关报告中，信息经济的概念被广泛使用，内涵也被不断深化。

互联网经济（Internet Economy）的概念，在20世纪90年代到21世纪初逐渐被广泛使用。这一时期的重要标志是互联网的发展对经济生产活动产生深刻影响。在基础设施方面，得益于网络硬件设备的推广，互联网在世界范围内的普及率普遍提升；在互联网产品方面，线上虚拟的数字产品得以普及，包括引擎搜索服务、互联网传媒、影视游戏等娱乐产品，催生了一系列新服务、新业态的诞生。在2010年，经济合作与发展组织将年度互联网报告的标题"Information Technology Outlook"替换为"The Internet Economy Outlook"，体现了不同时代概念的转变。其报告的研究对象由原先的信息技术本身，转变为互联网涉及的一系列经济社会活动，包括但不限于对社会不同群体的互联网使用情况的调研、对互联网发展趋势的展望，以及对互联网技术及相关隐私安全问题的深入研究。

数字经济（Digital Economy）的概念被普遍认为是，1996年由唐·塔普斯科特（Don Tapscott）在其专著 *The Digital Economy: Promise and Peril in the Age of Networked Intelligence* 中最早提出，但并未形成数字经济的明确定义，而是用于指代随着互联网信息技术出现的新型经济形态。同时，美国麻省理工学院教授尼古拉斯·尼葛洛庞帝（Nicholas Negroponte）在 *Being Digital* 一书中，从网络特质的视角阐述数字经济的概念——"利用比特而非原子的经济"在那个互联网方兴未艾的时代产生了巨大影响力。数字经济的概念在20世纪末和21世纪初受到各国政府的广泛关注，并将数字经济界定为"电子商务"。1997年，日本政府率先提出"数字经济"的概念，将其与广义的电子商务等同。美国商务部率先于1998年、1999年先后发布报告 *The Emerging Digital Economy* 第一版和第二版，把数字经济的概念界定为电子商务和信息技术产业[①]，美国经济分析局在1999年同样围绕"电子商务"提出了数字经济核算框架（如同在本章第一节中提到的），将数字经济的内涵细化为三部分：支持基础设施、电子业务流程和电子商务交易。时至今日，数字经济已不再局限于电子商务，其概念范畴也逐渐扩展。在产业方面，体现为数字经济产业的扩张、数字经济产品类型的丰富。如本章第一节中，当前美国和中国的数字经济核心产品与产业统计，涉及底层基础、上层产品与服务，以及传统产业数字化的部分；另外，数字经济已经渗透到社会运行的多个方面，包括交通、教育、健康、人际社交等多个方面。在各传统行业和新的衍生行业中，数字创新带来了新的商业模式和新的社会工作方式，同时形成了平台经济、共享经济、零工经济等新经济模式。

（二）国外数字经济的政策实践

根据中国信息通信研究院《G20国家数字经济发展研究报告（2018年）》，其把世界上具有代表性国家的数字战略进程划分为三大梯次，如表1.4所示。①第一梯次：美

---

① U.S. Department of Commerce. The Emerging Digital Economy II[R]. 1999.

国。作为互联网技术的发源地,美国凭借信息通信技术的先发优势,率先发展数字经济。在21世纪初提出了系列发展战略,并在2016年前后从大数据、人工智能、智能制造等领域展开具体规划,全方位发展数字经济。②第二梯次:中国(相关政策在下一部分详细展开)、日本、英国、德国、法国、韩国等。其中,日本发布了系列ICT战略规划,从产业融合的角度规划建立数字医疗、数字政府、数字教育等,并在2013年提出构建超智能化社会;德国作为制造强国,为了弥合数字经济发展上的不足,提出了系列数字经济发展战略,并与"工业4.0"相结合,以发展智能制造为重点方向;英国也在2009年制定了数字化战略,将数字化提上日程。③第三梯次:印度、巴西、俄罗斯、意大利、墨西哥、澳大利亚等。这些国家大多为发展中国家,提出发展数字经济的时间相对较晚,在2015年后才开始提出相关规划,数字经济发展程度也较低。

表1.4 国外数字经济政策概览

梯 次	代表国家	政 策	年 份	侧 重 点
第一梯次	美国	《信息高速公路》战略	20世纪90年代	大数据、人工智能、智能制造
		《浮现中的数字经济1&2》《数字经济2000》《数字经济2002》等	21世纪初	
		《智能制造振兴计划》《联邦大数据研发战略计划》	2016	
		《美国机器智能国家战略报告》《先进制造业美国领导力战略》	2018	
		《人工智能计划》《国家人工智能研究和发展战略计划》	2019	
第二梯次	日本	《e-Japan》	2001	ICT与产业融合,数字政府、超智能社会
		《u-Japan》	2004	
		《i-Japan》	2009	
		《ICT成长战略》	2013	
		《智能日本ICT战略》	2014	
	英国	《数字英国》	2009	数字化战略
		《信息经济战略2013》	2013	
		《2015—2018数字经济战略》	2015	
		《数字战略2017》	2017	
	德国	《数字德国2015》	2010	数字经济与工业制造相结合
		《工业4.0》	2013	
		《数字议程(2014—2017)》	2014	
		《数字化战略(2025)》	2016	
第三梯次	印度	《数字印度》	2015	数字基础设施建设
	巴西	《国家科技创新战略(2016—2019年)》	2016	明确数字经济的重要性
	俄罗斯	《俄联邦数字经济规划》	2017	规划数字经济发展

资料来源:中国信息通信研究院及网上公开资料。

二、中国数字经济的发展历程

中国数字经济发展程度属于第二梯次，数字经济的概念经历了从信息化，到信息经济，再到数字经济的转化。中国最早开始关注信息化领域的发展是在20世纪90年代初，由国家政策主导，启动国家信息化起步工程，例如1993年的"三金工程"：金桥工程（国家网络信息化建设工程）、金卡工程（国家金融信息化工程）、金关工程（国家外贸处理信息化工程）。金桥工程以建设光纤、微波、程控、卫星、无线移动等信息化基础设施为主要内容，构建中国"信息高速公路"；金卡工程标志着中国交易方式、支付手段及金融服务从线下到线上的革命性转变，是电子货币的开端，企业、个人征信记录的信息化使得中国金融业迈上了新的台阶；金关工程是国家对外贸的信息化管理方式的变革，通过对外贸企业信息系统的联网，实现电子数据的交换，提高了关税管理、贸易市场监管的效率。随着信息基础设施的完善和信息技术的不断发展，互联网在公众当中得到普及，中国信息化发展已经渗透到经济社会运行的各个领域。

中国的信息化呈现从政策引领向市场百花齐放的态势发展，开始从经济的视角考察数字化、信息化问题，在国家的政策文件中体现尤为明显，先后出现"信息经济"和"数字经济"概念。在早期，更多采用"信息经济"作为信息产业、信息化、两化融合、电子商务、互联网+、大数据等概念的统称。比如，2014年中央网络安全和信息化领导小组第一次会议中习近平总书记强调"形成实力雄厚的信息经济"[1]。2016年中央网信办信息化发展局下设信息经济处，专办全国的信息经济建设工作。同年浙江省作为首个国家信息经济示范区正式落地。"数字经济"概念在中国首次正式提出是2016年9月在杭州举行的G20峰会上，中国作为2016年二十国集团的主席国，首次将"数字经济"列为G20创新增长蓝图中的一项重要议题，并通过了《G20数字经济发展与合作倡议》[2]。之后中国的一系列政策文件和重要场合讲话中主要采用了"数字经济"的概念。相比于"信息经济"，"数字经济"的概念更能够体现这一新经济时代的本质特征，不是某一种或几种信息技术的简单加总，而是"数字化"对于经济社会乃至整个人类文明的革命性影响。

中国数字经济相关政策涉及数字基础设施建设、互联网+、大数据、数据要素市场等多个方面，以及数字经济的整体规划（如表1.5）。从网络基础设施建设到数字技术，再到数字技术与工业制造相结合，最后到要素市场健全的体制机制，形成了从底座到技术再到宏观规划的完整数字经济战略体系。中国数字经济规模从2005年（当时提法为"信息经济"）的2.6万亿元人民币，增长到2020年的39.2万亿元人民币，数字经济占GDP总值的比重由14.2%提高到38.6%，中国数字经济在经济总量中的贡献逐渐增大，如图1.2所示。

---

[1] 中华人民共和国国家互联网信息办公室.中央网络安全和信息化领导小组第一次会议召开，习近平发表重要讲话[EB/OL].(2014-02-27)[2022-06-29].http://www.cac.gov.cn/2014-02/27/c_1116669857.htm.

[2] 中华人民共和国国家互联网信息办公室.G20杭州峰会通过《G20数字经济发展与合作倡议》为世界经济创新发展注入新动力[EB/OL].(2016-09-29)[2022-06-29].http://www.cac.gov.cn/2016-09/29/c_1119648535.htm.

表 1.5 中国数字经济政策概览

领　　域	政　　策	时　间
数字基础设施	《国务院关于引发"宽带中国"战略及实施方案的通知》	2013 年
大数据	《促进大数据发展行动纲要》	2015 年
	《大数据产业发展规划（2016—2020 年）》	2017 年
互联网+	《国务院关于积极推进"互联网+"行动的指导意见》	2015 年
工业互联网	《中国制造 2025》	2015 年
	《国家智能制造标准体系建设指南 2025》	2015 年
	《关于深化"互联网+先进制造业"发展工业互联网的指导意见》	2017 年
数据要素	《中共中央、国务院关于构建更加完善的要素市场化配置体制机制的意见》	2020 年
	《中华人民共和国个人信息保护法》《中华人民共和国数据安全法》	2021 年
数字战略规划	《数字乡村发展战略纲要》	2019 年
	《数字中国》	2021 年

资料来源：中国信息通信研究院及网上公开资料。

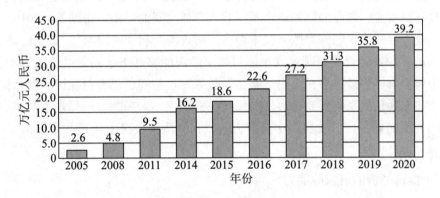

图 1.2　中国数字经济规模

资料来源：中国信息通信研究院。

第三节　数字经济发展的意义

一、数字经济驱动高质量经济增长

（一）提高全要素生产率

全要素生产率是指在经济增长中剔除各要素（如资本 K 和劳动力 L 等）投入带来的贡献后所得到的剩余，反映的是技术进步对经济增长的贡献，全要素生产率的提高是经济高质量发展的重要表现。数字经济的发展能够提高全要素生产率，其作用机制主要是提高人力资本投资和优化产业结构。其更深层次的机制是数字经济对资源配置的优化，以及互联网、大数据、云计算等数字技术与实体经济的深度融合，充分促进各种资源的流动，降低信息不对称性，提高供需匹配的效率，也使得经济更具有规模效应。以金融科技为例，金融科技是数字技术赋能传统金融行业的产物，通过大数据、云计算的应用来升级金融业的技术与咨询服务。最关键的是降低了金融机构与企业之间的信息不对称，缓解企业融资约束的同时，为信贷配置提质增效，以提高企业的全要素生产率，激发企业的创新活力。

（二）促进创新发展

数字经济时代衍生出新业态、新模式，不断激发创新活力，促进了大众创新、万众创业。已有研究表明，数字经济之所以能够带来高质量发展，激发大众创业是重要的机制之一，且通过创新创业带来的高质量发展，使得经济呈现"边际效应"非线性递增的趋势（赵涛等，2020）。

（三）推动实现包容性增长，促进共同富裕

"效率"与"公平"二者如何权衡是永远的议题，数字经济时代是能够缩小发展差异，还是会带来更大的"数字鸿沟"？已有学者研究认为，数字经济能够推动包容性增长，通过促进就业、创业的机制缩小不同收入群体之间的差距（张勋等，2019）。但在实践中，是否会因为互联网等数字技术存在"接入沟"和"使用沟"，数字经济反而拉大了发展的差距？是否需要制度规制使得数字经济能够真正起到促进资源流动、减小壁垒，为弱势群体创造更多机会的"普惠"效果？这些问题仍有待探讨。但总体而言，数字经济的发展仍然在向具有包容性的增长模式前进，未来的方向仍是不断减小区域、个体之间发展的不平衡，发展数字经济也是"在高质量发展中实现共同富裕"的重要途径。

（四）提高经济的抗风险能力

2020年新冠肺炎疫情的冲击叠加经济周期性波动，在"黑天鹅"与"灰犀牛"的双重影响下，全球经济面临着巨大的下行压力。而在数字经济的背景下，企业在大数据的支持下实现供需精准匹配，以对冲疫情带来的风险，在线教育、在线办公等新模式成为第三产业的关键支撑。数字经济成为经济复苏新动能，以我国为例，2020年中国数字经济依然保持9.7%的高位增长[①]，远高于同期GDP名义增速。

二、数字经济改善社会民生

（一）助力稳就业目标，优化就业结构

一方面，数字经济下产生的新业态催生了更多新的就业模式，吸纳更多就业。随着平台经济、共享经济、零工经济的出现，改变了传统单一的"雇用型"就业模式，出现

[①] 中国信通院. 2021中国数字经济发展白皮书[R]. 2022.

了自主创业、自由兼职等多种灵活就业的形式。以零工经济为例，通过数字平台，广泛采集劳动力市场供需双方的信息并进行大规模匹配，大大提高了劳动力市场的效率，实现了众包劳动和按需服务的大规模组织，是一种富有弹性的新型用工关系。[①] 对于就业者来说，在降低了进入劳动力市场门槛的同时，提高了就业的灵活度和收入来源的丰富性。比如，大多数短视频平台的内容创作者大多为兼职，且能获得可观的收入，同时该就业形式在时间和空间上的弹性也更高。

另一方面，数字经济能带动三大产业的优化升级，从而促进高质量就业、就业结构优化。[②] 随着互联网、大数据、云计算等数字技术与实体经济的深度融合，尤其在制造业中，从自动化到信息化，再到数字化，随着算力、算法的不断发展，甚至出现了工业互联网、数字孪生等新的工业组织形式。面对当前自动化成本不断下降、人力成本不断上升的局面，典型的观点认为计算机对人的替代将带来薪酬的下降、失业的增加。但理论研究也表明，这一数字化进程催生出的"新任务"会在就业上带来积极影响（Acemoglu and Restrepo, 2018）。由于对常规任务型工作的人力需求越来越低，倒逼劳动力进行技术培训，并向高素质的就业岗位转移。当前在局部出现的短暂的失业现象是摩擦性失业带来的结果，最终仍然走向劳动力市场的均衡，而这一过程带来了就业结构的优化升级。

（二）数字服务提高人民生活质量

数字服务对人民生活质量的提高是全方位的，医疗、购物、教育、交通、娱乐等各个领域都在数字经济时代下实现了质的飞跃，无处不体现着"便民性""利民性"。除了各种线上服务、移动支付带来的便利，随着物联网时代的到来，多样的数字服务有着更加广阔的前景，比如远程医疗、居家医疗、健康检测在"医联网"上成为可能；在5G的赋能下，"车联网"、无人驾驶、数字孪生的智慧城市也有望实现，并在社会公共服务的各个领域，以提升人民生活水平的质量。

三、数字经济提高治理能力

数字经济对于社会治理能力的提升，体现在数字公共服务、数字政府等方面。政府通过将数字技术运用于政务服务、行政管理流程，降低了管理中的信息壁垒和部门之间的行政壁垒，提高了管理效率；数字政务的方式使得政府行为更加公开透明，同时促进放管服改革，改善公共服务机制，提供便民利民的政务服务。此外，数字经济的发展推动了相关政策制定和立法的进一步完善，比如对电子商务、互联网金融进行立法，出台平台经济反垄断政策，促进政府完善市场监管体系，同时针对数字经济时代面临的个人信息安全、数据安全问题进行立法保护，为国家法治能力的提升和法制体系的健全贡献力量。

[①] 清华大学社会科学学院经济学研究所、北京字节跳动公共政策研究院. 互联网时代零工经济的发展现状、社会影响及其政策建议 [R]. 2021.
[②] 中国信通院. 2019中国数字经济发展与就业白皮书 [R]. 2020.

四、数字经济促进绿色发展

数字经济与绿色发展理念是紧密结合的,数字经济时代的绿色技术创新促进了"双碳"目标的实现。在数字技术的驱动下,通过生产端和消费端促进绿色发展。在生产端,数字技术的应用提升了能源的使用效率,带动污染处理的技术创新,降低了生产过程中的环保成本;在消费端,数字经济催生了多样的绿色消费方式,以需求带动供给向低碳方向发展,为低碳产业创造更大的发展空间。此外,数字技术通过资源整合,提高政府的环境治理能力,同时推动产业转型升级,向绿色的发展模式进行转变(许宪春等,2019)。

第四节 数字经济分析框架

数字经济作为一种新兴经济,其分析框架由"七个新"组成,如图1.3所示。该框架可以概括为:数字经济在新动能和新基建的赋能下,由新要素驱动,衍生出新组织与新模式,从而对宏观经济产生新冲击,形成区域乃至全球的新格局。下面通过梳理数字经济的分析框架,帮助理解整本书的架构与主要内容。

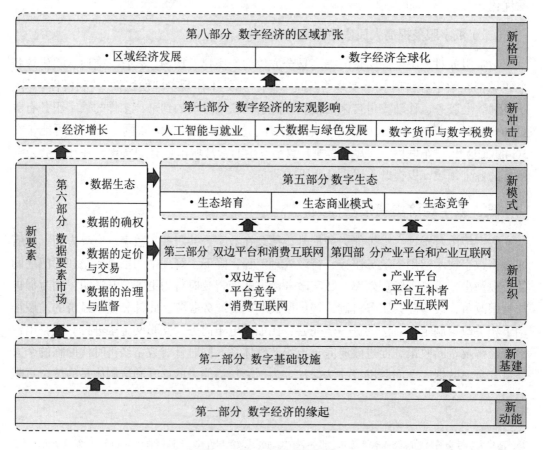

图1.3 数字经济分析框架

一、新动能与新基建的赋能

"新动能"与"新基建"分别对应本书第一部分和第二部分的内容。

新动能:数字经济缘起,通过探究数字经济的起源与发展逻辑,明确数字经济的定义、特征、内容、历史演变、发展意义,洞悉数字经济由何而来,又将去向何处。我们发现,数字经济的定义处在不断动态演化的过程中,其概念从新技术到新产业,再到新经济模式。其概念范畴不断扩大,内涵逐渐深入,与传统经济在要素、组织、模式、格局等方面都产生了巨大的差异。国内外分别在理论和实践层面探索数字经济的发展,技术的发展促使新政策的出台,政策的引领又为数字经济插上翅膀,人类已经为迎接新时代的到来做好充分的准备。数字经济的发展促进经济实现高质量增长,改善社会民生,提升治理能力,实现绿色发展,描绘了数字经济时代的美好蓝图。

新基建:数字基础设施是支撑数字经济发展的底座,包括数字硬件设施、数字软件设施、数字网络设施三大部分。通过梳理信息技术演化发展的历史,能够发现当前我国信息技术发展的不足,以及新兴技术,如人工智能、5G、工业互联网等给我国信息技术发展带来了新的机遇和窗口。

二、新组织与新模式的衍生

新组织:在数字经济时代下,整个产业发展不再是简单以企业为单位,而是出现了很多类型的数字平台。这些数字平台在不同的经济活动中连接不同的主体,形成了非常复杂的消费、生产网络。其中,在消费活动中,诸如谷歌、脸书、微信、淘宝、抖音等双边平台,几乎触及了我们生活消费的方方面面;在生产活动中,腾讯、海尔、华为等企业也相继入场,试图构建产业平台,更好地服务于产业互联网的升级。

新模式:在数字平台不断连接各类利益相关者的过程中,这些利益相关者与数字平台一起也形成了更为复杂的产业结构,数字生态的概念应运而生。不同于数字平台,数字生态不仅会考虑核心企业所连接的各类产业价值网络中的利益相关者,同样也会连接诸如产业联盟、高校、政府等社区价值网络中的利益相关者。因此,随着数字经济的不断发展,企业的竞争、平台的竞争正在逐渐演变为生态的竞争。

三、新要素的驱动

新要素:数据要素作为数字经济时代的"石油",是数字经济的核心驱动,赋能数字经济的各个环节。从新生产要素的视角,探讨数字经济体系中关于数据要素的系列问题,首先要总体把握数据要素的生态结构,然后围绕数据要素市场的关键环节展开,从数据确权和授权,到数据定价和交易,再到数据市场监管等问题,便于从具体关键环节把握数据要素市场的构建。

四、新冲击的产生

新冲击:随着数字经济的发展,数据成为一种新的要素独立了出来,数字技术也因其强大的标准化水平而得以赋能各行各业。因此，数字经济对传统经济的冲击是全面而深入的。我们不仅需要探讨数字经济是如何刺激整个经济增长的，还要通过一些方式对数字经济的体量进行测算，了解数字经济在整个宏观经济中所占据的比重。此外，针对就业问题、绿色发展问题、货币问题和财政问题，我们也需要分专题深入的进行研讨。

五、新格局的形成

新格局：数字经济让很多原本受限于地理区位的发展模式得以突破。打破地理区域格局的强大能力，让数字经济产生了更为有效的外溢，形成了各类赋能区域发展的机制。同时，我们也看到数字化城市的兴起，更应该去思考这些数字化的升级是否会对数字鸿沟产生影响。除了这些区域性的问题，我们同样关注数字经济对全球化带来的影响，在数字经济不断深化的同时，诸如数字贸易、平台型跨国企业、数字生态的国际化等问题，均值得我们进行专题性的介绍与分析。

课 后 思 考

1. 如何梳理数字经济的发展脉络？
2. 如何看待现实生活中的数字经济新现象？
3. 为什么需要单独提出数字经济的概念？
4. 数字经济对传统的经济社会发展有什么影响？
5. 数字经济可以从哪些新的维度进行分析？

第二部分

新基建：数字基础设施

何为数字基础设施？和传统基础设施相比，数字基础设施主要体现在哪些方面？数字基础设施基于哪些数字技术？如何解构数字基础设施？数字基础设施的发展和未来？在本书的第二部分，我们将重点探究数字经济的构建基础，即数字基础设施，并带领大家理解我们日常生活中所看到的各类数字经济现象，究竟是构建在一个什么样的"地基"之上。

CHAPTER 2 第二章

数字基础设施与数字赋能

本章主要内容是介绍支撑数字经济发展的技术底座，即数字基础设施，其共分三大部分。第一部分简要梳理了信息技术演化发展的历史，并指出当前我国信息技术发展的不足，以及新兴技术，如人工智能、5G、工业互联网等给我国信息技术发展带来了新的历史机遇和发展窗口。第二部分重点阐释关键的数字基础设施如何赋能数字经济的发展，其中包括数字硬件设施、数字软件设施、数字云设施和数字网络设施。第三部分探讨了数字基础设施发展与未来演变趋势。

第一节 从传统信息技术到数字技术

当前社会各行业都在历经数字化产业变革，数字化变革正从传统的第三产业逐步推进到第二产业和第一产业中，并全面重塑我们的世界。历史上每次工业革命都会伴随着基础设施的变革。传统的商业基础设施已经无法支持数字化商业的运营模式和规模。未来支撑各种数字化商业实践，需要由物理基础设施和数字基础设施共同组成新一代基础设施。华为公司在2015年的世界移动通信大会上指出："数字基础设施是连接物理基础设施与数字经济世界的纽带，是全联接的数字世界中商业创新、交互与送达的引擎。"[①] 数字基础设施是以信息网络为基础，综合集成新一代信息技术，围绕数据的感知、传输、存储、计算、处理和安全等环节，以形成的支撑经济社会数字化发展的新型基础设施体系。而数字化赋能是指通过数字技术来改变解决问题的方式或影响商业的创新行为。因此，数字基础设施的投资与建设，对数字经济时代下经济社会各方面的发展有着重要促进作用。下面，首先将具体阐述从传统信息技术到数字技术的历史发展演变。

信息通信技术（Information and Communication Technologies，ICT）是社会结构的一个重要组成部分。从农业时代、工业时代，再到信息时

---

① 2015世界移动通信大会. 共建数字基础设施，加速数字经济发展[EB/OL]. (2015-03-02)[2022-06-29]. https://www.huawei.com/minisite/mwc2015/preview/cn/articles/build-a-new-digital-infrastructure.html.

代,纵观世界文明史,每一次科技革命和产业变革都推动了生产力的大幅跃升和人类文明的巨大进步,技术力量不断推动人类进入一个新的时代,如图2.1所示。

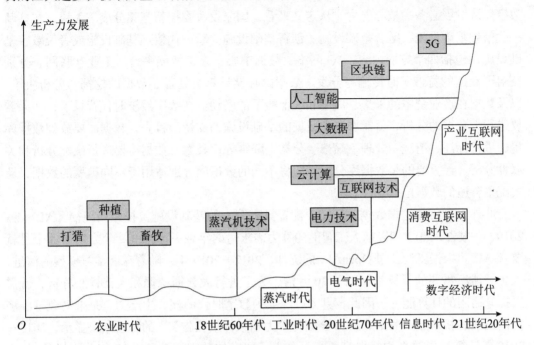

图 2.1　数字技术发展推动全球进入数字经济时代[①]

在第四次工业革命时代,现代信息和通信技术从根本上改变了所有经济活动的方式,这些包括但不限于人工智能、物联网、机器人等的使用。当前的数字经济作为信息时代新的经济社会发展形态,更容易实现规模经济和范围经济,已成为全球经济发展的新动能。

从技术角度,新一代信息技术正在引领着新一轮科技革命,涵盖了数据感知(采集)、传输、存储、计算、分析、应用、安全等相关支撑能力的新一代数字化基础设施。新型数字基础设施体系还将包括"双千兆"网络等新一代通信网络基础设施、数据中心等数据和算力设施、工业互联网等融合基础设施。简单来说,数字经济是以数字技术的创新为关键驱动力,以现代信息网络为重要载体,通过深度融合数字技术与实体经济,不断提高传统产业的数字化和智能化水平,从而加速重构经济发展以及政府治理模式的一种新型经济形态。在数字经济时代,数字技术将作为数据融通、资源流动、以及社会价值共享的关键技术底座。国家工信部对外公布的《"十四五"信息通信行业发展规划》提出,到2025年信息通信行业整体规模进一步壮大,发展质量显著提升,基本建成高速泛在、集成互联、智能绿色、安全可靠的新型数字基础设施。创新能力大幅增强,赋能经济社会数字化转型升级的能力全面提升,将成为建设制造强国、网络强国、数字中国的坚强柱石。

---

① 中国信息通信研究院:《"5G+云+AI":数字经济新时代的引擎》报告,http://www.caict.ac.cn/kxyj/qwfb/bps/201912/P020191209332616878254.pdf。

数字基础设施是产业数字化的底座，要进一步发挥基础设施建设的"头雁效应"，加速建设人、机、物互联的基础设施，打通全产业链和全价值链的数据通道，不断提高数字经济发展必备的核心能力。从定义来看，国家发改委把新基建分成三大块，包括新一代信息基础设施、融合基础设施、创新基础设施。新一代信息基础设施或者说数字基础设施，包括四个方面内容：5G网络、数据中心、人工智能平台、工业互联网，分别覆盖了数据的宽带实时传输与分发、数据的存储计算与处理、数据的挖掘与分析决策，以及数据在产业链中的采集、应用和线上线下的联动。在数字经济时代背景下，如果需要进行大数据的分析，就需要有大数据的基础设施的支持。首先，数据需要放到数据库里，进行标注、清洗、处理、筛选、分类、降维等；其次，数据需要进行聚类分析和关联性分析。最重要的是数据库分配，即将不同的数据库分别适用于不同类型的数据，还要配置合适的数据挖掘软件。

此外，分析和挖掘数据，还需要配置具有算力的基础设施。按照斯坦福《AI Index 2019》[①]报告，2012年以前人工智能的算力需求每两年翻一番，2012年之后3~4个月就要翻一番。根据咨询公司OpenAI[②]的统计，2012—2019年，随着深度学习模型的演进，人工智能所需要的计算量增加了30万倍。为了进行大数据挖掘和人工智能分析，就需要提升通用的计算能力。因此，算力已经成为数字时代的核心生产力，是推动数字经济向前发展的新动能。根据《2020全球计算力指数评估报告》[③]的分析结果显示，2015—2019年计算力指数平均每提高一个百分点，国家的数字经济和GDP将分别增长3.3‰和1.8‰，预计该趋势在未来几年将继续保持。

早在2001年，就有学者将数字经济定义为社会发展一个重要的决定性因素，它孕育了一场技术革命，这场革命可以从根本上改变所有行业的价值链（Miller and Wilsdon，2001）。数字技术正在颠覆传统的通信、商业和学习，我们如何在工作和家庭中发挥其作用呢？特别是在管理中。它正在加速信息的获取，降低通信成本，推动生产力，提高效率，加快创新，增强金融包容能力，建设创新型社会弹性解决方案，促进政府透明度和公民政府相互作用。新一代信息基础设施既是新基建又是战略性新兴产业，更是新型的信息消费市场；同时是其他领域新基建的通用支撑技术，是传统产业数字化的新引擎，并将赋能传统基建领域不断提质增效。

第二节　新型数字基础设施

2020年国家发改委于4月20日首次明确，新型集成设施的主要内容包括信息基础设施、融合基础设施和创新基础设施。而信息基础设施则主要包括通信网络基础设施

[①] Stanford. AI Index 2019[R]. 2019.
[②] OpenAI是一个人工智能研究的非营利组织，其目的是促进和发展友好的人工智能，使人类整体受益。OpenAI成立于2015年年底，总部位于旧金山，组织目标是通过与其他机构和研究者的"自由合作"，向公众开放专利和研究成果。创始人埃隆·马斯克（Elon Musk）和萨姆·奥特曼（Sam Altman）的动机是出于对人工智能潜在风险的担忧。
[③] 浪潮，IDC. 2020全球计算力指数评估报告[R]. 2020.

（5G、物联网、工业互联网、卫星互联网）、新技术基础设施（人工智能、云计算、区块链）、算力基础设施（数据中心、智能计算中心）。在算力基础设施中，数据中心是指按照统一标准建设，具备计算能力、存储能力、信息交互能力的，为信息应用系统提供稳定、可靠运行环境的场所。传统的数字硬件包括零部件和整机。零部件包括电信服务器、芯片、传感器、天线等；整机包括通信设备、智能穿戴设备、个人计算机、手机、机器人、数控机床等。数字软件包括工具软件和技术服务，其中工具软件包括操作系统、中间件、信息安全、数据库及其他平台软件，技术服务包括信息系统集成、信息技术咨询、集成电路设计、3D 打印等其他技术服务。随着数字技术的发展及相关应用工具的开发，数字化正成为赋能经济增长的新引擎，并催生出诸多新业态、新模式。

随着人工智能、5G、大数据、工业互联网等数的不断演进，基于数字技术创新的新经济范式正不断涌现，数字经济更多承担了赋能者的角色。数字赋能已成为新一轮科技革命的普遍特征。其在于利用数字技术通过对现有资源进行重构和整合，从而提高现有能力，包括组织、生产、管理和销售等能力。关于数字化赋能所需要的关键能力，Lenka et al.（2017）从企业价值共创角度，提出了智能能力（硬件获取信息）、连接能力（网络与产品连接）和分析能力（分析数据后发出操作指令）。总的来说，从数字技术到数字经济的赋能可以主要通过如下两个途径：第一，合理配置资源，借助数字技术的数据集成和分析，提升企业运营效率，实现科学的资源整合；第二，降本增效，数字技术能够促进企业内部管理的"扁平化"，从而节约管理成本，通过提高市场信息分析的准确度，从而降低交易成本，通过有效管理，从而提高企业运行效率等。

综上所属，在本章节中，新型数字基础设施将从数字硬件（主要包括 CPU、GPU、智能芯片）、数字软件（主要包括数据库、中间件和操作系统）、数字云服务/计算和数字网络设施（指 5G 和工业互联网）进行深入阐述，探讨其数字赋能。

一、数字硬件设施

所有物理硬件设备构成了数据中心的硬件设施。因此，数据中心集中存放着大量具备计算、储存、交互信息能力的设备，并为之提供稳定可靠的运行环境。随着数据中心市场的发展，以英特尔、英伟达、AMD 为代表的芯片巨头都开始纷纷围绕着数据中心的芯片业务进行了布局。

芯片，又称微电路（Microcircuit）、微芯片（Microchip）、集成电路（Integrated Circuit，IC），是指内含集成电路的硅片，体积很小，是计算机或其他电子设备的一部分。中国作为全球最大的集成电路市场，是拉动全球集成电路市场的主要动力。以中国为核心的亚太地区，在全球集成电路市场所占比重近些年正在快速提升。据中国半导体协会数据，2020 年中国内地集成电路销售额为 8 848.0 亿元人民币，同比增长 17%，其中设计业销售额为 3 778.4 亿元人民币，同比增长 23.3%；制造业销售额为 2 560.1 亿元人民币，同比增长 19.1%；封装测试业销售额为 2 509.5 亿元人民币，同比增长6.8%。根据东兴证券研究所[①]提供的数据表明，受益于新兴产业的快速发展和传统产业转型升级的需求激增，近年来我国集成电路产业规模稳步增长，2012—2020年九年间集成电路产业市场规模复合增长率达到16.81%，如图2.2所示。下面内容将围绕芯片作为数字硬件设施的关键组成部分展开，来探讨其对数字赋能的影响。

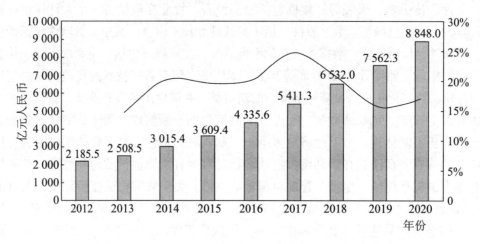

图2.2　2012—2020年中国内地集成电路行业销售额及增长率

（一）CPU

服务器有着跟许多普通电脑同样的核心组件，包括处理芯片和硬盘。CPU称中央处理器（Central Processing Unit），是计算机的运算和控制核心。CPU内部由算术逻辑单元、控制器、寄存器、中断系统组成，外部通过总线与控制总线、数据总线、地址总线进行连接，对数据和程序进行相关的操作。CPU作为算力基础，是整个信息技术的底座。随着5G、云计算、物联网、大数据、人工智能等创新领域的发展，对算力的需求也大幅增加，CPU作为科技领域算力的支撑，正迎来新的发展机遇。具体来看，无论是5G、云计算、大数据等相关科技基础设施的搭建，还是5G手机、VR等终端设备的更新换代，还是人工智能、智能驾驶等应用层级的创新，都对算力提出了新的更高要求。CPU在这些领域的增量应用或将打开CPU更大的市场空间。

（二）GPU

GPU称图形处理器（Graphics Processing Unit），相当于一个接受CPU调度并拥有强大计算能力的员工。图2.3是CPU和GPU内部结构的对比。动态随机存取存储器（DRAM），是常见的系统内存。GPU包括显示核心、视觉处理器、显示芯片，是一种专门用于个人电脑、工作站、游戏机和一些移动设备（如平板电脑、智能手机等）中进行图像运算工作的微处理器。目前，GPU已经不再局限于3D图形处理，GPU通用计算技术发展已经很成熟。事实也证明目前在浮点运算、并行计算等部分计算方面，GPU可以提供数十倍乃至于上百倍于CPU的性能。显卡是连接计算机主板和显示器的重要

---

① 东兴证券研究所. CPU生态价值与机遇研究[R]. 2021.

器件，可以接受主板的控制信号，并转换成显示器能够识别的命令，从而控制显示器，正确显示图像信息。而 GPU 就是显卡的处理器，是显卡的"大脑"，专门用来执行图形计算任务。与传统的 CPU 服务器相比，采用 GPU 加速的服务器在达到相同计算精度条件下，将处理速度提高了 5~10 倍。

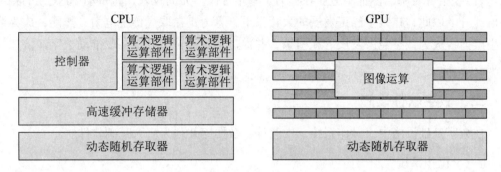

图 2.3　CPU、GPU

（三）智能芯片

AI（Artificial Intelligence）即人工智能，是指通过机器的不断感知，使其模拟人类的思维过程，以达到甚至超越人类的智能。随着以深度学习为代表的机器学习技术的不断成熟，人工智能开始应用到数字经济的各个领域，从而促进了产业内价值创造方式的智能化变革。人工智能高度依赖海量的数据，智能芯片（即人工智能芯片）是发展人工智能和云计算等新基建的核心技术之一。满足高效能机器学习的数据处理要求，是智能芯片需要考虑的最重要因素。

在新基建中，人工智能是技术底座，其基础层和技术层分别对应新基建的信息基础设施和融合基础设施，是对传统基础设施进行的智能升级。目前，传统的 CPU 架构无法满足深度学习对算力的需求，因此，具有海量数据并行计算能力、能够加速计算处理的人工智能芯片应运而生，并且目前已经形成了"无芯片，不 AI"的局面。但是，光有先进的硬件和架构是不够的，是无法让客户快速使用的，也无法将硬件算力转化为可观的计算性能。因此，软硬件结合的全栈式解决方案，将会成为未来智能芯片竞争力的重要体现。按照人工智能芯片的部署位置，可以简单将人工智能芯片市场分成云端（边缘端并入云端）市场和终端市场两类，具有云计算需求的行业主要是金融业、医疗服务业、制造业、零售/批发、政府部门五大领域。此外，对于硬件基础设施，作为人工智能的输入还要有视觉的传感器，如雷达、摄像头等。据 MeKinsey[①] 测算，人工智能可在未来十年为全球 GDP 增长贡献 1.2 个百分点。国务院关于新一代人工智能发展规划预测，2030 年人工智能核心产业可达 1 万亿元人民币，并带动相关产业达 10 万亿元人民

---

① Jacques Bughin, Jeongmin Seong, James Manyika, et al. Notes from the AI frontier: Modeling the impact of AI on the world economy[EB/OL]. (2018-09-04) [2022-06-29]. https://www.mckinsey.com/featured-insights/artificial-intelligence/notes-from-the-ai-frontier-modeling-the-impact-of-ai-on-the-world-economy.

币①，可见这是一个非常大规模的产业。

（四）硬件与数字赋能

芯片已成为数字经济发展的"芯"动力。根据华为发布的《泛在算力：智能社会的基石》② 报告表明，传统制造业在算力上每增加 1 美元的投入，将带动 10 美元的相关产值提升。因此，在数字经济发展的大背景下，算力正在取代传统电力、热能，成为第一生产力，成为数字经济发展的新引擎，并促进了行业转型升级，以推动数字经济加快落地。

二、数字软件设施

在数字基础设施中，操作系统、中间件、数据库并列为三大基础软件。

（一）操作系统

操作系统为数字新基建提供了智能化底座，其所处的位置如图 2.4 所示。

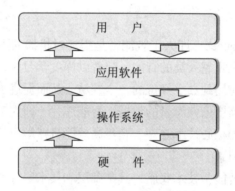

图 2.4　操作系统示意图

根据核心代码是否开放，操作系统可划分为两类：闭源系统、开源系统。闭源操作系统的代码不开放，以微软 Windows 系统为代表。微软公司内部的研发团队开发了 Windows 操作系统，并开发了配套的应用软件，比如 Office。在生态建设方面，因特尔和 Windows 长期合作形成 Wintel 体系，在个人电脑端市场占有率全球领先。Windows 系统最大的优势在于其图形界面，使得普通用户操作起来非常便利。Windows 的常用软件安装和系统设置不需要以命令行的方式去输入系统指令，只需要点击"按钮"即可完成。如今，绝大多数常见软件、专用软件和底层硬件都支持 Windows 操作系统，形成了 Windows 强大的生态整体。开源操作系统的代码免费开放，以 Linux 操作系统为代表。Linux 的内核（Linux Kernel）由 Linus Torvalds 在 1991 年发布，代码免费公开，并由全球开发者共同贡献，已成为影响最广泛的开源软件。以 Linux 内核为基础，不同的

---

① 国务院. 新一代人工智能发展规划的通知 [EB/OL]. (2017-07-08) [2022-06-29]. http://www.gov.cn/zhengce/content/2017-07/20/content_5211996.htm.

② 华为. 泛在算力：智能社会的基石 [R]. 2020.

开发团体（开源社区、企业、个人等）对内核代码进行一定的修改和补充，加入图形界面（GUI）、应用程序等部分，形成了相应的 Linux 操作系统发行版。

（二）中间件

中间件位于底层平台（操作系统）和应用软件之间，如图 2.5 所示，是一种跨平台的基础软件。目前，中间件主要用于解决分布式环境下数据传输、数据访问、应用调度、系统构建和系统集成、流程管理等问题，是分布式环境下支撑应用开发、运行和集成的平台。随着信息技术行业的发展，许多软件需要在不同的硬件平台、网络协议异构环境下运行。应用也从局域网发展到广域网，传统的"客户端 / 服务器"两层结构已无法适应需求，以中间件为基础框架的三层应用模式应运而生。通过在中间层部署中间件，主要目的在于：

（1）高并发访问的处理和快速响应；
（2）屏蔽异构性，实现互操作；
（3）可对数据传输加密，提高安全性。

在云服务时代，中间件为企业业务上云，实现了原有信息资源、私有云、公有云等不同平台上的应用互联互通的标准化；同时，云计算服务也为中间件技术的发展提供了更广阔的空间，中间件已逐渐成为云基础构建中的一部分。

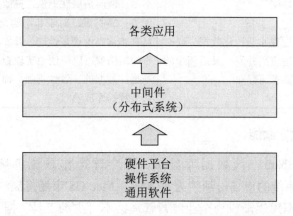

图 2.5 中间件的位置

（三）数据库

几乎所有的应用软件都要基于数据库去存储、管理和处理数据，数据库直接影响着应用软件的运行效率、可拓展性、灵活度和可靠性。数据库可根据数据结构和功能这两个维度进行划分。根据数据结构不同，可分为关系型数据库、非关系型数据库；根据功能不同，可分为操作型数据库、分析型数据库。不同类型的数据库侧重点不同，相应的优势和适用领域也不同，但也存在各自的短板。所以，并不存在可以适用所有领域的数据库产品。

对于操作型数据库，主要面向两类数据，即需要记录下来的数据，以及临时数据。

需要记录的数据一般和应用软件相关，需要稳定存储下来，以便在未来某个时间进行查询或分析使用。临时数据一般也和应用软件相关，其来源于软件运行过程中，而且在应用软件任务结束后即可。因此，临时数据对于一致性的要求较低，经常使用非关系型数据库进行存储。对于应用软件的开发，选择合适的数据库是非常重要的。分析型数据库是指不直接链接到某个应用，常用于数据仓库、商用智能软件和数据分析场景。分析型数据库经常包含了从操作性型数据库提取出来的，用于大数据分析的数据。数据库包括了关系型数据库和非关系型数据库，关于数据库具体分类及特点说明，可以参见表2.1。

表 2.1 数据库分类及特点

数据库分类		特 点	优 缺 点
功能	操作性	面向两类数据，包括需要记录下来的数据，以及临时数据	需要记录的数据一般和应用软件相关，需要稳定存储下来，以便在未来某个时间进行查询或分析使用
	分析型	用于大数据分析的数据	不直接链接到某个应用，常用于数据仓库、商用智能软件和数据分析场景
结构	关系型	采用关系模型来构建数据库，以行和列的形式存储数据	优势：数据的一致性（事务一致性）较强，以标准化为前提，数据更新的成本很低； 不足：横向拓展性不强，灵活性不足
	非关系型	处理非结构化数据，同时适应高并发、灵活拓展的需求而存在	优势：易扩展，对于非结构化数据处理能力更强；具有非常高的读写性能，开发者无须深入理解数据库的结构就可以简便地实现查询 不足：数据的一致性不强，而且技术发展也不如关系型数据库成熟

（四）软件与数字赋能

据 Net Market Share 在线数据库显示，在全球操作系统市场中，2020 年 10 月 Windows 系列操作系统的市场份额约为 87.56%，Mac OS 市场份额约为 9.54%。在全球信息化的时代，数据库逐渐成为企业经营管理必不可少的工具。据艾瑞统计，2020 年中国数据库市场总规模达 247.1 亿元人民币，同比增长 16.2%。未来三年预计将保持高增长。

三、数字云设施

云服务（计算）具体包括三层，如图 2.6 所示，即基础设施服务（Infrastructure as a Service，IaaS）、平台即服务（Platform as a Service，PaaS）、软件即服务（Software as a Service，SaaS）。

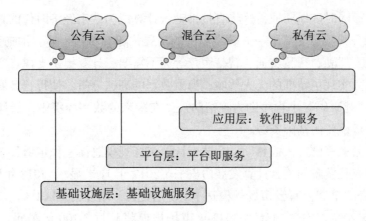

图 2.6　云服务架构

（一）云计算发展

从 2006 年 IBM 和谷歌联合推出云计算这个概念开始算起，云计算已经进入了第二个十年。在第一个十年里，云计算从被质疑到成为新一代信息技术标准，从单纯技术概念到影响整个行业的业务模式。到目前为止，云计算虽然还有很多不成熟的地方值得探索，但在第一个十年里已经正式确立了它的地位，已经被广泛接受并付诸实践。云计算本质上是通过互联网强大的网络资源，将分散的计算机资源集约化，让客户可以通过互联网灵活按需使用计算资源，极大地提升了数据的搜集、处理、分发等各个环节的能力，是数字化转型的加速器。云计算已成为数字化经济发展提供基础资源。

云计算可提供灵活的计算、存储以及安全服务等，帮助企业降本增效。IaaS + PaaS 作为云基础平台，为企业提供云计算、云网络、云存储、数据库、云安全服务等，具有一定的通用性。企业可以通过租用云服务器，便捷地在云端获取高性能、灵活可扩展的云计算服务，极大降低了软硬件采购、运维成本，帮助企业专注于主营业务。随着云计算的不断发展，云计算的服务模式也在不断调整。云计算发展至今，其特点主要呈现在以下几个方面。

（1）虚拟化。云计算支持用户在任意位置使用各种终端获得应用服务。

（2）规模化整合。云中的资源非常庞大，在一个公有云中可以有几十万甚至上百万台服务器，在一个小型的私有云中也可拥有几百台甚至上千台服务器。

（3）高可靠性。云计算使用了多副本容错技术、计算节点同构可互换等措施来保障服务的高可靠性，使用云计算比使用本地计算机更加可靠。

（4）高可扩展性。云计算具有高效的运算能力，在原有服务器基础上增加云计算功能，能够使计算速度迅速提高，最终实现动态扩展虚拟化的层次达到对应用进行扩展的目的。

（5）按需服务。云是一个庞大的资源池，使用者可以根据需要来进行够买。

当前，我们正处在一个全新的时代，数据呈现爆炸性增长，社会对计算的需求大大增加，并且希望随时随地获取，这将直接推动云计算成为数字经济时代的新型信息基础设施，并作为公共服务支撑下一波数字经济的发展。随着 5G 商业应用加速，与之相关的场景，如无人驾驶、智慧交通、智慧医疗等无不需要云计算提供支撑。举例来说，边缘计算能力助力实现更精准的无人驾驶；海量数据的高速分析，使得智慧城市的应用实现得以落地，"健康码"小程序助力疫情防疫。在未来的数字经济中，云计算将成为像水、电、煤一样重要的基础资源。

现如今，云计算已进入成熟期，全球云计算市场规模总体呈稳定增长态势。根据中国信息通信研究院发布的《云计算发展白皮书（2019 年）》[①]显示，2018 年以 IaaS、PaaS 和 SaaS 为代表的全球公有云市场规模达 1 363 亿美元，增速为 23.01%。未来几年市场平均增长率在 20% 左右，预计到 2022 年市场规模将超过 2 700 亿美元。我国公有云市场保持高速增长，私有云市场增速趋于稳定。2018 年我国云计算整体市场规模已达 962.8 亿元人民币，增速为 39.2%。其中，公有云市场规模达到 437 亿元人民币，相比 2017 年增长 65.2%，预计 2019—2022 年仍将处于快速增长阶段，到 2022 年市场规模将达到 1 731 亿元人民币；私有云市场规模达 525 亿元人民币，较 2017 年增长 23.1%，预计未来几年将保持稳定增长，到 2022 年市场规模将达到 1 172 亿元人民币。

（二）云计算与数字赋能

云计算是一种集分布式计算、并行计算、网络存储、虚拟化等技术综合应用的计算服务模式。云计算底层基础设施的建设已日益完善，通过互联网可以为企业随时随地提供共享计算设施、存储设备、应用平台和应有程序等计算机资源。

云计算可提供一站式的解决方案。随着云平台的日益完善，不同业务场景应用日益丰富，云厂商针对各个行业的不同特点，可提供整套行业和技术解决方案，以帮助客户实现安全、高效的上云。主要解决方案涉及数字政府、新零售、金融、制造业、体育、传媒、文旅、医疗健康、农业、音视频、智慧建筑、能源等。例如，云计算结合大数据和区块链等金融科技，能够进一步降低融资运营成本及风险，提升融资效率。政务云可实现政务大数据治理和公共服务的在线化、智能化和集约化。政务云平台可通过安全合规的政务专属云资源服务平台，提供与公共云完全物理隔离的专属高规格物理集群、高等级安全防护，同时提供一站式数据智能应用研发能力，并基于各行业数据模型及智能算法将数据转化为知识，以助力政府及企业开发者快速构建数据智能应用，辅助分析决策。金融云为金融企业构建专属数字平台。金融云为银行、证券、保险行业等提供量身定制的云计算服务，具备低成本、高弹性、高可用、安全合规的特性。帮助金融客户实现从传统方式向云计算的转型，为客户提供完整的"云·端·数"的能力。

例如，阿里云是阿里巴巴集团的云，发源于满足集团自身涵盖支付和物流的核心商业业务的需求，继承了集团在零售电商行业的深厚经验与庞大客户群，在新零售时代中

---

① 中国信通院. 云计算发展白皮书（2019 年）[R]. 2020.

具有天然优势。阿里云是阿里集团生态的技术底座。阿里云非常重视研发投入,并掌握了先进的核心技术。2020 年,阿里云宣布三年内再投 2 000 亿元人民币用于重大核心技术攻坚。

四、数字网络设施

(一) 5G

5G 是具备高速率、低时延、广连接的新一代移动通信技术,是可以实现人、机、物互联的现代网络基础设施。当前,以 5G 为核心的新一代移动通信技术,在工业领域正发挥着提质、降本、增效等显著作用。移动通信技术的不断升级,加速了社会数字化发展的进程。

如图 2.7 所示,1G 时代采用模拟信号传输,通信时面临安全性差和易受干扰等问题,并且各个国家的 1G 通信标准不一致,使得无法实现全球通信。2G 从模拟制改为数字制,手机具备了上网功能,但是传输速率很低。随着图片和视频的传输需求的诞生,人们对于通信传输速率的要求也日趋提高,于是 3G、4G 相继而生。3G 将传输速率提高了一个数量级,上网成为了手机的主要功能。4G 相对于 3G 传输速率进一步提升,可以快速地传输高质量的图像、音频和视频等,从满足用户对于无线网络服务的要求。随着用户日益增长的使用需求,以及智能化设备的登场,未来数据流量必然会爆发式增长。目前每个 4G 用户每人每月大约需要 3GB 左右的流量,如果运营商全面开放 4G 上网套餐,则至少需要 20GB 才能满足用户需求。显然以 4G 网络的能力肯定是无法承受的,要从根本上解决用户日益增长的使用需求与运营商网络提供能力不足的矛盾,最好的解决方式就是 5G。5G 跟 4G 比在多项性能上有 1~2 个数量级的提升。其无线技术的性能还是遵循无线通信的理论:首先把基站数建得更多、更密;其次把天线设得更多,把空分的使用维度再加上去,展宽可用的频率,还有物理层的改进。再加上网络技术使得 5G 在性能上有了显著的提升。

5G 有三大特性,包括大带宽高速率、低时延高可靠和海量连接。网络速度的提升,用户体验与感受才会有较大的提高。5G 速率较比 4G 已全方位提升,下行峰值速率可达 20Gbps,上行峰值速率可能超过 10Gbps。对网络速度要求很高的业务在 5G 时代才能被推广,例如,云 VR 的呼声一直很高,但当时 4G 速率不足以支撑云 VR 对视频传输和即时交互的要求,用户还是需要依靠昂贵的本地设备进行处理。后来依托于 5G 的高速率,云 VR 才获得了长足发展。5G 支持单向空口时延最低 1ms 级别、高速移动场景下可靠性 99.999% 的连接。

5G 网络是数字经济的关键支撑,是支撑经济社会数字化、网络化、智能化转型的关键数字基础设施,是数字经济发展的底座和基石。以 5G 为代表的新一代信息通信技术,是拉动新一轮经济增长的重要引擎。据中国信息通信研究院测算,2020—2025 年,我国 5G 商用将直接带动经济总产出 10.6 万亿元人民币,直接创造经济增加值 3.3 万亿元人民币;间接带动经济总产出约 24.8 万亿元,间接带动的经济增加值达 8.4 万亿元人民币；就业贡献方面，预计到2025年，5G将直接创造超过300万个就业岗位。由此可见，5G对于经济增长的贡献潜力巨大，5G技术在改变人民日常的生活和生产方式，甚至会给社会带来根本性的变革。未来，5G将成为全面构筑经济社会数字化转型的关键基础设施。

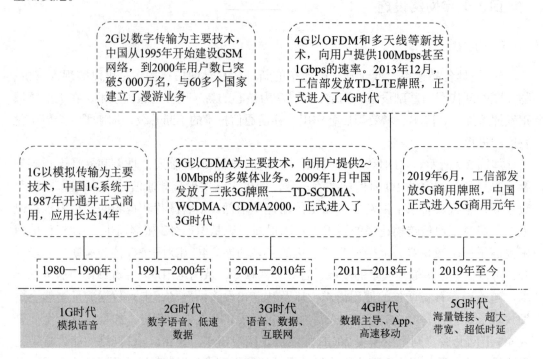

图2.7　通信技术发展历程

（二）工业互联网

工业互联网作为新一代信息通信技术与工业经济深度融合的新型基础设施，能够实现数据、硬件、软件、智能的交融，为工业数字化、网络化、智能化的提高提供了可行路径。当前，消费互联网发展已经进入日趋饱和阶段，同时大量的传统企业生产效率低下，难以满足越来越个性化的市场需求。产业互联网正迎来发展的新契机，由于其连接的对象包括人、设备、产品以及各类生产要素，所以其潜在连接设备的数量级别远超消费互联网。随着数字化席卷全球，工业互联网已成为制造业数字化、智能化转型升级的新引擎，以推动引领新一轮工业革命的到来。

工业互联网，德国称"工业4.0"，描述了工业价值创造的全面数字化和广泛互联，为单个企业和整个供应链带来了巨大潜力。如图2.8所示，工业互联网按其架构可分为边缘层、IaaS层、工业PaaS层、应用层等。

边缘层是工业互联网的底层，主要完成设备接入、协议解析和边缘数据处理等工作，是构建工业互联网平台的数据基础。IaaS层是基础，主要解决数据存储和云计算问题，主要涉及虚拟化、并行计算和分布式存储等技术。工业PaaS层是工业互联网的关键，其目的以解决问题为导向，承载单点应用落地。一般基于工业PaaS平台开发，并在云生态环境下建设。应用层,一是提供了设计、生产、管理、服务等一系列创新性业务的应用;二是构建了良好的工业APP创新环境,使开发者基于平台数据及微服务功能实现应用创新。

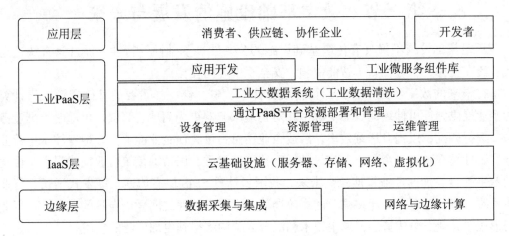

图 2.8 工业互联网架构

(三)网络设施与数字赋能

5G、工业互联网及人工智能的融合发展为传统制造业的智能化升级提供了新的发展动能,已为传统产业新的增长点,并进一步推动我国经济的高质量发展。例如,华为基于FusionPlant的工业互联网平台,结合视觉检测模型实现柔性质检,即在零部件或产品的质量检测、无序分拣、上下料、涂胶等工艺环节进行识别、定位、检测、测量,以有效提升检测覆盖率和良品率,降低人力成本和质检员的劳动强度。华为云工业互联网平台包含联接管理平台、工业智能体、工业应用平台三大部分,通过实时采集手机电芯、电池、单板的数据,结合云端建模分析与边缘实时决策,实现自动视觉检测,以优化人工肉眼检测产品速度慢、效率低等问题,使成品率提升到99.55%,员工重复劳作降低了48%。

总的来说,随着数字经济发展进程的不断深入,数字化发展已进入动能转换的新阶段。数字经济的发展重心由消费互联网向产业互联网转移,数字经济正在进入一个新的时代。5G是数字经济发展的新引擎,以推动通信产业从消费互联网向产业互联网转型。5G相比4G,在应用场景和产业生态发生了质的变革。"5G+工业互联网"的融合应用,既是产业趋势,也是新一代科技革命历史机遇。"十四五"期间,生产端数字化、智能化将成为重要的新增长点。目前,"5G+工业互联网"在建项目超过1 800个,具有影响力的工业互联网平台超过100家,连接设备数超过7 600万台套[①]。工信部从夯实网络设施、完善标识体系、构建平台体系、深化融合发展四方面进行了部署,以推动"5G+工业互联网"的融合发展,加快工业互联网向各行业的赋能。近年来,"5G+工

---

① 新华社. 全国在建项目超1 800个!"5G+工业互联网","+"出哪些新变迁? [EB/OL]. (2021-11-05) [2022-06-29]. http://www.gov.cn/xinwen/2021/11/05/content_5649005.htm.

业互联网"建设按下了加速键,多种应用场景不断拓展,呈现了新技术赋能产业转型的蓬勃发展态势。

第三节 数字基础设施的发展与未来

新型基础设施不仅具有传统基础设施的公共性、基础性等特性,而且具有快速迭代、泛在支撑、融合创新、智能引领、安全至上等内在特点。

在未来的数字经济中,云计算将成为像水、电、煤一样重要的基础资源。云计算为企业提供弹性可伸缩的计算资源,相对物理服务器更为简单、高效,可随时根据业务需要进行调配,以提升运维效率,解放企业信息力量,使企业能够更好地专注于主营业务。云计算在政务、金融、医疗等领域正在加速渗透,以帮助传统行业构建强大个性化的数字平台,加速产业智能化。未来,我国云计算 SaaS 层有望迎来爆发式增长,行业将呈现"多云共存、一超多强"的竞争局势,不同云厂商之间凭借自身的实力,在行业间形成差异化竞争优势。云原生技术和混合云架构将得到更加广泛的应用。

5G 商用时代已经到来,5G 通过与大数据、物联网、人工智能、区块链等新一代前沿技术的深入融合,逐渐衍生出众多服务于生产、生活和城市管理的应用场景。传统行业与 5G 技术的深度融合,提高了企业生产效率,提升了生活的舒适度与便利度,拓展了各行业各领域的应用圈,催生了智能生产与智慧生活的落地。在工业、农业、金融、交通、教育、电力、医疗、城市管理、公共安全、媒体等领域,会逐步涌现出有望率先实现技术突破并形成商业闭环的应用场景。

例如,在车联网领域,车联网的服务分为车载娱乐业务、交通安全与辅助驾驶业务、自动驾驶业务。随着 C-V2X(4G/5G)技术的应用,车联网实现了汽车与道路基础设施(V2I)、车与车(V2V)、车与人(V2P)的点到点通信,提高了交通安全和通勤效率;而辅助驾驶业务的升级版则是自动驾驶,目前自动驾驶在矿山、港口等的封闭道路已基本实现。以车路协同自动驾驶为例,其基础设施建设主要包括:路侧基础设施的建设(通信基站、差分基站、路侧感知设备、智能网联红绿灯改造等)、通信管道建设、车路协同平台搭建、数据中心建设等。通过路侧部署的智能感知设备,对道路情况、车辆情况等进行获取,利用 5G 网络、边缘计算能力将路侧和车端实时感知信息在边缘侧进行融合解算,形成的决策信息下发到车端,融合车路协同,为自动驾驶提供驾驶决策辅助。

未来 5~10 年,5G、云计算、人工智能、物联网、工业互联网等新技术、新模式将实现与传统领域深度融合,形成具备数据感知、连接、汇聚、融合、分析、决策等能力的新型基础设施,迎来真正万物互联的时代,实现全面赋能生产和生活,有力推动经济社会发展质量变革、效率变革、动力变革。下一章开始,将基于本章的内容,开始探讨双边平台和产业平台作为新组织对数字经济的影响。

课 后 思 考

1. 数字基础设施主要有哪些方面?
2. 如何看待数字基础设施对整个数字经济发展的作用?
3. 如何看待中国的数字基础设施发展水平?
4. 数字基础设施的发展有哪些规律?
5. 数字基础设施正在哪些经济社会领域发挥着巨大价值?

第三部分
新组织一：双边平台和消费互联网

平台经济是一种新兴经济形态。何为双边平台？双边平台包括哪些类别？双边平台是如何通过各类数字终端来覆盖到消费者的各类消费活动的？双边平台的发展过程体现了哪些独特的经济学特征？双边平台又面临着哪些发展和治理的问题？双边平台在覆盖消费活动后又如何逐渐形成了现在的消费互联网？本部分将通过对日常消费活动中的双边平台相关经济活动的阐述，为大家讲解这些经济活动背后所蕴含的经济学原理，也将为大家系统地展现数字经济大背景下的消费互联网所触及的各类经济学场景。

CHAPTER 3 第三章

平台经济和双边市场介绍

本章主要围绕平台经济和双边市场展开，包括以下内容：双边平台的解构、双边平台的分类和双边平台的发展逻辑。双边平台的解构将介绍双边平台的定义、基本特征、结构、典型案例；双边平台的分类将对主要的平台分类方式进行总结和对比；双边平台的发展逻辑将介绍平台形态的演化、平台交易机制的演化、平台战略的演化。因此，在本章中，大家将学到双边平台的相关理论和知识，理解双边平台的重要作用。

第一节 平台的解构

一、定义和结构

伴随移动互联网、物联网、大数据、区块链、云计算及人工智能等新兴技术的加速应用，平台经济作为一种新兴经济业态，已经渗透到生产、交易和消费的各个环节，成为推动经济快速增长的新动力。平台经济实质是全球化、信息化、网络化三大趋势下的结果（李允尧等，2013）。最近几年，随着信息化和智能化的加速，越来越多的平台企业涌现出来，其分布也十分广泛，从信息门户、网络游戏，到电子商务、第三方支付，再到社交、直播等。平台产业逐渐成熟，平台经济迅猛发展。根据 Statista[①] 公布的 2021 年全球市值排行榜显示，全球前十大企业中有七家属于平台企业，包括苹果、微软、亚马逊、字母表（Alphabet，谷歌母公司）、脸书、阿里巴巴、腾讯，如图 3.1 所示。

平台经济已经超越了双边平台的模式，经历了从双边平台（Rochet and Tirole，2003）到产业平台（Gawer and Cusumano，2014）和平台生态（Ceccagnoli et al.，2012）的演变过程。从供应链模式到平台模式的转型，最先发生在消费端。消费型平台经济主要由平台企业和在线市场两部分构成，并依靠网络效应发展壮大。在技术创新和大数据驱动下，信息和数字技术进一步实现了整体爆发，在生产端也逐渐萌生出平台模

---

① Statista 在线数据库：https://www.statista.com/statistics/263264/top-companies-in-the-world-by-market-capitalization/.

式。生产端平台作为一个行业的共性技术、能力的基础，支撑起了一条产业链。因此，从广义上讲，平台包括双边平台、产业平台、平台生态。从狭义上讲，平台指的是双边平台。为了突出本章主题，下面首先分析狭义的平台，即双边平台[①]。

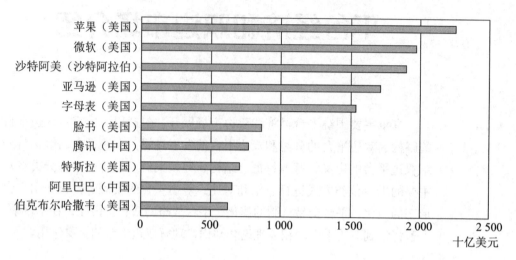

图 3.1　2021 年全球市值前十大企业名单

在经济学研究领域，在平台这一概念被广泛接受之前，一些学者便已经从各自的研究领域开始尝试使用这一名词。比如，政治经济学领域的政治平台（Political Platform），及探究国家经济交互行为的经济平台（Economic Platform）。在这些研究中，平台更多地被定义为一种不同经济主体彼此交互所形成的一种组织形式。随着互联网的快速发展，这种相互交互的平台开始以网络经济（Network Economy）或互联网经济（Internet Economy）的形式出现在经济学的研究中。后来，通过结合平台的市场结构和其所产生的网络交互，Rochet 和 Tirole（2003）开始通过双边市场（Two-sided Market）对平台这一经济形式展开系统性的研究。在双边市场中，接入平台的双边之间可以产生网络效应，并影响到双边的效用，且通过提高一边的价格、降低另外一边的价格以改变交易量。在这样一个双边市场中，平台可以将不同类型的用户（比如，在电商平台上的买方和卖方、报纸平台上的阅读者和广告商等）进行匹配和撮合，并最终达到市场的均衡。这样的双边市场有很多，比如报纸市场、电商市场、电子游戏交易市场、共享住宿市场、搜索引擎市场及共享出行市场等。而随着市场参与主体的不断增加，平台开始对更多类型的市场参与主体进行协调，比如在短视频平台中，不仅有视频的拍摄制作及上传者和视频的观看及分享者，也有广告商、音乐人、特效师等主体的参与（周迪等，2019）。而这类涉及多类参与者的市场就是多边市场（Evans, 2003）。

在双边市场和网络效应概念的基础上，平台的定义可以得到进一步明确。关于网络效应，在双边或多边市场中，不同类型参与者之间所产生的交互作用往往被定义为网络效应（Network Effects）或网络外部性（Network Externalities）。平台作为一个双边市

---

① 本章剩余部分提到的"平台"一般指的是"双边平台"。

场，会产生同边和跨边的网络效应，且网络效应是平台竞争、进入和退出市场的重要影响因素。其中，Rochet 和 Tirole（2003）将平台定义为一个帮助或促进希望进行交互、不同边的主体实现交互的一种组织结构。此外，其他定义包括：可以带来双边网络效应的产品或服务（Eisenmann et al., 2006）；基于平台的双边市场是基于中介所代理的各类群体之间相互依赖或者通过外部性影响所形成的市场中介（Rysman, 2009）；一种可以促成双方或多方客户之间交易的现实或虚拟空间（徐晋和张祥建，2006）。双边市场是平台经济的载体，而平台则是双边市场的核心，平台通过与多边用户之间的博弈来获得利润。

因此，平台的定义有两大基本特征：第一，存在多种类型且高度交互的主体连接在平台上；第二，平台为这些主体提供一个基础性的载体，并能促进这类交互。同时，平台的定义在一定程度上和生态（Ecosystem）有很强的关联性，且目前也已经衍生出了平台生态这样的定义。平台生态不仅包括了直接连接到平台的各类主体间彼此的交互关系，甚至囊括了这些主体与没有直接接入到平台的其他主体之间的交互关系（戎珂等，2018）。因此，平台是生态当中的一个重要甚至是核心的组成部分。但是平台不等同于平台生态，平台生态的范畴比平台更广。基于上述对平台的理解，本章给出了平台的定义：平台是一个通过双边市场和网络效应，协调并促使直接接入平台的各类经济主体实现交互的一种组织结构。

尽管最初的平台定义没有和数字经济完全结合，但是随着平台定义的成熟，数字平台开始作为一类专门的研究对象，受到了广泛关注。事实上，平台包括数字平台和非数字平台，两者存在区别。比如前文提到的报纸平台虽然适用于双边市场和网络效应的相关理论，但是报纸平台并不是基于数字技术，因此只能被归为非数字平台。所以，数字平台的第一个特征便是：数字平台是基于数字技术而搭建的平台。因此没有用到数字技术的平台并不能被称为数字平台，具体而言，在消费端包括非数字的传统平台，在生产端则包括用于协调企业内部各个部门交互性的内部平台、对各类供应商进行协调的供应链平台等。数字平台的第二个特征是：平台已经不仅仅局限于消费端。在数字平台概念出现之前，在线平台（Online Platform）或在线市场（Online Market）是一个更为常用的名词。无论是在线平台还是在线市场，主要针对的还是消费端的平台，因此和数字平台的范围又有所差异。数字平台不仅仅局限于消费端平台，还包括传统产业在数字化过程中所形成的平台。尽管数字平台的范畴开始被逐步确定，但是对数字平台的定义存在较大的争议，比如，联合国《2019 年数字经济报告》指出，数字平台是为不同端口用户提供在线交互的一类数字生产单位；也有研究认为，数字平台是在平台的基础上，融入了服务及内容的一系列数字资源组合（Rai et al., 2019）。这些定义虽然强调了数字化的重要性，但是缺乏平台理论的基础。

根据上述定义，本书认为，平台经济的结构应如图 3.2 所示，主要由平台企业和在线市场两部分构成，依靠网络效应而发展壮大。在平台经济中，平台企业（平台）是核心，平台连接供应方和需求方（双边用户）。其中，核心平台企业用现代的信息技术、人工智能技术搭建一个平台，匹配供求双方的信息，从而提高双方交易效率，同时通过制定交易的规则和价格结构从交易中抽取一定的佣金。平台往往通过不对称的价格结构等吸引尽可能多的买方和卖方进入交易市场，从而增强网络效应。另外，平台除了连接双边用户，还会连接其他的一些利益相关者，比如支付工具企业、政府、社区等。因此，平台经济的本质是市场交易活动，传统的平台企业并非在运营一个产品，而是一个双边市场。

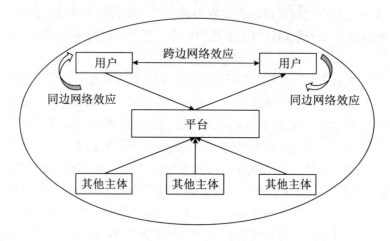

图 3.2　平台经济结构

二、典型案例

下面以共享出行平台（滴滴出行）、交易平台（阿里巴巴）为两个典型案例，介绍平台的具体结构和参与主体，如图 3.3 所示。

第一，滴滴出行平台。根据国家信息中心数据显示，2020 年中国共享经济市场交易额约为 3.38 万亿元人民币，同比增长约 2.9%。其中，2020 年中国共享出行市场规模为 2 276 亿元人民币，占共享经济比重为 6.73%。滴滴出行作为中国共享出行的第一大平台，也是全球领先的一站式移动出行服务平台，为全球 5.5 亿用户[①]提供出租车、快车、专车、豪华车、公交、代驾等多元化的出行运输服务。在这个过程中，滴滴为车主、司机提供了灵活的工作和收入机会。如图 3.3 所示，在共享出行平台模式中，平台企业（如滴滴）通过搭建一个共享出行的平台，对接两种用户，一类是司机，另一类是顾客。平台上的司机和顾客不直接进行交易，而是通过出行平台进行交易。首先，顾客发出需求（订单），然后出行平台利用大数据、人工智能等匹配司机和顾客，提高市场交易效率，方便顾客出行。平台上的顾客规模很大，可以带来两类网络效应：一是直接网络效应，越来越多的顾客向周边的人推荐出行平台，从而使得更多人选择共享出行平台。二是间接网络效应，随着顾客规模增加，共享出行的需求量也在增加，这导致提供出行服务的司机的收益增加，从而使接入平台的司机规模增长。另外，除了平台企业、司机、顾客三类主体，共享出行平台还有一些其他的参与主体，比如支付工具企业、政

---

① 国家信息中心分享经济研究中心. 中国共享经济发展报告（2020）[R]. 2020.

府监管部门、第三方机构（中国交通运输协会等）、传统车企（一汽、东风等）、自动驾驶车企等。

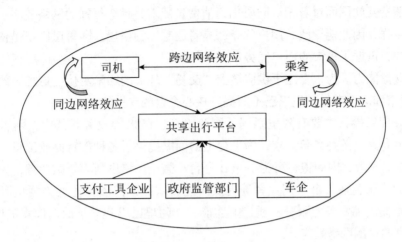

图 3.3　共享出行平台结构

第二，阿里巴巴平台。阿里巴巴最初始构建的电子商务平台——淘宝，是一个典型的双边平台。围绕着电子商务交易所需，阿里巴巴的业务不再仅仅围绕淘宝上的商家和消费者展开，而是拓展至了其他平台业务。经过多次拓展后，目前阿里巴巴的业务结构可分为核心平台和支撑能力两部分，如图 3.4 所示。

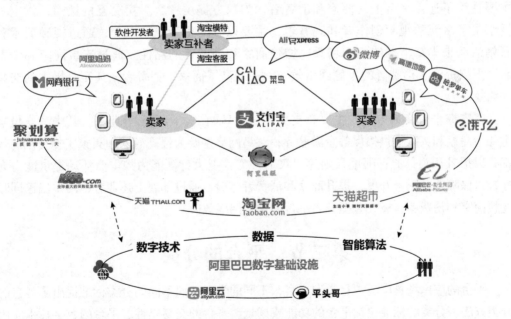

图 3.4　阿里巴巴的业务结构

（1）核心平台。在阿里巴巴庞大的消费互联网业务结构中，天猫、淘宝网、聚划算是连接商家和消费者的核心平台。其中，天猫主打中高端市场，以 B to C 商业模式为主；淘宝网主打中低端市场，以 C to C 模式为主；聚划算则主打团购市场，以 B to C

商业模式为主。通过三类核心平台，阿里巴巴消费互联网数字平台覆盖了中国高、中、低三类市场，打造了中国最大的消费互联网双边平台。

由于消费互联网面对着相对同质化的消费者需求，具有很强的网络效应。即用户越多，平台越强，因此能导致"用户争夺，赢者通吃"的格局。阿里巴巴正是依靠广覆盖的市场结构，占据了极大的用户优势和市场份额。

（2）支撑能力。为了专注于供应链上"交易"环节的匹配对接，更加高效连接产品/服务的商家和消费者，阿里巴巴不断提升核心平台的支撑能力。

在服务商家端，主要有阿里妈妈、网商银行、1688等业务。其中，阿里妈妈主要是为了满足商家全链路经营诉求，为平台上的商家提供了各种数智商业工具，包括品牌展示、数据管理等；网商银行可为 B to B 平台小微企业提供阿里贷款业务，为淘宝、天猫平台上的小微企业、个人创业者等提供淘宝贷款业务；1688主要为阿里巴巴集团旗下零售商家提供批发采购服务。通过上述能力，阿里巴巴建立了面向商家的服务网络，提升了商家的单侧网络效应。

在服务消费者端，主要有一淘网、饿了么等业务。其中，一淘网主要是为了提升用户体验，帮助客户更快找到物美价廉的商品；饿了么是外卖平台，主要为消费者提供外卖配送服务。通过服务消费者端，阿里巴巴建立了面向广大消费者的服务网络，提升了消费者的单侧网络效应。

在连接商家和消费者端，主要有阿里旺旺、淘宝直播等业务。其中，阿里旺旺主要是为了连接平台上的商家和消费者，为双方提供一个买卖交互的渠道；淘宝直播汇集了多元的视频创作者和观看者，主要以直播主为中间媒介，通过视频展示和营销活动来丰富消费端应用场景，增强商家和消费者的黏性。通过连接商家和消费者，不仅提升了消费者的单侧网络效应，还提高了商家、消费者，甚至直播主的交叉网络效应。

在支撑平台交易方面，主要有支付宝、菜鸟网络、阿里云等业务。其中，支付宝主要为商家和买家提供担保等金融服务；菜鸟网络主要为提高商家和买家实物交割的效率，以提升用户体验；阿里云则为"双11"等需要大计算能力的电商活动提供能力支撑，以保障业务正常开展，提升商家和消费者体验。通过部署上述业务，阿里巴巴同时连接商家和消费者，极大地提升了平台的交叉网络效应。

第二节　平台的分类

平台的应用场景广泛，且类型丰富，不同的学者按照不同的分类标准提出了各自的分类方法。分类的标准包括平台的功能或场景、平台的交易属性、平台的数字技术应用程度、是否存在混合型平台以及其他的一些分类标准。表3.1对主要的平台分类进行了总结和对比。

表 3.1 主要的平台分类

分类标准	平台类型	文献来源
功能或场景	市场创造者、受众创造者和需求协调者	Evans（2003）
	交易中介、支付工具、媒体和软件平台	刘启和李明志（2008）
交易属性	交易平台或双边市场平台、技术平台	Gawer 和 Cusumano（2014）
数字技术应用程度	非数字平台和数字平台	de Reuver et al.（2018）
是否存在混合型平台	交易平台、创新平台、集成平台和投资平台	Yablonsky（2018）
	创新平台、交易平台和混合平台	Cusumano et al.（2019）
多维度	功能型平台、跨组织平台和产业平台	Jia et al.（2019）
连接属性和主要功能	网络销售类、生活服务类、社交娱乐类、信息资讯类、金融服务类、计算应用类	中国国家市场监督管理总局①

（1）按功能或场景分类

有些学者从平台的功能或场景出发，对平台进行比较细致地分类。例如，Evans（2003）在研究双边以及多边平台的过程中，将平台划分成了三大类，分别为市场创造者、受众创造者以及需求协调者。第一，市场创造者是指能够通过赋能不同类型的群体交互，以促成一个能够彼此交易的市场的平台，比如金融行业中的纳斯达克股票交易市场和电商行业中的易贝（eBay）；第二，受众创造者是指能够将广告与用户或受众进行匹配的平台，比如传统的杂志、报纸、电视，又比如互联网时代的各类门户网站等；第三，需求协调者则是指能够提供各类服务或产品，以达到协调不同用户群体的间接网络效应的平台，这些平台并不直接产生交易，但是通过协调需求为交易创造了环境，比如Windows 操作系统、信用卡支付系统等。再如，刘启等（2008）在对双边市场进行综述的时候，将其分成了四类，分别是交易中介、支付工具、媒体和软件平台。第一，交易中介与交易平台起到的作用较类似，主要连接的是买方和卖方，其包括各类电商平台。第二，支付工具则主要是指借记卡和信用卡，由持卡人和商户构成平台的双边，在不同的购物场景中进行交互。第三，媒体平台，既包括传统的报纸、电视等，也包括各类互联网门户网站，其平台上的观看者和广告提供商之间会产生交互。第四，软件平台，包括操作系统、游戏等，一边为各类软件及游戏的买方，另一边则为软件及游戏的发行者和开发者。

（2）按交易属性分类

有学者从平台的交易属性出发，将平台分为交易平台、非交易平台（技术平台）。例如，Gawer 和 Cusumano（2014）将平台划分成了两大类：第一类就是传统的交易平台或双边市场平台；第二类便是技术平台。技术平台同样包括了两类：首先是内部平台，用以协调企业内部各个部门交互关系的平台，其次是外部平台或产业平台，可以通过平台技术驱动整个产业的发展。再次，还有学者从平台的数字技术应用程度出发，将平台分为非数字平台和数字平台。de Reuver et al.（2018）在一项关于数字平台的研究中，

---

① 国家市场监督管理总局. 互联网平台分类分级指南（征求意见稿）[EB/OL]. (2021-10-29) [2022-06-29]. https://www.samr.gov.cn/hd/zjdc/202110/t20211027_336137.html.

直接将平台分为非数字平台和数字平台。其中，内部平台、供应链平台和产业平台被认为属于非数字平台。具体而言，内部平台主要是企业内部开发的，用以协调企业内部各个部门的平台；供应链平台则是用以协调组装厂商的各类外部供应者的一类平台；而产业平台则是产业的核心，用以聚集产业中各类互补者。而数字平台则强调了数字技术的应用，可以是编码库、操作系统，也可以是基于编码库或操作系统开发的各类软件。因此，与非数字平台相比，数字平台涉及了从设备、操作系统到应用不同级别的产业领域，比非数字平台更注重对信息科技技术的应用。

（3）按是否包含混合型平台或数字化与否分类

还有学者认为，平台类型应该包括混合型平台。例如，Yablonsky（2018）将平台划分成交易平台、创新平台、集成平台和投资平台四大类。其中，交易平台用以连接不同类型的用户，以实现技术、产品和服务交易。创新平台是指为其他企业提供基础性的技术、产品和服务的平台。投资平台是指集合各类资产以执行共同投资策略的平台。集成平台是指交易平台和创新平台的混合。再例如，Cusumano et al.（2019）基于 Gawer 和 Cusumano（2014）的研究进一步提出了一个新的分类，认为平台可以分为三大类：创新平台、交易平台和混合平台（Hybrid Platform）。其中，创新平台和交易平台分别对应于 Gawer 和 Cusumano（2014）研究中的产业平台和交易平台，而混合平台则是一类同时拥有创新平台和交易平台相关功能的平台。

（4）其他分类

还有学者提出了其他的一些分类。例如，Jia et al.（2019）将平台分为了功能型平台、跨组织平台和产业平台三类。第一，功能型平台细分为两类：产品开发平台，包括一组共同的组件、模块或部件，从中可以有效地开发和推出衍生产品；信息、知识或技术共享平台，即一类提高知识系统获取、储存和传播能力的重要组织机制。第二，跨组织平台也分为两类：供应链平台，即能够实现平台中各个主体组织的功能需求、识别所有组织之间连接关系的连接框架；公共服务和公共组织，即为更好地实现社会管理功能而提供服务或物品的平台，这类平台通常为非营利组织。第三，产业平台，这类平台包括具有网络效应的各类应用类平台，也包括具有相关行业实力的技术巨头，比如脸书、谷歌等。

（5）按连接属性和主要功能分类

2021 年中国国家市场监督管理总局公布了《互联网平台分类分级指南（征求意见稿）》。该指南根据平台的连接属性和主要功能（交易、社交、娱乐、资讯等功能），将平台分成网络销售类、生活服务类、社交娱乐类、信息资讯类、金融服务类、计算应用类等六类。六类平台分别实现了人与商品、服务、人、信息、资金、计算的连接能力，并分别提供了交易、服务、社交娱乐、信息资讯、融资、网络计算等六大功能。总体来说，这种分类方法具有很高的科学性和可行性，分类标准比较符合实际，平台类型比较全面，在现实中的指导价值高。

第三节　双边平台的发展逻辑

一、从单边市场到多边市场

在信息技术革命之前，传统经济是以单边市场为主，以供应链模式运行，经过设计研发、生产制造、运维管理的过程到达终端卖家或服务商，再与消费者进行交易。大部分企业都是作为供给方的，以满足客户的同类需求。比如车企，不论面对的客户是三口之家，还是保险企业，抑或是政府部门，它们需要提供的都是一辆满足多样化、个性化需求的"车"。总体而言，单边市场强调专业化分工，但当供应商具有垄断地位时，企业也可能放弃购买，选择向上游扩张以降低成本。

只有同时具有足够多的交易对象，才能满足稠密性且能够撮合交易并完成匹配。满足匹配性，才能够克服信息不对称。满足安全性的行业能够形成多边市场。在多边市场（即早期研究中的"双边市场"）中，企业既可以是供给方，也可以是平台方。搭建平台的企业面对的是不同类型的客户，这些需求不同的客户能够接入平台进行互动，并形成网络效应。例如，当报社不止是售卖报纸杂志，还售卖报纸杂志上的广告位时，它们面向的就是多边市场。多边市场（双边市场）的经典定义认为，平台企业能通过调整对各方消费者收费的价格结构来改变交易量，其利润产生于平台上的各方互动，此时则称该市场为双边市场。

与强调专业化分工的供应链模式相比，多边市场（双边市场）是以平台为核心，重视发挥平台的交互作用，促使两类或多类用户在平台上互相影响、彼此吸引，通过同边用户交互扩张的直接网络效应和多边用户间的间接网络效应获取利润，使平台逐步壮大。这一网络效应正是多边市场相比于单边市场的主要优势，即源于平台不同用户之间的相互依赖。同时，多边市场和单边市场在价格机制、信息结构和市场关系上也存在着显著差异。单边市场的产品价格只会影响该产品的交易规模，而多边市场中价格结构重于价格水平。平台企业的定价对该类型用户规模的影响，不仅在于价格与支付意愿的匹配，还通过同边网络效应放大或缩小了这一效应，甚至还能改变平台对其他类型用户的吸引力，即形成交叉网络效应。和仅有供需双方的单边市场相比，多边市场的市场结构是以平台为中心，平台企业能够主导信息的发布、处理和交换，或为其提供支持，借此降低用户的信息搜寻成本，以提高市场匹配效率。单边市场供应链各个环节只有供需双方，而在多边市场中，平台拥有多方用户，不同类型的用户能够直接接触，且用户存在多属行为（多平台栖居）。

在信息技术革命以前，多边市场有交易中介、媒体、支付工具、软件平台等类型。交易中介面向"买家""卖家"两类顾客，并整合信息和匹配资源，以撮合双方交易，例如房产中介、出版社等；媒体平台面向"读者"和广告商，提供内容吸引受众，凭借受众的规模售卖广告位，例如报纸、杂志等；支付工具面向持卡人和商户，两者形成交叉网络效应，例如借记卡、信用卡等银行卡；软件平台包括操作系统、网络游戏等，其中操作系统面对的是硬件、用户、应用三边用户。

而数字经济的兴起为多边市场平台的线上化提供了可能，并逐渐发展成为成熟的经济形态——平台经济。在信息技术的基础上，平台经济能够通过资源整合、平台治理，更好地发挥多边市场的网络效应。以滴滴出行为例，平台企业通过大数据分析等方式确定对司机和顾客的收费标准，同时整合线上支付系统、实时地图等资源以降低交易成本，提升匹配效率，借间接网络效应不断吸引新用户——司机和顾客。数字经济下的平台能够利用信息技术构建重复博弈、提高治理水平，例如通过乘客反馈、平台监控等机制管理司机，通过绑定银行卡付款、黑名单等措施管理顾客，以形成良好的声誉机制。时至今日，平台经济已经渗入社会生活的方方面面：淘宝、京东商城构建了商品交易的多边市场，唯品会、拼多多等平台则打出"品牌折扣""拼团低价"等旗号进一步切入细分市场；滴滴出行、优步则优化匹配车辆和乘客，以降低乘客的出行成本；爱彼迎、途家网、小猪短租等平台则针对民宿公寓预定；去哪儿、携程等平台则服务于旅游和远途出行。

二、交易机制的演化

在单边市场发展到双边或多边市场的同时，交易机制也从直接交易衍化为间接交易，且进一步发展成平台交易。交易包括搜寻、匹配、议价、运输和结算等环节，其中商品流、信息流和资金流在交易各方之间形成，三者的分合状况也随着交易机制的发展而改变。总体而言，单边市场的交易机制经历了从直接交易向间接交易，再向平台交易的转变；而随着多边市场的发展和数字经济的出现，网络平台交易已成为适应时代的交易方式。

直接交易的买卖双方不需要借助第三方进行交易，此时的商品流、信息流和资金流三流合一。直接交易最初是以物易物，但随着经济的发展，商品多样性增加，供需匹配变得困难，从而衍化出固定的交易媒介———般等价物，并最终发展为以货币为媒介的钱物交换。直接交易存在机会主义行为，损害交易安全性；以物易物时期的物品匹配性、贯穿整个直接交易的时限匹配性都较低；且直接交易的供求双方信息交换困难，流动性不足，容易出现交易被迫中断的空白期。

间接交易的主体包括买卖双方和第三方中介。中介可能是个人也可能是组织，作为经销商、信息中介或资金中介，为买卖双方提供商品流、信息流或资金流的居间服务，此时三流分离。间接交易至今仍然活跃在市场中，联结供应商和消费者的经销商或中间商以先买后卖，解决直接交易的时空匹配困难的问题；如今的企业和古代专业判定牲口质量的"牙人"类似，是通过前期表现来积累信誉和认知度，使得消费者能够借以识别产品质量；银行联结投资方和融资方，利用票据、信用卡等工具将资金流分离出来。和直接交易相比，间接交易的安全性、匹配性、流动性都有所提高：中介通过对买卖双方交易历史信息的掌握，能够更好地形成声誉机制（如品牌）以缓解信息不对称造成的逆向选择等问题；通过对买卖双方信息的分析，中介可以代替买方或卖方与对方接洽或为双方牵线搭桥，并撮合交易，以减少时、空、人难以匹配的情况；同时，中介通过增加低买高卖的次数提供市场流动性。但间接交易对中介的依赖容易造成权力过度集中的问题。

在平台交易中，商品流、信息流和资金流重新合流于平台，优化了流动方式。商户和客户能够借助平台直接接触，实现去中心化，减少了对传统各类中介的依赖，极大地降低了交易费用，提高了交易效率（王勇和戎珂，2017）。而网络平台交易则是传统平台交易在数字经济背景下，把交易的各个环节线上化后的结果。

网络平台交易是借助互联网技术，通过交易平台以多边形式完成的交易，不同空间的买卖双方可以在平台上直接交易，如图 3.5 所示。在传统平台交易的基础上，网络平台交易能够更好地实现跨地区匹配，通过搜索引擎的使用降低搜寻成本；平台通过互联网技术规范商家和用户的信息披露，并建立反馈机制、第三方支付结算体系、运输物流体系、实时交易全程监管系统、第三方担保机制，且在中介的基础上进一步解决交易中的安全问题；同时网络平台交易还能够服务于长尾市场，以满足更多无数非典型的特殊需求。

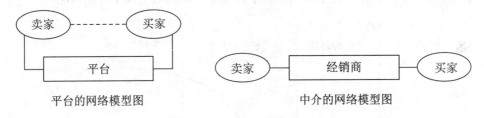

图 3.5　平台与中介的网络模型对比

中国的网络平台交易在 21 世纪正式拉开帷幕，8848 网、易趣网、阿里巴巴和当当网进入市场。一年后聪慧商务网进入 B to B、卓越网进入 B to C 市场，此后，阿里巴巴推出淘宝，率先进入 C to C 领域，易贝和腾讯的拍拍网紧随其后，并在 2005 年前后鼎立 C to C 产品交易市场。之后，B to C、B to B 和 C to C 等领域的交易平台竞争日益激烈。伴随着亚马逊在中国 B to C 市场上失利，京东却在 B to C 的道路上不甘示弱；淘宝依托支付宝在 C to C 交易竞争中取胜，并转入 B to C 和 B to B 以图进一步发展。2008 年金融危机重创了传统线下企业，反而给低成本、高效率的线上交易以发展的机会。除产品交易平台以外，外卖团购、房屋租赁、旅游出行、P to P 金融、教育医疗等各种行业平台如雨后春笋般涌现。2011 年后，交易平台上线手机，扫码支付、分享经济、二手交易开始发展壮大，不论是传统的商品交易还是家务劳动，抑或是金融贷款，也都开始进入线上市场并渐成规模，平台交易无处不在。

三、平台战略

在单边市场上，企业的战略主要围绕产品，只重视如何通过产品战略提高企业的核心竞争力，以争取更多市场份额。哈佛大学教授、管理学家迈克尔·波特（Michael Porter）提出了经典的"企业核心竞争力"理论，认为企业为打造自己的核心竞争力可以制定和实施总成本领先、差异化和专一化三种战略。首先是总成本领先战略，通过建立高效生产设施而形成规模生产，并全力控制成本与管理费用，压缩研发、服务、推销、广告等方面的成本。在这一战略指导下，企业可以保持对质量、服务以及其他方面的关注。但相对于竞争对手，较低成本才是关键，排在第一优先级，创造价格优势，属于定价策略的一种。其次是差异化战略，创造在全产业范围独有的产品或服务特性，包括品牌形象、技术运用、性能特点、顾客服务、商业网络以及其他方面的独特性。最后是专一化战略，主攻某个特殊的顾客群、某条产品线上的一个细分区段或某一地区市场，但与在全产业范围内实现其目标的总成本领先战略、差异化不同，专一化战略围绕某一特殊目标，为其提供服务。

平台经济兴起后，平台企业的战略就从产品战略衍化为平台战略。在平台竞争的过程中，网络效应的强度、用户偏好、平台内容的丰富程度、收费方式、多属行为都是重要的影响因素。平台战略的核心就是留住尽可能多且丰富的用户群体。

（一）平台生命周期和平台战略

如图 3.6 所示，根据平台生命周期，平台战略可以从以下几个方面考虑：

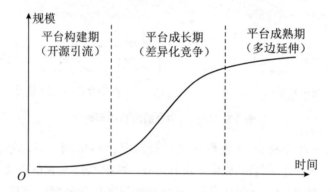

图 3.6　平台生命周期及其相应的平台战略

平台构建期的"开源引流"：主要使用价格策略，增强平台对用户的吸引力，降低用户进入平台的成本，以实现搭建或嵌入。用户的多属行为是平台经济的重要特征，尤其是在平台的"入场"费用较低时。平台起步时企业可利用这一点大打价格牌，采用补贴措施吸引第一波用户，再通过直接网络效应和交叉网络效应扩展各方用户，迈出进入市场的第一步。为了鼓励最早一批进入平台的用户，平台需要对未来的价格策略做出可信的承诺，从而影响用户对于平台交叉效应、未来交易量的预期。在这一动态博弈中，平台的可信度将成为"鸡生蛋，蛋生鸡"破局的关键。除了制定合理的价格结构外，如果市场内本就存在其他平台，且已形成强网络效应和高转换成本时，新平台就可以"缩小差异"，考虑兼容性问题，以帮助用户实现平滑过渡。此外，平台还可以"放大差异"，通过创新提供"革命性"的新服务、新功能，以提高核心竞争力。为了实现交易规模的扩大，在这一阶段平台可能会牺牲短期利润。

平台成长期的"差异化竞争"：在市场内已存在其他龙头平台的情况下，平台初创时应避行业巨头之锋芒，找准自身定位，在大平台提供的服务有限的市场内深耕，即利基策略。利基策略（Niche Strategy）是指企业在市场竞争激烈时，选择在某一细分领域发展，在复杂的市场环境得以生存、发展、壮大。例如，在淘宝、京东几乎包揽电子交易市场时，唯品会以"大品牌，低折扣"作为卖点吸引对品牌有一定追求且预算有限的用户，正是使用了利基策略。使用利基策略相当于为平台建立"根据地"：在多边市场边界越发模糊的背景下，平台企业可使用利基策略更好地面对合围和跨界竞争，依靠不可替代性立足于市场。

平台成熟期的"多边延伸"：多边市场的平台企业服务范围具有极强的延展性。当平台企业自身已积累足够多的用户时，可以扩展市场边数，通过平台包围等策略，深挖用户价值，链接新的市场，培育平台生态，推出更多针对现有用户的新型产品和服务。同时，平台企业为了不"被包围"，需要尽可能摆脱"单一经营"的状态，积累更丰富的用户资源。

平台战略根据其功能可以分为定价策略和定位策略。产品战略同样存在定价策略（总成本领先）和定位策略（差异化、专一化），区别在于平台战略不以行业划分，而是针对平台面向的所有用户群。其中，平台的定价策略不针对某种或某些特定产品的价格水平，而是调整对不同用户的定价结构。而平台定位策略则将产品战略中对产品质量的管理延伸至平台治理。

平台的定价策略：平台收取注册费和交易费，并根据不同边市场的市场结构，对不同用户实施差异化定价，以实现利润最大化。然而，有研究表明，在在线视频产业中，价格对用户黏性的作用可能相当有限。因此，平台在制定最优价格结构后，仍需通过定位策略培育自身的竞争优势。

平台的定位策略：平台的定位策略核心是增强自身的不可替代性，主要包括差异化战略、丰富度战略、平台治理。产品差异化又可以分为横向差异化和纵向差异化：横向差异化是基于用户对不同类型产品的偏好，而纵向差异化则是基于用户对同一类型产品不同特征和属性的偏好。通常的产品差异化可以用霍特林模型表示，其结果与霍特林模型表示的双寡头垄断模型非常类似，同样都会出现特征差异化后反而趋同的现象。同时有研究表明，如果平台竞争的焦点不是定价而是定位，那么不论是垄断平台还是竞争平台，是单属竞争平台还是多属竞争平台，平台在提供服务的特征和内容定位的趋同现象难以避免，都将尽可能覆盖全市场，体现出中性而非极端的特征。在平台差异化达到极限时，会引起价格战，并损耗平台利润。在短视频行业中，快手与抖音平台竞争的市场演化就是生动的写照。

丰富度战略则强调平台产品、服务、功能的多样性。平台在现有用户和服务的基础上，向外寻找交叉领域，利用跨界优势进行多元经营。一方面可深度挖掘现有用户资源价值，另一方面可以通过不同行业的用户重叠与差异扩大用户范围。丰富度战略的使用可加强平台韧性，减小单一经营的风险，并能够通过资源整合进行平台合围，进一步扩展平台的服务范围。

良好的平台治理能够提高平台可信度，增强用户对平台运行、发展的良好预期，且可使平台的定价策略和定位策略更准确地调整到用户预期。当平台治理出现重大问题的时候，平台交易相对于间接交易的优势将大打折扣，甚至危及平台生存。在数字经济下,平台可以通过规范用户信息披露、建立交易双方双向或单向反馈机制、第三方支付结算体系、运输物流体系、实时交易全程监管系统、第三方担保机制等方式提高平台治理水平。

(二)阿里巴巴平台发展案例

近20年,伴随着消费互联网的兴起,阿里巴巴逐渐成长为中国乃至全世界的头部平台企业。截至2021年3月31日止的12个月内,阿里巴巴中国零售市场年度活跃消费者达8.11亿元人民币,商品交易额达8.119万亿元人民币(1.239万亿美元);2021年第一季度,阿里巴巴中国零售市场移动月活跃用户达9.25亿名。

阿里巴巴自1999年成立以来,不断完善平台结构,以提高在中国消费互联网的市场占有份额。按其发展进程可划分为三个阶段。

第一阶段为1999—2006年,主要是建立平台,抢占市场。阿里巴巴成立之初,主营业务是B to B跨境电子商务,主要是帮助中国的中小国际贸易企业开展海外贸易。在获得高盛和软银合计2 500万美元的首轮融资后,阿里巴巴平稳度过了互联网泡沫破灭的寒冬。在此期间,基于B to B跨境电子商务业务,阿里巴巴已经具备良好的国际商务视野。2003年,易贝投资易趣,正式进军中国市场。阿里巴巴判断,当时主要开展C to C业务的易贝可能进入B to B领域,于是决定创办淘宝网和支付宝,正式面向个人消费者,以进入C to C领域。基于对中国消费者需求的理解,阿里巴巴宣布三年不收手续费(实际上该政策施行了六年),并采取"农村包围城市"的广告策略,紧紧"咬住"了易贝的发展速度。到2004年年底,淘宝已经积累用户450万,并于2005年获得了雅虎10亿美元的投资。总结来看,该阶段是阿里巴巴消费互联网数字平台的构建期,阿里巴巴主要是从连接商家(卖家)和消费者(买家)出发,先后建立了诚信通、阿里旺旺、支付宝等业务,目的是与易贝竞争抢占中国的C to C市场。

第二阶段为2007—2013年,主要是完善平台,优化市场。2007年,阿里巴巴网络有限公司(主要从事B2B跨境电子商务业务)在香港联交所主板挂牌上市。当时,阿里巴巴注册用户已达2 700万名,淘宝用户达到5 300万名。因此,到2008年,淘宝将企业定位为世界最大的电子商务服务商。2009年,阿里巴巴创立阿里云,为天猫"双11"全球狂欢节等提供了强大运行能力。2010年9月,淘宝聚划算正式启用淘宝网的二级域名,又于2011年启用聚划算顶级域名,以发展消费互联网团购平台。2012年,淘宝商城正式更名为天猫商城,并于2014年上线天猫国际,抢占了中国消费互联网的中高端市场。2013年,阿里巴巴与银泰集团等联合成立菜鸟网络科技有限公司,马云出任菜鸟网络董事长,打造了阿里巴巴的物流网络,实现了阿里巴巴平台上的物流、资金流、信息流的"三流合一"。该阶段是阿里巴巴消费互联网数字平台的成长期。之后阿里巴巴同时发力服务于商家和消费者,先后建立了阿里云、聚划算、天猫商城、菜鸟网络等业务,目的是完善平台能力,以提升自身在中国电商平台领域的竞争力。

第三阶段为2014年至今,主要是巩固平台,拓展市场。2014年,阿里巴巴IPO公开发行250亿美元,并在纽约证券交易所正式挂牌上市。同年10月16日,蚂蚁金服正式成立,并于 2020 年 7 月更名为蚂蚁集团,旗下业务包括支付宝、余额宝、招财宝、花呗、芝麻信用和网商银行等。2016 年,阿里巴巴成立大文化娱乐领域,进军文娱产业,业务涉及影视、音乐、体育、游戏、文学等多个板块。该阶段是阿里巴巴消费互联网数字平台的成熟期,阿里巴巴已经不再满足于服务商家和消费者了,而是不断拓展平台边界,通过发力第三方业务来提高电商平台的网络效应和用户黏性。

如表 3.2 所示,根据阿里巴巴消费互联网数字平台发展的三个阶段,可将其三个阶段的发展战略归纳如下。

表 3.2 阿里巴巴消费互联网数字平台三个阶段的发展战略

阶　　段	第一阶段:构建期	第二阶段:成长期	第三阶段:成熟期
战略	开源引流,抢占市场	韬光养晦,优化市场	扩而充之,维护市场
竞争对手	易贝	我国新崛起的电商企业	众多潜在的跨界对手
能力建设	"攻城"能力:你有我也有,交易功能为核心	优化能力:你有我优,电商服务能力为核心	"守城"能力:我有你难有,满足消费者需求为核心
网络效应	交叉网络效应为主	单侧网络效应和交叉网络效应	更强的单侧网络效应和交叉网络效应
逻辑	竞争逻辑为主	竞争逻辑和创新逻辑	创新逻辑为主

第一,平台构建期抢占市场,实现"开源引流"。该阶段阿里巴巴主要竞争对手是易贝。由于阿里巴巴的首要目的是尽快占领中国消费互联网市场,因此该阶段作为"攻城者"的身份定位,应以竞争逻辑为主,以提升平台的交易功能为核心,并通过一些规模补贴策略成功抢占了市场,产生了平台构建期的交叉网络效应。

第二,平台成长期优化市场,实现"差异化竞争"。该阶段阿里巴巴的主要竞争对手是中国新崛起的电商企业,如京东、苏宁易购、国美电器、网易严选等。由于阿里巴巴的首要目的是进一步提高市场占有率,因此该阶段作为"攻城者"和"守城者"的双重身份定位,应兼顾竞争逻辑和创新逻辑,以提升电商服务能力为核心,细分交易类型,完善电商架构,同时提升了平台成长期的单侧网络效应和交叉网络效应。

第三,平台成熟期维护市场,实现"多边延伸"。该阶段阿里巴巴的主要竞争对手是众多潜在的跨界对手,如顺丰等。由于阿里巴巴首要目的是拓宽"护城河",阻止其他潜在企业抢占市场份额,因此该阶段作为"守城者"的身份定位,应以创新逻辑为主,以不断满足消费者需求为核心,不断丰富消费场景,以提升用户体验,实现更高的单侧网络效应和交叉网络效应。

平台通过三个阶段的发展,往往会逐渐成长为在经济活动中能发挥重要作用的"庞然大物",诸如美国的脸书和谷歌、中国的腾讯和阿里巴巴等。这些"庞然大物"也被经常称为"巨头平台"。在中国,为了促进平台经济的进一步发展,目前平台经济的野蛮发展模式需要转为健康、高质量的发展模式,同时,目前需要加强平台经济的治理已经成为共识。近几年,由于平台监管的相对滞后,平台企业利用垄断地位进行"大数据杀熟""二选一""搭售""外卖员劳动异化",侵犯消费者隐私等问题层出不穷,且逐渐呈常态化、规模化、公开化趋势。这些问题已引发社会对规范平台企业行为和治理在线市场的广泛关注，平台经济治理问题也成为社会各界的研究重点和亟待解决的难点。2021年3月15日，习近平主席主持召开了中央财经委员会第九次会议，强调要建立健全平台经济治理体系，反对垄断，防止资本无序扩张，推动平台经济规范健康持续发展。同时，国家"十四五"规划纲要强调，要健全平台经济管理规范，依法依规加强互联网平台经济监管，并将"促进平台经济、共享经济健康成长"作为新的发展目标。2020年《政府工作报告》提出，要"坚持包容审慎监管，发展平台经济、共享经济，更大激发社会创造力"。2021年《政府工作报告》进一步提出，要"支持平台企业创新发展、增强国际竞争力；依法规范发展，健全数字规则；强化反垄断和防止资本无序扩张，坚决维护公平竞争市场环境"。此外，在网络安全、反垄断和数据治理规范等领域，国家也出台了一系列政策法规，以促进平台经济健康发展。在这样的背景下，如图3.7所示，在本部分后面几个章节中，将继续介绍双边平台内的经济现象、双边平台的竞争与合作、双边平台生态、平台经济的反垄断治理、平台经济的国际化等重要内容，既能对平台经济理论进行一个回顾，也能为未来平台经济的健康发展提供一些启示。

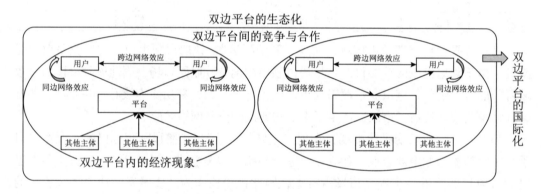

图 3.7　双边平台的整体框架

课 后 思 考

1. 双边平台的定义是什么？
2. 双边平台的结构是怎么样的？
3. 如何对平台进行划分？
4. 你认为双边平台与中介有什么区别？
5. 如何看待平台的演变？

CHAPTER 4 第四章

双边平台内的经济现象

本章主要围绕双边平台内的经济现象展开。本章主要包括以下内容：平台的网络效应、价格结构、黏性与锁定、搜寻与匹配、分层、信息披露等。本章将全面介绍以上平台相关内容的定义、案例、影响因素等。本章将透视平台的相关战略、平台层次设计等。因此，在本章中大家将学到关于双边平台内部的相关理论和知识，加深对双边平台特征、作用、战略等的理解，以便于大家分析经济生活中的一些平台经济新现象、新问题。

第一节 网络效应与用户效用

在双边或多边市场中，不同类型参与者之间所产生的交互作用往往被定义为网络效应（Network Effects）或者网络外部性（Network Externalities）（Shapiro et al., 1999）。现有的文献一般将网络效用划分成两大类：第一类，在平台同一边的消费者中所形成的交互扩张的同边网络效应或直接网络效应（Hagiu, 2009）。比如，在电商平台中，某些消费者会因为看到其他消费者购买了名牌商品而产生攀比心理，并做出同样的购买决策；再如，同样在电商平台中，某些消费者会将他们认为质量或功能较好的商品推荐给他们周边的消费者，从而促使周边的消费者购买。第二类，在平台不同边的消费者中所形成的交互扩张的跨边网络效应或间接网络效应（Stremersch et al., 2007）。比如，在报纸平台上，过多的广告会降低报纸阅读者的体验和效用；再比如，在短视频平台上，更加多元化的短视频会增加短视频观看者的体验和效用。

网络效应与网络价值息息相关，梅特卡夫定律（Metcalfe's Law）表明，一个网络的价值等于该网络内节点数的平方，而且该网络的价值与联网用户数的平方成正比。也就是说，网络效应越大，网络的价值也就越大。一个非常简单的例子来自于即时通信平台。以微信为例，微信使用的人越多，对用户就越有价值。当好友达到一定数量时，用户之间就形成了一张错综复杂的关系网，并产生强大的互动网络效应。如果某个用户打算从微信换到另一个即时通信平台，也很有可能因为大部分朋友都在微信上，而不得不回到微信平台。在海外，虽然有诸如 WhatsApp、Snapchat、Line 等国外的即时通信平台非常流行，但是当需要和中国的朋友联系时，很多时候还是需要用到微信。因此，网络效应是双边平台可以占据市场的一大关键。

如图 4.1 所示，很多因素会对双边或多边市场中的网络效应产生影响（Turrini et al.，2010）。例如，产品质量和价格是决定双边市场网络效应的决定性因素，网络效应本身及其结构会决定网络效应，特别是强社交关系和不同类型的网络结构。此外，也有一些网络性的资源会影响到网络效应，比如互补性资产、网络环境、用户异质性和用户进入时间等。

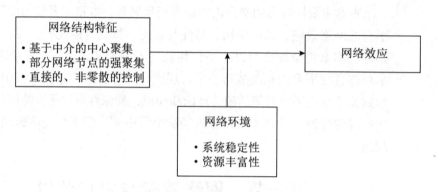

图 4.1 网络效应的影响因素

另外，用户是否选择某个平台，不再仅仅是由平台所能提供的服务质量所决定，而是和网络效应密切相关，用户的效用自然也受网络效应的影响。不同于传统市场，在双边市场中，网络效应给用户带来的效用甚至超过平台服务质量本身。很多双边平台在制定各类策略时的一大目标，就是保证平台上的用户能形成较强的网络效应，比如滴滴在早期曾通过各类补贴吸引大量的乘客和司机能留在滴滴平台上，微信在早期也曾通过导入大量的 QQ 用户来迅速提升其网络效应。

第二节 产品定价与价格结构

由于平台市场和传统交易市场的用户结构不一样，因此平台的定价策略不同于传统厂商的定价策略。传统厂商只需针对一边的用户制定价格，而平台需对多边的用户制定不同的价格。因此，在平台的双边市场中，不再仅仅只有一个交易价格，而会存在针对接入平台不同边用户形成的价格结构（Price Structure）（Rochet and Tirole，2003）。合理的价格结构或者价格策略对于平台非常重要。价格结构中有针对不同边用户的价格，因此价格结构会影响平台对不同边用户的吸引力，从而会影响平台的交易量，最后影响平台的市场份额和市场竞争力。为了扩大平台的交易规模，平台可以选择在提升某一边的用户价格的情况下减少另一边用户的价格，甚至可以只对一边的用户收费而对另一边的用户进行补贴（Armstrong，2006）。例如，杂志等媒介平台经常设定不对称的价格结构。如图 4.2 所示，杂志社需要分别针对读者和广告主进行收费。但是很多杂志社会将读者的费用（P_B）降低至边际成本，甚至降低至 0，这样可以吸引更多读者，从而提高市场竞争力。同时杂志社会向广告主收取较高的广告费用（P_S），以补贴杂志发行成本并获取利润。这样的价格结构能增加杂志的发行量，以提高杂志社的市场份额和利润。

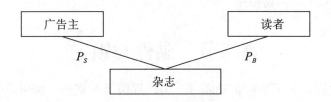

图 4.2 双边平台的交易结构示意图

平台如何制定最优的价格结构呢？平台的价格结构受很多因素的影响，主要因素包括用户结构、网络效应、市场结构等。不同用户结构、不同网络效应、不同市场结构的平台最终会形成不同的价格结构。具体来说：第一，用户结构因素。由于一边用户的数量会对另一边用户的效用产生影响，平台往往会向用户较多的一边收费，而补偿用户较少的一边，从而吸引用户规模较小一边的用户。第二，网络效应因素。在网络效应较大的平台，平台因提供服务而收取的费用相对就会偏低一些。第三，市场结构因素。垄断、垄断竞争等市场下的价格结构也会发生改变。如果某一边的市场竞争更加激烈，那么这一边的用户容易发生迁移，因此平台可能降低这一边用户的价格。

平台的定价策略不仅涉及价格结构，还可能存在价格歧视。平台对于同边（同类）用户的定价策略可能也存在差异化定价，即价格歧视。价格歧视（Price Discrimination）是指商品或服务的提供者在向不同的消费者提供同质的商品或服务时，在消费者之间实行不同的销售价格。其实，实施价格歧视往往是垄断企业的定价策略，垄断企业通过价格歧视获得高额利润。关于价格歧视的类型，价格歧视根据差异程度一般分为三级：第一，一级价格歧视（即完全价格歧视），指的是针对每一单位产品设定一个价格，向每个消费者收取他们愿意支付的最高价格。在这种情况下，厂商将获取消费者所有的剩余。第二，二级价格歧视，指的是依据不同的消费数量而设定不同的价格。"量大从优"实质就是二级价格歧视。在这种情况下，厂商将获得消费者的部分剩余。第三，三级价格歧视，指的是厂商在不同的市场上设定不同的价格，不同市场的消费者需要支付不同的价格。

传统经济中存在很多价格歧视的现象，平台经济中价格歧视依然非常普遍，甚至更加严重。一般来说，价格歧视需要一些条件，二级和三级价格歧视更容易实现，一级价格歧视的实现难度很大。但是随着数字技术的发展，有些平台凭借着垄断地位和数字技术进行"大数据杀熟"，而"大数据杀熟"相当于一级价格歧视。由于平台拥有用户的精准画像，平台能逐渐掌握用户的收入、消费习惯等，从而推测出用户愿意支付的价格。在"大数据杀熟"中，平台对每一个消费者都收取不同的价格，即对于同一平台、同一时段的同款商品或服务，不同用户的价格存在显著差异，而且熟客的价格可能更高。根据北京市消协的一项调查表明，许多受访者表示有"被杀熟"经历，而网约车、网络购物平台等是"重灾区"[①]。大数据杀熟为什么非常恶劣呢？大数据杀熟相当于完全价格歧视，是滥用市场支配地位的垄断行为，是非常严重的侵权行为，是侵犯了用户的合法权益。大数据杀熟背后也反映出数据治理问题，比如平台对用户数据的保护不够、平台违规收集和滥用用户数据等。

第三节 黏性与锁定

由于网络效应，对于平台企业而言，用户规模至关重要。而用户黏性与锁定是影响用户规模的重要因素。用户黏性是指用户对产品的依赖性，表现为用户重复使用该产品，并觉得未来也会继续使用该产品，而不太考虑转换成本等其他因素。一开始，用户黏性这个词主要针对网站，网站用户黏性是指网站留住在线客户并延长其每次访问时间的能力，它是电子商务成功的关键因素之一。后来其应用范围拓展到其他领域。影响用户黏性的因素很多，比如网站或产品的质量、价格、声誉、专用性资源、用户的信任和忠诚度、用户规模、激励机制等。不过，在不同场景这些因素发挥的作用可能不一样。例如，有研究表明，在网络视频产业中，专用性资源对于平台用户黏性影响很大，而价格对平台用户黏性的影响相当有限。因此，平台在制定最优价格结构后，仍需通过增加专用性资源等策略以提高用户黏性，培育自身竞争优势。

下面以网络视频平台为例来阐释用户黏性。如图 4.3 所示，双边视频平台的发展非常依赖于网络效应和用户黏性。用户规模越大，则专用性资源就会越多；更多的专用性资源会增加用户黏性，从而吸引更多的付费用户。付费用户增加使得用户总体规模增加，而且视频平台将向付费用户收取专用性资源的费用。其实，不同类型的市场组织获取专用性资源有不同的方式。市场组织可以分为两类：双边平台、中介商家（Hagiu，2007）。对于基于网络效应的双边视频平台，可以通过用户上传自己的视频内容来快速扩大资源数量。但是对于一个传统的视频厂商平台（中介），只有通过大规模购买版权才能获得大量标准化、高质量的专用性资源。相对而言，第二种获取资源模式需要大量的资本投入，且成本很高。

图 4.3 双边视频平台的发展模式

锁定是指激励某一商业活动内的参与者愿意继续留在该系统内，或者增加转换的成本将用户锁定在原系统内。以雀巢公司旗下的 Nespresso 为例，雀巢开发了一种新的低

[①] 人民网．人民日报人民时评：用法治遏制大数据"杀熟" [EB/OL]. (2020-12-09) [2022-06-29]. http://opinion.people.com.cn/n1/2020/1209/c1003-31959826.html.

成本的浓缩咖啡机——Nespresso 咖啡机，这种咖啡机需要配备 Nespresso 咖啡胶囊。一旦客户购买 Nespresso 咖啡机，他就需要购买价格较高的 Nespresso 咖啡胶囊。这就创造了一种锁定机制，雀巢能够从机器销售和机器使用中获利。

锁定一般是商业模式需要考虑的重要内容。价值创造需要锁定，锁定防止了客户或战略合作伙伴向竞争对手的迁移，从而有机会创造价值。而且锁定效应在平台提高市场规模和市场竞争力方面发挥着重要作用。同时，网络效应结合锁定效应可能带来平台垄断，实现"赢者通吃"。锁定主要体现在转换成本、网络效应方面，平台用户转换成本较高，则用户难以从自己平台迁移到其他平台；平台的网络效应越强，则平台对用户的吸引力越大，则用户黏性和锁定性越强。

锁定性有很多驱动因素。具体来说，第一，根据资源基础理论（Resource-Based View，RBV），企业品牌等战略资产和买卖双方的信任都能增强锁定性。例如，淘宝通过引入独立的第三方支付平台（支付宝）来保证淘宝上交易的安全和可靠性，其实这样提高了平台上两边用户的信任。第二，效率和互补性也有助于促进锁定。根据 NICE 商业模型（Amit and Zott，2001），一个成功的商业模式需要具备创新性（Novelty）、锁定性（Lock-In）、互补性（Complementarities）、效率（Efficiency）。具有较高效率和互补性的产品或服务可以吸引、保留客户和合作伙伴，从而使用户规模扩大、网络效应增强。网络效应又会提升商业模式的效率和互补性，这种正向循环会不断加强企业竞争优势。第三，其他因素，比如定制服务、个性化推荐、社区的建立（社交属性）等。

第四节　搜寻与匹配

在理想状态下，市场上大量的买方、卖方都基于完全信息进行交易，因此买卖双方都能够瞬时找到对应的交易对象，整个市场也处于出清状态。但是，现实中的摩擦归根结底是不完全信息的结果，交易的达成需要经过一个搜寻和匹配的过程，而这一过程也会产生成本和效率的损失，即搜寻摩擦。

传统的搜寻—匹配理论为现实中的摩擦提供了理论框架，其主要着眼于就业市场的分析。2010 年诺贝尔经济学奖颁给了彼得·戴蒙德（Peter Diamond）、戴尔·莫特森（Dale Mortensen）和克里斯托弗·皮萨里德斯（Christopher Pissarides）三位经济学家，其研究集中于搜寻和匹配（签订合约）的摩擦所带来的成本，这一成本使得其价格偏离竞争均衡价格，降低了效率。这三位经济学家的 DMP 模型（Diamond-Mortensen-Pissarides Model）分析框架，多用于分析就业和失业、政府福利等问题。

数字技术带来了更低的搜寻成本，提升了搜寻的广度和搜索的质量，进而对平台的价格和价格区间产生影响。有研究表明，更低的搜寻成本能带来更便捷的比价，因此对于同质或相似性极高的产品，有向下的价格压力。这一现象在书籍销售、保险行业、航空市场等广泛存在。但价格离散程度依旧存在，可能与商家异质性等原因有关，即虽然产品类似，但是品牌和服务等差异依旧存在。

数字技术带来了更低的搜寻成本，对产品的多样性和丰富程度也产生了多种作用机制。一方面，较低的搜寻成本使得长尾市场的产品得以较为准确地呈现在目标客户的面前，以使这类产品的生产者和消费者达成交易。另一方面，搜寻成本的降低也会使得在存在纵向差异化的产品之间，销量集中在品质高、明星效应强的产品上。比如互联网可以呈现同一产品高品质厂商的信息给消费者，而在早期这一信息和产品有较高的搜寻成本。通过比较静态均衡分析之后得到，水平和垂直异质性导致一些企业选择针对基础广泛的受众的设计，而另一些企业则针对狭窄的利基市场（Bar-Isaac et al.，2012）。

当今，这种搜寻成本带来的丰富程度的变化，更多受到算法技术的影响。掌握推荐算法技术的平台，更多地掌握了平台产品多样化程度的主动权。以抖音、快手媒体平台为例，其产品为信息，供给方为视频、文字等媒体产品制作方，需求方是广大经由平台获取信息的用户。总的来说，此类媒体平台的存在降低了搜寻成本，让广大群众获得了所需信息。一方面，其通过算法推荐机制，将相对小众的内容推送给特定的人群，如对于特定地点的喜爱偏好也会获得该地更多的风景介绍视频，如抖音平台上制作的一系列我国相对冷门小众风景地点的推介、即将失传的非遗技艺的展示等，让有此类需求的个人和企业用户得以了解此类信息，提升了整个平台内容的丰富程度。另一方面，算法推荐机制也可以有控制地让流量集中在某几种被推荐产品之上。我们看到，短视频平台通过算法可以培育出爆款美食、爆款打卡地。

此外，平台降低了搜寻成本，能够更有效地促进交易双方的匹配。因此在数字经济下，平台已成为重要的组织形式。招聘平台、商品交易平台、民宿平台、租房平台等降低了传统问题的搜寻成本，促成了更多匹配的达成。共享经济的早期形态——对于闲置物品的交易，也基于平台经济实现匹配。特别地，当供需波动较大的时候，更多的会影响另一方的数量而非价格，如家政服务平台中需求大幅变动，影响的是供给数量而非价格，影响的是供给者是否进入市场的决定，因此，能否实现匹配尤为重要。

第五节 平 台 分 层

平台内常见的经济现象和策略之一是平台分层。平台分层是指平台根据双边用户的特征，通过分层或者开发子平台的方式，使得用户在各自分层和子平台内进行匹配和交易（王勇等，2021）。随着用户规模和种类的增加，单一层次的平台容易出现资源错配、供需匹配效率低等问题，因此需要进行平台分层。我国许多企业的平台也在实践中应用了这一策略，如阿里巴巴将平台分为两个，即淘宝和天猫，天猫服务于购买力相对强的用户。滴滴平台将服务品类分为顺风车、专车、快车等，以服务于不同的客户群体。

在产业组织理论中针对单边市场，将这种策略定义为价格歧视。在双边市场理论中，这一分层策略似乎与双边市场的网络效应不符。不论是同边网络效应还是交叉网络效应，都倾向于有更大的用户规模而非将市场进行分层经营，究其原因，是双边市场模型中的基础假定的结果。即假设用户都是同质的,这一假定用于分析其他问题是较为合理的模型简化。但是在现实经济活动中,更多是异质性的,加入这一假设,也会得到与早期双边市场不一样的定价策略。

平台分层的策略,应考虑稠密市场效应(Thickness)及其对应的拥挤效应(Congestion)。稠密性这一概念也在平台经济领域被作为一个重要的考虑维度,是指平台等主体需要吸引足够大比例的潜在客户与另一方进行交易。而拥挤性则是由于现实中异质性的存在,而形成过于稠密,以导致用户找到所匹配并达成交易的概率降低,这也是平台分层的重要考量因素。

平台分层策略的另一相关概念是市场分割(Market Segmentation)(Smith,1956)。市场分割与产品多样化同属于不完全竞争的分析框架。市场分割是基于需求侧的变化,面对一个异质性的市场(多个同质性的更小市场),代表着市场主体更为理性和精确的、基于消费者和用户的需求进行的调整,将之前认识中单一的需求分解为多种,例如早期冰箱生产商针对特定用户的需求,生产出只有冷冻功能的冰柜。

由于数字技术的出现,使得平台能够更好地把握长尾效应(Long Tall Effect)。2004年克里斯·安德森(Chris Anderson)最早提出这一概念,在该市场中,大多数需求集中在市场"头部",零散的、小量的需求则分布在市场的"尾部"。"尾部"的需求数量越多,最终就会在需求曲线上形成一条长长的"尾巴",这些分布在"尾部"的市场累加起来很有可能会形成一个比"头部"更大的市场。传统需求分布的头部代表热门的、有较多受众偏好分布的产品形态。由于技术等条件的限制,之前是难以顾及尾部的小众群体的需求,而数字技术和互联网的出现使得为客户提供个性化的服务成为可能,这些细小市场的累计会带来巨大的收益。比如图书销售,对实体书店来说,上架的都是热门和畅销的图书,而豆瓣等平台,能够顾及各类小众群体的偏好,使得冷门图书也能够进行交易,并且能够创造较大比重的营业额。平台分层是更有效率和精确满足长尾用户需求的方法之一。

以网约车平台为例,平台用户发展到一定规模,则可能会采取分层策略。在网约车平台发展初期,并没有现在如此多的分层:供给端的"拼车""优享""专车""快车""快的""豪华车"等品类;消费端的"黄金会员""白金会员""钻石会员""黑金会员"等会员梯度,打不同单价挡位的车会有不同的积分用以升级。而网约车平台存在较明显的用车峰值,如恶劣天气和上下班高峰,受到稠密效应和拥挤效应影响较大。因此,当网约车平台在车况和用户状况更为丰富的时候,需要进行更为精确的分层和匹配,以便不同的用户群体能够匹配到不同的车和服务。

第六节 信息披露

信息结构最初被用于拍卖理论的研究中,用以阐述买方在不同信息下对卖方所拍卖商品的估值。当双边平台掌握大量信息后,其可以通过对买卖双方信息披露的控制来构建信息结构。双边平台无论是进行定价还是进行差异化或创新的决策,其面临的外部信息都是决策前需要考虑的一个问题。平台信息结构的研究，一方面还是针对双边市场中买卖双方的信息不对称展开，这之中平台作为双边市场的载体并没有起到影响信息结构的作用；另一方面则是针对平台本身与买卖双方的信息不对称展开，这个过程中平台会扮演重要的角色。目前，大部分研究都是基于前者，特别是在电商平台上。在经济学中，一般认为买卖双方的信息不对称会导致"劣币驱逐良币"现象的产生。平台的出现可以在一定程度上解决传统交易市场存在的信息不对称问题，从而促进平台上的交易活动，甚至可以在一定程度上缓解逆向选择和"柠檬"市场等市场问题（Lewis，2011）。在电商平台上，基于交易历史的信誉机制，比如交易评分、第三方评估机构的担保或售后服务，均可通过提供更多的交易信息提升买卖双方之间的信任，从而帮助缓解逆向选择问题（Zhu and Zhang，2010）。但是平台的介入也让用户开始更多地担心线上的隐私泄露。因此，还有一些研究会探讨信息披露过程中隐私与信任的关系，比如，考虑信息披露过程中所夹带的信任关系和隐私顾虑，分析消费者的复杂决策机制；针对隐私悖论（Privacy Paradox）对用户在线行为的效用获取和隐私担忧进行分析等。就平台与用户的信息而言，主要是探究平台掌握了大量信息后对其决策的影响。一般针对定价的研究都是在完全信息的情况下开展，信息的大量掌握意味着平台可以对用户进行价格歧视。比如最近有研究，通过优步的数据探究了打车平台的价格歧视问题，并成功测算了消费者的价格弹性（Cohen et al.，2016）。

尽管在信息披露的过程中有可能会带来隐私担忧，并影响用户继续使用平台的意愿，但是总的来说，信息披露给商家带来的好处是要大于隐私担忧所引起的负面影响（Rong et al.，2022）。作为国内第一大电商平台，淘宝曾在 2021 年推出了一项"暴露"用户购物记录的功能"淘友圈"。如果没有及时关闭，"淘友圈"就会一直把用户的购物记录分享给用户的其他好友，这些购物记录既针对家电、手机等标准化产品，也针对衣服、裤子等更多反映个人偏好的产品。显然，"淘友圈"在一定程度上对用户的隐私造成了小范围的泄露，这种靠侵犯用户隐私来获取商业利益的行为并不值得提倡。由于平台掌握大量用户的信息，其在信息披露的过程中占据较为强势的地位。显然对于用户隐私问题还需要引入更多的外部监管，以保证平台在利用信息披露创造商业价值的同时也能更好地保护好用户的隐私。

第七节　从双边到多边

传统经济是以单边市场为主，强调专业化分工，并以供应链模式运行。而当一个行业能够同时具备稠密性（足够多的交易对象）、匹配性（能够撮合交易）、安全性（能够解决信息不对称问题），则双边市场得以形成、双边平台得以发展。事实上，平台经济发展初期是以双边平台为主的，如传媒面对的是广告商和观众双方、信用卡面对的是零售商和消费者双方、异性交友网站面对的是男女双方。因而在早期对平台经济的研究中，往往将研究对象设定为双边平台。平台独特的价格结构是因为平台面对的受众可以分为买方和卖方，在平台对买卖双方价格总水平不变的条件下，平台对任意一方价格的变动都将影响平台的总交易量。对平台市场结构的讨论是设置在两组受众群体的前提下，是平台研究中较为普遍的设定。

然而，正如 Armstrong（2006）中指出："能同时满足多类人群需求的交友俱乐部更能门庭若市。"对平台而言，受众群体也可谓"多多益善"。平台的网络效应，促使不同受众在平台上互相影响、彼此吸引，并通过调整价格结构改变交易量，以便从各方互动中收取利润。而平台的受众类型越多，各方之间关系越错综复杂，网络效应的具体形式越加多样，可供平台选择的价格策略也就更为丰富，从而使平台在扩大收入来源的同时韧性亦得到增强。早期的软件平台就已经涉及了"多边市场"，如操作系统这一平台就涉及硬件、应用、用户三边。在平台边数不断扩展、参与方逐渐增多的同时，除平台的网络效应之外，其面向多元主体的互补效应得以加强，最终，各方互动、协同进化的有机整体得以形成。平台从双边到多边的发展过程，正是平台生态化的重要表现之一。

如今，阿里巴巴作为中国的头部平台企业，正是平台"从双边到多边"的典型。2021 财年内，阿里巴巴生态体系合计服务全球超 10 亿年度活跃消费者数量超过 10 亿，商品交易额达 8.119 万亿元人民币（1.239 万亿美元）。阿里巴巴成立之初主营 B to B 跨境电子商务，以帮助中国的中小国际贸易企业开展海外贸易，此后又开发了国内批发贸易交易市场。此时的阿里巴巴仍然面对的是传统的双边市场。2003 年，为应对易贝进军中国市场，阿里巴巴决定主动进军 C to C 领域，面向消费者创办了购物网站淘宝网。为了改善淘宝网买卖双方的交易诚信问题，阿里巴巴先后建立了诚信通、阿里旺旺、支付宝等业务，为此后平台边数扩展进行了重要探索。2007 年，阿里巴巴注册用户数已达 2 700 万，淘宝用户达到 5 300 万，并对平台的网络运维和仓储物流提出了更高的要求。2009 年 7 月，阿里巴巴集团旗下的阿里软件公司与原先隶属阿里巴巴集团的阿里研究院合并，后仍称为阿里软件，旨在打造世界最先进的电子商务基础设施。同年 9 月，创立阿里云，开始自主研发超大规模通用计算操作系统"飞天"，为天猫"双11"全球狂欢节等提供了强大运行能力。2013 年，阿里巴巴牵头与银泰集团等伙伴企业联合成立了菜鸟网络科技有限公司，为阿里巴巴的物流网络建设打下基础。2013 年 7 月，阿里巴巴与银泰集团成立合资企业，在中国发展 O to O 业务，并于同月完成对数字地图企业高德的投资。至此，阿里巴巴在商品流、资金流、信息流等方面都进行了平台边数的扩张。2014 年，阿里巴巴 IPO 公开发行了 250 亿美元，并于纽约证券交易所正式挂牌上市。同年 10 月 16 日，蚂蚁金服正式成立，并于 2020 年 7 月更名为蚂蚁集团，支付宝、余额宝、招财宝、花呗、芝麻信用和网商银行等"资金流"业务进一步完善与发展。此后，阿里巴巴还在零售领域以外积极拓展商业布局：2015 年，阿里巴巴斥资 12.5 亿美元成为饿了么第一大股东；2016 年，阿里巴巴成立大文化娱乐板块，进军文娱产业，业务涉及影视、音乐、体育、游戏、文学等多个板块。从 1999 年建立以来，阿里巴巴的平台受众从买、卖双方逐渐扩张至物流、支付渠道等多方，即通过拓展平台边数培育有利于自身发展的商业生态。

第八节 经济学建模：网络效应的模型化

本节将基于马克·阿姆斯特朗（Mark Armstrong）撰写的《双边市场中的竞争》这一经典文献[①]，为大家介绍如何通过经济学模型的构建方法将网络效应模型化。

一、垄断平台

在本小节，我们首先考虑市场中只存在一个垄断平台的情况。假定市场中有两组用户均在使用双边平台，分别记为组1和组2。比如在亚马逊购物平台上，组1和组2可以分别理解为买方和卖方。每一组的用户数量，均会对另外一组用户的效用产生影响。如果平台吸引的两组用户的数量分别是 n_1 和 n_2，且不考虑每一组的用户数量对本组其他用户效用的影响，那么来自组1和组2的用户效用可以通过如下公式确定：

$$u_1 = \alpha_1 n_2 - p_1; u_2 = \alpha_2 n_1 - p_2 \tag{4-1}$$

式中，p_1 和 p_2 分别为两组用户使用平台服务时需要支付给平台的价格；参数 α_1 衡量的是平均每个组2用户带给组1用户的效用；而 α_2 则衡量的是平均每个组1用户带给组2用户的效用。α_1 和 α_2 可以认为是平台不同边的用户之间所形成的跨边网络效应的强度。

在亚马逊购物平台上，买家越多，带给卖家的跨边网络效应就会越大，反之亦然。假定，用户数量是用户效用的单增函数，记为 $n_i = \phi_i(u_i)$，$i \in \{1,2\}$。此外，平台为组1和组2用户提供服务的单位成本分别为 f_1 和 f_2，则可得平台的利润为 $\pi = n_1(p_1 - f_1) + n_2(p_2 - f_2)$。将式（4-1）的效用函数代入后，可以得到用两组用户效用所表示的平台利润函数如下：

$$\pi(u_1,u_2) = \phi_1(u_1)[\alpha_1 \phi_2(u_2) - u_1 - f_1] + \phi_2(u_2)[\alpha_2 \phi_1(u_1) - u_2 - f_2] \tag{4-2}$$

假定，组1和组2用户的消费者剩余为 $V_i(u_i)$，$i \in \{1,2\}$，且满足包络条件 $V'_i(u_i) \equiv \phi_i(u_i)$，那么可得整个市场的福利 w 为如下表达式：

$$w = \pi(u_1, u_2) + V_1(u_1) + V_2(u_2) \tag{4-3}$$

为使市场福利最大化，将式（4-2）代入式（4-3），进而求解式（4-3）的一阶条件，可以得到

$$u_1 = (\alpha_1 + \alpha_2)n_2 - f_1; u_2 = (\alpha_1 + \alpha_2)n_1 - f_2 \tag{4-4}$$

对比式（4-1）和式（4-2）可知，如果 $\alpha_1, \alpha_2 > 0$，那么平台向组 i 用户收取的价格 p_i 必然是要低于平台为组 i 用户提供服务的成本 f_i。之后，再由式（4-2）求解平台利润最大化问题，可以得到利润最大化时，平台对两组用户的定价应该满足：

$$p_1 = f_1 - \alpha_2 n_2 + \frac{\phi_1(u_1)}{\phi'_1(u_1)}; p_2 = f_2 - \alpha_1 n_1 + \frac{\phi_2(u_2)}{\phi'_1(u_2)} \tag{4-5}$$

[①] Armstrong, M. *Competition in Two-sided Markets*[J]. The RAND Journal of Economics, 2006, 37(3):668-691.

在式（4-5）中，以组 1 的用户为例，利润最大化的价格 p_1 是以平台提供服务的成本 f_1 为基础，并进行两项调整而得到。第一项是来自组 2 用户的外部收益 $\alpha_2 n_2$，组 1 用户的价格会因为组 2 用户外部收益的上升而下降；第二项是 $\dfrac{\phi_1(u_1)}{\phi_1'(u_1)}$，其与组 1 用户数量对自身效用的弹性相关，组 1 用户的价格也会因这一弹性相关项的上升而上升。接下来，进一步对第二项所表示的弹性进行探讨。由式（4-1）可知，在给定组 2 用户数量 n_2 的情况下，组 1 用户数量对自身效用的弹性本质上等同于组 1 用户数量对组 1 用户定价的弹性。对于给定组 1 用户数量 n_1 的情况，结果亦然。因此，可以记给定另一组用户数量下，本组用户数量对本组价格的弹性分别为 η_1 和 η_2 如下：

$$\eta_1(p_1\mid n_2)=\frac{p_1\phi_1'(\alpha_1 n_2-p_1)}{\phi_1(\alpha_1 n_2-p_1)};\eta_2(p_2\mid n_1)=\frac{p_2\phi_2'(\alpha_2 n_1-p_2)}{\phi_2(\alpha_2 n_1-p_2)} \tag{4-6}$$

将式（4-6）代入式（4-5）后，可以直接得到：

$$\frac{p_1-(f_1-\alpha_2 n_2)}{p_1}=\frac{1}{\eta_1(p_1\mid n_2)};\frac{p_2-(f_2-\alpha_1 n_1)}{p_2}=\frac{1}{\eta_2(p_2\mid n_2)} \tag{4-7}$$

所以，在利润最大化时，价格低于平台提供服务的成本是有可能的。从式（4-7）可知，以组 1 用户为例，当组 1 用户数量对本组价格的弹性比较大，或者组 2 用户带来的外部收益比较大时，就有可能出现 $p_1<f_1$。

二、单归属双边市场

在本小节中，我们进一步探讨了市场中存在双寡头平台竞争的情况。单归属意味着：尽管在市场中存在两个平台，但每个用户只能选择加入其中一个平台。

这里首先讨论基础模型，该模型扩展了上一小节阐述的垄断平台模型。假设还是有两组用户组 1 和组 2，此时市场中存在的平台 A 和平台 B。在现实中，平台 A 和平台 B 可以认为是亚马逊和易贝，组 1 用户（买家）和组 2 用户（卖家）可以选择在亚马逊或易贝上进行交易。若组 1 用户和组 2 用户加入平台 i，则分别获得效用 $\{u_1^i, u_2^i\}$。这些效用的确定方式与垄断模型的，式（4-1）中表达形式类似。若平台 i 吸引的两组用户数量分别为 n_1^i 和 n_2^i，那么用户从平台 i 中获得的效用为

$$u_1^i=\alpha_1 n_2^i-p_1^i;u_2^i=\alpha_2 n_1^i-p_2^i \tag{4-8}$$

式中，$\{p_1^i, p_2^i\}$ 是平台 i 分别向两组用户收取的价格。

如果，组 1 用户选择平台 A 和平台 B 的效用分别为 u_1^A 和 u_1^B，组 2 用户选择平台 A 和平台 B 的效用则分别为 u_2^A 和 u_2^B，同时假定用户最终通过霍特林模型选择平台，那么最终平台 i 上的每组用户数量可以被表示为如下形式：

$$n_1^i=\frac{1}{2}+\frac{u_1^i-u_1^j}{2t_1};n_2^i=\frac{1}{2}+\frac{u_2^i-u_2^j}{2t_2} \tag{4-9}$$

---

① 林恩·佩波尔，丹·理查兹，乔治·诺曼，等.产业组织：现代理论与实践[M].北京：中国人民大学出版社，2014.

根据霍特林模型，式（4-9）假定了每一组用户的人数被标准化为 1 单位，且同一组的用户均匀分布在 1 单位区间内，两个平台位于两个端点，并且 $t_1, t_2 > 0$ 是两组用户的差异化参数，以用于描述双边市场的竞争力。

由于假定了每一组用户的人数被标准化为 1 单位，那么选择平台 i 的用户数量 n_1^i 和 n_2^i 自然就能表示平台 i 在组 1 用户和组 2 用户中的市场份额。结合式（4-9）与式（4-8），以及等式 $n_1^j = 1 - n_1^i$，可以得出市场份额存在如下关系：

$$n_1^i = \frac{1}{2} + \frac{\alpha_1(2n_2^i - 1) - (p_1^j - p_1^i)}{2t_1}; \quad n_2^i = \frac{1}{2} + \frac{\alpha_2(2n_1^i - 1) - (p_2^j - p_2^i)}{2t_2} \quad (4-10)$$

式（4-10）表明，在保持组 2 用户价格不变的情况下，平台 i 上的每一名额外组 1 用户吸引到了 $\frac{\alpha_2}{t_2}$ 个组 2 用户来到该平台。

为了最终达到市场共享的均衡，即平台 A 和平台 B 均能有市场份额，则需要假设网络效应参数 $\{\alpha_1, \alpha_2\}$ 与差异化参数 $\{t_1, t_2\}$ 相对很小。（如果网络效应参数与差异化参数相对很大，那么最终的均衡结果可能是其中一个平台会垄断整个市场）。市场共享均衡出现的充分必要条件是[①]

$$4t_1 t_2 > (\alpha_1 + \alpha_2)^2 \quad (4-11)$$

接下来的分析将都在这个不等式成立的情况下进行。假设平台 A 和 B 各自提供的价格组合为 (p_1^A, p_2^A) 和 (p_1^B, p_2^B)，求解式（4-10）可得市场份额为

$$n_1^i = \frac{1}{2} + \frac{1}{2}\frac{\alpha_1(p_2^j - p_2^i) + t_2(p_1^j - p_1^i)}{t_1 t_2 - \alpha_1 \alpha_2}; \quad n_2^i = \frac{1}{2} + \frac{1}{2}\frac{\alpha_2(p_1^j - p_1^i) + t_1(p_2^j - p_2^i)}{t_1 t_2 - \alpha_1 \alpha_2} \quad (4-12)$$

式（4-11）已表明分母 $t_1 t_2 - \alpha_1 \alpha_2$ 为正数。若 $\alpha_1, \alpha_2 > 0$，即两组的需求是互补的，这也就意味着平台占据其中一组的市场份额会随着平台对另一组用户价格的提升而下降。

与垄断模型一样，假设每个平台为组 1 用户提供服务的人均成本为 f_1，为组 2 用户提供服务的人均成本为 f_2，因此可得平台 i 的利润为

$$(p_1^i - f_1)\left[\frac{1}{2} + \frac{1}{2}\frac{\alpha_1(p_2^j - p_2^i) + t_2(p_1^j - p_1^i)}{t_1 t_2 - \alpha_1 \alpha_2}\right] + (p_2^i - f_2)\left[\frac{1}{2} + \frac{1}{2}\frac{\alpha_2(p_1^j - p_1^i) + t_1(p_2^j - p_2^i)}{t_1 t_2 - \alpha_1 \alpha_2}\right] \quad (4-13)$$

显然，化简式（4-13）可知，平台 i 所确定的价格在平台 i 的利润函数中是二次项。因此，在（11）式成立的条件下，利润相对于价格而言是一个凹函数。在对称均衡的情况下，即每个平台提供相同的价格组合为 (p_1, p_2)，则均衡价格的一阶条件为

$$p_1 = f_1 + t_1 - \frac{\alpha_2}{t_2}(\alpha_1 + p_2 - f_2); \quad p_2 = f_2 + t_2 - \frac{\alpha_1}{t_1}(\alpha_2 + p_1 - f_1) \quad (4-14)$$

式（4-14）可以通过以下方式进行解释。首先，在没有跨边网络效应的情况下，即

[①] Armstrong M. Competition in two-sided markets[J]. The RAND Journal of Economics, 2006, 37（3）:668-691.

$\alpha_1 = \alpha_2 = 0$，此时组 1 用户的均衡价格便为 $p_1 = f_1 + t_1$。在具有跨边网络效应的情况下，组 1 用户的价格受到额外项 $\frac{\alpha_2}{t_2}(\alpha_1 + p_2 - f_2)$ 的影响而向下调整，此项可以进一步分解为两个部分。第一部分 $(\alpha_1 + p_2 - f_2)$ 表示一个额外的组 2 用户被吸引到平台上时所产生的外部收益。为了便于理解，我们将进行如下说明。首先，平台可以从一个额外的组 2 用户中获得 $(p_2 - f_2)$ 的收益；其次，α_1 则表示在没有改变市场份额的情况下，当一个额外的组 2 用户进入到平台后，平台可以从组 1 用户中额外获得的收益①。第二部分 $\frac{\alpha_2}{t_2}$ 表示，每当有 1 个组 1 用户加入平台，平台便会吸引到 $\frac{\alpha_2}{t_2}$ 个额外的组 2 用户。综合考虑这两部分，额外项 $\frac{\alpha_2}{t_2}(\alpha_1 + p_2 - f_2)$ 度量了每当有 1 个组 1 用户加入平台时，平台所能获取到的所有额外收益。如果平台提高对组 1 用户的价格而导致组 1 用户离开平台，那么额外项 $\frac{\alpha_2}{t_2}(\alpha_1 + p_2 - f_2)$ 也意味着平台提高了组 1 用户价格背后所隐含的机会成本。

最后，求解式（4-14），可以得知单归属双边市场模型具有唯一的对称均衡，即组 1 和组 2 用户的均衡价格分别为：

$$p_1 = f_1 + t_1 - \alpha_2; \quad p_2 = f_2 + t_2 - \alpha_1 \tag{4-15}$$

如果某组用户处于市场竞争更为激烈的一方，或者能给另外一组用户带来更大的单位收益，也就是使式（4-15）中的 α_i 更大，那么平台将会更加重视对这组用户的吸引。在中国的打车平台市场中曾有滴滴和快的之间的"补贴大战"。相对于司机，当时乘客所产生的网络效应更强，同时乘客也就成为了滴滴和快的争夺更为激烈、更受重视的一组用户。通过大量的补贴，滴滴和快的均希望能吸引到更多的乘客进入自身的平台之中，从而试图占据更大的市场份额。

网络效应是双边平台最重要、最基础的一个特性，通过经济学模型的分析，大家可以更加深入地理解双边平台的网络效应，从而更好地解释双边平台的各类经济学、管理学现象。

课 后 思 考

1. 与传统市场相比，双边平台的定价具有哪些特征？
2. 如何理解双边平台中的网络效应？
3. 如何理解双边平台上的信息披露带来的隐私悖论？
4. 在双边平台向多边平台演化的过程中，会出现哪些新的经济现象？
5. 如何针对网络效应进行经济学建模？

---

① 一个额外的组 2 用户加入平台后，该平台中组 1 用户的效用就会增加 α_1，相应地其竞争对手平台中组 1 用户的效用就会降低 α_1。因此，对于组 1 用户而言，其选择该平台而非竞争对手平台实际获得的效用增加值是 $2\alpha_1$。由于在均衡状态下，平台会吸引一半的组 1 用户，因此平台从组 1 用户中所获取到的额外收益便是 α_1。

CHAPTER 5 第五章

双边平台的竞争与合作

本章主要围绕双边平台间的竞争与合作展开,本章主要包括以下内容:平台竞争、平台用户的多归属性、流量竞争、平台兼容等。平台竞争将介绍企业竞争的趋势、平台竞争的定义以及影响因素;平台用户的多归属性将介绍多归属的定义以及典型的案例;流量竞争将介绍平台如何吸引用户;平台兼容将介绍平台兼容的类型、典型案例、影响因素等。因此,在本章中,大家将学到平台之间竞争与合作的相关理论和知识,理解平台竞争的多种形式。

第一节 平台竞争

随着互联网的发展和移动设备的普及,数字经济已经成为当前经济的重要组成部分。近年来,随着世界进入了数字经济全面发展的新阶段,平台型企业开始壮大自己的平台生态,如谷歌、苹果、阿里巴巴、腾讯等巨头企业纷纷基于原有平台模式来扩张自己的生态版图。2019 年年底,我国市场价值超 10 亿美元的平台企业达 193 家,比 2015 年增加了 126 家;市场价值总额达 2.35 万亿美元,比 2015 年增长了近 200%。大量涌现和蓬勃发展的平台企业之间,也往往呈现较为激烈的竞争格局。

平台竞争指的是两个或多个平台之间的竞争,或一个平台进入其他平台所在的领域所引发的竞争(Zhu and Iansiti, 2012)。平台竞争不同于传统经济模式,经常表现为高水平的企业间的相互依赖和协调,而且它们经常被一个或几个领先的平台所支配。不同类型的平台竞争都可能影响各自的平台。同一平台的主体之间存在内部竞争,两个或两个以上的平台之间存在外部竞争。内部竞争的例子像中国银联,其拥有很多银行会员,但银行之间依然存在自由竞争,银行有自由选择它们提供的服务的最终价格。再比如,购物中心是一个平台,整体吸引着消费者和商户,而商户之间依然存在自由竞争。外部竞争的情况则更复杂、更具挑战性。例如安卓平台和苹果 iOS 平台在手机操作系统领域的竞争,安谋(ARM)和英特尔在芯片领域的竞争。

平台竞争背后蕴藏着深刻的经济学理论。诸如网络外部性、收益增加和锁定效应、兼容性和系统竞争等概念,构成了大部分关于平台竞争研究的基础。平台竞争的形成基于以下几个因素。第一是网络效应。它指的是一边的参与方对另一边的促进效应,其包括同边网络效应和跨边网络效应。网络效应越强,规模效应越大,竞争格局越集中。比如,跨边网络效应使得滴滴相比其他打车平台具有相当大的优势,这主要体现在用户的等待时间更少、司机的接客路程更短等。第二是定位差异。平台之间的差异化定位,将使得各个互联网平台形成分散的竞争格局。比如,在阿里巴巴、京东已经占据绝对市场份额之后,拼多多则通过差异化战略实现崛起。早期拼多多的独特机制,提升了白牌标品的供应链效率和信息效率,并且通过微信生态裂变传播。拼多多以算法推荐为核心,将成交量最大的商品推荐给更多用户,再加上用户在微信内的传播,使头部商品的成交量非常庞大。第三是迁移成本。与通常的商品或服务不同,互联网平台之间具有更低的转移成本,主要表现为用户的多归属特征,即生产者或消费者有意愿同时使用多个平台。比如,消费者在买高价位商品的时候,会在京东、阿里巴巴、拼多多三家平台上比价,消费者的消费行为在多个平台之间已无缝转移。

第二节　多归属问题

上面提到,互联网企业一般会采用"平台型企业"的商业模式,这与传统企业的商业模式相比存在较大差异。互联网企业作为一个市场中介,连接着几类用户,为用户间的交易、交流提供了平台,而其本身一般并不直接生产产品或者提供最终服务。在平台型商业模式中,企业将多个利益相关者整合在同一个平台,通过各个利益主体间的连接、互动,实现了资源的交叉流动,进而形成了价值共创网络。在互联网平台型企业中,如果平台不是独有的,那么买者和卖者就有机会选择同时与两个以上的平台建立联接。

这种用户可以同时接入多个平台并从中获益的行为称为多归属(Multi-homing)。用户"多归属"的现象非常常见,例如司机可以同时接入滴滴、优步等多个打车平台,以此来获得更多的订单。一家酒店可以同时接入去哪儿、携程、安可达(Agoda)等多个平台,用户也可注册多个旅行平台,以货比三家。相比于传统经济,互联网经济背景下的多归属更加普遍,原因是用户的迁移成本极低。并且用户的多归属倾向越显著,平台竞争格局就越分散,反之亦然。

以外卖领域为例,外卖平台包含三边:商家、外卖员、用户。其中商家和用户的多归属性较强。对于商家而言,除非美团或饿了么采用"签独""逼独"等"二选一"策略,通常不会选择独家。而对于外卖用户而言,部分用户也会进行多端比价。而外卖员则呈现更强的单归属属性。即使是兼职的外卖员,也很少同时接两家的活,因为如果同时接活,往往两边路线无法进行统筹与优化,很容易出现超时,得不偿失。因而,外卖领域目前呈现了饿了么和美团的双寡头竞争格局。

第三节 流量竞争

流量的本义是指在单位时间内通过一定横截面流体的量，或者也可以指单位时间内通过道路的车辆、人员等的数量。但在互联网时代，流量的含义已发生了巨大的变化。互联网时代的流量被人们引申用来表示手机等移动终端网络耗费的字节数，或一定时间内网站的访问量，或一定时间内平台内活跃用户的数量等。在平台经济中，流量多指一段时间进入平台的用户数量。平台的发展与扩张本质上是基于网络效应，进入平台的用户数量决定了平台网络效应的大小，流量则成为了平台在激烈竞争中取得胜利的关键，流量竞争也成为了平台竞争领域的重要话题（陈晓红等，2022）。流量竞争的核心在于为平台获取流量，提升使用平台服务的用户数量，扩大平台网络效应，最终实现平台盈利。流量竞争是基于用户数量的竞争，最大程度地吸引新用户成为了移动互联网平台实现盈利的第一步。

各个互联网平台企业为了在流量竞争之中获得先机，采取了多种多样的方式吸引用户进入平台、使用平台服务，其中有的采用较为传统的营销方式，也有的根据平台自身特点采用创新的营销方式。平台可以利用广告这种较为传统的营销方式吸引顾客进入平台，广告有线下广告、线上广告等形式。线下广告影响范围大，但整体投放成本高，用户转化率不能保障；线上广告针对性更强，转化率高，但可能影响顾客线上浏览体验，给平台造成负面影响。平台大多采用线下广告与线上广告相结合的方式为平台吸引流量。线下广告用来传达产品整体概念，以获取大众关注，加深大众印象；线上广告多采用定制化投放，以实现用户的转化，为平台带来流量。除广告之外，许多新方法也被平台用来为平台吸引流量。许多平台会与已经拥有较大流量的平台进行合作，拥有稳定较大流量的平台会为与其达成合作关系的平台开设入口，让用户能够轻松地从一个平台进入另一个平台，以实现平台之间的相互引流，在流量竞争之中结成利益共同体。以微信为例，微信是中国拥有用户最多的即时通信软件，其平台拥有巨大的流量；一些平台（如转转二手交易平台、京东购物平台和猫眼电影演出赛事购票平台）与微信达成合作后，微信在其使用界面添加该平台入口，在微信内部即可实现该平台的相应服务，实现了流量的引入。该引流方式依托企业间的合作关系，是比较稳定的，但对于用户进入新平台的激励较小，引流效率较低。而一些平台则从另一个角度出发，通过设置各种奖励以鼓励平台现有用户邀请新用户进入，即利用平台现有用户进行引流，实现流量的稳定与增长。例如，美团外卖平台的用户将平台分享给新用户之后，分享的用户与注册的新用户都将获得相应优惠券；拼多多购物平台则为用户邀请提供了现金红包奖励，为了取得价值较大的现金红包，拼多多平台的用户需要不断分享拼多多相关页面给新用户，吸引注册的新用户越多，其拿到红包的可能性越大。该引流方式提供了切实的用户福利，用户推广热情较大。但由于过于依靠用户之间的相互分享，整体程序较为烦琐，极有可能引起用户的反感情绪，对平台形象造成伤害。

流量竞争旨在快速吸引用户的注意力，吸引用户在平台上注册，并通过一定方式实现用户在平台上的停留。但流量竞争仅仅是实现价值变现的第一步。为了在市场中争夺总数有限的用户,各个平台都会投入大量成本吸引流量,流量在平台发展早期是非常重要的检测指标。但吸引到流量并不意味着平台就会整体盈利,平台的整体盈利与持续发展还要依靠流量的留存以及用户价值实现。流量的价值毋庸置疑,一个平台只有在吸引到足够用户之后,才能逐渐筛选出忠于平台的高价值顾客,实现平台的价值变现。在移动互联网时代,流量是一个平台成功的起点,短时间内大量的流量可以通过各种营销手段实现,但提高客户黏性、提升客户价值等问题需要平台打造自身特色才能解决。流量竞争只是平台竞争的一部分,流量竞争也会促进各平台营销手段的不断升级。流量竞争是基于消费者的竞争,流量竞争也会推动"以用户为中心"的平台服务转型。

第四节 平台兼容

平台兼容重点讨论的是平台的开放性问题,强调平台之间(或平台提供的服务与产品之间)的互操作性。一个平台是否应该对另一个平台提供的产品及服务进行兼容是平台竞争需要决定的重要问题。生活中"平台兼容"的例子也屡见不鲜。以苹果公司的苹果平板(iPad)和亚马逊公司的 Kindle 为例,两者都是电子书市场的重要硬件平台,两个平台在电子书阅读硬件设备领域形成激烈的竞争。亚马逊公司的 Kindle 发布于 2007 年,苹果公司的第一代苹果平板发布于 2010 年。在苹果公司的苹果平板进入市场之后,亚马逊公司决定在苹果应用商店中上架 Kindle 阅读器软件,因此,用户在 Kindle 电子书市场内购买的电子书,可以通过苹果平板中的 Kindle 阅读器软件进行阅读。但在苹果平板电子书市场内购买的电子书因为特定格式的限制,只能在苹果平板以及苹果公司相关产品上进行阅读。也就是说,亚马逊公司 Kindle 平台的书籍产品与服务实现了与苹果公司苹果平板平台的兼容;但苹果公司的苹果平板平台并没有选择与亚马逊公司的 Kindle 平台进行兼容。显然,各个平台会根据自身平台定位、用户价值以及主要利润来源选择是否与其他平台进行兼容。苹果公司苹果平板的定位并不仅仅是电子书阅读平台,它提供的服务多种多样,它主要依靠出售硬件获得利润;而亚马逊公司的 Kindle 平台则是一个专攻电子书阅读的平台,除去 Kindle 硬件销售获得的利润,其电子书商城内的电子书销售也是较大的利润来源,兼容苹果平板平台有利于其电子书的销售,以创造更大的商业利润。

除了上述例子中提到的硬件设备与软件产品的兼容问题,应用软件(App)中也有兼容的问题。美团、饿了么属于外卖平台,其外卖服务的完成需要各大支付平台的支持。微信支付、支付宝属于支付平台,美团、饿了么以及各种商品出售平台都是这些支付平台的具体应用场景。支付平台一般对外卖平台都进行兼容,支付平台的支付功能会被嵌入到外卖平台之中,使支付功能兼容于各种商品、服务交易平台。应用软件兼容在技术上的实现是相对容易的,应用软件之间的相互兼容可能反映的是平台(或平台所代表的企业利益集团)之间的竞争与合作关系。

当两个平台为用户创造的价值有着较大区别时,平台之间的互相兼容才有可能达成。当一个平台想要占领全部市场,或两个平台同质性较高时,平台兼容很难达成。以游戏平台为例,微软公司的 Xbox 平台与索尼公司的 Play Station 平台为用户提供的服务非常相似,其定价策略也非常相近,以致两个平台没有进行兼容的动力,所以 Xbox 平台与 Play Station 平台提供的产品以及服务都互相并不兼容。

学术界对平台兼容问题也有一定的争论,Adner et al.(2014)通过针对电子书市场建立数学模型,分析了平台(单向)兼容出现的原因。平台兼容可以理解为各平台型企业根据自身定位以及市场判断做出的战略性选择,对于平台兼容的分析仍然可以在平台竞争与合作的分析框架下进行。

课 后 思 考

1. 平台竞争程度受哪些因素影响?
2. 从定义、影响等角度如何分析平台用户的多归属性?
3. 你认为平台流量竞争和传统竞争的区别是什么?
4. 如何多途径促进平台兼容?
5. 如何看待腾讯系、阿里系不同平台之间的竞争与兼容问题?

CHAPTER 6 第六章

双边平台的生态化与国际化

本章以双边平台为主线，对生态互补者、平台监管治理、平台跨国竞争等关键问题进行梳理，并阐述平台的生态化与国际化的基础理论和相关的典型案例。

第一节 生态互补者

平台生态（Platform Ecosystem）是以平台企业为核心企业（Focal Firm），由联接在数字平台上的企业、用户、政府、产业联盟等各类具有不同利益诉求的互补者（Complementors）所构成的复杂商业生态系统（Adner and Kapoor，2010），其兼具经济和社会属性。其中，各类利益互补者相互作用、彼此竞合，共同创造并分享整个平台生态构建、发展和演化过程中的价值。平台生态根植于创新生态又有别于创新生态，其依托数字平台而构建，是数字经济时代的新型产业组织。随着平台生态内所联接的利益互补者种类不断增加，平台生态不仅基于网络效应产生了强大的经济社会影响力，同时也面临着更为复杂的生态治理问题。

解构平台生态互补者的构成，厘清互补者在经济社会活动中的互动关系，理解数字技术的发展与应用对互补者行为偏好的影响，可以更好地帮助治理互补者之间的利益关系。由于平台生态具有开放性、动态性、嵌入性等特点，各类利益互补者抱着不同目的加入其中，所以首当其冲的问题便是解决平台生态边界不明晰问题，因此对平台生态的解构尤为重要。从互补者类型出发，当前对于平台生态一个较为合理的解构方式是，将所有利益互补者划分为市场互补者和社区互补者两大类，见图 6.1。具体而言，第一类为市场互补者。平台企业可以根据生产活动和消费活动分别构建产业平台和双边平台两类数字平台。而市场互补者可以是联接于产业平台的供应链上下游企业，也可以是联接于双边平台的不同用户群体。这些市场互补者互相竞合，参与各类经济活动，以创造经济价值。第二类为社区互补者。社区互补者包括政府、产业联盟、高校等，它们不会直接参与到经济活动之中，但可以为经济活动的开展提供政策、制度、文化、人才等方面的支撑。与此同时，市场互补者在创造经济价值的过程中，也可以为社区互补者提供价值反馈，从而得到社区互补者更大的支撑。

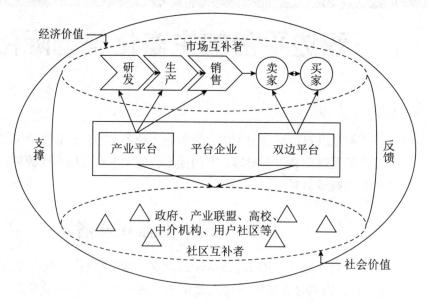

图 6.1　平台生态解构

生态互补者的核心本质在于，不同互补者进入生态后共同创造的价值要大于这些互补者进入生态前单独创造价值的总和。比如，在 Windows 生态中，英特尔芯片、微软办公软件套件等生态互补者相互配合，最终可以更好地发挥出计算机的性能；在美团生态中，商家、外卖员、食材供应商也是以更为有效的方式互相组合，为用户带去更强的效用。

第二节　平台生态治理

平台生态治理（Platform Ecosystem Governance）的治理主体是平台企业，治理共同参与者是平台生态内部的利益互补者，治理对象是平台生态的各类经济社会价值，治理核心逻辑是各类经济社会价值在互补者之间的分配与平衡（Jacobides et al., 2018），治理最终诉求是实现平台生态的长期利益最大化和持续、创新、健康发展。在数字经济背景下，大量的不同动机、不同产业、不同类型和不同区域的互补者进入平台生态，在借助各类数字技术产生强大网络效应、彼此自由竞争合作、促进创新多元性的同时，也不可避免地在不同互补者群体中产生错综复杂的利益矛盾。平台企业作为平台生态的核心，需要通过协调和平衡各类互补者群体的经济行为与社会关系，以实现平台生态的治理。单一的治理机制和简单的利益考量，难以直接满足平台生态中各类互补者的利益诉求，甚至可能激化不同互补者之间的矛盾；合理的治理机制和系统的利益考量，既能处理好当前平台生态中经济活动参与者的利益分配问题，激发其在生态内共创价值的动力，也能兼顾非经济活动参与者的利益诉求，以保证平台生态的持续健康稳定发展。鉴于不同类型的生态互补者已经形成了差异化的利益诉求和行为特征,则有必要在平台生态治理的研究中考虑平台生态互补者的类型。

由于平台生态内有大量交互的互补者在共同创造价值,但是在分配价值的过程中却存在不合理、不恰当的行为,所以平台生态整体治理机制的核心逻辑便是平衡各类互补者之间的价值分配。早期的平台生态治理研究主要集中在对平台企业监管角色的探究。在此类研究中,整个平台生态的结构较为简单,通过一些经济学的机制设计,平台企业作为整个生态的核心可以很有效地约束互补者的各类不合理行为。例如,在一个电商平台生态内,可以通过诸如交易量、评分系统等来设计合理的信誉机制。这类信誉机制可以让后续的买家更加信任卖家,从而规避"劣币驱逐良币"的市场现象。此外,平台竞争也可以提升平台的服务质量。随着平台生态内的互补者变得更加繁杂和多元,平衡这些互补者的价值分配也变得更为复杂。这其中,网络效应便成为一个影响治理机制的重要因素。利用网络效应提出一整套完备的价格结构、信息结构已成为平台企业的一大挑战。由此形成的治理机制可能既需要考虑市场互补者的经济价值,也需要考虑一些社区互补者的社会价值。最后,平台自身也有可能与平台生态中的互补者形成竞争(Zhu and Liu, 2018),比如京东平台上的自营店和其他店铺之间便存在竞争关系。对于这种平台自身与互补者的竞争现象,也可以归结到平台生态治理的研究范畴之中。

目前,基于平台生态的整体治理机制研究,在上述价值分配平衡理念的基础上,取得了一定的进展。总而言之,构建整体治理机制的挑战主要体现在互补者主体交互协调困难、互补者关系不确定所引致的创新不确定性、数据资源不开放等方面。为了鼓励平台生态各类互补者的价值共创,控制机制、关系机制和激励机制等应成为此类整体治理机制的重要组成部分。

以微信平台为例,随着微信功能的不断增加,微信平台上的利益相关者的数量也在持续增加,最终形成了一个复杂的微信平台生态。除了最初始的微信用户,我们可以发现,微信公众号创作者、微信小程序商家、微信视频创作者、广告商、微信支付等一系列的生态互补者也进入了微信平台,并共同为微信用户提供更为多元的服务。在这些利益相关者中,有很多是存在利益冲突的。比如,微信的同类小程序之间存在竞争关系。同时,微信小程序有可能会过度搜集用户的隐私,微信公众号与微信视频存在流量和用户使用时长的竞争等。因此,微信平台一方面需要平衡好这些利益相关者的关系,为这些利益相关者提供一个更为健康的竞合环境;另一方面也要做好监管工作,以防止这些利益相关者在追逐经济价值的过程中侵犯用户的隐私。

第三节 平台跨国竞争

由于双边平台具有较轻的运营资产和迅速迭代的网络效应,常常被认为具有"生而全球化(Born Global)"的特点。生而全球化的企业是指那些从成立起就开始国际化或在成立后不久就开始国际化,并很快从国外市场获得相当份额的收入和利润的企业

(Rennie, 1993)。不同于传统企业,这类企业不需要在本土进行相当长时间的经营和经验积淀,就能够迅速进入并占据国际市场,比如谷歌、脸书、推特等双边平台在全球大多数市场都占据了垄断优势,中国短视频平台抖音的国际版本(TikTok)也在短时间内进入了多个国际市场,并在美国市场常年占据 App 下载榜首的位置。因此,双边的快速拓展已经超越了地理的边界,双边平台的跨国竞争已成为平台研究中的重要内容。

之前学习的部分已经提到,网络效应是双边平台发展的关键因素,并从用户效用的维度把网络效应分为同边网络效应和跨边网络效应。在跨国竞争的情境下,网络效用可以在地理维度上进行新的分类:国内网络效应和跨国网络效应(Stallkamp and Schotter, 2021)。这一分类基于的是该双边平台的用户对于同区域和跨区域用户的敏感程度。一些双边平台具有跨国网络效应,当全球其他市场的用户加入时,会对已有用户产生潜在的正效用。比如脸书这类社交平台,以及优兔(YouTube)这类视频创作平台,其成功很大程度上取决于全球用户的参与和贡献。而另一些平台只能形成国内网络效应,甚至局限在更小的区域内,用户只对本区域内的用户数量敏感。比如滴滴打车平台,北京的大部分用户其实只关心北京有多少司机,而不会在乎上海或者深圳的司机数量(常年旅游者除外,但是他们占比并不大)。又如美团、饿了么等外卖平台,显然,北京地区有多少餐厅几乎无法直接对上海的消费者产生网络效应。

国内网络效应和跨国网络效应的类型显然由不同双边平台的运营特征决定。具有跨国网络效应的双边平台往往基于线上、虚拟的社区平台的商业模式,从而得以在全球市场内流动,以产生不受地域约束的全球竞争优势。这类双边平台的跨国竞争高度依赖于已有的全球用户基数,因此,先入场的平台往往具有强大的先发优势,其一旦在全球用户数量上占据优势,就能取得很强的跨国网络效应,导致后入者很难追赶。比如谷歌已经占据了超过 90% 的搜索引擎全球市场,脸书也占有了超过 70% 的社交网络全球市场。

具有国内网络效应的平台往往不仅需要线上平台,而且也需要线下布局。比如优食(Uber Eats)或美团等外卖平台需要在线下与当地餐厅洽谈业务并达成协议,也需要招募大量的外卖骑手,从而带来了很高的线下谈判成本。因此,这类双边平台的已有竞争优势无法进行跨区域转移,当平台需要扩张到另一个区域时,需要重新搭建相关的资源。这类双边平台的跨国竞争将涉及更多复杂的因素,比如全球各个市场的政策、市场环境、文化,等等。对于这类平台来说,已有的市场、积累的用户并不能支持接下来的跨国竞争,每进入一个新的市场,都"只不过是从头再来"。

共享打车平台优步的全球化历程可以很好地说明国内网络效应的这一特点。优步于 2009 年在美国旧金山注册成立,2011 年开始在旧金山率先开展业务,并于 2012 年开始国际化的探索,目前,优步已扩展到全球 70 多个国家和地区。但优步的国际化之路远不如其他来自美国的平台那样顺利,比如谷歌、优兔。一方面,优步在全球多个市场面临着当地政府部门的限制和压力。例如在韩国,2014 年年底,因为优步司机不具有出租车营业执照,而被韩国政府认定为违反交通法规,并禁止优步在韩国经营。另一方面,优步在全球市场上面临着当地打车平台的挑战。由于优步的网络效应局限在一个区域内，其在美国的成功完全无法复制到其他国家的市场。而当地的打车平台因为更早成立、更加熟悉本地用户特点等原因，则更加受到青睐。比如在中国，在优步2015年进入中国市场时，中国境内最大的两个打车平台——滴滴打车和快的打车已经合并，滴滴成为了优步的最大竞争对手。此后，滴滴和优步经历了长达一年多的"烧钱补贴大战"，最终在2016年8月以滴滴收购优步中国业务的结局给"大战"画上了句号。同样，2017年7月，优步将其在俄罗斯、亚美尼亚等国的业务最终出售给了俄罗斯互联网巨头央捷科斯（Yandex）；2018年3月，优步将其东南亚业务出售给了东南亚本土打车平台Grab。今天，全球各国市场依然存在不少像滴滴这样的本土打车平台，包括美国的Lyft、印度的Ola，以及覆盖欧洲和非洲市场的Taxify等，无一不对优步的全球化之路带来巨大的压力。

课后思考

1. 双边平台为什么会逐渐发展成为平台生态？
2. 什么是双边平台的互补者？
3. 平台生态治理的核心是什么？
4. 平台企业的国际化与传统企业的国际化存在哪些异同？
5. 如何看待当前中国平台国际化水平仍有待提升的现状？

CHAPTER 7 第七章

平台经济反垄断

本章主要围绕平台经济的反垄断问题展开，其主要内容是对当前互联网平台经济领域反垄断的来龙去脉进行梳理和介绍。同时，对平台经济反垄断行为进行了进一步的经济学分析，并基于分析探讨平台经济反垄断所造成的影响。在本章中，大家将会认识到平台经济反垄断对平台经济健康持续发展的重要性。

第一节 平台经济反垄断的来龙去脉

一、平台经济反垄断的国际背景

近年来，国际上平台经济的反垄断案件屡见不鲜，谷歌、亚马逊、脸书、苹果、微软等科技巨头都曾遭受过来自欧盟委员会、美国司法部、美国联邦贸易委员会的反垄断调查。从全球来看，各国反垄断执法机构对平台经济发展的关注度持续提升，纷纷加强了对平台经济领域特别是超大型平台企业的反垄断监管。如表7.1所示，平台经济领域的垄断可以分为三大主要类型：生态垄断、技术垄断、数据垄断，因此对应的反垄断也分为三类。第一，反生态垄断。2008年，谷歌被美国司法部判定为肆意收购。2020年，苹果因捆绑销售、"霸王条款"[①]和利用平台优势扭曲市场竞争，被欧盟发起反垄断调查。总体来看，国际上对生态垄断问题的治理措施主要以生态限制（事前限制）和罚款（事后惩罚）为主。此外，反垄断手段还有业务拆分。业务拆分能够做到"直击要害"，但相对罕见。第二，反技术垄断。1969年，国际商业机器公司（IBM）因垄断数字计算机问题和美国司法部展开了长达10年的诉讼。2011年，英特尔因肆意进行技术收购被欧盟发起反垄断调查。总体来看，国际上对技术垄断问题的治理措施主要以要求技术开放共享为主，适度的开放和转让技术有利于保持市场的良性竞争。第三，反数据垄断。2012年，谷歌因隐私保护问题被美国联邦贸易委员会罚款2 250万美元。2019年，

---

① 苹果公司的"霸王条款"有：凡在应用商店上架的软件，该应用发生内部购买行为时，苹果抽取30%的服务费等。

脸书因数据隐私问题被美国联邦贸易委员会罚款 50 亿美元，并要求其采取新隐私政策。总体来看，国际上对数据垄断问题的治理措施主要有罚款、数据条款调整、收取数字税等。总之，比起反生态垄断和反技术垄断，国际在反数据垄断方面仍处于探索阶段，并尚未形成一个有体系的治理方案。

表 7.1　典型国际平台的垄断与反垄断

垄断类型	行为表现	针对性的反垄断手段	普适性的反垄断手段	国际典型案例
生态垄断	"掐尖并购"；强迫"二选一"；捆绑销售；"霸王条款"等	生态限制	罚款 数字税	2008 年，谷歌被美国司法部判定为肆意收购。 2018 年，谷歌因捆绑销售被欧盟罚款 43 亿欧元。 2020 年，苹果因应用商店收取高额费率等行为，被欧盟发起反垄断调查
技术垄断	技术封闭；技术排他；肆意进行技术收购等	技术共享		1969 年，国际商业机器公司因垄断数字计算机问题和美国司法部展开了长达 10 年的诉讼。 2011 年，英特尔因肆意进行技术收购被欧盟发起反垄断调查
数据垄断	大数据"杀熟"；数据强制授权；隐私窃取等	数据治理体系		2019 年，脸书因数据隐私问题被美国联邦贸易委员会罚款 50 亿美元，并要求其采取新隐私政策。 2012 年，谷歌因隐私保护问题被美国联邦贸易委员会罚款 2 250 万美元，并为用户修改隐私设置。 2020 年，欧盟委员会公布《数字市场法案（草案）》

二、国内平台经济反垄断

近年来，我国开始重视平台经济反垄断，并不断加强反垄断相关的立法和执法。这些年，我国互联网平台企业发展迅速，平台企业利用垄断地位进行的"大数据杀熟""二选一"和侵犯隐私等行为层出不穷，引发了社会的广泛关注。习近平主席强调，要促进公平竞争，反对垄断，防止资本无序扩张，推动平台经济规范健康持续发展。2020 年中央经济工作会议提出了"强化反垄断和防止资本无序扩张"。2021 年的《政府工作报告》进一步提出，要"强化反垄断和防止资本无序扩张，坚决维护公平竞争市场环境"。2020 年 11 月 10 日，国家市场监管总局发布了《关于平台经济领域的反垄断指南（征求意见稿）》。2021 年 2 月 7 日，国务院反垄断委员会制定并发布了《国务院反垄断委员会关于平台经济领域的反垄断指南》。2021 年 10 月 18 日，习近平在中共中央政治局第三十四次集体学习时再次强调，要防止平台垄断和资本无序扩张，保护平台从业人员和消费者合法权益，并明确了平台企业主体责任和义务。由此可见，反垄断是社会主义市场经济体制的内在要求，对我国新经济的稳健发展具有重要意义。

从反垄断执法来看（如表 7.2 所示），我国从 2020 年开始加大对互联网平台垄断行为的监管,且反垄断主要集中在"滥用市场支配地位"和"违法实施经营者集中"。例如 2021 年 4 月 10 日,国家市场监管总局对阿里巴巴"二选一"的垄断行为("滥用市场支配地位")处以罚款 182.28 亿元人民币;2021 年 7 月 7 日,国家市场监管总局对互联网领域 22 起"违法实施经营者集中"做出了行政处罚。

表 7.2　2020—2021 年国内平台经济领域的反垄断监管

时间	反垄断事件
2020 年 12 月 24 日	国家市场监管总局对阿里巴巴涉嫌"二选一"的垄断行为进行立案调查
2021 年 3 月 12 日	国家市场监管总局对包括腾讯、百度、美团在内的多家国内互联网科技企业,未依法申报"违法实施经营者集中"处以 50 万元人民币罚款
2021 年 4 月 10 日	国家市场监管总局对阿里巴巴在国内网络零售平台服务市场实施"二选一"的垄断行为处以罚款 182.28 亿元人民币
2021 年 4 月 26 日	国家市场监管总局依法对美团实施的"二选一"等涉嫌垄断行为进行立案调查
2021 年 7 月 7 日	国家市场监管总局对互联网领域 22 起"违法实施经营者集中"案做出了行政处罚
2021 年 7 月 13 日	33 家互联网平台企业签署了《互联网平台经营者反垄断自律公约》

第二节　双边平台垄断行为的经济学分析

由于平台经济与生俱来的特性,诸如网络效应,平台企业往往更易实现规模经济,因此也更容易走向垄断。在平台经济背景下,要去判定一个平台企业是否"滥用市场支配地位"变得更为困难。平台企业的市场支配地位可以体现在某个业务市场份额高、业务范围广、供应链渗透率高、技术独占率高等诸多方面。目前,平台经济领域的反垄断已成为经济社会一个关注的焦点,反垄断政策的实施无疑会对平台的市场竞争产生影响。由于平台所形成的双边市场结构与传统的市场结构不尽相同,因此平台型垄断形成的原因值得进一步挖掘。平台的网络效应导致其本身就有偏向于垄断的趋势。同时,有关平台竞争的研究,也揭示了在很多场景下容易出现"赢者通吃"的竞争局面(Sun and Tse, 2007)。传统的经济理论认为,垄断企业利润最大化的情况和市场福利最大化的情况存在较大差异,因此垄断与完全竞争相比是低效的。当前,一个比较公认的结果便是,双边市场和数字平台所具备的一些新特征,让传统的反垄断法案在判断垄断行为时遇到了一些困难,需要出台更加有针对性的反垄断措施。

本节基于已有研究(冯振华和刘涛雄,2019),对平台型垄断的形成机理,与传统垄断的差异以及其成因进行了探究,以便为平台型垄断的治理奠定理论基础。平台经济领域的很多现象表明,网络外部性带来的更强的规模经济,使得针对无效垄断的传统反垄断政策可能不再适用。对于根源同样是规模经济的自然垄断,本节通过分析自然垄断和平台型垄断的异同得出了,其反垄断政策对于平台型垄断同样不适用,从而对平台型垄断进行更为系统和深入的解读。本节后续的模型部分请具体参考冯振华和刘涛雄(2019)的论文[①]。

---

① 冯振华和刘涛雄. 平台型垄断与反垄断政策 [J]. 研究与发展管理,2019,31(5): 51-63.

一、平台型垄断和无效垄断的根本区别

假设,市场中一个垄断平台有两组用户组 1 和组 2,接入平台的用户数量分别为 n_1 和 n_2,两组用户间的间接网络效应强度分别为 α_1 和 α_2,组 1 和组 2 用户使用平台所提供服务的价格分别为 p_1 和 p_2。可得两组用户的个体效用分别为

$$u_1 = \alpha_1 n_2 - p_1; u_2 = \alpha_2 n_1 - p_2 \tag{7-1}$$

由于用户是依据接入平台所获得效用的大小来决定是否使用平台的,因此用户的数量可以表示为平台能够提供效用的单增函数 $n = \phi(u)$。并且假设平台为两组用户提供服务的边际成本为常数,分别为 f_1 和 f_2,可得平台的利润函数为

$$\pi' = n_1(p_1 - f_1) + n_2(p_2 - f_2) \tag{7-2}$$

通过计算,可得最终结果为

$$p_1 = f_1 - \alpha_2 n_2 + \frac{\phi_1(u_1)}{\phi_1'(u_1)}; p_2 = f_2 - \alpha_1 n_1 + \frac{\phi_2(u_2)}{\phi_2'(u_2)} \tag{7-3}$$

由式(7-3)可见,以组 1 用户为例,平台的最优定价策略是,以边际成本为基础进行一定的调整。而调整的幅度大小则与两个调整项有关。第一个调整项为 $\alpha_2 n_2$,该项表示组 2 所有用户对组 1 某个用户所产生的网络效应总和,价格 p_1 随该项变大而变小。另一个则是消费的需求弹性,该项会使得价格向上调整,其实际反映了传统型垄断企业的价格加成问题。根据上述的简单模型,这里可以总结出平台型垄断的以下特征。

(1)相较于传统垄断,平台型垄断定价在成本基础上的价格加成相对较少。为了充分发挥用户之间存在的网络效应,垄断企业会主动降低价格来吸引更多用户的加入,从而最大程度上实现网络效应的内在化收益,进而获得最大化利润。

(2)对于平台型垄断而言,掠夺性定价的能力被网络效应所削弱。假设平台抬高了一定的价格,那么部分用户就会流失。同时,通过网络效应又会造成留存用户的收益减少,进而导致更多的用户流失。因此,相较于其他条件相同但没有网络效应的情形,双边市场中的垄断平台实际上面临着更大的需求价格弹性,因此垄断平台操纵市场的能力并没有传统垄断企业那么强。由此可见,不能简单地依据市场规模来对垄断平台的市场势力进行判断。

(3)依据既有文献对双边市场垄断效率的研究,平台型垄断可被称为"积极性垄断"。平台通过将用户网络效应内部化来提高消费者剩余。随着用户的增加以及相互之间网络效应的增强,该行业往往呈现规模报酬递增的现象,社会效率也会不断提高。因此,在双边市场中,一个由少数平台企业垄断的市场相较于存在更多中小平台企业的市场,通常是更有效率的。当然,这种由规模效应导致的垄断结构,与传统的自然垄断行业确实存在一定的类似之处,下面将重点分析平台型垄断和自然垄断的异同。

二、平台型垄断和自然垄断的异同

平台型垄断和传统垄断中的自然垄断在表现形式上非常类似，都呈现规模报酬递增的特性，但两者的产生机制却完全不同，因此应采取不同的治理机制。

自然垄断中的规模报酬递增，来源于由生产技术决定的边际成本递减。如图 7.1 所示，由于边际成本递减，一个自然垄断企业的边际成本曲线 MC_n 一直处于平均成本曲线 AC_n 的下方。随之带来的规模报酬递增，致使规模大的企业拥有更强的竞争优势，并使得这些行业通常出现高度垄断。自然垄断企业会将垄断产量确定在边际收益曲线 MR_n 和边际成本曲线 MC_n 的交点处，因此其最优的垄断产量—垄断价格的组合为图 7.1 中的 (q_n, P_n)。而治理政策希望企业将产量—价格的组合确定为社会最优处，即为需求曲线 D_n 和边际成本曲线 MC_n 的交点 (q_n^*, P_n^*)。但这种产量—价格的组合势必会导致垄断企业亏损而停止生产。考虑到将自然垄断企业分割成多家小企业在经济上是无效率的情况，对于自然垄断行业的反垄断，常用措施便是限制价格与数量并进行补贴，或者以特许经营的方式允许少数企业进行生产。

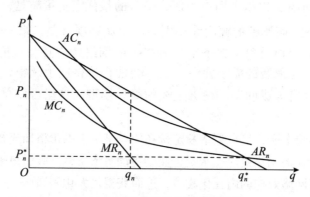

图 7.1　自然垄断行为的成本曲线

平台型垄断与自然垄断虽同属规模经济范畴，但在成因上却有着本质的区别。平台型企业的规模经济主要来自其需求方，即来自于不同的用户组之间的网络效应，因此可以理解为源自需求一侧的规模经济（如图 7.2 所示）。首先，在生产成本方面，平台型垄断的边际成本（MC）曲线与平均成本（AC）曲线都呈 U 形，并不一定具备自然垄断的边际成本递减的特征。因此，传统限价结合补贴的反垄断方法并不适用于平台型垄断。即使按照 $MC = MR$ 的原则定价，但由于平均成本曲线位于边际成本曲线下方，垄断的平台企业仍可获利。其次，平台型企业的规模报酬递增来自于需求方之间的网络效应，在图 7.2 中则显示为需求曲线更加扁平，即需求价格弹性更大。假定没有网络效应时的需求曲线和边际收入曲线分别为 D_0 和 MR_0，存在网络效应时则分别为 D_p 和 MR_p。因为网络效应的乘数加速作用，相较于传统垄断（D_0, MR_0），平台型垄断厂商的需求曲线 D_p 与边际收益曲线 MR_p 会更加平坦。这种需求曲线更加平坦的变化，最终所呈现出的便是平台型垄断的规模报酬递增。

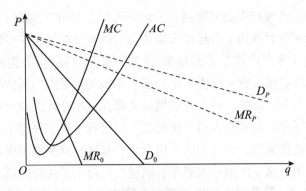

图 7.2 平台型垄断厂商的需求曲线

平台型垄断和自然垄断异同的形成机制决定了两者治理机制的异同。相同之处在于两者都具有规模经济特性，由此决定了分拆垄断企业或人为维持多企业竞争对两者在经济上均是无效的。而两者的不同之处也导致了自然垄断的常用对策并不适用于平台型垄断。由于边际成本曲线并不在平均成本曲线之下，以及网络效应的存在，以致现行的"社会最优"价格产量限制政策缺乏基准和依据。不仅如此，现实中平台型企业还存在更加复杂的情况。例如，由于平台企业本身存在着严重的信息不对称，使得平均成本等相关信息难以获取；以及在自然垄断和平台型垄断同时出现时，使得规模经济的来源更加复杂。

综上所述，由于平台型企业与自然垄断之间存在着诸多形式相似但本质却不相同的特性，其决定了在治理问题上需要根据不同特点来转换视角与思路，找到适合这种新型企业垄断的判别与治理方式。一个较为一致的观点便是，平台经济领域反垄断的核心并不在于反对垄断本身，即不应对垄断的平台型企业进行拆分，而应注重规范这些垄断平台的垄断行为。目前，我国实施的平台经济领域的反垄断政策，很多都是针对诸如"二选一""侵犯用户隐私"等垄断行为的。

第三节 平台经济反垄断的影响

目前，数字平台反垄断已成为一个社会关注焦点，反垄断政策的实施无疑会对平台的市场均衡产生影响。从上一节的分析中我们已经知道，双边平台的网络效应会使其自然地趋向于垄断。而根据传统的经济学理论，垄断企业为了追求利润最大化，会采取一系列的垄断行为，使得最终的市场均衡偏离社会福利最优的情形。比如，有一种观点认为，垄断平台的市场效率不如竞争情形下的，因此并不会提升社会福利。但是，也有另一种观点认为，由于网络效应的存在，双边平台在垄断情况下会采取更为普惠的策略来吸引更多的用户进入，从而既实现了利润最大化也优化了社会资源的配置。不管双边平台的垄断是否会造成社会福利的损失，其对大量用户的影响能力都还是显而易见的。因此，针对平台的反垄断调查或罚款时有发生，比如美国 1997 年针对微软的反垄断调查、欧洲 2017 年针对脸书的反垄断罚款、美国 2020 年针对苹果和谷歌的反垄断审查，乃至中国在 2020 年蚂蚁金服监管事件后发布的《平台经济反垄断指南》等。然而，传统的反垄断法案在平台经济领域中的实践遇到了诸多困难，例如对垄断行为的判断不足。而相关反垄断措施的实行对双边平台最终市场均衡的影响也有待进一步探究。

　　以我国实施的《平台经济反垄断指南》（以下简称《指南》）为例，其重点目标之一便是防止资本无序扩张。在《指南》出台前，中国的互联网市场竞争加剧，出现了损害社会经济发展的行为。比如，各大互联网巨头都在进军社区团购市场，尽管提升了居民买菜、团购等的效率，但也在大打"价格战"的过程中严重损害了小商小贩的经济利益，这不利于社会稳定发展。在《指南》出台后，互联网巨头的投资行为得到了较为有效的控制。腾讯退出了京东的第一大股东，阿里巴巴退出了优酷的股东，字节跳动甚至解散了战略投资部门。但是过度的反垄断也会导致互联网行业的发展受到较大的冲击。目前，整个中国的互联网行业迎来了寒冬，很多互联网巨头充斥着裁员的消息。但从长远发展的角度考虑，平台经济领域反垄断的目的还是促进整个互联网行业的健康持续发展，反垄断的力度则需要更好地把握。《人民日报》在2022年初就发文指出："防止资本无序扩张不是不要资本，而是要资本有序发展。"因此，平台经济领域反垄断带来的影响是深远的，其意义是重大的，而具体的实施过程则更需要结合社会经济发展的大背景。

课 后 思 考

1. 为什么互联网平台经济领域需要反垄断？
2. 平台型垄断与传统垄断的异同点在哪里？
3. 平台经济领域的反垄断是反垄断本身还是反垄断行为？
4. 如何看待《平台经济领域反垄断指南》的出台？
5. 如何让平台经济领域的反垄断更好地服务于平台经济的健康持续发展？

CHAPTER 8 第八章

消费互联网

双边平台在不同消费场景中的渗透最终形成了一张复杂的消费互联网。本章将介绍消费互联网的定义,并根据消费互联网的特征将消费互联网的商业模式划分为电商经济、服务经济、流量经济和共享经济等四类。这四类商业模式自身有着鲜明的核心特征,又在很多场景下互有重叠,使消费互联网创造了琳琅满目的消费场景。最后,本章将以共享经济为例,为进一步理解消费互联网提供分析框架。

第一节 消费互联网简介

在双边平台相关章节的介绍中,双边市场结构的核心便是双边平台本身和接入到双边平台不同侧的用户组。很多时候,我们用买家和卖家来划分不同的用户组。随着越来越多用户组的接入,双边平台开始向多边平台、平台生态延展,而形成一张越来越复杂的网络。在现实生活中,不同类型平台所构成的复杂网络,不仅侵蚀着已有的线下消费场景,也在创造着新的线上消费场景。这种复杂网络便是消费互联网。

目前,对消费互联网的定义和解读已经较为成熟。消费互联网是指为满足用户日益增长的各类生活消费的需求,及部分企业更加便捷地出售各类产品和服务的需求,依托用户消费数据,并利用4G、匹配、定位、大数据等数字技术,所形成的连接消费市场中各类用户、企业的数字化消费网络[①]。

一、数字基础设施和消费互联网

传统信息产业主要是指在第二次世界大战后,在信息技术革命的过程中所形成的,以各类新兴信息技术为基础的产业。在技术突破的过程中,包括芯片、操作系统、数据库、通信网络等均形成了特有的产业类别,成为我国产业经济的重要组成部分。而各类新型数字技术的突破以及相关的数字基础设施的不断完善,使这些数字技术的应用成本不断降

[①]《中国产业互联网生态发展报告》:https://www.tioe.tsinghua.edu.cn/dfiles/zhongguochanyehuxiangwangshengtaifazhanbaogao.pdf

低。进入 21 世纪后，中国的互联网网民主要以个人电脑为终端，通过拨号上网的方式接入到互联网之中。网络的联接让基于网络的消费成为可能，大量以个人用户的网络行为为基础的商业模式开始蓬勃发展。比如，基于门户网站的网络广告、发展初期的电商网站、主打个人社交的电脑软件等。随后，诸如百度、腾讯、阿里巴巴等企业脱颖而出，个人用户在网络上进行消费成为一种越来越普遍的现象。而数字技术进步带来的是更为便捷的终端和更加快捷的联接方式。随着智能手机的普及和通信技术的更新换代，在网络上进行消费的方式也更加的多元化。种类繁多的 App 在智能手机上实现了更多的消费模式，比如用户可以通过滴滴进行线上打车，通过美团进行线上外卖订购，通过抖音进行线上短视频的观看等。至此，一张近乎无处不在、可以随时接入、为我们所熟知的消费互联网正式形成。

在消费互联网普及的今天，很少有消费者再回过头去看为消费互联网奠定基础的传统信息产业。而事实上，在每一次智能手机、高性能电脑的发布会上，最为引人关注的其实仍然还是以芯片、操作系统、通信网络等与信息技术密切相关的前沿技术在这些设备上的应用。苹果手机的发布会上，其高端性能往往为人们所津津乐道；在华为手机的发布会上，国产鸿蒙操作系统也为大量消费者所追捧。在"双 11"等网上购物节的背后，是阿里云、华为云、腾讯云等大量云服务的支撑。另外，用户能够放心地在微信、QQ 等社交软件进行聊天，也是因为这些聊天平台的加密技术能够保护好用户的隐私。而户外各类图片、短视频的上传，乃至户外的直播，也离不开 4G、5G 等通信网络信号的大范围覆盖。

因此，传统信息产业的发展给消费互联网带来了无限的可能，大量数字技术应用成本的下降使用户接入消费互联网的门槛不断降低。在理解消费互联网时，数字基础设施是重要且不可忽视的方面。

二、消费互联网发展的三大阶段

从 20 世纪中叶的第三次工业革命开始，数字技术便踏上了反复迭代和积累的道路。到了 20 世纪末，数字基础设施开始被大范围地构建，消费互联网的时代正式拉开帷幕，时至今日大概经历了三个发展阶段，如表 8.1 所示。其中，1990—2005 年为 PC 互联网阶段，其市场竞争以企业为主，累积的用户数量为千万级，美国的雅虎、谷歌等和中国的新浪、网易等为其中的代表性企业。而在移动互联网的阶段中，企业的竞争开始演化为平台竞争，移动设备的普及也让用户数量快速达到了亿级，形成了巨大的网络效应，代表性企业为我们耳熟能详的 FAG（脸书、亚马逊、谷歌）和 BAT（百度、阿里、腾讯）。而 2016 年至今则进入了第三个发展阶段，其最典型的特征便是人工智能在消费场景中的应用进一步加强。在此阶段中，企业的竞争已经演化为生态的竞争，每一个生态中所累积的用户数量也达到了十亿级，代表性企业包括脸书、亚马逊、谷歌、苹果、华为、腾讯、字节跳动等。智能计算的大量应用以及计算和联接能力的进一步提升是这一阶段的重要特征。比如字节跳动的抖音平台使用了各类人工智能的相关功能，为用户创作短视频提供便利，同时其精准的推荐算法也成为抖音的最大竞争力来源。再如，脸书在 2021 年将企业名直接更改为了 Meta，并投入大量的资金和开发者，进军元宇宙。显然，这些智能互联网的发展，需要一个由核心平台与大量平台互补者所组成的平台生态进行协调才能展现出更强的竞争力。相信在不远的将来，消费者会在这些平台生态中享受到更加便捷的消费服务，而智能互联网也会为消费者创造出更多的消费场景，最终让整个消费互联网实现又一次质的飞跃。

表 8.1 消费互联网发展的三个阶段

阶　　段	发展浪潮	竞争单元	用户数量	代　表　企　业
1990—2005 年	PC 互联网	企业	千万级	雅虎、谷歌、新浪、网易、搜狐等
2006—2015 年	移动互联网	平台	亿级	脸书、亚马逊、谷歌、百度、腾讯、阿里等
2016 年至今	智能互联网	生态	十亿级	脸书、亚马逊、谷歌、苹果、华为、腾讯、字节跳动等

第二节　消费互联网的运营模式

在消费互联网的发展过程中，形成了种类繁多的运营模式。根据消费互联网用户对线下场景的依赖程度和用户在相关平台的停留时长，可以将消费互联网的运营模式划分为三种类型，即流量驱动型、电商交易型和本地生活型，如图 8.1 所示。其中，流量驱动型对线下场景的依赖程度最低，但其往往需要用户在平台中进行长期的停留以产生大量的流量；电商交易型则对线下场景有着一定的依赖程度，且用户的交易往往是在线上完成，因此也需要用户在平台中进行一定的停留；本地生活型则对线下场景有着非常强的依赖，但是由于用户具体的消费活动是在线下完成的，因此在平台中停留的时间往往是最短的。具体而言，以微信、抖音等为代表的流量驱动型消费互联网，往往会占据大量的用户时长，且对平台上的各方都没有非常强的地理位置的限制；以淘宝、京东等为代表的电商交易型消费互联网则相对占用用户较少的时间，用户一旦完成线上购物便会离开平台，而商家往往在一定程度上是受物流、货源制约的；以滴滴、大众点评等为代表的本地生活型消费互联网则占用用户更少的时间，用户主要通过这些平台完成相关消费的辅助，具体的诸如打车或者餐饮消费实际上是可以脱离平台在线下完成的，因此对买卖双方均有很强的地理位置限制。

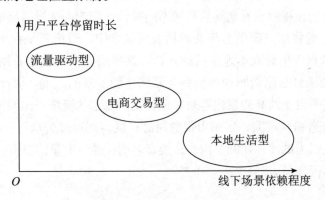

图 8.1　消费互联网的不同运营模式

一、流量驱动型

顾名思义，流量驱动型消费互联网运营模式的核心便是用户所产生的流量。流量涉及用户在平台上停留的时长，以及用户在这些时长中所形成的各类行为数据。现如今，智能手机在中国得到了广泛的普及，也许每个用户的手机里都装载着不同的App，而总有一些App能够吸引用户花费更多的时间停留在其上。比如，很多用户热衷于浏览短视频，这些用户每天都会耗费较长的时间停留在抖音、快手等短视频平台上。如图8.2所示，从2020年第二季度到2021年第二季度，短视频App始终占据了中国用户App使用时长的榜首。在用户使用手机的总时长中，大约1/4~1/3的时间被用于刷短视频。排在第二、第三位的则分别为即时通信（如微信、QQ等）和在线视频（如爱奇艺、哔哩哔哩等）。

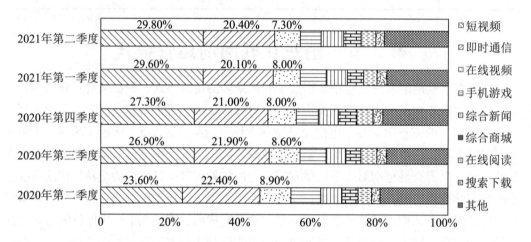

图8.2　2020年第二季度至2021年第二季度中国不同类型手机App使用时长占比

资料来源：极光iAPP。

由于短视频、即时通信、在线视频等类型的App具备吸引用户长期停留的能力，而用户的长期停留就会产生大量的流量，因此这类App的商业模式主要是围绕用户在App上所产生的流量展开。总结而言，基于流量的商业模式可以归纳为如下两类：①基于流量的广告，可以发现在抖音和微信平台上均存在一定量的官方广告，而爱奇艺的非会员用户也会在视频观看期间收看到不同时长的广告；②根据流量进行引流，抖音会通过直播和电商将用户吸引至相关的消费场景之中，微信更是在小程序中设置了京东、拼多多、携程等电商或本地生活的入口。这些商业模式意味着用户在使用App的过程中所产生的流量是流量驱动型消费互联网蓬勃发展的关键。因此，这些App本身也非常注重通过平台上的高质量内容来保证长期、稳定的流量。比如，抖音会通过一定的扶持计划，打造粉丝量大、影响力强的网红；微信则通过公众号、小程序等的运营，产生大量极具吸引力的碎片化阅读内容；爱奇艺则会通过大量的投资，获取或拍摄具有独家播放权的影视作品。

二、电商交易型

相比于流量驱动型的消费互联网,用户或许并不会在电商交易型的消费互联网上停留特别久的时间,但基本都是抱着在线消费的目的接入其中。为了促成不同类型的在线消费,电商交易型的消费互联网上充斥着各种类型的电商平台。在中国,淘宝是最大众化的电商平台,京东则主打高质量的商品,拼多多主要抢占下沉市场[①]。此外,中国有咸鱼、转转等专门撮合二手交易的电商平台,也有盒马、叮咚等专门主打生鲜买菜的电商平台。根据中国互联网协会发布的《中国互联网企业综合实力指数(2021)》显示,2021 年中国综合实力最强的 10 家互联网企业为:阿里巴巴(中国)有限公司、深圳市腾讯计算机系统有限公司、百度公司、京东集团、美团公司、北京字节跳动科技有限公司、上海寻梦信息技术有限公司、网易集团、北京快手科技有限公司、三六零安全科技股份有限公司。在这 10 家互联网企业中,至少有 9 家均有着不同程度的电商交易型消费互联网布局,如表 8.2 所示。

表 8.2 中国互联网企业在电商交易型消费互联网领域的布局

互联网企业	布 局
阿里巴巴(中国)有限公司	淘宝、天猫、盒马
深圳市腾讯计算机系统有限公司	腾讯惠聚
百度公司	积木鱼电商
京东集团	京东
美团公司	美团买菜
北京字节跳动科技有限公司	抖音商城
上海寻梦信息技术有限公司	拼多多
网易集团	网易严选
北京快手科技有限公司	快手电商

在电商交易型消费互联网中,平台往往会更加注重在线交易的效率,在具体运营时会采取各种类型的策略来削弱买卖双方的信息不对称,从而促进更多的在线交易。因此,就电商交易型消费互联网而言,其运营模式的核心是商品信息的充分传递。不同于线下,在线购物的用户往往无法真实地感知所售商品的物理特征,从而对商品的质量存疑。因此,电商平台主要通过两种类型的举措来降低这种信息的不对称:

(1)利用历史交易数据,在目前绝大部分的电商平台中,都存有针对商家、商品的评分,也存有历史交易中所形成的用户评价,这些基于历史交易数据的评分和评价可以帮助潜在购买者更好地了解所售商品的质量。

(2)利用买家的推荐,很多平台也会利用买家的推荐,比如在知乎、小红书等平台中可以看到很多的买家秀或买家推荐帖,即已经购买某些物品的买家会在帖子中充分地分享和探讨这些物品的优缺点,从而激发潜在购买者的购买行为。

---

① 下沉市场主要是指三线以下城市、县镇和农村地区的市场。

三、本地生活型

最后一种消费互联网的运营模式便是本地生活型。不同于流量驱动型和电商交易型，本地生活型对用户在地理空间上的限制相对更大，最终的消费行为也往往是在线下的场景中进行。一方面，本地生活型的消费互联网可以帮助线下厂商更好地吸引潜在消费者。大众点评、携程等平台对高分餐厅、酒店的推送能对有这方面需求的消费者起到非常好的推荐作用。另一方面，本地生活型的消费互联网也可以帮助消费者找到更加多的线下消费场所。比如，对当地不熟悉的消费者可能很难快速地找到诸如桌游、农家乐、麻将室等线下娱乐活动门店，而借助美团、大众点评等 App，消费者就能够很容易地找到附近的娱乐活动门店，甚至能在这些 App 的推荐下体验到最新潮的娱乐活动，从而进一步促进了线下的各类消费。随着本地生活型消费互联网的不断发展，其所触及的线下消费类型也更加多元化，几乎囊括了用户衣、食、住、行的方方面面。很多平台试图打造一个闭环的本地生活型消费互联网。以美团为例，美团目前已经形成了到店—到家的本地生活闭环，如图 8.3 所示。消费者可以通过美团打车和美团单车到达各类消费场所，而美团民宿、猫眼电影、美团酒店、大众点评、美团餐厅等又可以为用户在这些消费场所的线下消费提供进一步的分类服务；消费者同样可以通过美团打车和美团单车回家，并在家中通过美团优选、美团买菜、美团外卖、美团跑腿、美团闪购等本地生活服务在家中实现各类消费。

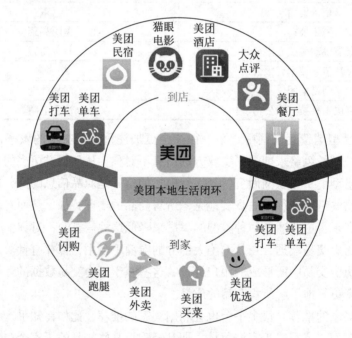

图 8.3 美团本地生活闭环

在本地生活型消费互联网中，平衡所有参与提供本地生活服务相关者的利益尤为重要。在美团构建的本地生活闭环中，只有让消费者在各种类型的本地生活中均能便利地得到美团所提供的服务，美团才能尽最大可能地让消费者形成黏性。而从实践的角度来看，更便利的服务不仅仅需要美团的投入，也需要大量接入到美团平台中的各类商家的支撑。在美团的本地生活闭环中，无论是到店的各种消费服务，还是到家的各类便捷服务，其背后真正提供消费服务的均是本地的各类商家。因此，只有合理地分配好平台与这些商家之间的利益，才能让越来越多的本地商家加入到平台所打造的本地生活闭环之中。

四、消费互联网下的大生态

消费互联网的运营模式主要包括了流量驱动型、电商交易型和本地生活型，但实际上每一家互联网企业在成长为所谓的"平台巨头"后，最终都会形成基于消费互联网的一个大生态。表 8.3 给出了中国互联网巨头 BAT 在构建消费互联网时所形成的一种生态布局。可以发现，百度系、阿里系、腾讯系从不同的消费互联网领域出发，最终都发展出了一个庞大的、涉及消费互联网几乎所有领域的大生态。事实上，中国互联网企业的后起之秀 TMD（头条、美团、滴滴）同样也在进行着类似的生态化扩张。因此，虽然消费互联网有着不同类型、不同特征的运营模式，但总体来看是殊途同归。所以，构建一个庞大的商业生态，是各类互联网企业在消费互联网的竞争中保证持续生命力的共同选择。

表 8.3 中国互联网巨头 BAT 所形成的消费互联网大生态

消费互联网领域	百 度 系	阿 里 系	腾 讯 系
搜索引擎	百度		搜狗
浏览器	百度浏览器	UC 浏览器	QQ 浏览器
输入法	百度输入法		搜狗输入法
即时通信		陌陌、来往	QQ、微信
地图	百度地图	高德地图	腾讯地图
视频	爱奇艺	优酷、土豆	腾讯视频
音乐	百度音乐	虾米音乐	QQ 音乐、酷狗音乐
新闻	百度新闻		腾讯新闻
阅读	百度阅读	阿里阅读	微信读书、阅文集团
办公		钉钉	TIM
游戏	91 游戏	阿里游戏	腾讯游戏
电子商务		淘宝、天猫	京东、拼多多
二手电商		咸鱼	转转
移动支付	百度钱包	支付宝	微信支付
旅行	去哪儿	携程、艺龙	同程
物流		菜鸟	京东物流
金融	百度金融	蚂蚁金融	腾讯理财通
团购	糯米	淘票票	美团点评
外卖	百度外卖	饿了么	美团外卖
共享单车		哈啰单车	摩拜单车
出行	优步中国	滴滴	美团打车

第三节 消费互联网：共享经济的热潮

在消费互联网的发展过程中，有一种商业模式开始在不同类型的消费互联网内迅速蔓延，那便是共享经济。在进入移动互联网时代后，很多消费场景均迎来了共享经济的发展热潮。本节将围绕共享经济展开介绍。

一、共享经济简介

共享经济是一个很宽泛的概念，目前并没有统一的定义。共享经济这个术语最早由美国德克萨斯州立大学社会学教授马科斯·费尔逊（Marcus Felson）和伊利诺伊大学社会学教授琼·斯潘思（Joel Spaeth）于 1978 年提出。共享经济的主要特点是，包括一个由第三方（可以是商业机构、组织或者政府）创建的、以信息技术为基础的市场平台，个体可借助这些平台交换闲置物品，分享自己的知识、经验。平台也可以为企业或某个创新项目筹集资金。共享经济主要涵盖三大主体，即商品或服务的需求方、供给方和共享经济平台。共享经济平台作为连接供需双方的纽带，通过移动位置定位、动态算法与定价、双方互评体系等机制的建立，使得供求双方通过共享经济平台进行交易。

总的来看，共享经济代表一种这样的经济形式：借助于某一平台，社会中各种分散的闲置资源可通过协调、调配或聚集等方式，来满足社会对相应资源的适当需求，从而实现新的资源价值，以促进社会整体福利的提升。在我国，国家信息中心对其定义是：共享经济是指利用互联网等现代信息技术，以使用权分享为主要特征，整合海量、分散化资源，满足多样化需求的经济活动总和。共享经济是信息革命发展到一定阶段后出现的新型经济形态，是整合各类分散资源、准确发现多样化需求、实现供需双方快速匹配的最优化资源配置方式，是在信息社会发展趋势下强调以人为本和可持续发展、崇尚最佳体验与物尽其用的新的消费观和发展观。

从发展的阶段性来看，人类社会的经济模式最早是从传统经济开始的，逐渐发展出租赁经济，直到近年来共享经济的萌生，如表 8.4 所示。

表 8.4 共享经济与其他经济模式的比较

	传统经济	租赁经济	共享经济
特征	1. 高交易成本，购买后获得使用权 2. 高维护成本	1. 交易成本一般，仅在租赁后获得使用权 2. 适合预算有约束、使用时间短、使用频次低的消费者	1. 仅有使用权，但交易成本因移动支付、位置定位、数据匹配等数字技术应用而极大降低，甚至几乎没有维护成本 2. 适合即用型消费者
商业模式	B to C	B to C 为主	B to C、C to C 皆有
资产	重资产	重资产	B to C 重资产为主，C to C 轻资产为主
中介	无	商家（规模小、数量多）	平台（规模大，数量为一个或几个）
网络效应	无	极弱	强
以出行领域为例	宝马、奥迪等汽车企业	神州租车	优步、滴滴出行

通过与传统经济、租赁经济的对比，可以发现共享经济作为一种新兴的经济模式，往往具备以下几个特征：基于分享、资源闲置、按需使用、可持续性。总结这些共同特征有助于我们去判断，哪些平台是属于共享经济范畴的。

（1）基于分享

共享经济的第一个重要特征是基于分享。在共享经济模式中，用户在短期或长期内可以相互分享他们的资源，其中包括实物资产或服务。在汽车共享平台上，车主可以在任何特定时间与需要使用交通工具的用户分享他们的车辆。在知识共享平台上，服务提供者可以为他人提供相应的专业知识咨询服务。

（2）资源闲置

共享经济的另一个重要特征是，拥有资源的用户可将自己的闲置资源与其他用户进行分享。在问答平台上，知识储备较多的用户可在空闲时间向有需要的人提供自己专业技能方面的问题解答，时间有长有短。同样的，在爱彼迎平台上，拥有闲置房间的用户可将他们的闲置房间共享给他人。

（3）按需使用

在按需服务中，有相关需求的用户可即时接入共享平台来满足自己的消费需求。作为对从共享平台上所获得的闲置资源的交换，这些用户只需要支付与他们的使用量相对应的金额。

（4）实现可持续性

共享经济的倡议旨在实现经济发展的可持续性。与购买新产品相比，共享平台上的用户更愿意相互分享他们的闲置资产，以此来节约成本，延长单个产品的使用寿命，减少因购买新产品而造成的环境污染程度。

上述这些特征让共享经济成为消费互联网一种规模较大的商业模式。根据国家信息中心发布的《中国共享经济发展报告（2021）》[①]显示，在市场规模方面，2020年我国共享经济市场交易规模约为33 773亿元人民币，同比增长约2.9%。生活服务、生产能力、知识技能3个领域的共享经济市场规模位居前三，分别为16 175亿元、10 848亿元和4 010亿元人民币。具体数据详见表8.5。

表8.5 共享经济各领域市场规模

领域	共享经济市场交易额（亿元人民币）				
	2017年	2018年	2019年	2020年	2020年同比
交通出行	2 010	2 478	2 700	2 276	−15.7%
共享住宿	120	165	225	158	−29.8%
知识技能	1 382	2 353	3 063	4 010	30.9%
生活服务	12 924	15 894	17 300	16 175	−6.5%
共享医疗	56	88	108	138	27.8%
共享办公	110	206	227	168	−26.0%
生产能力	4 170	8 236	9 205	10 848	17.8%
总计	20 772	29 420	32 828	33 773	2.9%

资料来源：国家信息中心分享经济研究中心。

---

① 国家信息中心. 中国共享经济发展报告（2021）[R]. 2021.

在人数规模方面,2020 年共享经济参与者人数约为 8.3 亿人,其中服务提供者约为 8 400 万人,同比增长约 7.7%;平台企业员工数约 631 万人,同比增长约 1.3%。在融资规模方面,2020 年共享经济领域直接融资规模约为 1 185 亿元人民币,同比大幅增长 66%,但各领域融资情况差异巨大。共享办公、生产能力和共享医疗三个领域直接融资规模同比增长分别达到 466.7%、285.6% 和 130.7%。共享住宿领域同比下降 29.8%。

二、共享经济的典型领域

目前,共享经济这一模式在全球发展迅猛,共享经济将成为全社会最重要的一种经济模式。在各行各业中,优秀的共享平台不断涌现,新模式层出不穷,共享经济的模式已在深深影响着人们的观念和生活。

(一)交通出行

有了共享经济这一模式后,人们无须拥有车辆所有权,就可以以共享和合乘的方式与其他人共享车辆,并按照自己的出行要求支付相应的使用费。细分领域包括:①共享单车,代表企业如青桔单车、美团单车、摩拜等;②共享电单车,代表企业如小蜜电单车、西游电单车等;③共享网约车,代表企业如滴滴出行、优步、Lyft、美团打车等;④共享汽车,代表企业如途歌、GoFun、环球车享、零派乐享等。

(二)共享住宿

共享住宿是指在共享经济背景下,依托互联网平台而产生的一种新型住宿方式。与传统酒店所提供的标准产品与服务不同,共享住宿多为具有个性化的家庭式经营住宿产品,是由房主借助在线平台,将他们个人所拥有的闲置房源进行出租,并从中获得一定报酬,代表企业包括爱彼迎、小猪短租、木鸟民宿等。目前,爱彼迎平台已经涵盖全球 190 多个国家,34 000 个城市,拥有超过 40 亿套房源,其市值已经超过了酒店业巨头万豪、喜达屋。可见共享住宿对传统住宿行业的颠覆力。

(三)共享物品

其实,物品共享是最早就出现的共享形态。而到了近几年,随着移动互联网的发展,共享物品的商业模式又呈现出了更加多元化的状态。细分领域包括但不限于:① 共享充电宝,代表企业如街电、来电等;② 共享服饰,代表企业如手工艺品共享易集(Etsy)、服装共享(Poshmark);③ 图书共享,代表平台为齐格(Chegg)。

(四)共享知识技能

随着不同模式的共享知识类产品开始在市场上崭露头角,共享知识与技能成为了一种重要的发展趋势。知识与技能的共享是新发展理念在知识经济时代的重要体现,对于引领积极向上的网络文化和全民学习的社会文化发挥着重要作用。早期的知识共享平台包括维基百科、TED、百度百科、知乎等。另一类的知识共享是更加侧重于教育体系的慕课模式（Massive Open Online Course，又简称 MOOC，意为大规模开放式在线课程）。慕课主要有两类：一类是是以 Coursera、Udacity 和 EdX 等企业为代表的，且以名校为背景的慕课平台；另一类是以 Udemy、Lynda 等企业为代表的，任何人都可以注册成为讲师的平台。在国内，从事知识与技能共享的代表性平台有得到、知乎、分答等。

（五）共享办公

共享办公又叫作短租办公或联合办公空间，脱胎于美国"WeWork"的共享式办公室，其打破了传统办公室格子之间的隔挡，办公空间更为开放，是一种基于共享办公空间的办公模式。"共享办公"概念最初诞生于 1995 年，当时共享办公空间的前身——C-base 在德国柏林出现，当时只是为一群软件工程师提供一个见面沟通和工作的场所。2005 年，第一家正式的共享办公空间在旧金山建立。后来，共享办公模式传入中国，在"万众创新、大众创业"的背景之下，各种共享办公机构如雨后春笋般出现。目前，共享办公的代表企业有优客工场、纳什空间、氪空间等。

（六）云共享

云共享是指云资源的共享，其中主要包含了数据资源与软件资源两大类，同时云共享是以云计算技术为基础的。现阶段根据云资源的共享范围，可以将其分为公有云、私有云以及混合云三种。代表企业包括阿里云、华为云、微软云、谷歌云等。

三、共享经济的发展趋势

（一）趋势一：从共享经济 1.0 到共享经济 2.0

上面两节提到，共享经济区别于传统经济和租赁经济，其最大特征便是在共享经济下，需求者可以即时地接入到共享平台中，以获取物品或服务的使用权，而无须专门通过购买去拥有这些物品或服务。而就共享经济自身而言，根据接入共享平台用户类型的变化，同样存在从消费者对消费者（C to C，又称共享经济 1.0）到企业对消费者（B to C，又称共享经济 2.0）的模式演化，如图 8.4 所示。

我们把消费者对消费者的共享经济模式称为共享经济 1.0。其特征是递延性分享，即人们通过互联网的协调，直接向对方出租多余的资源，如汽车、床、船或其他资产。在共享经济 1.0 中，先是企业把商品出售给购买者，以使购买者得到该商品的所有权；然后，购买者借助在线市场交易平台，出租闲置商品的使用权或所有权。比如，民宿平台爱彼迎、二手交易平台 58 转转、打车平台滴滴上的快车都是共享经济 1.0 的成功案例。

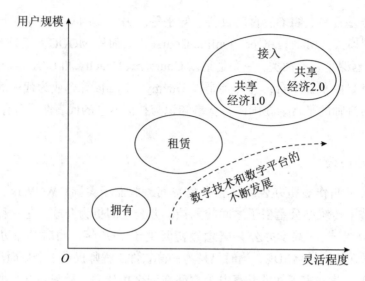

图 8.4 共享经济的演化

我们把企业对消费者的共享经济模式称为共享经济 2.0。其特征是原生性分享。在共享经济 2.0 中，企业不再把商品出售给用户，也不再仅出售闲置资源，而是直接把全新的商品共享给用户，并根据用户对该商品的即用情况进行收费。共享经济 2.0 的特征涉及企业对消费者模式、按需经济（On-demand Economy）、服务经济等。共享经济 2.0 的典型案例包括共享单车（哈啰单车、青桔单车）、云计算（谷歌云、阿里云）、共享充电宝（来电、街电）等。

（二）趋势二：从商品共享到服务/技能共享

到目前为止，世界范围内最大的几个共享平台仍然是基于商品的共享，如优步、爱彼迎。近年来，共享平台的出现使人们不仅能够实现基于商品的共享，也能够越来越多地参与基于服务/技能的共享中。与商品共享类似，服务/技能共享是通过互联网平台，把服务和技能的需求方和提供者有效地对接起来的网络交易模式。互联网平台将闲置资源信息进行整合和加工，并将信息有针对性地与需求方进行对接。例如，亚马逊的 Amazon Mechanical Turk 是一个大型众包平台，个人和企业可通过该平台将工作外包给平台上的工人们。与此类似，任务兔子（TaskRabbit）也是一个在线众包，该平台上的自由职业者和当地需求进行匹配，并撮合交易，囊括了诸如保洁、搬家、送货等服务。

在中国，许多基于服务/技能的共享模式也蓬勃发展。以服务/技能共享中典型的知识共享为例，中国国家信息中心的数据显示，中国知识共享的市场在 2016 年异军突起，并在 2017—2020 年保持快速发展的态势。2020 年市场规模达到了 4 010 亿元人民币，较 2019 年的 3 063 亿元人民币同比增长 11.9%。例如，知乎是一个问答社区和创作者聚集的原创内容平台，是以问答业务为基础的。经过近 10 年的发展，其已经成为一个综合性平台，覆盖了"问答"社区、机构号、热榜等一系列产品和服务。

（三）趋势三：从消费端到产业端

过去，共享平台的服务对象主要是面向消费端的用户，随着平台业务逐步进入相对成熟阶段，行业领先的平台都在积极拓展产业端的新共享领域，即越来越多的共享平台开始把重心转向企业服务市场，如表 8.6 所示，而这也与我国未来发展方向相吻合。工业和信息化部《关于加快培育共享制造新模式新业态促进制造业高质量发展的指导意见》也指出，共享制造是共享经济在生产制造领域的应用创新，是围绕生产制造各环节，运用共享理念将分散、闲置的生产资源集聚起来，弹性匹配、动态共享给需求方的新模式新业态。发展共享制造，是顺应新一代信息技术与制造业融合发展趋势、培育壮大新动能的必然要求，是优化资源配置、提升产出效率、促进制造业高质量发展的重要举措。

表 8.6　共享平台从消费端到产业端的演化

领　域	企　业	从消费端到产业端的关键措施
交通出行	滴滴	出租车业务升级为"快的新出租"
	嘀嗒出行	推动传统出租车业务数字化转型
	高德打车	"好的出租"计划，出租车巡网融合改造，巡游车网约化合作
	T3 出行	"T3 新享出租"，匹配线上用户和线下出租车
生活服务	美团	"帮扶计划"，精准统筹企业服务能力的时空布局、资源分配
	饿了么	一站式企业订餐管理服务
	街电	帮助商家建立会员体系，开展广告营销，以提高获客能力和品牌曝光率

共享平台在服务产业端市场方面具有突出优势：

（1）平台拥有庞大的用户流量及数据资源，可以帮助企业进行精准的用户画像、积累用户数量、收集用户反馈，更好地满足用户的多样化、个性化需求。

（2）通过规模效应实现服务的降本增效。共享平台作为多主体的纽带，能够集聚、整合、分享产业链资源，发挥规模优势，为企业及商户提供高效率低成本的相关服务。

对于平台而言，开发产业端市场有助于平台以较低的成本进一步扩大市场和培育新的竞争优势：

（1）产业端市场上服务提供主体的合规率高，企业及相关从业人员已经取得相应的经营资质，平台无须投入额外的监管成本。

（2）业务稳定性强，产业端服务的专业化水平更高，用户切换成本也较高，更容易增强用户黏性，形成服务壁垒。

（3）从业人员的社会保障水平相对较高，从业人员一般都与企业签有正式的用工合同并享有相应的劳动保障，从而减少了平台企业所面临的社保责任压力。

近年来，我国产业端的共享经济发展迅速，应用领域不断拓展，但总体仍处于起步阶段，还面临着共享意愿不足、平台生态不完善、数字化基础较薄弱等问题。

四、共享经济中的问题

当然,共享经济在发展过程中,对经济社会带来的也并不全部是好处,共享经济同样面临着诸多亟待解决的问题。

(一) 垄断问题

大型平台对市场支配地位的不当利用、数据独占、垄断性扩张等不正当竞争行为给市场带来了诸多不利影响。由于网络效应、规模效应、锁定效应,以及掌握和处理相关数据的能力等因素,大型平台容易占据市场的主导地位。平台规模越大,边际成本越低、用户聚集意愿越高、数据汇聚越多,越能够进一步取得市场优势地位,从而形成"赢家通吃""强者恒强"的马太效应。共享经济作为平台经济的一大重要运营模式,在交通出行、生活服务、社交和内容服务等领域都出现了一些大型平台。这些平台在提高经济发展效率、增加消费者福利的同时,也带来了一些负面影响,并引发社会的广泛质疑。

(二) 数据问题

对于平台而言,大型平台在日常经营活动中采集了大量的用户数据。这些数据经过加工后,用以进一步挖掘用户的潜在需求和行为特征,平台企业及其关联投资企业就可以开展更精准的推送等服务。在不断增强客户黏性的同时,平台企业也在构建越来越高的"数据隔离墙",并形成平台经济下典型的数据独占;同时还在平台规则、算法、技术、流量分配等方面设置限制和障碍,导致其他市场主体的经营活动受到约束,市场创新活力受到严重阻碍。对于用户而言,共享平台上汇聚了大量的个人数据,既包含用户的身份证号码、手机号码、银行卡账号、住址等个人隐私信息,也包含大量的动态交易数据。如何对平台上的个人信息进行有效保护,已经成为各界高度关注的问题。共享平台在个人信息保护方面存在的主要问题有:一是超范围收集数据,在平台没有向用户告知其要收集的个人数据类型、收集规则和使用规则的情况下收集数据;二是过度索取,平台虽然尽到了告知义务,但数据的索取大大超出了其合理需要的范围;三是强制授权,平台以默认、捆绑、停止安装等手段变相强迫用户同意信息的采集;四是数据泄露,由于平台掌握用户数据具有海量性、多样性、敏感性,一旦出现外部攻击或内控失范而发生信息泄露,会给用户带来严重的人身、财产安全等隐患。

(三) 冗余问题

在共享经济 2.0 所涉及的市场中,要满足用户随时接入相关服务的需求,往往需要共享平台配备好一定规模的新商品。这些共享平台的互相竞争,意味着市场中可能同时会存在大量同质化的商品。一旦这些同质化商品的数量超出市场的合理容量,那么共享经济 2.0 模式就会带来一种不可忽视的负外部性,即冗余问题。一些共享单车平台倒闭后,大量遗弃的共享单车形成了"共享单车坟墓"。也就是说,以可持续为特征的共享经济模式,在治理不当的情况下,反而会造成大面积的资源浪费。

造成冗余的影响因素有很多，根据 Rong et al.（2019）的研究显示，主要因素包括：市场结构、竞争策略、多栖等。第一，在市场结构方面，传统观点认为竞争性市场是有效率的，如果限制竞争，就会减少社会福利。适度的垄断可以通过设定高价在一定程度上实现高效率。在现实中，共享经济可以降低行业的准入门槛，让小而灵活的卖家有机会与成熟的全职卖家竞争。由于门槛的降低，市场更有可能由于竞争导致低效率和生产过剩。第二，在竞争策略方面，企业可以通过数量策略和技术策略形成优势。就数量策略而言，企业可以通过增加共享产品的数量来减少获得服务的不确定性。由于公共产品的价格较低，使得依赖公共产品的共享产品的单位投放成本也不高。比如，城市的公共道路是一种低价的公共产品，如果共享单车可以肆意停放并占据大量的公共道路，那么共享单车的单位投放成本就会变得很低。在这种情况下，企业更倾向于通过数量策略减少用户获取共享服务的不确定性，这无疑会造成一定程度的冗余。第三，多栖。多栖是指消费者可以自由地选择不同的共享平台。可以证明，多栖会影响市场需求的弹性，使得消费者对价格变得更加敏感，从而也会促使企业选择用较低的价格投放数量较多的共享产品这一战略，因此进一步促进了冗余。

五、专题思考：共享经济为什么在中国爆发？

自 2015 年以来，我国共享经济继续保持着高速发展态势，新业态持续涌现，技术创新应用明显加速，并在培育经济发展新动能、促进就业方面发挥了重要作用，国际影响力显著提升，成为新时期中国经济转型发展的突出亮点。中国共享经济异军突起，包括共享单车、民宿短租在内涌现出了一批代表性的平台企业。共享经济领域的独角兽企业成长迅速，甚至已经走在了全球市场的前列。根据 CB Insights 公布的数据显示，截至 2017 年年底，全球独角兽企业共有 224 家，其中中国企业达到 60 家，占总数的 26.8%；具有典型共享经济属性的中国企业有 31 家，占中国独角兽企业总数的 51.7%。根据中国国家信息中心的数据显示，2018 年中国共享经济的规模高达 2 300 亿美元，占全国 GDP 的 1.67%，占全球共享经济总量的 44%。

在梳理了共享经济发展的驱动力之后，下面将结合具体情况分析中国共享经济的发展概况，并尝试回答以下问题——共享经济为什么在中国爆发？

本书作者根据调研结果，结合中国与发达国家、发展中国家的对比，从市场需求、市场供给、基础设施和监管四个方面，归纳出了共享经济在中国爆发的原因，如表 8.7 所示。

表 8.7 共享经济在中国爆发的原因

	发达国家	落后发展中国家	中国	爆发原因
市场需求	已经得到满足	不太满足	不太满足	较多未满足的市场需求缺口
市场供给	共享经济利用闲置资源	共享经济利用闲置资源	共享经济利用闲置资源和新资源	充足的闲置资源和新资源
基础设施	成熟的基础设施，但处于老一代水平	基础设施落后	后发的基础设施，新一代水平	完善的即用型基础设施
监管	严格、僵化	灵活	灵活	相对灵活

（一）中国有较多未满足的市场需求缺口

与发达国家相比，中国的市场需求并没有得到很好的满足，在过去市场功能尚不完善的情况下，供给与需求之间的交易有时难以撮合。而共享经济将有助于填补这些未满足的市场需求。例如，在交通出行方面，以前中国部分城市的公共交通网络尚不完善，而共享单车的出现满足了人们对"最后一公里"的通勤需求。再如，我国的医疗资源供需紧张，地区分配不均衡，而在线就医平台则有助于填补医疗资源欠缺人群的诊疗需求。

（二）中国具备充足的闲置资源和新资源

共享经济的发展，除了需要有较大的市场缺口，也需要较充足的用于共享的资源来满足这些需求。有充足的用于共享的资源意味着传统市场存在长尾效应。中国人口众多，消费者偏好差异巨大，因此很多市场存在这种长尾效应，这也导致了市面上提高限制资源乃至新资源使用效率的社会动机也更大。长期发展后，中国具备了充足的限制资源和新资源，为共享经济这一商业模式的发展提供了资源供给层面的支撑。

（三）中国完善的即用型基础设施

过去中国传统线下市场的交易成本偏高。随着中国经济的腾飞，即用型基础设施也逐年完善。例如，移动支付无处不在，早已渗入日常生活的各个方面。又如，中国的各种在线市场的发展也极大地降低了交易成本。中国逐渐形成了以阿里巴巴、腾讯、百度、字节跳动等巨头为首的、繁荣的移动互联网生态。即用型基础设施在中国的迅速完善保障了共享经济的腾飞。

（四）中国相对灵活的监管

共享经济作为一种新兴的经济模式，在进入各国市场时必然面临着监管问题。例如，优步刚刚起步时就曾在德国、韩国等多个国家面临着监管困境。2014年优步进入德国法兰克福市场，而在2016年6月，德国法兰克福州高等法院判决了禁止优步旗下的UberPop在德国提供的低价服务。而相对于发达国家较为严格、僵化的规章制度，中国彼时更有拥抱商业模式创新的宽松环境。中国"先发展，后监管"的模式成为了共享经济萌芽成长的重要土壤。

课 后 思 考

1. 什么是消费互联网？消费互联网的运营模式有哪些？
2. 为什么互联网企业在消费互联网的竞争中会选择构建庞大的商业生态？
3. C to C 共享和 B to C 共享有什么区别？
4. 为什么共享经济在中国发展得比较好？
5. 在未来的能源共享、数据共享等场景中，共享经济模式是否适用？

第四部分

新组织二:产业平台和产业互联网

随着数字经济的不断发展,数字平台不仅在消费场景中拓展了对各类买卖主体的联接,也在生产场景中开始不断尝试对各类生产主体的联接。数字技术的成熟与应用,让传统生产活动中各类数据的打通成为可能,并开始催生联接各类生产主体的产业平台。产业平台可以制定统一的数字技术标准,并使联接同一产业平台的企业彼此互补,以形成强大的网络效应。不同产业平台的交织,促使各行各业中的企业更加紧密地联接在一起,并最终构建起生产领域中的产业互联网。在这部分中,本书将对产业平台的前沿技术进行介绍,并对当前的产业互联网发展格局进行探讨。

CHAPTER 9 第九章

产业平台初探

在本章中,我们将首先对产业平台的出现背景、相关定义及典型案例进行介绍。之后,基于产业平台的基本特征,本章进一步对产业平台的经济学建模问题进行简单探讨,并借助对软件平台上开发者行为的分析,以帮助大家更好地理解产业平台背后的经济学原理。

第一节 产业平台简介

本书对双边平台及双边平台上的各类经济学现象进行了系统的介绍。就双边平台而言,其最基本的结构包括双边平台本身和平台一边的买家及另一边的卖家。早期,几乎平台相关的研究都是围绕着双边平台及各类消费活动展开。著名诺贝尔经济学家让·梯若尔(Jean Tirole)与其合作者让-查尔斯·罗切特(Jean-Charles Rochet)对双边平台上的经济现象进行了建模。而后大量有关双边平台和双边市场的经济学模型研究均是基于双边平台上的用户效用所展开。而随着数字经济实践的不断加深,学术界和业界对平台的理解也开始变得更加全面与深入。在现如今的生产活动中,也出现了大量专注于生产领域平台化的企业。这些企业通过自己所掌握的数字技术,构建了一种新的平台。不同于联接买家和卖家的双边平台,这种新的平台更多地联接位于产业链上的各种企业,乃至这些企业内部的各种生产机器。目前,大量数字经济生产领域的企业往往直接使用"平台"这一概念来表述这种新的平台,并没有将其与传统的双边平台进行区分。例如英国的著名芯片企业安谋明确提出其芯片架构就是一个平台,美国著名互联网科技企业谷歌也将其所搭建的人工智能架构 TensorFlow 称为一个机器学习平台。

一、提出产业平台概念的必要性

显然,直接使用"平台"一词在有些情况下会造成混淆,所以给这种新的平台赋予一个新的概念是有必要的。

首先,在学术界一开始提出"平台"这一概念时,平台的概念是非常宽泛的,即任何联接不同经济主体,并起到类似中介功能的组织均可以被称为平台。平台不仅适用于诸如报纸、信用卡等的双边市场，也适用于诸如操作系统、智能手机等数字化产品相关的双边市场。在互联网以及移动网络蓬勃发展的 21 世纪前 20 年中，相关领域的研究者们纷纷将关注点聚焦于各类与用户在线消费密切相关的双边平台上，比如说亚马逊、淘宝之类的电商平台，优步、滴滴之类的共享出行平台等。这种实践也导致学术界的研究更偏重于双边平台，这些研究主要强调了双边平台的网络效应和用户交互特性，并将"平台"的定义限制在消费活动的范畴。随着数字经济实践范围的不断拓展，大量数字技术开始应用于包括芯片、操作系统、数据库、云服务、人工智能等领域，并催生了大量基于数字经济生产活动的平台。在这些平台上，进行交互并产生网络效应的用户不再是消费者，而是真正从事研发、设计乃至制造的生产型企业。因此，在业界大量从事数字经济生产活动的企业已经开始使用"平台"这一概念的背景下，我们认为从学术研究的角度而言，理应对这种更多涉及数字经济生产活动的平台赋予新的内涵。

其次，双边平台的研究方法在很多情况下并不能直接套用到这类新的平台之中。当生产活动中也出现了大量平台化的企业后，部分学者却仍然在使用与双边平台相关的经济学理论去进行学术研究，例如，有学者主要是通过用户效用函数去分析用户的行为，但是，用户效用函数不能很恰当地去反映企业的生产经营活动，显然选用生产函数、利润函数才是相对合理的。因此，如果没有一个清晰的概念来将这类新平台描述出来，很多研究就容易陷入误区。

最后，目前有部分研究其实已经跳出双边平台，转而以这种与数字经济生产活动相关的平台为研究对象。这些学者对这类新平台中的各类经济现象进行了较有针对性的剖析，并将很多研究成果发表在了经济学和管理学的顶级期刊上。比如，Ostrovsky（2008）尝试将双边平台中的网络效应引入到生产领域，且深入探讨了产业链中的网络效应对产业链稳定性的影响；再如，Economides et al.（2006）直接将双边市场的竞争引入到从事生产活动的技术平台中，且探讨了不同种类的技术平台在网络效应影响下的竞争均衡问题。在这些研究中，我们可以看到诸如技术平台、创新平台等概念，但是却始终没有凝练出一个一致、统一的概念来表述这类新的平台。

二、产业平台的定义

我们认为，麻省理工学院迈克尔·库苏马诺教授于 2019 年所给出的产业平台（Industry Platforms）定义与这类新平台的概念最为契合。库苏马诺认为，产业平台源自于各类数字技术，通过这些数字技术开可发出供不同类型企业使用的共性功能，从而让这些企业基于对共性功能的需求联接在平台之上。库苏马诺在其 2020 年的研究中进一步指出，这些联接在产业平台上的企业可以被认为是产业平台的互补者，并认为产业平台拥有两个特征。

（1）产业平台有能力使各类互补者得到强大的跨边网络效应。

（2）产业平台与这些互补者最终会形成一个平台生态。

基于库苏马诺的理论，我们对产业平台组成结构的理解如图 9.1 所示。首先，产业平台掌握共性技术，这些共性技术可以赋能给整个价值网络中的所有互补者。其次，整个价值网络可以简化为一条价值链，产业平台的互补者（通常是指各类企业）分别位于价值链中的不同层级。显然，一种最为常见的方式便是将价值链中除消费者以外的部分划分为上游企业、中游企业和下游企业，分别占据第 3、2、1 级。这些位于不同层级的互补者之间会形成强大的网络效应。最后，产业平台、价值链上的互补者形成了产业平台最核心的结构，再考虑到价值链上的消费者后，产业平台可以拓展成一个更复杂的平台生态。

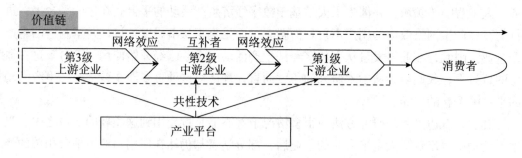

图 9.1　产业平台的组成结构

基于共性技术的应用而言，我们认为产业平台又可以分为技术授权型、开源社区型和技术联盟型三大类。

（1）在技术授权型产业平台中，共性技术往往为一家企业独有，这家企业可以根据自己的平台战略将共性技术授权给互补者，典型的代表便是安谋芯片平台。

（2）在开源社区型产业平台中，共性技术是完全开源的，任何企业是共性技术的贡献者，其也能基于开源的共性技术进行商业化的开发，典型的代表便是华为的 openEuler 平台。

（3）在技术联盟型产业平台中，其共性技术由几家企业所共有，并以专利的形式共同组成一类完整的共性技术，这几家企业可以进行互相授权，也可以向技术联盟外的其他企业进行授权，典型的代表便是 5G 平台。

三、产业平台与双边平台的区别

数字经济概念中的平台可以做很多事情，我们可以根据种类繁多的应用构建一个复杂的类型结构。然而，为了简化问题，我们把伴随个人电脑、互联网和智能手机出现的数字平台分为两个基本类型，而分类取决于它们的主要功能，如图 9.2 所示。第三章已经详细讨论了双边平台的相关概念、分类，在此我们将进一步提供一个比较这两类平台的概述。

第一种类型我们称之为双边平台。这些平台主要是指中介或在线市场，使人们和组织有可能分享信息或购买、出售各种商品和服务。交易平台的参与者、功能和数字内容或服务越多，它的作用就越大。同样，主要是数字技术和规模使这些平台在今天的世界上变得独特和强大。谷歌搜索、亚马逊电商平台、推特、优步和微信都是双边平台，每天都有数十亿人在使用。

第二种类型我们称之为产业平台。这些平台通常由共同的技术构件组成，其所有者和生态系统的合作伙伴可以共享这些构件，以创造新的互补性产品和服务，如不同架构的芯片平台，又如各个企业提供的云服务。所谓的"互补"，是指这些创新增加了使用功能或对信息的访问功能，使平台越来越有用。网络效应来自于这些产品的数量或效用的增加：数量越多或质量越高，平台对用户和互补者以及其他潜在市场参与者，如广告商、投资者的吸引力就越大。微软 Windows、谷歌安卓、苹果 iOS 都是常用的操作系统产业平台。

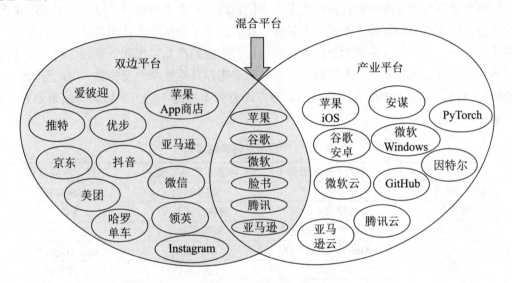

图 9.2　平台的两种基本类型

两种平台类型之间存在着明显的差异。产业平台通常通过新的互补性产品和服务来创造价值。其有时由平台所有者开发，但大多数由第三方互补者企业开发。这些企业通常通过直接销售或租赁产品来获取价值。在少数情况下，产业平台是免费的（如谷歌的安卓），产业平台会通过销售广告或提供其他服务来实现自身的盈利。相比之下，双边平台通常是通过促进商品和服务的购买和销售来创造价值的。例如，电商平台促进商品的在线交易，并提供担保、支付等服务；打车平台会促进出租车或私家车为乘客提供的出行服务，并提供司机和乘客之间的匹配服务。拥有这类双边平台的企业有的通过收取撮合交易的服务费来获取收入，有的基于交易产生的流量来收取广告费，亦或两者兼而有之。

大部分企业从一种类型的平台开始发展，然后逐渐演化出第二种类型，甚至将两者混合起来。这种打通双边平台和产业平台的大平台也被称为为混合平台。事实上，大部分的平台型企业均或多或少构建了这类混合平台。比如，谷歌既有谷歌搜索、谷歌邮件等双边平台，也有安卓、Tensorflow 人工智能框架这类产业平台；腾讯既有微信、腾讯视频等双边平台，也有腾讯云这一产业平台。这种混合平台的构建，也让平台型企业在进入数字经济时代以后，市值"水涨船高"。2019 年全球市值前 10 的企业中，有 7 家是平台型企业,其中美国五家(苹果、微软、谷歌、亚马逊和脸书),中国两家(阿里巴巴和腾讯)。这些平台型企业都已经不再单纯地依靠双边平台,而是在不同程度上基于产业平台创造出了更多的价值。简而言之,产业平台在业界的实践已经非常普遍,而且很多之前被认为是双边平台的企业正在不断地涉足产业平台的业务之中。

第二节 典型的产业平台案例

我们对当前国内外的产业平台进行了广泛的调研,结果在很大程度上印证了上一节我们对产业平台组成的理解,即产业平台不仅包括了产业平台本身,也包括了依附在产业平台上价值链中的各种互补者。大量在一线的产业平台从业者认为基于产业平台所搭建的价值链,基本可以抽象为上游的研发设计、中游的产品实现和下游的市场开发这三个环节,且所有的环节与产业平台提供的基础架构和共性技术密切相关。因此与传统的价值链相比,其在商业模式、价值创造等方面有着本质的不同。具体调研结果如表 9.1 所示。

表 9.1 产业平台的典型案例

产业平台	上游(研发设计)	中游(产品实现)	下游(市场开发)
安谋芯片平台	芯片设计	芯片制造	芯片应用
腾讯云	基础功能研发	解决方案开发	云场景应用
华为 openEuler	操作系统研发	服务器制造	系统应用
安卓	App 开发工具研发	App 开发	App 市场发布
	广告制作	广告网络搭建	广告发布
	硬件研发适配	终端产品制造	App 上架
5G	5G 架构研发	5G 基站部署	5G 终端芯片应用
无人驾驶平台	操作系统研发	硬件开发制造	整车制造应用
TensorFlow	人工智能硬件研发适配	机器学习模型开发	人工智能场景应用

一、芯片平台

芯片行业内构建的产业平台可以包括以下两个部分:第一,通用的芯片架构平台,比如安谋或者 x86 芯片架构平台;第二,基于芯片架构平台所形成的、从事芯片研发、芯片制造、芯片封装测试等一系列生产活动的企业。投入市场的芯片有着各自的主要功能,比如有些是专门用于计算的,有些则是专门用于图形处理的。如图 9.3 所示,从计算的角度考虑,按照计算需求从低到高,芯片平台可以覆盖七大行业,分别为嵌入式/AIoT、功能机、智能手机、平板电脑、个人电脑、服务器以及云+智能计算。其中,以安谋芯片架构为核心,衍生出了诸如苹果、华为、高通、博通等一系列的芯片设计厂商;而以 x86 芯片架构为核心,主要为英特尔和超威半导体(Advanced Micro Devices,AMD)两家厂商。具体而言,x86 芯片架构主要由英特尔研发,因此本文将英特尔及其主导开发的 x86 芯片架构归为一类芯片平台,并与围绕安谋芯片架构所形成的芯片平台进行对比。

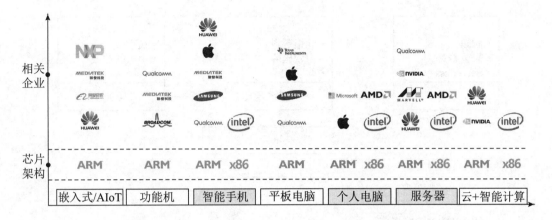

图 9.3　安谋（ARM）和 x86 芯片平台对比

安谋芯片平台属于技术授权型平台。以安谋芯片平台为基础，可以搭建一条从芯片设计到芯片制造，再到芯片应用的价值链，每一个环节均需要得到安谋的技术授权，处在这些环节中的企业如图 9.4 所示。芯片设计是指使用安谋提供的基础架构进行集成电路研发、设计的活动，比如高通、华为、苹果等企业均是基于安谋架构设计并发布新芯片。芯片制造是指根据芯片设计企业的集成电路设计，对芯片进行具体的生产制造。在制造过程中同样需要安谋架构的指导，具体企业包括台积电、台联电、中芯国际等。芯片应用是指将制造出来的芯片应用到具体的终端中，最常见终端的便是智能手机。在应用过程中需要大量的硬软件适配，基础也是安谋架构。具体参与企业包括小米、特斯拉、华为等。

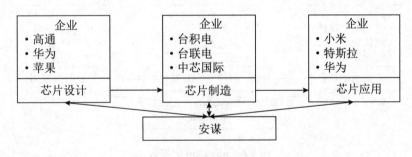

图 9.4　安谋芯片平台

二、腾讯云平台

腾讯云平台属于技术授权型产业平台。以腾讯云为平台，可以搭建一条从基础功能研发到解决方案开发，再到云场景应用的价值链，每一个环节均需要得到腾讯云的技术授权，如图 9.5 所示。基础功能是指云平台所能提供的基础能力，比如 GPU 云服务器、云开发低代码、边缘计算器、弹性公网 IP 等。具体企业包括腾讯、思爱普、Serverless 等。解决方案则具体是指大数据存储、消费物联、金融风控等较为通用的行业方案。基于腾讯云开发解决方案的企业包括北银数科、中软国际、北明软件等。云场景应用则是具体指落地的应用，落地企业包括快手、中国农业银行、人民网等。

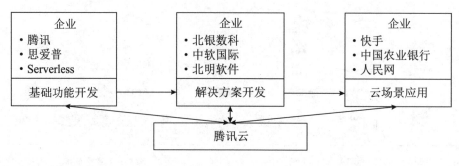

图 9.5　腾讯云平台

三、openEuler 平台

openEuler 属于开源社区型产业平台。以华为的服务器操作系统 openEuler 为平台，可以搭建一条从操作系统研发到服务器制造，再到系统应用的价值链，每一个环节均需要用到 openEuler 的技术授权，如图 9.6 所示。操作系统研发主要是指在 openEuler 这一开源架构的基础上，各家企业针对计算服务行业进行的操作系统研发。包括普华基础软件、麒麟软件和统信软件等企业均已研发基于 openEuler 的服务器操作系统。服务器制造是指制造基于华为鲲鹏芯片和 openEuler 操作系统的服务器，华为自己及神州数码、拓维信息等均有参与这一环节。系统应用是指将基于 openEuler 操作系统研发的服务器具体应用于各类场景中，包括招商银行、浙江移动、北京医院都是 openEuler 的典型应用企业。

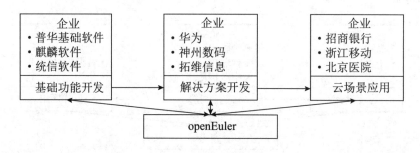

图 9.6　openEuler 平台

四、5G 平台

5G 平台属于技术联盟型产业平台。以 5G 为平台，可以搭建一条从 5G 架构研发到 5G 基站部署，再到 5G 终端芯片应用的价值链，每一个环节均需要得到 5G 的技术授权，如图 9.7 所示。需要注意的是，这里的 5G 平台是基于整个 5G 产业，而非某家具体的 5G 企业。5G 架构研发主要是指 5G 标准的研发，包括华为、爱立信、中兴等企业均能拿出自己的 5G 解决方案，而这之中大量 5G 专利是互相授权的，因此 5G 是一个大的生产型数字平台。如果运营商采纳了具体的 5G 架构后，就会采购大量的 5G 基站进行部署，比如中国电信、西班牙电信和俄罗斯 MTC 均在不同程度上部署了华为的

5G 基站。5G 终端芯片应用是指在基站部署完成后，其终端安装需要可以接收 5G 信号的芯片，包括华为、高通、联发科等企业都在第一时间为终端提供了性能强劲的 5G 终端芯片。未来，5G 终端芯片还有望应用到医疗设备、无人驾驶设备等终端之中。

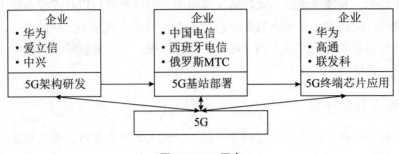

图 9.7 5G 平台

五、安卓平台

安卓属于开源社区型产业平台。以安卓为平台，可以搭建 3 条产业链，分别是：从 App 开发工具研发到 App 开发，再到 App 市场发布的价值链；从广告制作到广告网络搭建，再到广告发布的价值链；从硬件适配研发到终端产品制造，再到 App 上架的价值链。3 条价值链中的每一个环节均需要用到安卓的技术授权。图 9.8 给出了安卓平台上的第一条价值链，即涉及 App 开发的价值链。安卓平台是一个操作系统，这些 App 则是运行在安卓操作系统上的各种应用软件，因此开发出来的 App 必须保证可以适用于安卓操作系统。图 9.8 中的 App 开发工具研发是指开发基础性的、可为后续 App 开发提供开发和测试环境的工具集，最常见的便是谷歌自身推出的安卓集成开发工具（Android Studio）。当然，包括华为、腾讯都有推出这类 App 开发工具。有了 App 开发工具，就可以进行 App 开发，App 开发具体是指开发可以运行在安卓系统上的 App。参与开发的企业包括诸如 Saffron Tech 这类专门帮助其他企业开发 App 的企业，也包括脸书、字节跳动这类为自己开发 App 的企业。App 市场发布，涉及那些提供可供 App 上架的在线市场的企业，包括谷歌自己推出的谷歌应用市场，国内的应用宝、豌豆荚等。

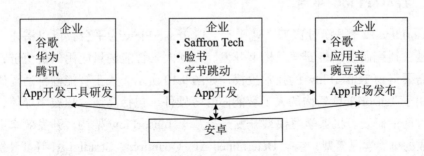

图 9.8 安卓平台

第二条为 App 开发价值链，广告制作是指制作标准化的、符合安卓接口规则的广告，参与企业包括国外的 AdMob、AdWhirl，国内的多盟等。广告网络搭建是指为广告投放提供基础网络，比如谷歌、脸书和腾讯均能为各类 App 提供广告投放的网络。广告发布是指最终将广告发布给目标消费者，其中包括抖音、照片墙（Instagram）、微博等 APP 都可以最终向消费者呈现广告。

第三条为硬、软件价值链。硬件研发是指为了保证硬件可以在安卓系统上运行，进行相关驱动的适配研发，具体参与企业包括高通、华为、三星等。终端产品制造则是指制造可以运行安卓系统的终端产品，比如手机、电视、平板电脑等。具体参与企业包括小米、三星、索尼等。

六、无人驾驶平台

无人驾驶平台属于技术联盟型产业平台。以无人驾驶为平台，可以搭建一条从操作系统研发到硬件开发制造，再到整车制造应用的价值链，每一个环节均需要得到无人驾驶相关技术的授权，如图 9.9 所示。操作系统研发是指针对无人驾驶的实际需求，开发专用的操作系统，包括特斯拉、苹果、百度等企业均在进行这方面的研发。硬件开发制造是指制造用于无人驾驶场景所需的传感器、激光雷达等硬件，并需要根据具体的操作系统进行适配，具体参与企业包括威力登（Velodyne）、华为、夏普等。整车制造应用则是指生产制造集成了整个自动驾驶解决方案的汽车，比如特斯拉、北汽新能源、宝马等企业都有这方面的成果。

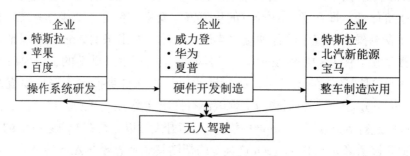

图 9.9　无人驾驶平台

七、TensorFlow 平台

TensorFlow 属于开源社区型产业平台。以 TensorFlow 为平台，可以搭建一条从人工智能硬件适配研发到机器学习模型开发，再到人工智能场景应用的价值链，每一个环节均需要得到 TensorFlow 的技术授权，如图 9.10 所示。人工智能硬件适配研发是指研发适用于 TensorFlow 架构的人工智能芯片等硬件，包括高通、超威半导体、英伟达都有这方面的研发。机器学习模型开发是指基于 TensorFlow 架构，开发效率更高、针对性更强的机器学习模型，包括 Determined AI、Quantiphi、Stradigi AI 等都开发了基于 TensorFlow 的模型。人工智能场景应用是指将这些机器学习模型通过进一步的改进，让其发挥出专门针对某些特定应用场景的人工智能能力，从而达到人工智能应用的效果。这类企业很多，主要包括了可口可乐、金山文档、中国移动等。

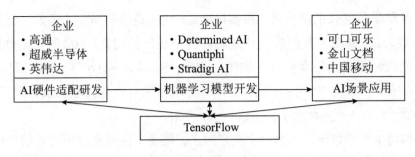

图 9.10 TensorFlow 平台

第三节 产业平台的经济学现象：开发者与产业平台

在数字经济背景下，任何产业平台都绕不过去的一类平台互补者，便是平台上的开发者。开发者如何影响产业平台的运行与决策，是产业平台上的一种经济学现象。本节主要基于 Parker et al.（2017）的研究，对开发者如何逆向影响平台决策的模型进行分析。

一、开发者模型的引入

整个产业平台的参与者主要包括平台赞助商、开发者和消费者。通常，开发者开发的各类应用可以提升整个产业平台的价值。比如，用户在购买到苹果手机后，可以发现手机中有天气、照片、钱包、音乐、日历等自带的应用软件，用户购买苹果手机则会为整个苹果手机以及苹果手机所提供的这些基本自带应用付费。在我们的模型中，假设 V 是核心平台在开发者添加其他非自带应用之前的价值，也就是用户愿意给一个独立的平台服务或商品所支付的费用。在购买了苹果手机后，用户可以进一步从苹果手机的应用商店下载更多的 App，以提升使用苹果手机时所带来的效用。而这些 App 绝大部分都是由其他开发者为苹果手机开发的，属于开发者的创新成果。苹果手机上的非自带 App 越多，用户就会觉得苹果手机的使用体验越好。因此，开发者在苹果手机上的创新不仅给自己带来好处，也提升了苹果手机的价值。开发者模型所要解决的问题便是，当一个产业平台将其一部分功能开放给开发者后，开发者的创新会对产业平台造成什么影响。

在具体模型中，为了动态地反应开发者创新所带来的影响，需要引入时间轴维度，并假设时间轴跨越了两个相同的时期 t。在 0 时刻，如果是一个完全封闭的产业平台，平台创始人占据全部的价值便为 V。平台创始人也可以选择对产业平台进行部分开放，比如将平台中的部分代码库、API 和 SDK 免费开放给开发者使用。若假定平台创始人将平台价值的一部分 σ 公开给与开发者，那么其他 $1-\sigma$ 部分仍然是私有的，仍由平台创始人持有。这种情况下，平台创始人失去了公开部分的价值 σV，只保留下了私人部分的价值 $(1-\sigma)V$。

开发者在获取到σV的价值后，根据标准的柯布-道格拉斯生产函数进行开发，设定技术参数为α。同时，我们假设开发者在两个相同的时期$t=0,1$的产出分别为y_1和y_2，并假设代码重复使用率$k>0$，则第一期的产出是$y_1=k(\sigma V)^\alpha$，第二期的产出是$y_2=ky_1^\alpha=k^\alpha(\sigma V)^{\alpha^2}$。其中，$0<\alpha<1$保证了生产函数为一个凹函数。这一假设也表明，开发者在第二期的生产地依赖于其在第一期的产出。

这一两期生产函数成立的另一个决定因素，便是不同开发者所开发的代码是否是彼此开源的。如果开发者所开发的代码不是彼此开源的，那么开发者便不能以其他开发者所开发的代码为基础，进行进一步的开发，此时代码之间就不会产生外溢效应。反过来，如果开发者所开发的代码是彼此开源的，且产业平台可以通过相关规定将开源的时期延续到下一期，那么每个开发者就都可以在下一期以其他开发者所开发的代码为基础，进行进一步的开发。在这种代码彼此开源的假定下，已有的代码便具有溢出效应。从模型上来看，尽管生产函数保持不变且为凹函数，但开源假定会让代码的重复使用率从第一期的k上升到第二期的$k^{1+\alpha}$，而技术的影响也将从第一期的$(\sigma V)^\alpha$加强到第二期的$(\sigma V)^{\alpha^2}$。

然后，从产业平台收费的角度来看，如果有部分代码是开源的，那么这部分代码就是公开的、可复制的，因此也是可以免费使用的；同时剩下的另一部分代码就是不开源的，此时代码所有者就可以对剩下这部分不开源的代码进行收费。从前文分析可知，开源的一个好处便是增加了代码的外溢，从而促进了创新；坏处便是产业平台失去了对这部分开源代码收费的可能性。为了平衡代码的外溢和产业平台的收费，产业平台可以对那部分开源的代码设置一个排他期或非竞争期。在排他期，所有的开发者可以对各自所开发的代码进行收费；过了排他期后，代码开发者就不能再收费。与专利类似，产业平台会在排他期结束后公开所有原本可由代码开发者收费的代码。这种类似的战略已被很多企业采纳，例如，思爱普公司公布了一个18~24个月"白色期间"，提醒开发者，他们所开发出来的代码会在这段"白色期间"之内得到严格的保护。等"白色期间"一过，开发者的所开发出来的代码就可能会被吸收到思爱普的核心代码库中。这个核心代码库会被思爱普捆绑到其核心的网络操作系统中，所有接入这套操作系统的用户可以通过API对核心代码库中的代码进行直接调用。

假定模型的第一期仍处于排他期，到了第二期就会进入非排他期。那么在过了排他期后，开发者所开发的代码将变为开源，这意味着代码的价格会降为0。在了解有这种排他期的存在之后，消费者就会知道某个现在收费的应用程序在未来将是免费的。假定消费者对某个应用程序的估值为v，为了使自己的收益最大化，消费者将会进行如下选择：要么在当期以p的价格购买应用程序，享有$v-p$的净价值；要么承受$\delta=e^{-rt}$的折现率，等到排他期后再免费获得，以享有折现后δv的净价值。显然，只有当当期购买所能获取到的净价值高于排他期后购买所能获取到的净价值时，消费者才会在当期就直接购买该应用程序。换言之，消费者所能接受的应用程序最高价格为$p=v-\delta v$。

最后，假定市场规模为1，产业平台按照消费者能接受的最高价格定价，并选择提供σ比例的代码进行开源。那么，在只有一个开发者的情况下，根据纳什讨价还价模型，产业平台在两个时期所获得的折现后的总利润为

$$\pi_p = V - \sigma V + \frac{1}{2}py_1 + \frac{1}{2}\delta py_2 = V(1-\sigma) + \frac{1}{2}v(1-\delta)k(\sigma V)^\alpha + \frac{1}{2}\delta vk^{1+\alpha}(\sigma V)^{\alpha^2} \quad (9\text{-}1)$$

然后，我们用N_d代表互相竞争的开发者数量，并假设$N_d \geq 1$。若第一期的产出为y_1，那么增加开发者的数量N_d会直接提高第一期的产出，即$y_1 = N_d y_1 \geq y_1$。代入第二期的生产函数，我们可以进一步得到第二期的产出$y_2 = N_d^{1+\alpha}y_2$，其中，额外的N_d^α来自于第一期开发者的代码溢出。开发者数量越多，意味着竞争越激烈，进而导致单个开发者定价能力降低。在古诺竞争下，开发者所开发的代码在市场均衡时，则有均衡价格为$p = \frac{1}{N-1}p$。为了简化分析，重新定义N_d等同于$N-1$，其代表第一个开发者之外的其他开发者的数量。这一简化意味着均衡价格可以被表示为$p = \frac{1}{N_d}p$的简化形式。类似地，此时折现后的利润便为

$$\pi_p = -\sigma V + \frac{1}{2}py_1 + \frac{1}{2}py_2 = V(1-\sigma) + \frac{1}{2}v(1-\delta)k(\sigma V)^\alpha + \frac{\delta}{2}v(1-\delta)k^{1+\alpha}N_d^\alpha(\sigma V)^{\alpha^2}$$
$$(9\text{-}2)$$

当$N_d = 1$时，该式和式（9-1）一致。总结而言，模型已经较为清晰地解释了，当产业平台对σ比例的代码进行开源时，开发者在接受排他期后以一定的方式进行代码的开发，消费者通过自身收益的最大化促使市场形成均衡价格后，整个产业平台在市场均衡时所能获取到的利润。对于模型后续的求解，主要是基于式（9-2）进行产业平台的最优开放度σ^*和最优折现率δ^*的求解。在求得最优解后，模型还将N_d^α定义为开发者的网络效应，并对网络效用进行进一步的探讨，本节不再详细展开，大家如有兴趣，可以直接阅读 Parker et al.（2017）的研究论文原文。值得一提的是，折现率$\delta = e^{-rt}$的大小本质上是由排他期的长度t所决定的，因此可以认为产业平台的利润由产业平台的平台开放度σ、排他期长度t所决定，并受开发者的网络效应N_d^α的影响。最后的结论也表明，开发者的数量及网络效应N_d^α会反过来影响产业平台对平台开放度σ、排他期长度t的决策。

二、讨论与结论

通过对开发者模型的分析，本节探讨了产业平台决策与开发者数量及网络效应之间的关系。从上述模型可以发现，产业平台的开放度σ、产业平台的代码保护期t、产业平台上的开发者数量N_d和开发者所形成的网络效应对产业平台利润有着非常重要的影响。相关结论如下。

（1）数量不断增加的开发者可以反过来影响产业平台的决策。也就是说，产业平台会选择将部分代码开源，让这部分基于代码的价值创造由联接在产业平台上的外部开发者来负责，而不是由产业平台内部自己的开发者负责。因此，在这种模式下，价值创造是产业平台内部与产业平台外部的开发者共同完成的。与此同时，开发者的数量以及其

所形成的网络效应会提升代码的外溢效应。当开发者数量不多或网络效应不强时，产业平台更倾向于由内部自己的开发者完成代码的开发与创新；当开发者数量很多或网络效应很强时，产业平台则会倾向于将部分代码开源。由此可见，开发者的数量或网络效应可以反过来影响产业平台对开源程度的决策。

（2）与开发者少且代码保护期长的产业平台相比，开发者多且代码保护期短的产业平台利润更高。更多的开发者给平台带来更多的成功机会。随着技术成功可能性的增加，产业平台将增加其开放度 σ，直到吸引来的开发者达到一个阈值水平 $\bar{N_d}$，之后产业平台会降低开放度。此外，开发者越多，代码保护期 t 就越短，原因是更多的开发者会增强溢出效应所带来的价值。

三、局限性和研究意义

开发者模型给我们带来了很多有启发性的研究结论，但是也存在一些局限性，主要体现在以下三点：第一，模型中消费者的估值 v 是由平台价值 V 和开发者的附带价值共同带来的，为一常数值，没有考虑到消费者的异质性；第二，开发者的产出是根据柯布-道格拉斯函数进行计算的，该生产函数没有考虑代码开发的一些特征；第三，在第一期和第二期之间没有新开发者的进入。

首先，消费者对应用软件的估值更可能符合指数分布。根据中心极限定理，平均价值往往会随着消费者人数的增长或捆绑商品数量的增加而迅速收敛。如果市场是由异质性的消费者组成，那么必然会有一部分消费者因为无法接受价格而不去购买应用软件，此时整个市场的规模就会变小。市场规模的变化将进一步影响到产业平台对开放度和代码保护期的选择。研究消费者估值的分布对平台选择的影响需要借助模拟工具来进行更加复杂的分析。

其次，使用柯布-道格拉斯生产函数也是为了可以用简洁的方法来解决模型的求解问题。当然柯布-道格拉斯生产函数在很多研究中被广泛使用，且其合理性也被部分探究开源项目的研究用具体的数据所证实。

最后，如果在第一期和第二期之间会有新的开发者进入，那么在第二期很可能会有存在更多的开发者，进而影响到产业平台的均衡利润。事实上，关于开发者何时以及开发者为何加入产业平台的问题已经引起了很多研究者的关注，是一个非常值得进一步探究的方向。

课 后 思 考

1. 与双边平台相比，产业平台最大的特点有哪些？
2. 请举例一个典型的产业平台案例并进行分析。
3. 产业平台对中国数字经济发展的意义在哪里？
4. 产业平台对互补者进行治理的意义在哪里？
5. 请简要分析产业平台的价格结构。

CHAPTER 10 第十章

产业互联网

随着越来越多位于价值链不同位置的企业接入到产业平台中,这些企业和产业平台一起,最终也形成了一张复杂的生产型网络。本章将对产业互联网和工业互联网的概念进行理清,并给出了清晰的产业互联网定义。基于定义,本章还将进一步介绍产业互联网的框架及不同产业互联网的发展类型。

第一节 产业互联网的定义

产业互联网的英文为 Industrial Internet,但在早期 Industrial Internet 又被翻译成了工业互联网。由此造成的混淆,成为产业互联网概念不清晰的一大根源。因此在第一节中,我们有必要梳理产业互联网的相关定义,并对产业互联网概念进行理清。

一、国外产业互联网的相关表述

当前,除了 Industrial Internet,国外与产业互联网相关的概念还有很多,比如 Industrial Internet Systems(产业互联网系统)和 Internet of Production(生产互联网),表 10.1 对这些概念的表述进行了汇总。在这些概念中,比较知名的是美国通用电气(General Electric Company,GE)的 Evans 和 Annunziata 于 2012 年在报告 *Industrial Internet: Pushing the Boundaries of Minds and Machines* 中所强调的产业互联网。通用电气的定义强调了"设备、人与数据的互联互通"是工业互联网的核心要素。结合表 10.1,我们可以发现随着时间的推移,产业互联网相关表述,一方面围绕着工业生产中的联接进行了更加深入的解读;另一方面也开始跳出工业生产本身,拓展到了各行各业的联接之中。同时,生产互联网更加注重数据的获取和分析,并希望打通各行各业跨领域的生产流程。可以发现,在表述层面,生产领域的联接正拓展至更多行业,而不局限于工业行业。因此,在中文语境下,使用产业互联网而非工业互联网,能更加准确地体现生产领域的互联互通。同时,考虑到行业的互联互通,不仅涉及传统的物质产品生产活动,也开始覆盖各类提供服务的、属于第三产业的各类企业,因此使用产业互联网同样比使用生产互联网更加贴切。最后,为了更好地与消费互联网进行对比,直接使用产业互联网比使用产业互联网系统更为简洁、恰当。

表 10.1 国外有关产业互联网的表述汇总

来源	英文术语	相对应的中文概念和相关表述
Frost 和 Sullivan(2000)[①]	Industrial Internet	工业互联网:用复杂物理机器和网络传感器及软件实现的制造业企业互联
通用电气的 Evans 和 Annunziata(2012)[②]	Industrial Internet	产业互联网:全球产业系统与先进计算、分析、低成本互联网新联接的力量融合。通用电气的定义强调"设备、人与数据的互联互通"是产业互联网的核心要素
Li et al.(2017)	Industrial Internet Systems	产业互联网系统:先进的信息技术使产业生产过程越来越智能化,使产业控制系统线上化,从而形成了大型的端到端业务分析解决系统。产业互联网系统涵盖了能源、医疗保健、制造业、公共部门、交通和相关工业系统等领域
RWTH Aachen University(2019)[③]	Internet of Production	生产互联网:现代生产的特点是拥有大量的数据,而这些数据并不容易获取、也不容易解释。生产互联网的愿景是通过提供来自生产、开发和运营的数据,使跨领域协作达到一个新的水平

二、国内产业互联网的相关表述

同样,本章对国内有关产业互联网的表述进行了梳理,如表 10.2 所示。国内的表述来源更为广泛,包括学术研究、咨询报告、媒体报道等。尽管各类行业的报告和国内学者的研究在产业互联网的内容表述上存在一定的差异,但是基本认同产业互联网包含了工业互联网这一观点,认为产业互联网是一个具有打通全产业链、联通供求端数据和其他要素,以实现产业数字化的网络。尽管国内在产业互联网这一概念认可上已基本达成一致,但在具体表述上确实仍然有着各自的侧重点。比如,前瞻研究院和 IBM 商业价值研究院的表述更侧重产业链或供应链的打通与协同;上海情报服务平台和夏宁敏、徐苏涛等学者的表述则更倾向于各类生产活动的协同与交融;而腾讯研究院和邬贺铨的表述又着重强调了除工业外的各类产业的互联互通。鉴于这些表述的多样性,有必要通过系统的探究,为产业互联网给出一个更为清晰的定义。

[①] Frost & Sullivan. The Industrial Internet[R],2000.
[②] Evans,Peter C.,and M. Annunziata. Industrial Internet: Pushing the Boundaries of Minds and Machines[R]. GE,2012.
[③] 关于"Internet of Production",请详细参考官方主页:https://www.iop.rwth-aachen.de/cms/~gpfz/Produktionstechnik/?lidx=1.

表 10.2 国内有关产业互联网的表述梳理

表述来源	表述内容
前瞻产业研究院①	产业互联网是指利用互联网联接企业与企业之间的商品流通，以提升产业链与供应链的协同效率，具体包括以产业电商为主体，供应链金融和网络货运为"两翼"，并以SaaS、大数据等为支撑的多平台业态
上海情报服务平台②	产业互联网是指以互联网为产业发展的新型基础设施和创新要素，以新一代信息技术和智能技术应用为突破口，形成的网络化、协同化、实时化和智能化的产业生态体系。其对应了三大社会支撑体系，即智能化生产体系、个性化服务体系、社会化协同体系
邬贺铨（2019）③	针对"产业互联网"与"工业互联网"的名称之辩，邬贺铨认为，两者对应的都是同一个英文单词，不过在其涵盖的范畴上，产业互联网包括但不局限于工业领域，"数字化、网络化、智能化都是产业发展方向，推动质量变革、效率变革、动力变革是发展产业互联网的初心"
夏宁敏（2019）	产业互联网在交互端融合了平台模式的全部优势，同时还通过一系列产业端的基础设施建设造弥补了后者的不足。通过向产业端的渗透，产业互联网摆脱了平台模式单一追求流量扩张的路径依赖，凭借对产业控制力的强化降低了平台噪声，实现了用户锁定并消解了负面网络效应
徐苏涛等（2021）④	产业互联网是指面向生产者、消费者等用户，通过对各个环节的网络渗透从而达到优化资源配置，以提高供应效率和消费体验，最终将生产方式与生活方式全面贯通的产业形态
腾讯研究院⑤	产业互联网具有以下特征：服务于各产业内部以实现用户需求和生产运营的高效协同；以数据为基础，综合运用互联网、移动互联网、大数据、云计算、人工智能等新一代信息技术，依据用户的需求快速组织生产，促进传统产业升级，创造新的产业模式
IBM商业价值研究院⑥	产业互联网的本质是打通全产业链的需求侧和供给侧，形成生态效应

三、产业互联网的范畴

为了更好地理清产业互联网、消费互联网和工业互联网等概念之间的关系，本小节给出了图 10.1 所示的框架。

---

① 前瞻产业研究院. 中国互联网行业市场前瞻与投资战略规划分析报告 [R]. 2022.
② 请参考其官方网站：http://www.istis.sh.cn/.
③ 中国新闻网. 访中国工程院院士邬贺铨：建设产业互联网，如何发力 [EB/OL]. (2019-04-20) [2022-06-29]. https://www.chinanews.com.cn/it/2019/04-20/8814846.shtml.
④ 徐苏涛等. 产业互联网：发展结构、商业逻辑与创新精要 [EB/OL]. (2021-04-16) [2022-06-29]. https://www.qianzhan.com/analyst/detail/329/210416-3b7032c6.html.
⑤ 腾讯网. 腾讯启动战略升级：扎根消费互联网，拥抱产业互联网 [EB/OL]. (2018-09-30) [2022-06-29]. https://new.qq.com/cmsn/20180930/20180930001273.html.
⑥ IBM商业价值研究院. 制胜产业互联网经济 [R]. 2021.

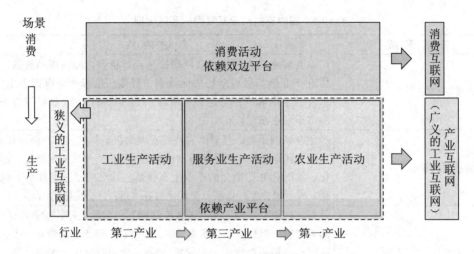

图 10.1 产业互联网、消费互联网和工业互联网的关系

首先看左边的纵轴，我们将所有的经济活动场景划分为消费和生产两大块，其中消费活动以用户为单位展开，生产活动则以企业为单位展开。互联网+各类消费场景便构成了我们所熟知的消费互联网，这其中双边平台及其网络效应发挥了重要作用。消费互联网的最终目的是为了让个人用户可以更加便捷、高效地进行各类消费活动，以提升消费者的效用。图 10.1 的消费互联网部分，非常清晰地展示了消费互联网的范畴。

那么，相类似的，互联网+各类生产场景便可以构成生产活动的互联网。但是，不同于消费互联网有较为清晰的定义，基于生产活动的互联网在定义过程中出现了混淆。在中文语境中，Industrial Internet 这一英文概念在一开始就被翻译为工业互联网，是因为这一概念刚提出时其本身主要还是针对工业行业。但是，随着互联网的渗透，除了工业（第二产业），服务业（第三产业）和农业（第一产业）中的各个行业也开始进行数字化、网络化、智能化的转型。在此背景下，目前诸如海尔、华为等企业所提出的工业互联网其实已经不仅仅局限在工业行业内。例如，海尔的卡奥斯 COSMOPlat 工业互联网有一个经典的案例便是食联网，即卡奥斯工业互联网平台以用户体验为中心，实现了一些菜品的大规模定制。显然，食联网并不是传统意义上的工业系统，其范畴与餐饮服务业更为接近。为了解决产业互联网和工业互联网的范畴问题，我们根据图 10.1，做出如下的范畴界定：

（1）狭义的工业互联网：指最开始提出的，仅仅局限于工业行业内的工业互联网，即仅涉及工业生产活动。

（2）产业互联网（广义的工业互联网）：指拓展至包括非工业行业在内的互联网，涉及工业、服务业、农业等生产活动。

上述界定意味着产业互联网和广义的工业互联网在范畴上是等同的。也就是说，产业互联网就是囊括多种行业的广义的工业互联网。

四、产业互联网的具体定义

基于上述对产业互联网范畴的界定,本小节将对产业互联网给出具体的定义。考虑到产业互联网和消费互联网的对应关系,对产业互联网的定义可以参考消费互联网相对成熟的定义方法。此外,由于产业互联网囊括狭义的工业互联网,又等同于广义的工业互联网,过去对工业互联网的定义方法同样值得借鉴。

首先,分析消费互联网。消费互联网出现于上世纪末,而其产生和发展同时受到了数字技术和市场需求的支撑。在数字技术层面,包括互联网、移动通信网络等数字基础设施的成熟,以及个人电脑、智能手机等相关设备的普及均是消费互联网迅速发展的基础。而在市场需求层面,一方面是由于当时的个人用户有着大量的消费需求需要进一步被满足,另一方面也是由于当时的部分企业希望将不同类型、不同场景的消费品提供给个人用户以获取经济收益。因此,数字技术的推动和经济需求的拉动形成了合力,催生了大量的 C to C 和 B to C 的消费互联网平台,并蓬勃发展至今。

其次,分析工业互联网。美国通用电气的报告提出了工业互联网出现在 2012 年,其发展也可以从数字技术和市场需求两个层面进行分析。首先,在数字技术层面,那时服务器、工业软件、云计算、物联网等数字基础设施已经取得进展。特别是在工业生产领域,许多企业已经开始应用数字化、智能化的生产技术。而在市场需求层面,部分大型工业生产企业同样对数字化、智能化生产带来的生产效率的提升非常感兴趣。因此,在工业行业中,数字技术的推动和经济需求的拉动同样也形成了合力。但是,由于工业生产领域的数字技术并没有完全成熟,企业的市场需求其实并没有被非常完美地满足。因此,尽管工业互联网已经有了一定年限的发展,但是并没有出现喷井式发展的局面。

基于上述分析,我们认为对产业互联网的定义,需要从数字技术和经济需求两个层面展开,如图 10.2 所示。毫无疑问,产业互联网需要数字技术的推动,这些数字技术从纵向来看,包括了完整的技术架构即服务(Infrastructure as a Service,IaaS)、平台即服务(Platform as a Service,PaaS)、软件即服务(Software as a Service,SaaS);从横向来看,主要囊括了信息技术(Information Technology,IT)、通信技术(Communication Technology,CT)及运营技术(Operation Technology,OT)等。同样,产业互联网也需要市场需求的拉动,具体而言,产业互联网需要满足企业长期利润最大化和生产效率提升的需求。

图 10.2 产业互联网的发展

基于上述逻辑，可以系统地给出消费互联网、工业互联网以及产业互联网的相关定义。

消费互联网是为满足用户日益增长各类生活消费的需求，及部分企业更加便捷地出售各类产品和服务的需求，依托用户消费数据，并利用4G、匹配、定位、大数据等数字技术，所形成的连接消费市场中各类用户、企业的数字化消费网络。

狭义的工业互联网是为满足工业企业提升生产效率、实现运营协同的需求，依托工业经验知识（Know-How）和生产数据，并利用智能机器、工业软件、云计算、人工智能、5G等新一代数字技术，所形成的联结工业企业内部生产单元乃至工业产业链中各类其他企业的数字化生产网络。

产业互联网（广义的工业互联网）是为满足各行业企业提升生产效率、按需调整生产活动、实现运营协同的需求，依托行业经验知识和生产数据，并利用智能机器、工业软件、云计算、人工智能、5G等新一代数字技术，所形成的联结企业内部生产单元和企业外部产业链合作伙伴的数字化生产网络。同时，产业互联网又是国家促进传统产业升级，打造数字创新生态，实现数字化转型的新型产业模式。

第二节　产业互联网的框架

在上一节有关产业互联网表述的介绍中，对于产业链的打通、对于数字技术的需求和对于不同行业的互联互通等概念被多次提及。这些表述为我们进一步梳理产业互联网的框架奠定了基础。总结来看，产业互联网的发展，遵循三维路径，即跨技术、跨领域及跨行业，如图10.3所示。产业互联网的发展壮大体现在这三个维度上的不断扩张，形成了不同类型的产业互联网。

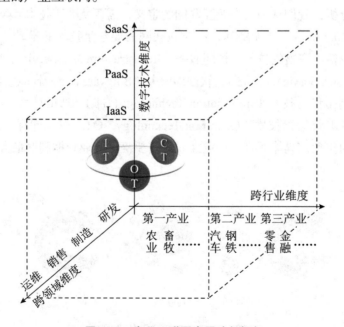

图10.3　产业互联网发展路径框架

一、维度一：数字技术维度

产业互联网作为互联网在生产活动中的拓展和延伸，新一代数字技术的发展起到了至关重要的推动作用。没有数字技术的支撑，很多产业互联网的场景便无法实现，企业的各类需求也就无法得到满足。

产业互联网的数字技术维度融合了三类技术，即信息技术（IT）、通信技术（CT）和运营技术（OT），如图 10.3 所示。其中，信息技术主要包括管理系统控制层的企业资源计划系统（Enterprise Resource Planning，ERP）、产品生命周期管理（Product Lifecycle Management，PLM）等，执行过程控制层的制造执行系统（Manufacturing Execution System，MES）、先进过程控制（Advanced Process Control）和数据采集与监视控制系统（Supervisory Control and Data Acquisition，SCADA）等；通信技术则包括了 5G、射频识别（Radio Frequency Identification，RFID）、WiFi、蓝牙、时间敏感型网络（Time Sensitive Network，TSN）、毫米波、超宽带（Ultra Wide Band，UWB）、窄带物联网（NB-IoT）、用户面功能（User Plane Function，UPF）等一系列与网络相关的技术；运营技术则包括数据采集与监视控制系统（Supervisory Control and Data Acquisition，SCADA）的技术，其中含有算法、数据接入、工艺建模的控制层，比如有可编程逻辑控制器（Programmable Logic Controller，PLC）、分散控制系统（Distributed Control System，DCS）等。

这三类技术可以帮助产业互联网构建从底层到应用的技术体系。从纵向来看，这一技术体系囊括 IaaS、PaaS、SaaS 等三类。其中，IaaS 主要是指硬件、软件、网络等数字基础设施方面的技术，以实现整个数字体系对数据的处理和计算；PaaS 是基于 IaaS 并提供各类编程语言、库、服务以及开发工具的平台，以帮助管理服务器、存储和网络等；而 SaaS 则提供具体的应用程序，不同的应用程序可以满足各行各业的需求，其囊括了大量的工业软件或工业 APP。与此同时，根据每个构建产业互联网的核心企业的特长，还可以在这三类数字技术维度的基础上，加入自身所擅长的技术。比如，海尔卡奥斯工业互联网平台就加入了商务即服务（Business as a Service，BaaS），为中小企业提供云解决方案的服务；有些注重数据分析的产业互联网平台也会侧重突出数据的重要性，从而独创出数据即服务（Data as a Service，DaaS），来增加自己的竞争力；另有一些擅长行业专业技术的产业互联网，专门打造了行业技术即服务（Know-How as a Service，KaaS），来获取在某些特定行业的竞争力。

从上述分析可知，不同核心企业所掌握的数字技术并不是完全一致的，这也意味着要把产业互联网市场做好，需要擅长不同技术的产业互联网彼此深度合作。因此，产业互联网技术维度的复杂性表明，在未来，不同产业互联网之间将更多是竞合的关系，甚至是合作要大于竞争。图 10.4 展示了当前在产业互联网的数字技术维度中，不同企业所占据的优势位置。可以发现，很难有一家企业可以从 IaaS 层一直做到 SaaS 层，把所有的数字技术全部掌握。相比而言，较为常见的做法便是，首先在 PaaS 层推出自己的平台，一般以云服务平台或产业互联网平台为主，比如腾讯的腾讯云、海尔的卡奥斯COSMOPlat工业互联网平台、华为的华为云以及FusionPlant工业互联网平台等。当PaaS层的数字技术有了一定的优势后，企业可以结合自身所积累的其他数字技术，并通过吸纳合作伙伴来拓展产业互联网。比如，腾讯在腾讯云的基础上，推出了千帆计划、云启基地等，来发展自身的SaaS层；华为则通过对Gauss数据库、Euler操作系统的开源和基于鲲鹏芯片主板的开放，在华为云之中不断积累其在IaaS层的优势；海尔则在COSMOPlat工业互联网平台的基础上，基于其在SaaS层生产制造的优势和行业经验知识，通过鼓励内部创业的方式孵化了更多的合作伙伴。

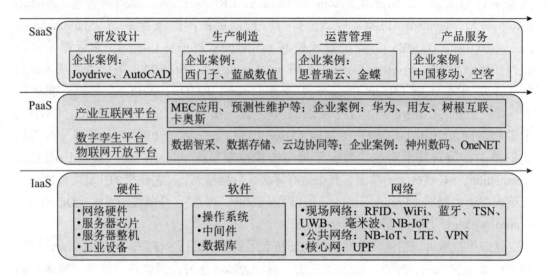

图10.4 产业互联网的数字技术区位

接下来通过中国移动构建产业互联网的案例，来更加系统地了解数字技术的重要性。中国移动借助自身在通信领域的优势能力，聚合各层次生态合作伙伴，逐渐打造了覆盖多层数字技术维度的产业互联网，如图10.5所示。在IaaS层，中国移动自身提供了5G网络能力及其他通信技术；同时融合其他硬软件生态资源方，包括华为、中兴、通用等网络硬件制造商，以及库卡机器人等工业设备制造商。在PaaS层，中国移动通过与5G的深度融合，整合了云、人工智能、物联网等多个开放平台。在人工智能方面，中国移动自主研发了电信行业首个人工智能平台"九天"；在物联网领域，为OneLink/OneNET平台全面升级了5G连接服务能力，并且推出5G模组；在云计算方面，构建了中心云、区域云、边缘云三级云架构，推出"N + 31 + X"的移动云资源布局，打造了5G时代的移动云平台。在SaaS层，聚合CAD、PLM、ERP、MES等各个细分类型的智能应用软件生产商，构建了研发设计、生产制造、运营管理、售后服务全产业链。具体体现在：在顶层设计上，洞察和把握行业应用发展趋势；在标准制定上，不断制定行业技术新标准，以扩大政企产业影响力；在方案设计上，针对各行各业的痛点制定贯穿全生命周期的整套场景解决方案；在能力测评上，进行行业能力测评，以提高、优化平台产品和体系。

同时，在最基础的框架上，进一步添加了：

（1）行业技术即服务层（KaaS 层），以深入掌握产业互联网构建所需的各类行业经验知识。

（2）贯穿各技术层的数据即服务层（DaaS 层），从而掌握更加丰富的多层次数字技术。

在 KaaS 层，中国移动围绕自身核心优势，与各行业生态伙伴深入合作，并融合各行业生产所需的行业经验知识和技术解决方案，实现百花齐放的产业互联网应用。目前中国移动赋能了智能制造、智慧电网、智慧钢铁、智慧矿山、智慧港口等行业，以进一步培养更多行业龙头企业，拓展更多的细分行业和场景，来打造行业标杆。在 DaaS 层，中国移动结合自身的隐私计算能力，搭建了"N+X"的功能架构。其中，N 是指在行业合作伙伴间实现与第三方产品的互联互通，X 是指建立了统一的运营商行业标准，通过隐私计算能力促进数据要素的安全和有序流通，以释放数据要素的价值。

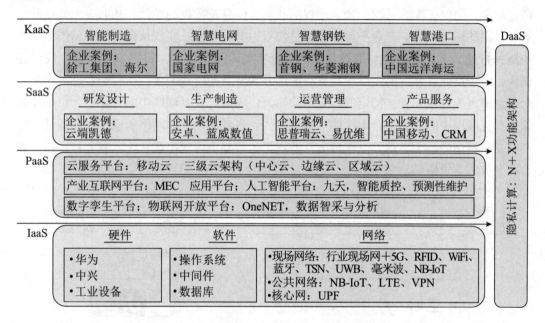

图 10.5　中国移动产业互联网的数字技术框架

二、维度二：跨领域维度

产业互联网的壮大同样需要在跨领域维度的拓展。产业互联网的发展更多依托产业平台的建设，而大量产业平台的涌现，可以对接更多元的企业用户，覆盖更广泛的行业领域。

在消费互联网时代，双边平台以提供服务为主要形式，双边平台起到不同用户群体的中介作用，其只是基于数字技术构建在线市场，匹配、对接卖家/服务商和消费者，以促进交易的完成。淘宝、微信、抖音等典型的双边平台已经覆盖了电商、社交、娱乐等丰富的消费端场景。从产业领域的角度来看，消费互联网的双边平台往往只聚焦于产业链的最后环节，即商品或服务的交易环节，因此往往只形成了买卖双方的一级网络。进入产业互联网时代，产业链上的更多环节亟待打通，这就需要产业互联网能解决如下问题：

（1）对于生产企业，其内部往往包括设计研发、生产制造、市场销售、运维管理等多个领域的部门，则需要提高这些部门的配合效率，从而提升整个企业的生产效率。

（2）产业链上下游的合作伙伴同样拥有研发、制造、销售、运维等不同领域，则也需要互相打通，进而促进企业间的生产协同。

（3）消费互联网中积累了大量的数据，这些数据如何赋能产业互联网，从而使产业互联网与消费互联网相互促进，甚至融为一体，也是亟需解决的问题。

我们认为，在产业互联网时代，产业平台将会大量涌现。这些产业平台将掌握不同行业的共性技术、共性资源、共性标准等，支撑各产业链的全流程运作。在不同的行业中，很可能会出现少数几个产业平台，将上下游企业的研发、制造、销售、运维等领域联通起来，确保标准的一致、知识产权的共享、信息及数据的畅通，从而极大地提升产业互联网的网络效应。产业平台也最终将与双边平台联接，实现从设计研发到销售全产业链的打通，工业互联网与消费互联网也将实现融通、统一，如图10.6所示。我们还认为，由于产业互联网的生产端具有高度细分和特殊的行业需求，所以企业进入任何一个行业都需要积累大量、特定的行业经验知识，因此产业互联网中的产业平台很难积累像消费互联网中的双边平台那样的"强者愈强、赢者通吃"的网络效应。我们预计，在产业互联网中并不会出现"一家独大"的现象，最终更可能出现"一米宽，百米深"和百花齐放的竞争格局。

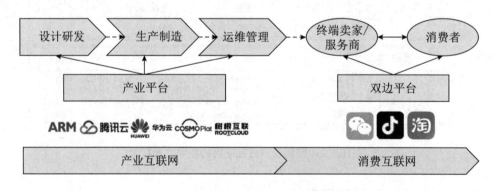

图10.6　产业互联网的跨领域架构

我们使用海尔的案例来加深大家对产业互联网跨领域维度的理解。海尔作为家电行业的龙头企业，从自身深耕多年的生产制造能力入手，建立了卡奥斯工业互联网平台（以下简称卡奥斯平台）。而卡奥斯平台在随后的发展中赋能了各类行业的互联互通，最终成长为中国最具代表性的产业互联网之一。从过去的发展经验来看，卡奥斯平台为海尔产业互联网的跨领域发展提供了平台化、模块化的聚合能力。卡奥斯平台一方面充分提炼、整合其在制造业和相关优势行业的深厚经验，另一方面与各行各业的生态伙伴联合开发特色的行业经验知识，为产业互联网赋能万行万业提供基础能力与集成服务。

在 2019 年和 2020 年，卡奥斯平台已连续入选工信部发布的全国跨行业跨领域工业互联网平台（"双跨平台"）榜单。

卡奥斯平台将各领域的基础能力模块化、云化，形成交互定制、开放创新、精准营销、模块采购、智能制造、智慧物流和智慧服务等七大领域的解决方案矩阵。如图 10.7 所示，卡奥斯平台以 BaaS 层的卡奥斯引擎为核心，进一步延伸至连接层、IaaS、PaaS、SaaS 等多个数字技术层。海尔在家电制造业深耕多年，在产品生产、管理、物流仓储、市场营销等方面均积累了深厚的经验与资源，其打造的卡奥斯 BaaS 层可以充分赋能相关行业的合作伙伴。具体而言，卡奥斯 BaaS 层一方面汇集了海尔自身在制造行业的深耕能力与多年来数字化转型的深厚经验，另一方面针对各行各业的特性，联合行业龙头企业共同完成了这些行业所需的解决方案。一些行业的竞争力在于新技术、新设备，另一些行业的竞争力则可能体现在独有的新材料投入配比上。这些行业的龙头企业可以贡献出行业特定的专有能力。卡奥斯平台则贡献了 BaaS 层的数字化转型经验，两者共建行业特色解决方案。在共建的过程中，卡奥斯平台可以通过对信息技术使用的总结、工艺与流程行业经验知识的提炼等，整合出工业机理模型、行业知识图谱等具有一定通用性的模块化解决方案与共性能力，为更多行业跨领域的互联互通打下基础。

图 10.7　海尔卡奥斯平台架构

三、维度三：跨行业维度

相比于数字技术维度和跨领域维度，跨行业维度更加容易理解。首先有必要对产业和行业的概念进行区分。根据国家统计局的相关文件，产业一般特指三大产业，在国家统计局 2018 年《三次产业划分规定》中有明确的说明；而行业则是三大产业下更进一步的划分，具体的内容可以参考《国民经济行业分类》（GB/T 4754—2017）。

因此，产业是更为大口径的划分，而行业的划分口径颗粒度更细。比如，在第一产业中，就包括了农业、林业、畜牧业和渔业等行业。在这两个概念的基础上，跨行业就意味着产业互联网会深入到每一个具体的行业之中，并对这些行业的互联互通给予支撑。产业互联网的发展并不是仅把一个行业的互联互通打造好就行，而是需要在不同的行业进行深耕，而这也是产业互联网在未来会成为国家经济发展过程中重要场景的体现。

在跨行业维度，一个重要的问题便是什么样的行业更容易构建产业互联网。在实践中，不同行业要实现产业互联网的难度会有所不同。图10.8从行业中数字技术的发展和行业对组织方式的需求两大维度，对经济历史发展过程中的部分行业规律进行了总结。从行业中数字技术的发展角度来看，产业互联网的发展首先是一个数字化转型的过程，它是各种信息技术综合应用的产物。以数据为基本的生产要素，产业互联网融合了互联网、移动互联网、云计算以及人工智能等新型科技，以促进行业实现整体升级以及生态构建。针对特定行业，产业互联网的发展在技术层面可以体现为一个从机械化再到网络化，最终实现智能化的过程。网络化旨在构建不同层次的互联互通，且可分为内部网络化以及外部网络化两个层次。内部网络化旨在实现企业内部各项商业流程的整体连通；外部网络化旨在突破企业边界，利用统一行业标准，实现贯穿行业价值链上下游的互联互通。智能化则指在产业平台上，结合企业、行业数据，实现资源的智能调配，建立较为全面的数字生态共同体。从行业对组织方式的需求而言，在产业互联网的建设过程中，行业内部的组织结构也会随着技术形态的变化而发生变化。在网络化阶段，行业内部的组织被打破，且价值链上下游形成互通互联，即组织形态由原子化转变为链条化和平台化；在智能化阶段，不同产业链根据共性技术围绕产业平台形成生态化的组织形态。同时，组织形态的转变可能并不是自发产生的，从原子化到链条化再到平台化和生态化的转变，需要行业内人士、行业内龙头企业以及政府的共同推动。

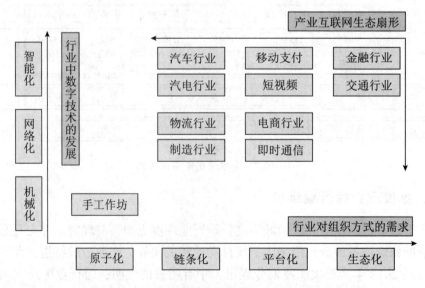

图10.8 适合发展产业互联网生态的行业分布

基于这一的逻辑，可以发现传统个人作坊正处于产业互联网的发展起点，是一种机械化、原子化的呈现模式。而后，在实现了网络化后，物流行业、制造行业等的组织方式变成了链条化；电商行业、即时通信行业等则迈入了平台化。再后，在实现了智能化后，例如汽车行业、家电行业等行业的产业链进一步升级；而借助人工智能算法、机器学习等技术，移动支付行业、短视频行业等也不断成长；最后在金融行业、交通行业中，构建更为复杂的产业互联网生态成为可能。从图 10.8 可以看出，越往右上角（即行业的数字技术水平越高，行业生态化的组织需求越大）的行业，其发展产业互联网的可行性就越高。

总结来看，我们认为适于发展产业互联网的行业具备如下三大特征。

（1）行业的数字基础设施完备。完备的数字基础设施可以对产业互联网的发展形成推动力，从而让图 10.8 中的纵轴达到智能化的程度。这些数字基础设施既包括 IaaS 层的技术和设备，也包括了行业中产业互联网平台的搭建，乃至适用于相关行业的产业软件的研发及应用。只有在行业内构建相对完备的数字基础设施，才能拿出该行业的产业互联网解决方案，并支撑相关商业模式的探索与实现。

（2）行业标准化程度高。高度的标准化可以提高产业互联网生态带来的网络效应，从而让图 10.8 中的横轴达到生态化的程度。产业互联网相对于消费互联网而言，不再具备形成大规模网络效应的能力，但是行业的标准化可以在一定程度上让产业互联网在某个行业内形成一定的网络效应，从而让产业互联网发挥更强的作用。比如，对相关共性技术、共通能力的开发，对相关标准的制定，都可以提升行业的标准化程度。

（3）行业头部企业投入充足。头部企业的充足资金对产业互联网的发展形成拉动力，最终保证图 10.8 右上角区域的行业企业有意愿、有能力、有动力去发展产业互联网。相较于中小企业，行业内的头部企业往往可以拥有更多的资金进行产业互联网生态的构建，也往往更容易说服政府加大对相关行业产业互联网的补贴程度。发展产业互联网需要行业经验知识的支撑，只有行业内头部企业愿意去做，才能保证行业经验知识的可靠性。因此，当头部企业最终下定决心进行大量的投入后，该行业的产业互联网才能迎来快速发展时期。

第三节　产业互联网的发展类型

从上一节的阐述中可以发现，产业互联网是一个巨大的生态系统，这一方面说明很难有一家企业所构建的产业互联网能够占据所有的市场；另一方面也说明产业互联网可以为有意愿的企业提供不同的入口，并形成差异化的竞争优势。从国内当前的产业互联网发展格局来看，依托于核心企业的不同优势，产业互联网确实形成了不同的发展路径和类型。综合来看，以下三类是较为典型的产业互联网发展类型，如图 10.9 所示。

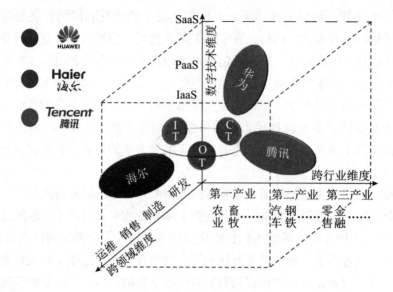

图 10.9　产业互联网的类型

一、数字技术主导型

在这类产业互联网中核心企业的特点是，在数字技术维度积累了非常强大的优势，因此可以沿着数字技术维度给出构建产业互联网生态的一整套基于自身技术的解决方案。基于其掌握的数字技术优势，可以在数字技术的推动下实现产业链不同领域的打通，并开始向其他行业进行扩张。华为产业互联网就是数字技术主导型的典范，其在 IaaS、PaaS 层均有非常深厚的数字技术积累，在实现产业互联网生态后主要掌握了华为云平台和服务器芯片（鲲鹏计算芯片和昇腾人工智能计算芯片），同时将 Gauss 数据库、Euler 操作系统开源，服务器主板开放，以此吸引更多的合作伙伴进入。目前，华为云的整套解决方案均可以看见华为的数字技术身影，其已经成为中国产业互联网在数字技术维度的领先者。此外，基于其所掌握的领先于国内企业的数字技术，在被美国打压的情况下，华为努力在服务器、智能手机等产业链条上实现跨领域的扩张，也开始将其产业互联网向汽车、金融、煤炭等行业扩张，在产业互联网中占据了重要一席。

二、传统产业链拓展型

在这类产业互联网中核心企业的特点是，尽管本身并不是做数字技术的，但却基于丰富的传统制造经验，已成熟地掌握了利用数字技术打通整条产业链的能力，并能将这种能力复制到不同的行业与场景之中。由于这类核心企业在工业互联网提出伊始，便在不同的行业中积累了大量的行业经验知识和行业合作伙伴，因此可以很快地将自己所搭建的产业互联网向这些行业渗透，并努力推动这些行业在供应链不同领域的打通。海尔便是这类产业互联网的典范，其所搭建的卡奥斯平台正在孵化包括食联网、衣联网、日日顺物流、海乐苗等一系列跨行业的互联互通方案，为不同行业的中小企业提供服务和解决方案，从而也壮大了自身的产业互联网。但是这类产业互联网在数字技术层面相对较为弱势，特别是在最底层的 IaaS 层仍依赖其他企业所提供的数字技术。

三、消费互联网渗透型

在这类产业互联网中核心企业的特点是，尽管本身也并不是做数字技术的，但是却已经在消费互联网领域深耕多年，擅长利用信息技术、通信技术等数字技术进行各类商业模式的创新，并积累了大量的用户消费数据，对各行各业的消费市场非常了解，并能够基于消费场景向行业背后的生产场景渗透。同时，这些核心企业在消费互联网领域已取得了巨大市场份额，为其在产业链层面的打通和行业层面的扩展提供了重要支持。一方面，可以借助消费互联网对相关行业的制造和研发进行逆向延展，另一方面也可以借助强大的网络效应在与消费者密切相关的行业实现跨行业的扩张。这一类产业互联网的典范便是腾讯，腾讯一方面通过"千帆计划"，实现数字技术层面的突破，另一方面也是在云启基地的构建过程中努力渗透到产业上游的生产领域，并不断积累行业技术。腾讯的这种渗透，能够帮助其更好地实现从消费互联网向产业互联网转型的目标。

最后，表 10.3 对这三类产业互联网进行了比较。可以发现，虽然这三类产业互联网都基于不同的起点，发展出了各自擅长的产业互联网维度，但是目前并没有一家产业互联网可以做到"赢者通吃"。所以，在中国市场中，这三类产业互联网的核心企业在未来应加强合作，以共同促进整个产业互联网的发展。

表 10.3 三类产业互联网的比较

产业互联网	发展起点	擅长维度	产业模式
数字技术主导型	数字基础设施	数字技术维度	数字技术赋能
传统产业链拓展型	传统制造业	跨领域维度	产业链打通
消费互联网渗透型	消费互联网	跨行业维度	行业需求驱动

课 后 思 考

1. 如何理解产业互联网和工业互联网的定义？
2. 在产业互联网中，产业平台扮演着什么角色？
3. 产业互联网可以解构为哪三个维度？
4. 中国的产业互联网生态存在哪些短板？
5. 产业互联网生态在未来会呈现出何种竞争格局？

第五部分

新模式：数字生态

在数字经济背景下，企业的边界不断被打破，跨行业、跨场景的数字生态涌现。本部分将探讨数字经济下的新模式，介绍商业/创新生态系统理论，分析数字生态带来的新格局与新问题。在第十一章，本书将介绍数字生态系统的源起、定义、结构等重要概念，梳理生态系统理论的基本体系。在第十二章，本书将聚焦数字生态的竞争，解构数字生态的多维结构与多层次竞争格局，也将介绍信息技术产业的发展历程与未来发展的重要方向。

CHAPTER 11
第十一章

数字生态的简介

本章主要介绍数字生态系统的基本概念。首先，本章将回溯数字生态系统的源起，即产业模式如何从供应链模式转型为平台模式，又如何演化成生态模式。本章还将介绍数字生态的定义，并阐述数字生态的结构、培育、商业模式等重要概念。

第一节 数字生态的源起

数字技术驱动人类社会的经济形态发生了数次转型。信息技术革命推动传统经济转型为网络经济，而使我们进入了数字经济时代。经济形态的转型带来企业战略的升级调整。在网络经济背景下，平台模式不断涌现，数字生态成为数字经济下的新模式。

一、从供应链到平台再到生态：新经济模式不断崛起

在信息技术革命之前，传统经济下的企业主要依托供应链模式垂直地开展经济活动。供应链是一个包含了开发商、原料商、生产商、分销商和用户的线性系统，供应链上的企业依次完成产品开发、原料供应、商品生产，以及将产品送到用户手中的一系列流程。随着信息通信技术的快速发展，平台这一新模式出现了，平台匹配了大量的产品或服务供给者和用户，不再专注于提供产品，而是打造了一个双边市场，如图 11.1 所示。

以平台为新模式的网络经济标志着第一次经济转型。今天，在技术创新的驱动下，信息和数字技术实现了整体爆发，诸如云计算、物联网、人工智能等新兴技术的巨大突破和广泛运用，推动整个社会开启了全面数字化转型的进程，社会将逐步走向万物互联互通的数字经济时代，数字生态正在逐渐涌现。数字生态是一个包含了消费者、生产者、供应商和其他互补机构等成员的有机整体，如图 11.1 所示。当前，许多平台型企业已经开始建立数字生态，包括谷歌、苹果、百度、阿里巴巴、腾讯等互联网企业纷纷基于原有平台扩张自己的生态版图，涉足的业务逐渐多元、完整，囊括了购物、社交、娱乐、资讯、高科技等多元化业务。

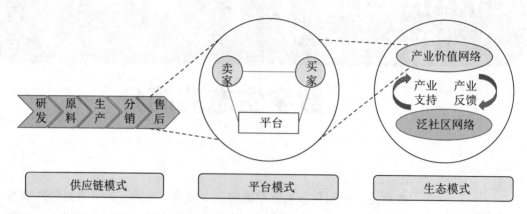

图 11.1　新模式的演变：从供应链到平台再到生态

数字生态系统由两部分构成：一是产业价值网络，二是泛社区网络。数字生态的产业价值网络一般以平台为基础，各个参与主体的互动与交易在这里完成。泛社区网络则指创造潜在价值的其他成员与附加资源，包括：用户数据——用户保留和产生的个人信息、用户偏好、消费行为等数据信息；商业信用——用户通过价值网络中的交易行为建立的信用关系，比如芝麻信用体系；社交信任——用户在互动中通过建立或强化社交关系而产生的信任心理。生态系统的产业价值网络和泛社区网络保持着动态的更新与互动，互相促进、协同成长。

二、从数字平台到数字生态：STEP 模型

平台模式和生态模式有什么差异？企业又如何从数字平台转型到数字生态？本书将基于 STEP 模型（戎珂等，2018）对这一过程进行剖析。STEP 模型具体包括用户结构（Structure）、交易层级（Transaction Tier）、商业赋能（Enablement）和模式绩效（Performance）四个方面。

（一）用户结构

不同的组织模式具有不同的用户结构。传统供应链模式下的企业具有单一的用户结构，只需面向下游用户提供产品和服务，此时企业只需注重规模效应，即生产单种产品的规模越大，企业经济效益越高。对于平台企业，其用户结构的拓展带来了网络效应。平台既需要对接用户，也需要对接供给者，因此平台既具有同侧网络效应，还可能具有交叉网络效应。以滴滴平台为例，在一定的条件下，乘客越多乘客拼车的概率越高（因此乘车费用越低），这是同侧网络效应；同时，更多的司机会吸引更多的乘客，而乘客的增加又将进一步吸引司机的加盟，这就是交叉网络效应。所以，平台企业需要将重点放在增加双边用户的数量上，以强化交叉网络效应。在平台模式下，用户数量很大程度上决定着企业的成败，这也解释了为什么一些平台企业要大打"价格战"，其正是为了抢夺更多的用户，进而强化自身的交叉网络效应。

当转型到数字生态模式时，企业用户结构的种类得到了进一步的拓展。数字生态模

式往往基于数字平台,并将原有平台以外的不同类型参与主体纳入价值网络中,因此在原有平台的网络效应基础上,产生了从平台内拓展到平台外的互补效应。以淘宝为例,原有电商平台内部具有网络效应,包括卖家的同侧网络效应以及卖家和买家之间的交叉网络效应。同时,淘宝的成长很大一部分归功于既有平台和平台之外参与主体的互补效应,例如支付、配送、店铺管理等服务,其更好地支持了原有电商业务的运作,同时平台的壮大也为这些附加服务提供了成长的土壤。

(二) 交易层级

交易层级这个概念是从核心企业的供应链视角出发,看企业将供应链上的多少交易环节纳入业务体系内。平台模式下的交易只聚焦在供应链上的某一环交易上,通常是指供应链末端的分销环节,比如电商平台、团购平台等都是在解决如何匹配产品或服务的买方和卖方,此时交易层级为一级。企业实施生态战略就是将原有的交易层级进行拓展。具体来说,企业将进一步和各自的上下游展开交易,供应链上的其他环节将被纳入企业的业务体系中,比如原有的卖家将与供应商建立新的交易关系,原来的买家群体与新的卖家产生交易,这就是第二级交易。进而,围绕新的参与主体,交易层级可被拓展为第三级、第四级等,企业的业务范围也将拓展到供应链的多个环节。

可以以美团的发展轨迹来看数字生态交易层级的拓展。初期,美团的团购业务聚焦在供应链的零售环节,美团作为平台来对接大量线下商家和用户。启动生态战略后,在买家端美团顺应消费需求开发了"团购+订电影票""团购+订酒店"的组合业务,进而分化出猫眼电影、美团旅行等第二级业务,后期上线的美团打车也是在完善生态、打造一步到位的生活服务。在卖家端美团则利用团购业务积累起大量线下实体店面资源,并向供应链下游拓展出外卖业务,解决了商品配送的问题。同时,美团向供应链上游则开发出"快驴进货",为餐饮店铺对接起食材等的供应商;推出"商启通",为店铺提供库存管理、财务分析等店铺管理服务,从而将供应链上的原料供应等环节也纳入到整个生态系统中。

(三) 商业赋能

数字生态将本不属于数字平台交易体系的多元化主体纳入到生态内部,从而丰富了用户结构,拓展了交易层级。那么,为什么各类主体愿意参与到生态系统中并建立交易关系?这是因为数字生态具有强大的对外商业赋能能力。商业赋能指的是企业基于先进的技术和充足的数据,通过提供需求分析、交易匹配、管理工具、金融支持等服务,将外部的主体吸引纳入生态系统中,从而建立起新的交易层级。

首先,企业的需求分析和交易匹配都需要基于用户数据展开。平台由于受到其用户结构的局限,只能掌握双边用户的相关数据,也只能匹配一种固定的交易。而生态系统的参与主体更为多样、用户结构更为复杂,因此企业能够获得更多种类和更大量级的用户数据,从而大大提升了企业需求分析的覆盖面和精准度,也使得企业能够高效匹配多种多样的交易关系。例如,美团不仅需要将用户匹配给各类线下的生活服务商,如餐厅、电影院、美容院等，还要把各类店家匹配给各自上游的供应商等，如针对线下餐饮商户推出的进货服务——"快驴进货"，该服务可以根据餐饮店铺长期的运营情况来推荐上游的原材料供应商。总之，生态系统拥有更丰富和更精准的数据，使其在需求分析和交易匹配上更具优势，从而缓解交易双方的信息不对称问题，以提升交易效率，这是其赋能范围超出平台边界的原因之一。

其次，在管理工具上，平台提供的工具较为单一，一般只涉及与平台业务高度相关的若干个方面，而生态系统的智能管理工具能帮助生态参与者在财务、人力、库存等多方面进行高效精确的分析和管控，使其节约大量的管理成本。

最后，在金融服务方面，核心企业可为业务体系中的用户提供小额贷款、保险等金融服务，以有效地减少用户的融资成本和经营风险。在平台战略下，企业面临的主要问题是如何吸引双边用户，和扩大平台规模，一般不会关注用户的金融需求。同时，平台在成长阶段时，企业自营金融业务还须投入大量的成本，所以一般难以顾及其他。比较之下，在生态战略下，由于参与主体更为多元，交易层级更为丰富，为了支持这些交易环节的顺利进行和拓展新的交易关系，金融服务对于生态的成长是必不可少的。同时，由于生态企业已经具备了相当程度的用户规模、资金体量、社会信誉，也积累了大量的商业信用、社交信任等资源，而这些则赋予了其拓展金融业务的实力。具体来说，生态企业可以利用其用户数据的优势，吸引专业金融机构与其开展合作，从而推出更专业、更多样化的金融产品。

总结来看，相较于平台，生态系统具有丰富的嵌入资源，包括用户数据、商业信用、社交信任等，这些资源将赋予生态系统全方位的赋能能力，这种赋能超越了原有价值网络的边界，可称之为生态赋能。同时，生态赋能还可不断反哺价值网络，吸引更多数量和种类的主体加入生态体系之中，以促进其范围不断扩张。

（四）模式绩效

企业的模式绩效可以从以下三个方面来评价：交易规模、交易种类、持续成长性。其中，交易规模用来反映企业的体量，交易种类用来衡量企业业务的多元化程度，这两个指标体现企业的经营现状。持续成长性则可用来判断企业未来可持续发展的能力。

在平台战略下，因为企业的交易层级仅为一级，相当于企业只是在单个固定的市场内开展经营活动，从而限制了企业的交易规模，交易种类也比较单一和固定。而在生态战略下，企业涉及的业务范围不断扩张，企业可以进入多个市场，交易种类更为丰富、多元，总的交易规模也更大。

在持续成长性方面，生态系统的可持续性优于平台，其原因也与前两个指标息息相关。平台的成长只是聚焦在规模这一个维度上，将重点放在了吸引更多的双边用户上，当这个市场达到饱和后，平台的增长也就停顿了。相比之下，生态系统的成长涉及规模和种类这两个维度。当一个市场达到饱和后，生态系统可以基于其丰富的嵌入资源，吸纳新的参与主体加入，使得生态企业可以进入另一个新市场，开始创造新的价值增长点，从而实现可持续的增长。

表 11.1 进一步总结了数字平台与数字生态的模式差异。纵观数字生态的发展历程，我们已经迎来了数字经济全面发展的新契机。在线上线下深度融合、万物互联的情境下，生态模式将可能成为商业世界的主流，数字生态也将深刻影响社会生活的方方面面。接下来，我们将进一步分析数字生态系统。

表 11.1　STEP 模型：数字平台和数字生态

新模式		数字平台	数字生态
用户结构 S	成长效应	平台内的网络效应	平台内和平台外的互补效应
交易层级 T	级数	一级	两级及以上
	供应链环节	供应链末端或局部环节	供应链多个环节原供应链之外的环节
商业赋能 E	需求分析	数据种类单一	数据覆盖广泛、精准
	交易匹配	匹配一种交易关系	匹配多样的交易关系
	管理工具	单一领域	全方位
	金融服务	无	有
模式绩效 P	交易规模	相对有限	不断扩张
	交易种类	单一、固定	多元、动态
	持续成长	有瓶颈	有新增长点

第二节　数字生态的定义

根据第一章数字经济的概念，数字经济的核心要素包括数据要素、数字技术、数字产业化、产业数字化、数字化治理等。可见，数字经济不仅关注从数据要素到数字产业全产业价值链的发展，而且还注重各方主体的积极配合，以协同实现数字产业价值。相对于传统供应链结构和产业结构，数字经济具有新要素、新组织、新模式和新格局等特征，而随着数据要素和数字技术赋能传统生产要素，数字经济也呈现出更加复杂、动态演变的结构特征，更趋向于一个商业生态系统。

商业生态理论最早由詹姆斯·穆尔（James Moore）首创，他将商业生态系统定义为，横跨多个行业的企业围绕着创新、协同、合作、竞争，通过开发新产品满足客户需求（Moore，1993）。此后，商业生态理论得到不断拓展和延伸，目前的商业生态理论可以划分为三大流派：第一，以企业及其环境为中心的"商业生态系统"流派。其关注单个企业或新企业，并将生态系统视为"影响企业和客户的组织、机构和个人的社区"。在这里，生态系统被认为是由相互作用的行动者组成的一个经济共同体，所有行动者都是通过活动相互影响。第二，通过一个特定的创新或新的价值主张来支持它的行动者的"创新生态系统"流派。第三，注重围绕一个平台形成以平台为核心、互补者高度交互的"平台生态系统"流派（Jacobidies et al.，2018）。综合现有的学术研究，本书对商业生态给出的定义是：商业生态是指由相互交互的各类组织、企业和个人共同支撑的一个经济共同体（Economic Community），是整个商业世界的有机组织（Organisms of the Business World）。商业生态中的成员囊括了政府、行业协会、供应商、生产商、竞争对手、客户等一系列利益相关者（Stakeholders），这些生态伙伴在整个生态中共同演化（Co-Evolve），分享愿景，发展解决方案，相互信任，从而形成命运共同体；而生态的核心企业（Ecosystem Leader）将在整个过程中起到关键的主导、协调和促进作用。

根据上述生态理论，本书将数字生态定义为：由数字产业中交互的各类组织、企业和个人共同支撑的一个数字产业共同体。数字生态中的成员囊括了政府、行业协会、供应商、生产商、竞争对手、客户等一系列利益相关者，这些利益相关者在整个生态中共同演化，分享愿景，发展解决方案，相互信任，从而形成数字共同体。

第三节　数字生态的结构

根据数字生态的定义，数字生态的构建已经不再是一家企业可以独自完成的，必须引入生态合作伙伴。数字生态可用一种差序格局的方法划分为产业价值网络和泛社区网络两大类，即数字生态的结构包括数字生态的产业价值网络和数字生态的泛社区网络，如图 11.2 所示。

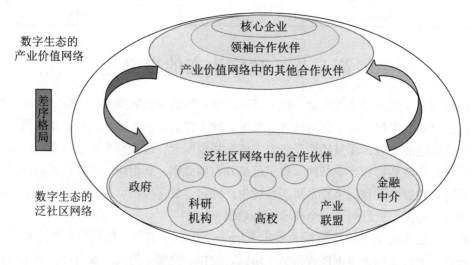

图 11.2　数字生态的差序格局结构

第一部分是数字生态的产业价值网络，即企业为实现数字产业价值而建立的合作伙伴系统。根据数字产业价值链的构成，拥有数字基础设施、数据要素市场、产业互联网、消费互联网等的所有合作伙伴均在产业价值网络里面，如图 11.3 所示。同时，生态伙伴根据其在数字产业价值网络中的地位可分为核心企业、领袖合作伙伴、产业链中的其他合作伙伴。其中，核心企业是指那些提出构建数字产业价值网络的企业；领袖合作伙伴（Leading Partners）主要是指那些数字产业中处于优势领导地位或具备优秀发展前景的企业；产业链中的其他合作伙伴则是指进入数字产业价值网络的其他各类企业。

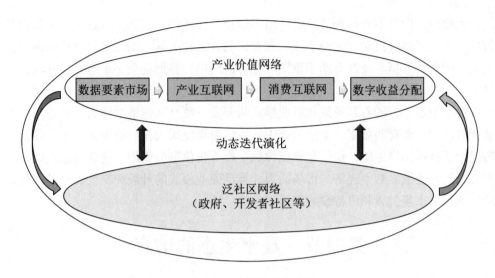

图 11.3 数字生态的解构

第二部分是数字生态的泛社区网络，其包括企业为实现未来价值而开发的潜在合作伙伴，以及所有支撑企业实现产业价值但又不直接创造产业价值的间接合作伙伴。数字泛社区网络主体主要包括各类为数字产业价值发展提供支撑的社会资源池，比如政府、科研机构、高校、产业联盟、金融中介、用户等，如图 11.3 所示。泛社区网络的核心特征是，泛社区网络中的主体当前没有参与、但未来可能会参与到生态的价值创造过程中。

根据数字产业发展现状和数字生态构建情况，当聚焦数字产业价值网络时，更多考虑数字生态中各类主体的联接。而当考察整个数字生态时，还需进一步考虑泛社区网络中各类合作伙伴带来的影响。

一、数字产业价值网络

数字产业价值链包括所有直接创造数字经济价值的行业与环节，即包括数字基础设施、数据要素市场、产业互联网和消费互联网等多层次价值链环节、以及数字化赋能的万行万业。其中，数字基础设施包括硬件（芯片）、软件（操作系统、数据库）、云（云计算）、网络（5G、工业互联网）等；数据要素市场包括数据授权、采集、加工、定价、交易、利用、分配等核心环节，涉及的主体包括政府、企业、平台、用户等；消费互联网和产业互联网，则是指本书第八章和第十章所阐述的在消费活动中和生产活动中所形成的互联网。

二、数字泛社区网络

数字泛社区网络主体则囊括了没有直接参与数字产业价值创造，但却有助于数字产业实现价值的各类主体，主要包括以下三类。

第一类为实现产业未来价值而需要的潜在合作伙伴，当前不参与价值创造过程。如一些企业虽然暂时难以完成数字化转型，但未来将有可能参与。第二类是所有支撑企业实现产业价值,但又不直接创造产业价值的间接合作伙伴。例如涉及数字经济监管的政府机构和协会,以及推动数字经济迭代和发展的开放社区等。用户也是泛社区网络的重要成员,用户的数据与反馈有助于重塑产业价值网络,是促进数字生态持续迭代的重要力量。

在数字生态中,随着新场景和商业模式的开发,泛社区网络主体有可能进入到数字产业价值链中;而有些数字产业价值链中的主体也可能因为其商业模式的不可持续,反而转化为泛社区网络主体,最终起到支撑数字产业价值链的作用。这种动态迭代演化的过程可以更好地激发数字经济的市场活力,推动商业模式的升级和制度设计的优化,并不断推动数字市场健康和可持续的发展。

第四节 数字生态的培育

一、数字生态系统培育的理论基础

一个成功的数字生态系统如何建立?生态的核心企业在其中起到重要的作用,核心企业需要承担培育整体生态的责任,包括引导创新、参与治理、创造和获取商业价值,因此核心企业的生态培育能力在很大程度上决定了生态构建基础的强弱。本书将基于运营情境(Context)、结构(Construct)、运行机制(Cooperation)、范式(Configuration)、能力(Capability)、变革(Change)的6C框架(Rong et al., 2015),如图11.4所示,全面剖析数字生态系统的重要概念,厘清生态中各成员的关系。数字生态系统中的核心企业也需要从这六个维度出发,培养好整体生态。

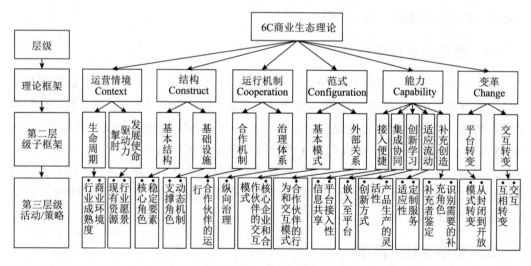

图11.4 数字生态系统的6C框架

对于数字生态系统而言,其运营情境是指生态所处的环境与背景,可从复杂性和动态性的角度识别供应网络的环境特征。其子框架主要包括两类内容:第一类是所处生命周期阶段,以表明企业在不同阶段的状态;第二类是生态的发展使命、驱动力和掣肘。

这个阶段要求商业生态系统中的组织将视野扩展到核心业务的供应链合作伙伴之外，纳入其他非直接业务合作伙伴，例如政府机构、行业协会、利益相关者以及对行业产生巨大影响的竞争对手。在信息技术快速发展的今天，许多数字生态系统尚处于持续发展中，各利益相关主体对未来所承担的角色并不能完全确定，因此在此阶段各利益相关主体应对其各利益相关方的动态给予充分关注。

数字生态系统的结构包括数字生态系统的基本结构和支持性的基础设施。基本结构主要包括组成整个生态的各类固定要素（用户、企业、政府等），以及核心企业在生态中所扮演的角色。基础设施包括各类要素之间动态交互的机制，以及在这一动态机制中起到重要支持作用的各类角色。一个典型的数字生态系统往往涉及多方成员，比如硬件提供商（如芯片提供商）、解决方案及算法提供商、云平台、线上消费平台、终端用户、政府机构等。如何完善数字生态系统的结构，使其能够适应未来发展要求以及有效应对外部环境变化，是当前亟需解决的问题。

数字生态系统的运行机制反映了合作伙伴为实现共同战略目标而相互作用的模式（包括合作机制和治理体系），也是为达成某个战略目标而采取的数字生态系统的培育方式。其中，合作机制主要解决相关企业及所有的合作伙伴如何协同运行的问题。治理体系主要指的是该生态纵向的治理体系，涉及自上而下的治理模式或自下而上的治理模式，抑或是两者的结合。例如，大陆集团研发的智能驾驶操作系统由制造商来集成生态系统更多的参与者，以实现互利共赢。再比如，微信就是作为一个完整独立的平台，鼓励第三方去开发自己的App，以实现部分使用或接入微信的功能和信息。数字生态系统运行机制与生态系统建立要素和生态系统范式相关联，并且其运行过程将随着数字生态系统的运营情境而变化，因此各利益相关方应适时调整策略，以适应数字生态系统不同时期的运行机制。

数据生态系统的范式是指生态所呈现出来的形态，主要解决的问题是：如何基于一个运营情境建立供应网络和生态，以实现目标功能。范式可以划分为基本模式和外部关系两部分内容。基本模式是指生态中的核心企业与各类生态要素的交互模式。外部关系所说的是核心企业之外的其他生态合作伙伴在生态培育中的各类行为，以及它们之间所形成的各类交互模式。不同的生态系统具有不同的范式，也有不同的价值创造策略。对于数字生态系统而言，要采用适合其特点和发展规律的范式。

数字生态系统的能力是生态创造价值、成长和成功的基础。其主要包括接入便捷、集成协同、创新学习、适应流动、补充创造等五种能力。

（1）接入便捷能力指的是各类生态成员接入各类平台的便捷程度和平台内信息的共享程度。比如电子地图开放给绝大部分参与者，智能驾驶操作服务软件开放API、SDK给开发者。

（2）集成协同能力指的是各类生态成员是否较好地嵌入平台之中，并形成良性协同。

（3）创新学习能力衡量的是生态给出的产品解决方案是否灵活多变，又是否适合各类创新活动的开展。这一能力跟上面提到的接入便捷能力也有一定的联系，当开放程度较高的时候，创新的来源和参与则更为广泛，比如在智能汽车驾驶系统中，当核心企业提出需求时，大量第三方开发者会加入其中进行创新。

（4）适应流动能力旨在衡量生态是否有较强的适应性，是否能够应对各类突发情况，并给出更加定制化的服务。简单来说，就是指对用户需求的适应程度和灵活程度。这种能力也可以分为几个层次：最具有灵活性的就是定制服务，其次就是基于用户行为的适应性，最后是核心企业统领下的适应性。

（5）补充创造能力是指生态能够识别出其所需要的补充性成员，并使得补充者加入并给核心产品平台创造价值。这一点在不同生态中也有较大区别，有的能够产生多样化的互补者；有的则拥有较少种类的互补者。

数字生态系统的变革反映商业生态系统的模式更新和演化，即体现一种生态在生命周期结束阶段如何从一种模式演变为另一种模式，以及在范式和运行机制上又会发生什么变化。从主体的角度，变革主要分为两个维度：系统模式的更新和演化。更新主要是指平台本身的模式转变，比如可以表现为构建的平台是逐渐从封闭转向开放，有可能是在产品层面变得更为开放，也有可能只是在功能上有了较大突破。演化是指生态的交互转变，一旦变革发生，生态中各类角色的交互模式也会随之发生相应转变。比如，平台模式的更新在电子地图平台上有较好的体现。随着定位搜索业务的成熟和技术的发展，电子地图软件的业务从简单的功能（定位、路线规划）拓展到多功能，最终成为集成各种线路推荐、商家推荐等综合平台。比较典型的演化例子就是从传统电视到网络电视，用户从原来的单纯接受，到现在的双向互动。还有以海康威视监控系统为代表的监控系统，当连接的终端设备从电脑变成智能手机，且其应用场景增加的同时，各类型利益相关者的互动也逐渐增多。监控系统最终通过联接不同行业的许多利益相关者建立了强大的基于 IoT 的数字生态系统。

以上就是数字生态系统的 6C 框架。这一框架是建设和培育数字生态系统的基础，下面将通过字节跳动的案例分析帮助大家理解 6C 框架。

二、字节跳动：重新定义数字生态

2012 年 3 月字节跳动成立于北京，并于同年推出聚焦资讯推送的今日头条。在 2016 年，字节跳动开始进军短视频领域，密集推出了三款短视频产品：抖音、火山小视频和西瓜视频。发展到今天，字节跳动已经围绕"信息"建立起了业务丰富的数字生态系统，涉及资讯、短视频、娱乐、电商、教育等领域。其海外业务也相当成功，短视频平台 TikTok 在美国等海外市场常年占据 App 下载榜榜首。如何理解字节跳动的数字生态？我们尝试以 6C 框架来分析。

（一）运营情境：后来者的创新

在字节跳动成立之时，我国互联网信息类产品市场已经具备较为成熟的格局。其中，在今日头条所竞争的赛道—新闻资讯类平台领域，新闻聚合平台是主导的范式，比如新浪新闻、网易新闻、腾讯新闻等。平台与大量媒体签约，都以新闻的即时性、专业性、丰富性为主要特色。对于平台来说，信息的质量是核心竞争力，所以各大平台都会不遗余力地争取媒体，最终导致各平台的内容同质化，而用户黏性又很低。如何建立具有特色的、独家的内容资源池，如何做到差异化，是这个行业的一大痛点。

而今日头条做到了。基于强大的算法能力，通过海量数据采集、深度数据挖掘，今日头条的智能推荐引擎能够对每个用户精准画像，从确定他们的阅读偏好，从而为每个用户推荐个性化的内容，做到千人千面，用户也不再需要在信息的茫茫海洋里寻找感兴趣的信息。这种全新的新闻模式是今日头条在新闻平台的"红海"中得以立足的一大法宝。同时，为了让用户在今日头条上能获取到独家的优质内容，今日头条还推出"头条号"，去吸引、培育大量新兴的自媒体。这样既避免了和竞争对手在签约媒体上的激烈竞争，也让平台上的信息更加丰富、多元、独特。

虽然短视频行业的成熟度低于新闻行业，但微视、秒拍、快手等玩家却已经早早地开启了激烈的"圈地运动"，在各自的细分领域斩获了大批用户。由于PGC（专业生产内容型）短视频平台过于依赖明星"大V"的流量，则使原创内容的丰富度和未来的可持续性成为一大难题。而在UGC（用户创作内容型）平台中，如何保证内容的质量、如何持续吸引用户也无定论。作为后来者，抖音的做法是融合PGC和UGC，通过明星、网红的影响力让抖音走进了大众的视野，并定位于年轻人群体，通过时尚、有趣的活动鼓励普通人进行创作。抖音还继承了今日头条的算法优势，通过智能推荐机制把用户牢牢留在平台上。

总结来看，在群雄争霸的信息行业中，字节跳动作为后来者，无论是今日头条还是抖音，其取胜的关键可以归结为两个方面的创新：第一，智能算法的创新，字节跳动实现了信息的千人千面，重新定义了用户获取信息的模式；第二，生态内容的创新，字节跳动将内容创作的机会留给普通大众，打造了丰富多样、充满活力的数字生态。

（二）结构：多元的参与者

字节跳动主要是以双边平台的方式向用户提供信息服务，比如今日头条联接的是媒体、头条号创作者和新闻阅读者，抖音连接的是短视频创作者和观看者，平台在其中起着匹配作用，是信息的桥梁，同时也提供底层的技术支持。

字节跳动的信息生态拥抱了非常多元的参与者。以抖音为例，只要是短视频创作者，无论是个人还是机构，无论是明星网红还是平民草根，都可以入驻抖音。抖音将UGC和PGC深度融合，既是大众表达自我的空间，又是机构创作者焕发新活力的平台。报纸、杂志、电视、电台等传统媒体都通过抖音短视频，重新定义了其传播方式；国家机构以政务号的形式入驻抖音，给民众展现了不一样的政府形象。2019年抖音平台上的政务号已经达到1万多家，抖音政务号已经成为电子政务的一个核心组成部分，例如"县长带货"一度为大家津津乐道。目前，抖音已经覆盖了文化创意、亲子、生活、创意、美食、时事等领域，"60后"到"00后"的用户都可以在抖音上找到属于自己的内容。抖音还推出了大量专项计划，以吸引更多样化的内容创作者。"DOU知计划"致力于服务知识内容创作者，"DOU艺计划"则旨在推动艺术类的短视频创作，吸引了中央美术学院、中国戏曲学会等权威机构。在抖音，从日常生活到酷炫才艺，从大好的河山风景到惊艳的文化艺术，每一种美好都有人记录。

除此之外，为了支持内容创作，抖音还引入了大量互补者，让短视频的创作更便捷、更优质。抖音的短视频之所以吸引人，少不了海量的音乐和酷炫的特效。这些互补者——抖音音乐人和抖音特效师，也是生态中重要的参与者。抖音的音乐人平台和特效开放平台是这些互补者挥洒才能的空间，他们提供的互补资源是支持抖音内容创作的重要力量。

支持性基础设施是字节跳动信息生态的底层。最重要的基础设施就是强大的算法能力，智能的数据挖掘、数据分析和推荐引擎让字节跳动的信息生态能够精准定位到每个用户的类型，以实现个性化、定制化的信息服务。2020年6月，字节跳动将其算法基础设施进一步市场化，推出了技术服务平台"火山引擎"，依托大数据、人工智能等技术提供技术产品与解决方案。字节跳动旗下的营销平台"巨量引擎"支持着信息生态的营销和维护，业务覆盖内容服务商、电商服务商和品牌服务商。

（三）运行机制：开放的协助社区

字节跳动通过开放、共享、合作的协作机制和治理体系，致力于构建生态参与者之间的良性互动，为生态内的内容创作者、资源互补者提供全方位的服务。

第一，在工具服务方面，字节跳动推出了多层次的创作者扶持计划，为创作者"保驾护航"，且UGC创作者被赋予了最大的创作空间和自由。作为个体创作者，缺乏专业经验，也容易遇到创作瓶颈并丧失创作热情。因此，字节跳动建立了一系列创作者扶持制度，在不对创作者施加控制的前提下，为他们提供资源和支持。比方说，今日头条推出"千人万元"计划，确保头条号平台至少有1 000个创作者，单月获得至少1万元人民币的保底收入；"礼遇计划"：每个月至少有1 200人能够在原有收益基础上，获得1万元人民币的现金奖励。除此之外，今日头条还引入外部资源，孵化内容创业者，"新媒体孵化器计划"为中小型的内容创业团队提供孵化服务。通过这一系列的扶持措施，今日头条的创作者生态充满活力，也吸引了更多的阅读者。2019年，平均每天今日头条上都会产出近万篇阅读量达到10多万条的内容。我们再来看看抖音，2019年，抖音推出了"创作者成长计划"，目标是帮助1 000万名创作者在抖音上赚到钱。抖音上的"创作者服务中心"是一个融合了各类创作服务的工具平台，创作者可以轻松、便捷地在"创作者服务中心"的数据看板上获取作品的反馈，进行数据分析，做出优化等。

第二，如何让创作者的才华和想法得到切实的经济回报，一直是字节跳动在努力解决的问题。在今日头条，创作者可以通过流量分成、现金激励、直播、内容付费、内容电商、内容营销六大渠道，获得收益。2019年，今日头条助力创作者营收为46亿元人民币。同样的，抖音也提供了多种高效的变现渠道。众所周知，广告是互联网信息产品变现的最佳途径，而抖音将这一权利部分赋予了创作者，并推出官方的广告接单平台——抖音星图平台，将广大的创作者和广告主对接起来，抖音不向创作者收费，也不从其广告收入中提成，仅向广告主收取 5% 的平台服务费。

（四）范式：共融的社区型生态

多元、丰富的生态参与者和开放、合作的协作机制构成了字节跳动独特的社区型信息生态。字节跳动充当着生态基础设施建设者、生态秩序维持者的角色，智能的算法、健康的环境促进着着生态价值的创造。字节跳动本身不参与内容的创作，也不过多干预内容创作者和资源互补者的具体行为，而是通过搭建高效的平台、提供全面的扶持、对接丰富的资源，为生态参与者搭建起多元、友好、便捷的社区，供参与者自由发挥。在字节跳动数字生态的支持和培育下，生态内参与者的数量和种类都得到了极大的拓展。生态中有各垂直领域的内容创作者，也有为内容创作提供支持工具的互补者，还有帮助运营维护、内容变现的服务商。各类参与者之间是互补、合作的关系，并形成了共融的良性生态连结。

（五）能力：多维发展，开放自由

生态的培育、维护和增长，需要全方位的能力支撑。字节跳动数字生态在沟通、整合、协同、适应和流动等方面都具备着较强的能力，以保持其数字生态的健康成长。

在打造信息生态中，接入便捷是实现信息多样化的前提。字节跳动下的平台接入门槛低、操作便捷，使人人都可以成为创作者，以在生态中施展自己的创作才华。如果说创作者是生态建立的根本，那么各类互补者则是字节跳动生态得以源源不断地创造和创新的"催化剂"，因此集成协同能力也是至关重要的。字节跳动的数字生态中集成了多样化、全方位的互补资源和服务，以支撑生态的发展，产生"1+1>2"的协同效应。

适应流动能力和补充创造能力是支撑生态发展的关键要素，前者反映了生态应对多元的用户、多变的市场环境变化的能力，后者则代表着生态的成长潜力。字节跳动的发展正是得益于这两种能力。字节跳动凭借其强大的算法能力，对每个用户进行数据分析和精准画像，以提供个性化、定制化的信息服务，因此可以满足多元用户的需求。比如抖音就从初始的年轻人定位逐渐实现了市场下沉，打通了三四线城市用户，从而得以覆盖广泛的用户群体。强大的推荐算法的另一大优势在于其即时性和适应性，即能够动态地实时获取、跟进和适应用户喜好，这在瞬息万变的互联网信息时代显得尤为重要。

最后，生态的补充创造能力既是多种能力的综合产物，也是生态变革的基本动力。强有力的补充创造能力使生态突破原有的边界，拓展新的功能，比如字节跳动目前已经开始探索直播、电商、搜索等领域。

（六）变革：从草根化向专业化

字节跳动的平台在搭建之初，就以门槛低、草根化的方式受到大众的欢迎。开放的社区生态能够激励大众成为创作者，从而实现了内容的快速积累。但是把"量"做大后，字节跳动的数字生态遇到了新问题：内容的"质"如何保证？草根创作者缺乏内容制作的专业经验，导致内容质量参差不齐。与此同时，内容的合规问题、版权问题也成为困扰字节跳动的难题。

如果说大众化、低门槛是字节跳动数字生态"从无到有"的关键动力,那么在生态"从小到大"的发展过程中,内容的优质、专业是保证生态发展不可或缺的重要要素。字节跳动深知规范、和谐的生态环境对于生态参与者们的重要意义,因此字节跳动也一直在治理规范上狠下功夫。今日头条的内容审核中心和"灵犬"反低俗智能助手,让平台上的不良内容无处遁形;抖音针对未成年人的"向日葵计划",从内容审核、运营、推荐等多维度来保护未成年人。健康、有序的生态环境让各类参与者没有了后顾之忧。

目前,越来越多的专业团队和互补资源被集成至字节跳动的数字生态内。许多内容创作者不再以单打独斗的形式进入平台,而是更多地以与专业团队签约的形式。在短视频领域,这样的团队是"MCN(Multi-Channel Network,多频道网络)机构"[①],在直播领域则被看成"公会"。以抖音平台的短视频为例,目前抖音MCN机构已经成为支持创作者产出内容的重要后盾。MCN机构不仅能为创作者的想法和创作提供专业的建议和支持,同时也在运营、维护、变现等方面向创作者提供帮助。抖音也因此推出"抖音MCN机构管理平台",以鼓励MCN机构入驻抖音平台,并为MCN机构提供人员管理、数据分析以及资源投放等一站式服务,来帮助机构提升运营能力。

三、数字生态系统培育方法论

核心企业在数字生态系统培育中起主导作用,所以本书将从核心企业的生态构建角度出发,介绍数字生态系统培育的五步论,如图11.5所示。

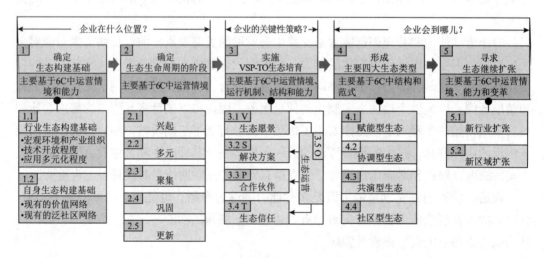

图11.5 数字生态培育的五步论

(一)第一步:确定行业生态构建基础

确定行业生态构建基础需要考虑两个方面:一个方面是所在行业的生态构建基础,

---

① MCN一般被看作一种新的网红经济运作模式。

另一个方面是核心企业自身的生态构建基础。关于行业的生态构建基础，需要考虑三个层面：包括宏观环境和产业组织、技术开放程度及应用多元化程度。技术开放程度是指行业核心技术的开放性，是供给层面的特征；应用多元化程度即行业应用场景的多元化，是需求层面的特征，决定了核心企业是否需要生态合作伙伴协助开拓多元的应用市场。观察并研究行业生态构建基础，客观上能帮助核心企业了解行业中一个成功生态的特征，进而判断如何基于这些特征，确定生态培育的方向。

（二）第二步：确定生态生命周期的阶段

一个行业的生命周期可以分为五个阶段：兴起阶段、多元阶段、汇聚阶段、巩固阶段和更新阶段。比如当苹果进入高端智能手机行业时，该行业本身还没有合适的解决方案，处于兴起阶段。而当小米进入时，智能手机行业已经形成了相对成熟的主导设计与标准，多个厂商纷纷入局、群雄争霸，因此属于多元阶段。

（三）第三步：实施 VSP-TO 生态培育

核心企业在每个阶段都需要进行愿景（V，Vision）的设计，提出解决方案（S，Solution）以及挑选合作伙伴（P，Partners），这称之为 VSP 决策。VSP 决策是为了培育生态信任（T，Trust），而核心企业在每个阶段都会有具体运营（O，Operation）的方案，以持续优化企业的生态，并在适当时期进行评估生态。如此便形成了生态培育的 VSP-TO 模型。我们这里以安谋为例，理解 VSP 三大决策的应用。安谋的发展经历了从手机芯片到嵌入式系统，再扩张至服务器市场的三阶段。安谋在不同的阶段提出了不同的愿景，比如在手机芯片行业的多元发展阶段，安谋提出"移动设备芯片需要低功耗、低成本和高性能"的愿景，确立了未来智能手机芯片的标准；在智能手机发展趋于成熟后，安谋进一步调整愿景，提出"未来移动设备的数字化"概念，从而进军嵌入式系统行业。在解决方案层面，安谋不断顺应市场要求，更新迭代其架构，并占领行业前沿。在行业兴起阶段，安谋推出创新解决方案 ARM7，并且与诺基亚和德州仪器合作，研发出了第一个基于安谋芯片的手机 Nokia 6110。随着行业的发展，ARM7 升级为 ARM9，其更注重产品的多元化、兼容和连接能力。其后，ARMv6、ARM11、ARMv8 也陆续推出，并形成了安谋独特的授权商业模式。安谋在合作伙伴方面也形成了差序格局的培育体系。安谋选择行业的领先者作为其最重要的领袖合作伙伴，比如最开始选择诺基亚和德州仪器作为领袖合作伙伴，与其共同开拓新行业；同时安谋也在培育价值链伙伴，比如 2010 年安谋主导成立了非营利企业 Linaro，主要开发基于安谋架构的开发工具、Linux 内核等，以促进基于安谋架构的数字生态发展；与此同时，安谋对于泛社区网络伙伴的培育格外重视。安谋在 2003 年设立了"互连社区"，为社区成员提供了各种资源，以促进全球网络建立。

（四）第四步：形成主要四大生态类型

核心企业在不同起始阶段、不同 VSP 决策下，会形成不同数字生态系统的范式。这些数字生态系统的范式存在差异，但均有可能成为一个成功的数字生态系统。比如苹果 iOS 系统形成了相对封闭、相对主导的生态范式，而谷歌的安卓系统则相对开放。

（五）第五步：寻求生态继续扩张

当数字生态系统继续扩张的时候，需要考虑是否进入新的行业或新的市场。如果是进入新的行业，无论该行业的生态发展处于哪个阶段，核心企业均需提出新的愿景，并用新的愿景去凝聚愿意为之共同努力的合作伙伴，建立新的信任关系。在技术解决方案层面，可选择技术领先且相对不开放或技术相对开放的战略。在应用解决方案层面，核心企业需要至少在一个应用场景中拥有接近当前行业最优解决方案的方案。在合作伙伴培育策略方面，核心企业可以主动选择当前生态中合适的合作伙伴，并与其共同进入新的行业。比如苹果以高端智能手机行业为基础，向高端平板电脑行业（推出 iPad）、高端智能手表行业（推出 Apple Watch）的数字生态扩张并取得成功。

而核心企业在进入新的地区后，无须改变总体愿景，但可以考虑针对不同语言、文化等因素提出地区愿景。技术层面解决方案需要帮助培训当地技术人员，让新地区逐步接受、采纳核心技术。而对于应用层面的解决方案，核心企业需要保证解决方案至少在一个应用场景中能接近当地当前行业的最优解决方案。同时，核心企业在决定进入新的地区后，应优先选择已经进入该地区的合作伙伴。除此之外，还要重点培育当地合作伙伴，早期可以不考虑自身的盈利，甚至可以予以合作伙伴适当的补贴。

第五节 数字生态的商业模式

一、传统商业模式向生态型商业模式的演化

在传统经济下的商业模式以面向供应链的商业模式为主，随着平台企业的出现过渡到面向平台的商业模式。而在数字生态中，生态型商业模式是当前及未来商业模式的主要形态。

如图 11.6 所示，在传统基于供应链的商业模式中，信息不对称导致低买高卖，商业模式是针对单个企业的，且以产品价值链为主导。具体而言，核心企业构建基于产品或服务的价值链，选择合适的商业战略，形成本企业商业模式，从而实现价值和可持续性盈利。随着平台经济的发展，出现平台的商业模式，信息逐渐趋于完全，平台产生网络效应。核心企业打造基于平台的产品或服务，从而在更多价值链上占据主导地位，并获取更多利润。平台商业模式相较于供应链商业模式而言，信息不对称程度、交易成本降低，较高的交易规模和网络效应是平台商业模式的特征。

当商业模式发展到生态型商业模式的时候，信息更加透明，网络效应更复杂，企业需要考虑多平台形成的网络效应。区别于平台的商业模式，生态是综合的、集成的商业模式，因此其商业模式可变性更大，灵活性更强。具体而言，生态型商业模式是多个

商业模式的集成，其中并不一定每一个商业模式都能产生利润，但整体将产生更高的利润；同时强调商业模式之间的协同，即"商业模式的商业模式"。生态企业应构建多样化、多维度的商业模式，从而通过生态群为最终用户提供全面的价值，并根据市场需求的不确定性进行动态的演化。生态企业可以在多平台上聚集泛社区伙伴和潜在社会资源，一起为最终用户实现更丰富的价值，并使生态伙伴共同实现可持续性发展。

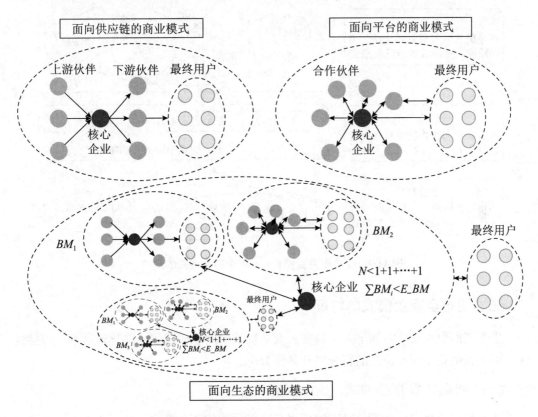

图 11.6　传统商业模式向生态型商业模式的演化

二、生态型商业模式的定义

生态型商业模式是指在一个数字生态系统中，不同利益相关者可协同、可演化的多个商业模式共同集成的商业模式，是商业模式的商业模式。此模式重在协调多个互动的价值创造和价值获取的过程，以实现数字生态中各类利益相关者共同演化的愿景。生态型商业模式可以通过 4Co 框架进行解构，下面具体阐述 4Co 的内涵：① 价值社区（Value Community）：生态型商业模式中价值创造的主体包括传统价值链合作者、领袖合作伙伴、泛社区网络合作伙伴；生态型商业模式需要充分调动一切可利用的潜在社会资源。② 价值共设（Value Co-design）：核心企业确定自己的核心能力和主要业务，然后要和合作伙伴共同设计价值主张，最后要确定要交付的产品或服务。③ 价值共创（Value Co-creation）：不同的业务要采用相应的商业模式，而不同的商业模式间可以相互影响、互相赋能，甚至可以形成新的商业模式。④ 价值获取（Value Co-capture）：核心企业和合作伙伴共同获得商业利润,如图 11.7 所示。

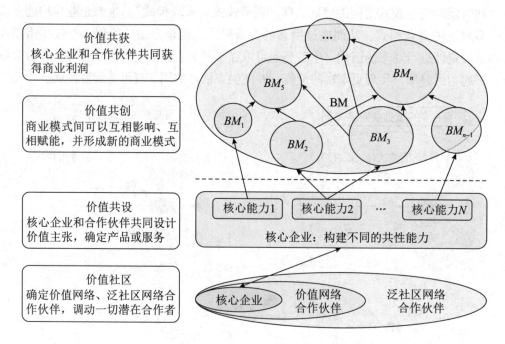

图 11.7　生态型商业模式——N 个商业模式的集成

三、生态型商业模式的特征

生态型商业模式具有如下主要特征:商业模式的商业模式、立体化延展性、可持续性。下面就生态型商业模式的特征展开具体分析。

(一)商业模式的商业模式:独立而协同

生态型商业模式包含了多种不同形式且可以协同的商业模式,是集成多个商业模式的商业模式,目的是使整个商业生态实现价值创造以及效率的提升。生态系统对各个商业模式都赋予了角色,且商业模式间可以进行协作、互补。以阿里巴巴为例,目前阿里巴巴已经集成了电商、支付、物流、金融、娱乐、云计算等领域的多种商业模式,各个业务线独立运行,同时又互为补充、互为支撑。

(二)立体化延展性

相较传统平面商业模式,数字生态系统中不同的商业模式间具有互动性,总体具有朝着价值链、伙伴、技术等多维度发展的立体特征。此外,相对传统静态的商业模式而言,生态型商业模式则随着技术、合作伙伴的更新或扩展而实现共同的升级演化,另外泛社区网络能够提供更广阔的创新空间,是一种更为动态的商业模式。

生态型商业模式主要沿着价值链、合作伙伴网络、科技进步三个方向进行扩张,如见图 11.8 所示。动态延展总体遵循业务独立性(合作伙伴不仅可以赋能核心企业的核心业务,也可以自己独立运营)、共生性(核心企业和伙伴企业共同壮大,两者业务利润不存在此消彼长，而是互相辅助）、共演性（核心企业和伙伴企业可以共同进行科技升级迭代，创新、壮大业务范畴，不会相互束缚）三大原则，并在三个轴的方向上遵循各自的扩张原则。

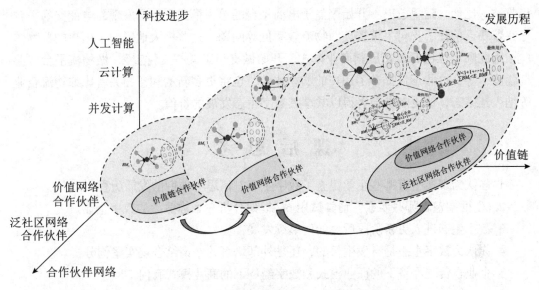

图11.8　生态型商业模式——立体化延展

第一，价值链层面的扩张原则：临近性（能不能做）——核心企业核心业务的扩张应从熟悉的环节做起，比如阿里巴巴淘宝业务的扩张是从销售渠道着手，同时发展生产环节；可扩展性（做不做得成）——价值链扩张也要考虑能否做得成，核心企业和合作伙伴的资源是否能到位；价值增量最大化（做不做得大）——核算拓展业务带来的利润是否客观，并寻找生产的边界。

第二，合作伙伴网络层面的扩张原则：孵化——实施激励机制，提出共同愿景，吸引领袖合作伙伴，通过高校、研究机构、政府寻找潜在合作伙伴；拣选——选择未来头部企业，发出合作邀请；整合——重新整合领袖合作伙伴和各价值链内外的合作伙伴。

第三，科技进步层面的扩张原则：需求驱动——生产、消费两端需求驱动；技术驱动——围绕可实现技术演绎；生态驱动（正外部性）——技术的创新不仅要有益于核心企业，也要有益于利益相关者、泛社区合作伙伴、用户。

三星的发展就展现了从单一供应链到复杂供应链再扩展至生态模式的过程。三星通过与日本企业开办合资企业进入了消费电子行业。起初为保证自身电子产品能够顺利进入半导体行业和其他组件生产行业，三星构建了著名的"垂直整合"产业链。在具备纵向一体化的生产能力之后，三星的液晶显示器、半导体、消费电子等产品线保持了各自独立性，即既是自身产业链的一部分，又与其他品牌有合作。而进入人工智能和5G时代，三星着力于生态的建设，拓展各个具体应用场景和合作伙伴网络，通过构建行业标准扶持生态伙伴，共同打造多场景，壮大生态网络，并布局云计算、物联网、自动驾驶等多个新兴领域。

（三）可持续性

最后，生态型商业模式能够通过持续地发现应用场景、协调好价值共创和价值获取来不断寻求新的消费市场，满足用户需求，也实现了生态的正外部性，即各方都能获得收益。比如，阿里巴巴一开始聚焦于电商平台的单一模式，但是发现，电商交易平台存在着缺乏信任、支付手续繁琐、物流效率低等问题，这些极大地影响了用户的购物体验，因此阿里巴巴开始拓展其商业模式，开始做支付工具"支付宝"，做物流平台"菜鸟物流"等，这些不仅提升了用户的购物体验，也将更多新的利益相关者比如物流企业等纳入其生态，让更多参与者得以共享其数字生态发展的价值。

课 后 思 考

1. 你认为现实中有哪些企业建立了数字生态？请思考他们的发展历程。
2. 6C 框架包含哪些要素？请尝试用 6C 框架分析一个你熟悉的数字企业。
3. 数字生态进入更新阶段后会如何继续发展？
4. 你认为数字生态是自发生长的，还是外部培育的？请结合现实案例分析。
5. 企业在传统经济下的商业模式和数字经济下的商业模式有何不同？

第十二章 数字生态的竞争

本章的主要内容是介绍数字情境下的生态竞争，共分三大部分。第一部分，简要梳理了信息产业发展出数字产业的历史进程。第二部分，重点阐释数字生态所包含的三个层面的竞争，即数字技术生态的竞争、数字平台生态的竞争和数字应用场景生态的竞争。第三部分，探讨了未来可能出现的数字生态博弈。

第一节 信息产业与数字产业

近年来，数字化浪潮正在重塑全球经济的发展格局，数字经济已成为支撑各国经济持续稳定发展的重要引擎。计算产业作为与信息技术和计算能力相关的一系列产业的统称，是信息时代国家实现数字化转型升级的基础。因此，以计算产业为例，可以梳理信息产业到数字产业的发展历程。

尽管我国在计算产业领域完成了大量的技术积累，但计算产业的部分关键技术仍然亟需突破，而且从关键技术到基础应用的"产用峡谷"[①]也同样需要跨越。因此，计算产业的发展不仅需要考虑到"十四五"规划中对关键技术"自主可控、高效安全"[②]的要求，也需要考虑如何基于这些关键技术培育一个完整的产业创新生态。2018年以来，中美之间的贸易摩擦迅速升级为中美贸易战，我国以计算产业为代表的高科技产业正在面临美国的"卡脖子"威胁，充分暴露了我国在关键技术领域的短板。计算产业第一创新生态以美国企业为首，硬件方面以英特尔、安谋等企业为代表，软件方面以Windows、安卓、Linux、甲骨文、亚马逊等企业为代表。由此可见，在大国竞争中，计算产业不仅关系到各国的产业升级与经济发展，甚至还关系到各国的国家安全，是体现综合国力的战略性产业。

在数字经济时代，关键技术虽然重要，但技术生态的建立更是实现

---

① 根据赛迪智库显示，产用峡谷是指相关核心技术从研发制造到市场化应用的过程中，由于产业链协作、利益掣肘、决策担当等形成的阻碍。
② 新华网. 中华人民共和国国民经济和社会发展第十四个五年规划和2035年远景目标纲要[EB/OL]. (2021-03-13) [2022-06-29]. http://www.xinhuanet.com/2021-03/13/c_1127205564.htm.

技术优势、促进技术可持续迭代和保证技术广泛应用的关键。我国的产业数字化和数字产业化在不断推进，从整个产业生态的视角出发推动产业转型已成为趋势。产业生态不是基于单一的企业或单一的产业，而是一个涉及不同层级且高度交互的利益主体的复杂系统。各类利益主体之间建立不同程度的信任是整个产业生态保持稳定和韧性的重要因素。在中美贸易战期间，美国所制定的一系列政策已经对以美国为主导的全球计算产业生态中的信任造成了冲击，不仅削弱了该生态的稳定和韧性，而且还对相关产业的全球分工造成了威胁。事实上，中国基于大体量的国内市场已经构建了一系列强大的双边平台和世界领先的应用生态，并且是以美国为主导的全球计算产业生态的重要贡献者之一。

一般来说，商业生态系统是一个相互补充和相互依赖的空间，由重点企业运营，并由供应商、客户、竞争对手和来自不同行业的互补者构成。学术上最早的商业生态系统范式（Iansiti and Levien, 2004）是通过和生物学中相互依赖的物种进行类比得出的，并将价值创造概念化。当前，数字经济中的竞争日益成为生态系统之间的竞争。随着对生态系统研究的深入，我们需要越来越关注价值主张对生态系统结构和战略的影响。因此，对于蓬勃发展的数字产业，我们需要从整体数字生态竞争的视角去看待，而不能再局限于某一个具体的企业、产业。近年来，成功的数字经济核心企业一直在围绕其核心服务构建完备的数字生态系统。不同于以往的"单打独斗"，核心企业和各类利益相关者一同，以数字生态系统的形式进入到海外市场，可以取得更大的竞争优势。

第二节 中美数字生态的竞争

北京大学发布的《数字生态指数 2020》将"数字生态"定义为："数字时代下的政府、企业和个人等社会经济主体通过数字化、信息化和智能化进行联接、互动与融合，形成围绕数据的流动循环、相互作用的社会经济生态系统。"依照从底层技术到场景应用的逻辑，数字生态可以分为技术生态、平台生态和应用场景生态三大层级，如图 12.1 所示。其中，技术生态主要指由硬件（芯片）、软件（操作系统、数据库）、云（云计算）、网络（5G、产业互联网）等构成的数字基础设施；平台生态主要指面向 C 端（消费端）的双边平台和面向 B 端（生产端）的产业平台等；应用场景生态则主要是指在这些数字平台上开发的面向各类应用场景的 App 和解决方案。下面将从数字技术生态、数字平台生态和数字应用场景生态三个层级分析我国数字经济面临的竞争性挑战和历史性发展机遇。

一、数字技术生态层级的竞争

数字技术生态层级的竞争是指围绕多个核心技术形成的数字技术生态之间的竞争。

（一）数字技术生态：硬件

以 GPU 为例来分析数字技术生态层级中的硬件。目前，GPU 已形成较为完整的技术生态。高运算性能的硬件和驱动、API 接口、通用计算引擎及算法库、成熟的开发环境都为基于 GPU 的深度学习开发者提供了足够友好、易用的工具环境。开发者可以迅速获取到深度学习的加速算力，降低了深度学习模型从研发到训练加速的整体开发周期。在驱动程序方面，独立显卡厂商不仅提供高性能硬件，也同时提供配套驱动以支持其 GPU 调用计算资源。例如，早期图形处理、游戏开发的优势使得英伟达长期在 GPU 驱动领域占据领先地位。英伟达推出的通用并行计算平台 CUDA（Compute Unified Device Architecture），是利用 GPU 的并行运算能力而开发的计算平台，可以让开发人员用 C 语言编写的程序在其处理器上高速运行，大大提升了通用 GPU 的易用性。CUDA 开发人员的数量在 5 年内增长了 14 倍，总计超过 60 万人。CUDA SDK 的下载量达到 180 万次。众多 CUDA 的开发人员对于维持英伟达 GPU 的客户黏性非常重要。

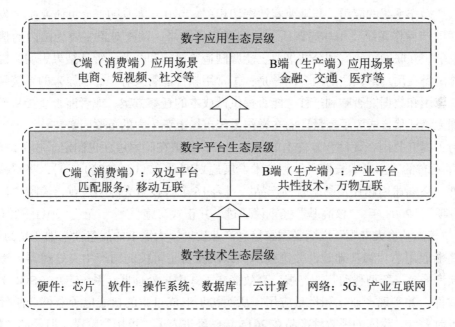

图 12.1　数字技术生态的构成

目前，国产 GPU 在性能上与以英伟达为代表的先进 GPU 产品相比，存在 6 年左右的差距，我国的 GPU 生产商正在加速开发下一代产品以缩小差距。随着国产化的不断推进，国产 GPU 将会率先在国有企业、政府机构实现完整国产替代。同时随着国产 GPU 产品性能的提升和云计算等新技术的进一步应用，国产 GPU 将会向民用服务器领域渗透。届时，国产 GPU 的市场规模将会再次扩大。

（二）数字技术生态：软件

以操作系统为例来分析数字技术生态层级中的软件。软件是推动新一代信息技术发展的核心驱动力，操作系统又是软件技术体系中的定海神针。目前主流的桌面操作系统主要有微软的 Windows 系统、苹果的 Mac 系统、各种 Linux 的发行版和谷歌的 Chrome 系统等；移动操作系统有苹果的 iOS 系统、谷歌的安卓系统等；服务器操作系统主要有 UNIX、Linux、Windows Server 和 Netware 等。微软在桌面和服务器操作系统领域占据绝对领先地位，在两个市场中分别占据近 90% 的份额；在全球移动操作系统领域中，谷歌的安卓系统与苹果的 iOS 系统呈现寡头垄断局面，谷歌的安卓系统占比 76.02%，苹果的 iOS 占比 22.91%，其余平台占比之和不超过 1%。主流操作系统已形成绝对优势的市场占有率，生态壁垒极高，其他操作系统产业生态发展的难度较大，需要适配硬件 CPU、基础软件、应用软件等诸多环节。因此，以 Wintel（Windows + 英特尔 Intel）和 IOE（国际商用机器公司 IBM + 甲骨文 Oracle + 易安信 EMC）为代表的海外厂商群体凭借先发优势和长期的积累，从而形成了技术兼容壁垒，几乎实现了垄断。

相比之下，我国在操作系统方面，主要以 Linux 为基础，目前有中兴新支点系统、中标麒麟、深度等操作系统。这些操作系统与国外的操作系统相比，仍存在很大的劣势。国产操作系统的应用，与其兼容性密切相关。2020 年 4 月初，计世研究院[①]发布了关于"国产操作系统使用意愿调研"的问卷调研结果，调查对象主要为国内的信息技术、电信、互联网、政府和公共事业、能源制造等机构和企业。统计结果表明，国产操作系统的潜在用户最关注的两个问题是：①常用软件能否兼容；②从原来的系统到国产系统，应用和数据能否顺利迁移。能否提供低成本的迁移方案，或者能否直接从产品层面做到无缝迁移，成为了衡量厂商在操作系统市场上竞争力的重要因素。

为了提升我国在硬件和软件上的竞争劣势，我国在国家层面也制定了相关的政策。2006 年发布的《国家中长期科学和技术发展规划纲要（2006—2020 年）》，将"核心电子器件、高端通用芯片及基础软件产品"列为 16 个科技重大专项之首，简称"核高基重大专项"。2008 年，"核高基"经审议通过，并正式实施。"十二五"（2011—2015 年）期间，"核高基重大专项"以满足国家信息产业发展重大需求的战略性基础产品为重点，突破高端通用芯片和基础软件关键技术，以研发自主可控的国产中央处理器、操作系统和软件平台、新型移动智能终端、高效能嵌入式中央处理器、系统芯片（SOC）和网络化软件，并实现产业化和批量应用，从而初步形成自主的核心电子器件产品保障体系。目前来看，我国的硬软件产品在 2015 年已经进入了"可用"阶段，但是离"好用"还存在很大的差距。2020 年，国务院颁布《关于新时期促进集成电路产业和软件产业高质量发展若干政策的通知》，继续聚焦于硬件和软件两大痛点，加速国内相关产业建设，推动国产替代进程。有理由相信，我国的硬件和软件在不久的将来有望进一步形成全局推进的协同效应，实现向"好用"目标的升级。

（三）数字技术生态：云

在过去的数十年间，由于国产基础软硬件的多种技术架构和路线并存，所以上层应用还需要面临较为复杂的底层基础的支撑。通过上云，可以一定程度地屏蔽底层硬件的复杂度，从而有效地提升用户体验度。目前，国产软硬件厂商也在积极加强与云计算、云平台相关的研发投入，逐渐形成有效的产品储备和服务体系。政府和企业上云，也

---

① 凤凰新闻. 国产操作系统崛起有望！超 8 成用户愿意支持国产系统 [EB/OL]. (2020-05-27) [2022-06-29]. http://ishare.ifeng.com/c/s/v002HR1idZBWwwaCky89065PmpvA82Zz-_GGRznP5fL6LxHw__.

是数字时代重要的发展趋势。随着数字经济时代的到来，上云成为政企数字化转型的重要措施。根据国务院发展研究中心国际技术经济研究所发布的《中国云计算产业发展白皮书》，2023 年我国政府和大型企业上云率将超过 60%。服务器是上云的基础，目前在服务器行业中，美国英特尔的 x86 架构芯片在 2020 年 4 季度的市场份额达到了 97.4%，垄断地位难以被撼动。

我国以华为为代表的企业，在传统服务器和智能计算服务器方面试图突破国外的技术垄断。在传统服务器方面，华为推出了基于鲲鹏 CPU 的泰山服务器系列，并包含多个种类。根据华为 2019 年的生态大会公布的信息显示，华为未来将重点聚焦于算力的上游，进行生态伙伴赋能。随着华为生态建设的逐步完善和其他厂商对鲲鹏 CPU 的接受度进一步提高，华为鲲鹏 CPU 未来有望不依赖于华为自己的服务器整机进行推广，从而实现战略升维。在智能计算服务器方面，华为提供了昇腾人工智能处理器和 Atlas 平台。昇腾系列包括 310 和 910 两款，均采用华为自主研发的达芬奇架构。当前，鲲鹏生态正在加速推进，华为聚焦于芯片架构以提供算力。在此基础上，华为通过硬件开放、软件开源、支持迁移，和合作伙伴共建生态。在华为 2020 开发者大会上，华为宣布了"沃土计划 2.0"，将在 2020 年投入 2 亿美元推动鲲鹏计算产业发展，并公布了面向高校、初创企业、开发人员及合作伙伴的扶持细则。随后，华为携手腾讯游戏启动在鲲鹏领域的全面合作，并与麒麟软件、普华基础软件、统信软件、中科院软件所共同发布了基于 openEuler 的商用版本操作系统，以加速鲲鹏生态在各行业的落地。以"鲲鹏+昇腾"算力为基础，华为在云服务产业已经聚集了众多产业合作伙伴。图 12.2 体现了与美国以英特尔为核心企业的数字技术生态相比，中国以华为为核心企业的数字技术生态的构建情况。

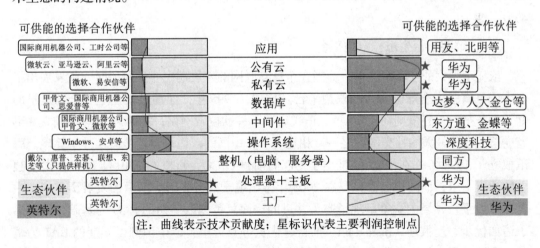

图 12.2 中美数字技术生态对比

二、数字平台生态层级的竞争

数字化浪潮正在深刻影响着企业传统的组织架构和商业模式。平台已成为最有效聚集和联接各类要素，同时又能够充分支持各方参与者施展能力的舞台。平台生态系统是由平台企业及其互补企业构成的网络,平台企业通过基础框架提供价值并控制互补企业之间的交互,而互补企业通过生产互补产品以增强平台价值。数字技术赋能的平台极大程度地改善了使用者的体验,可直接为平台带来显著的经济效益。例如,数字平台可以助力政府与公民之间的互动,使得政府的工作流程更加透明和便捷,使得公民能够深度参与社会治理,以促进经济发展。总结而言,多数行业都希望在平台的数字化升级中获得收益。

平台经济的最大价值在于各类组织能够利用数字生态系统,通过平台交易成果和解决方案。从该视角出发,各类数字平台正在通过推动横向和纵向的互联以培育生态系统,以重塑传统价值链,为数字经济的发展愿景做出贡献。基于技术的核心基础设施,数字平台是中介,将各种内部和外部参与者互联,以实现信息共享、产品开发和供需匹配等目的。基于平台的企业日益成为现代经济的重要组成部分。在数字平台生态层级,各企业之间的相关性在今天变得更加重要。平台所有者鼓励第三方开发互补性创新网络,由此产生的企业网络表现出更显著的相互依赖性。数字平台生态的相关研究显示:在相互依赖的情况下,技术进步会刺激竞争与合作(Hannah and Eisenhardt,2018)。数字平台生态是以平台为中心的,因此它的网络外部性和平台策略至关重要。

在数字平台生态层级,中国企业的创新大多是基于美国企业为主导的数字技术生态,因此其自身技术生态的"产用峡谷"问题则有待克服。在数字平台生态中,与平台所有者相比,互补者(通常是独立生产者)的竞争力更弱。与传统产业不同,数字产业生态中基于各类共性技术所搭建的数字平台往往拥有着很强的网络效应和协调能力,在市场竞争中更容易形成"赢者通吃"的局面。如果数字平台生态在商业化应用中无法实现突破,那么数字技术生态的研发就无法实现开放式创新,更无法形成内生增长的动力。

(一)数字平台生态:双边平台

依托于强大的互联网技术,美国在全球互联网的发展还在雏形阶段时,就发展出了至今仍具有强大全球影响力的双边平台。比如,1995年,亚马逊就建立了全球最早的电子商务平台;谷歌则在1999年,正式启用了谷歌搜索网站;2004年,脸书成立并迅速成长为全球最大的社交网站之一。相比之下,中国的双边平台起步其实并不算晚。腾讯成立于1998年并在1999年推出了QQ的前身OICQ,百度在2001年正式推出了独立的搜索引擎,而阿里巴巴则是在2003年推出电子商务平台。随后的发展历程中,中美在双边平台领域的竞争呈现了齐头并进的局面。美国以早期的FAG为基础,发展出了诸如优步、爱彼迎、Instagram、推特、优兔等双边平台;中国则以早期的BAT为基础,发展出了诸如字节跳动、美团、滴滴等双边平台。在2020年全球市值排名前十榜单中,美国的谷歌、亚马逊、脸书和中国的腾讯、阿里均榜上有名。

(二)数字平台生态:产业平台

美国的产业平台与双边平台几乎同时起步,早在2000年美国便开始在产业领域进行价值链的数字化改造。最早搭建的产业平台包括航空领域的 Exostar 平台（由 BAE 系统公司、波音公司、洛克希德公司和雷神公司联合搭建）、汽车领域的 Covisint 平台（由甲骨文负责搭建，通用汽车公司、福特汽车公司和戴姆勒克莱斯勒共同创建）等。之后，以亚马逊 AWS、微软 Azure 等为代表的云平台，与甲骨文、国际商用机器公司等搭建的数据库平台，均是具有全球竞争力的产业平台。相较之下，中国在 2018 年左右才开始在产业平台发力，主要参与的企业包括以华为、海尔为代表的传统制造业企业，以中国移动、中国联通为代表的运营商企业，也包括以阿里巴巴、腾讯为代表的传统互联网企业。比较有名的产业平台包括海尔的卡奥斯工业互联网平台、华为的 FusionPlant 工业互联网平台、腾讯的腾讯云平台等。当前，中国在产业平台领域，仍落后于美国。

三、数字应用生态层级的竞争

相比于传统经济，数字经济更强调应用场景，其数字化应用场景的可塑性更强。反过来，应用场景的效果会进一步驱动数字化需求和数字技术的发展。数字技术应用的不断深化给传统产业发展带来了新的挑战，也推动学术界持续聚焦数字技术应用情景方向的研究。例如，苏竣等（2021）研究了基于场景生态的人工智能技术应用对个人、组织和社会产业的影响。

目前，美国互联网数据中心机柜数占到全世界的 40%，中国的占比为 8%，位列世界第二，日本占比为 6%。从发展进程来看，中国互联网数据中心的发展比美国晚五年，但实际上我们的互联网用户规模远远超过美国，因此中国的互联网数据中心规模未来并不会低于美国。曾有市场预测，2020—2025 年，中国互联网数据中心市场规模累计将超万亿元人民币。这奠定了我国应用生态层级竞争优势的基础。

以操作系统的应用生态为例，2020 年在华为 HDC 开发者大会上，华为正式发布 DeepinEuler V1.0，其是统信软件基于 openEuler 的内核并支持鲲鹏处理器的服务器操作系统。同时，统信软件将与 openEuler 联合打造丰富的操作系统应用生态，为用户提供完整的应用开发及运行环境，帮助客户将现有业务快速、平滑地迁移到鲲鹏平台上。随着 DeepinEuler 的不断升级，DeepinEuler 有望被更多的用户喜爱和使用。从开发者角度来看，开源软件成功的核心要素之一就是实现面向全球范围开发者的开放，从而形成强大的网络效应和市场口碑。为开发者创造良好的开发环境，早已成为众多巨头企业关注的焦点。比如，谷歌、苹果、脸书召开了全球开发者大会；华为的华为移动服务（Huawei Mobile Services，HMS）开发者大会也强调为开发者提供各种便利。此外，腾讯、阿里巴巴等企业也建立了各自的开发者社区，过去多年主张软件闭源的微软也收购了 GitHub。以上案例充分显示出巨头企业都在积极争取开发者群体的态度。统信软件通过提供统一的支持平台、统一的开发接口、统一的技术文档，解决了开发者特别是开源社区开发者普遍面临的文档混乱、接口过杂、缺少有组织的技术支撑的问题，有效提高了开发效率和开发体验感。因此，未来有望吸引更多的开发者参与到应用生态的建设中，以形成双赢局面。

第三节　数字生态的未来博弈策略

生态系统战略必须注重创造差异化的价值主张，不仅要吸引终端消费者，还要吸引合作伙伴。因此，常规竞争战略和生态系统战略之间的一个关键区别在于，生态系统战略明确考虑了那些偏离最终消费者关键路径的参与者，并围绕"参与（需要包括谁）""结构（将权力交给谁）"和"治理（谁制定规则）"三点展开。

当前数字技术正在重塑全球价值链体系，数字技术和数据流正在成为连接全球经济的纽带，而生态培育体系的完善是生态建设的保障。在美国主导的全球数字生态遭遇信任危机的大背景下，提高全球数字生态韧性的方法便是建立多元而非单一主导的第二数字生态。国际上，俄罗斯和欧洲曾经分别试图构建相对独立的第二数字生态，但是目前还没有取得进展。中美贸易战期间，美国对我国的华为、字节跳动等企业进行打压，反而让我国迎来了一个构建第二数字生态的机会窗口期。因此，构建以中国为主导的、国际化的第二数字生态既需要政府在创新和产业等相关方面的政策引导，也需要那些已经具备一定基础的大企业领衔创新，双管齐下、共同打造。总结而言，第二数字生态应该是以中国为主导的、关键技术自主可控的、开放国际化的。

首先，在数字技术生态层级，需要坚持核心技术的自主可控，坚持数字技术生态的开放共赢。中美贸易战的教训是：如果没有自主可控的数字技术生态，那么在数字平台生态和数字应用生态层级做得再好，也是沙上建塔、丰墙峭址。因此，即使在美国持续打压的背景下，更应加强对数字基础设施的投入。同时，要大力扶持国内数字技术生态层级的相关企业，为其实现赶超提供国内的市场空间。目前，在产业政策层面，国家已经出台了信息技术领域的国产化替代和产业补贴等政策。比如，在传统服务器领域，华为正在基于鲲鹏和昇腾芯片，带领麒麟软件、金蝶、达梦、用友等国内生态领袖合作伙伴开发"云+人工智能"服务器，开辟了新的赛道以期实现弯道超车。同时，自主可控并不意味着自我封闭，美国的封锁也并不意味着国际合作没有了空间。中国的发展经验表明，对外开放和对外合作对中国创新有着明显的促进作用。因此应该坚持以开放的心态接纳国际上志同道合的国家共同构建第二数字生态。比如，俄罗斯的基础数学理论能力、欧洲的算法能力均可以成为第二数字生态中数字技术生态层级的重要部分。

其次，在数字平台生态层面，应当基于自主可控的核心技术推进生产领域的万物互联，强化消费领域的移动互联，以跨越"产用峡谷"。由于数字生态具有强大的网络效应和协调能力，第二数字生态需要坚持核心技术研发和开放式创新齐头并进，才能跨越"产用峡谷"。在第二数字生态中数字技术生态不断提升的同时，还应基于数字技术生态积极搭建新的数字平台生态。就生产领域而言，国内著名工业互联网平台（例如海尔的卡奥斯、三一重工的树根互联、航天云网、浪潮云等）已经形成了多样的商业模式。比如，海尔积极推动产业互联网平台的落地，已经打造了物联生态品牌，如日日顺、海乐苗、食联网等应用场景，并开始尝试向海外推广。就消费领域而言，华为、小米等企业也在积极打造各种消费场景中所需要的手机、电视、电脑等硬件平台。因此，随着数字技术生态的不断成熟，以海尔卡奥斯为代表的产业互联网和以华为、小米等为代表的移动互联设备完全可以迁移到第二数字生态之中，最终形成数字技术生态支撑数字平台生态实现商业化发展、数字平台生态反哺数字技术生态实现深入研发的良性循环。

最后，在数字应用生态层级，加强平台反垄断，使得各个行业能够百花齐放、百家争鸣；推进生态出海，以获得全球数据生产要素。在平台生态赋能应用生态的过程中，促进解决方案在万行万业的国际化进程中逐渐落地，并掌握全球数据生产要素，是第二数字生态形成全球竞争力的重要举措。由于强大的生态网络效应，数字平台生态本身具备趋于垄断、差异化竞争较小的特点，进而可能破坏数字应用生态层级的创新创业环境，最终使数字平台生态赋能数字应用生态的能力大打折扣。因此，提高数字平台生态的赋能水平，首先需要加强平台反垄断，以促进数字应用生态层级中小企业的创新。我国政府已经意识到了平台垄断对数字应用生态产生的负面影响，出台了《互联网平台反垄断指南》等政策文件。同时，数据作为一类生产要素，在经济增长的过程中发挥越来越重要的作用，也将成为第二数字生态竞争力的重要组成部分。通过鼓励应用生态中各类 App 和解决方案的"出海"，我国可以更好地利用全球数据生产要素，支撑起一个更加国际化的第二数字生态。比如，根据 Sensor Tower[①] 的数据显示，抖音的海外版 TikTok 多次荣登全球移动应用程序下载量和营收榜首。

在国际环境越发复杂的情况下，呼吁建立一个以我国为主导的、关键技术自主可控的、开放国际化的第二数字生态，不仅有利于增强全球数字生态的韧性，也有利于国家安全，更是我国创新走向世界和服务世界的一个窗口。第二数字生态的建立并不是要和以美国为主导的第一数字生态进行对抗，而是要更好地有机融合，使得两个生态"你中有我，我中有你"，让更多国家的企业和人民有选择的权利。两个生态通过相互促进和融合，以共同推动创新。放眼未来，我国需要坚定不移地为建立第二数字生态制定持续、稳定的产业政策，同时生态利益相关者也要有持之以恒的信念，全力打造开放的第二数字生态。

课 后 思 考

1. 哪些数字技术在数字生态中具有重要的支撑作用？
2. 如何看待我国数字生态的发展？
3. 中美数字生态未来的竞争会呈现何种局面？
4. 如何提升我国在数字技术生态层面的竞争力？
5. 企业如何在数字生态的竞争中做出最优决策？

---

① Sensor Tower 在线数据库：https://sensortower-china.com/.

第六部分

新要素：数据要素市场

在本部分中，本书将会从生产要素的视角，探讨数字经济中关于数据要素的系列问题。本部分共 4 章，在第十三章中，引入生态理论并介绍数据生态的概况，便于大家从总体上把握数据要素生态的结构。第十四章、第十五章和第十六章围绕数据要素市场的关键环节，分别介绍数据的确权和授权、数据的定价和交易、数据的治理与监管等问题，便于大家把握数据要素市场的构建。

CHAPTER 13 第十三章

数 据 生 态

本章将介绍数字经济的新要素,并深入分析数据要素的基本特征、数据生态的构建、支撑数据发挥作用的相关算法和技术等。

第一节 数据的定义和特征

一、数据的定义

目前,不同的学者或研究机构从不同的视角出发对数据进行了定义。从技术视角出发,国际标准化组织(ISO)在信息技术词汇中将数据(Data)定义为:"以适合交流、解释或处理的正式方式对信息进行可解释的表述方式。"[1] 全国信息安全标准化技术委员会将数据定义为:"任何以电子方式对信息的记录。"[2] 中国信通院则将数据定义为:"对客观事物的数字化记录或描述,是无序的、未经加工处理的原始素材。"[3] 此外,从经济学的视角出发,Jones 和 Tonetti(2020)的研究将数据归为信息。具体而言,信息(Information)可以被理解为能够完全用二进制位串(Bit Strings)表示的经济物品,可以分为两类:一类是创意(Idea),是能够产生经济物品的一组指令;另一类就是数据,所有除了创意之外的信息均被归为数据。从法学的视角出发,欧盟的《数字市场法(提案)》将数据定义为:"行为、事实或信息的数字表现以及任何此类行为、事实或信息的汇编,包括以声音、视觉、试听记录的形式。"[4] 这些定义虽然基于不同的学科背景,但是均认为信息相较于数据更为宽泛,而数据则相较于信息更为客观、标准。本书更倾向于采用更加宽泛的概念来定义数据,并遵循全国信息安全标准化技术委员会的标准,将数据定义为:以电子方式对信息做出的记录。

---

[1] Information technology — Vocabulary — 2121272 data: https://www.iso.org/obp/ui/#iso:std:iso-iec:2382:ed-1:v1:en.
[2] 全国信息安全标准化技术委员会秘书处.网络安全标准实践指南——网络数据分类分级指引[DB/OL].全国信息安全标准化技术委员会,https://www.tc260.org.cn/front/postDetail.html?id=20211231160823. 2021-12-31.
[3] 中国信通院.数据价值化与数据要素市场发展报告(2021年)[R]. 2021.
[4] 来源于 Proposal for a Digital Markets Act: https://eur-lex.europa.eu/legal-content/en/TXT/?qid=1608116887159&uri=COM%3A2020%3A842%3AFIN.

二、数据的特征

数据要素或数据资产的特征在一些文献中已经得到了较为完整的阐述。而数据要素的特征不仅使其区别于其他传统生产要素，还为数据确权、交易的复杂性埋下了伏笔。总结而言，数据要素主要包括如下几个特征：

（1）虚拟性，即数据必须依附于其他生产要素才能发挥生产效率，比如数据要素与信息技术的结合（O'Leary，2013），与劳动力的结合（Jones and Tonetti，2020）等。而这也导致了数据对于不同主体可能具有不同的价值。

（2）规模报酬递增，即数据规模的增加或种类丰富度的提高可以让数据要素的规模报酬不断提升（Veldkamp and Chung，2019）。具体而言，Iansiti（2021）指出，平台企业能从数据中获得的价值取决于数据的质量、规模、范围和独特性四大要素，因此，数据聚集在一起才能产生更强大的规模报酬。然而，数据的聚集也会在一定程度上导致平台企业的市场势力过大。

（3）非竞争性，即数据在被分享和复制后，使用数据的效用并不会因为使用者的增加而下降（Jones and Tonetti，2020）。非竞争性意味着数据的分享可能会削弱数据收集者的竞争力，因此很多花费大量成本收集独特数据的企业并不愿意分享其所拥有的数据，进而加剧数据的垄断。

（4）负外部性，即数据在形成生产力的同时也可能存在隐私泄露等风险。因此，数据要素在生产过程中需要去标识化和脱敏，并依靠隐私计算、区块链等技术的支撑。这一特征不仅使得数据要素区别于传统生产要素，也为数据的确权、数据交易机制的确定造成了困难。

（5）正外部性，数据要素的正外部性体现在多个方面，比如在数据搜集方面，雅虎通过搜集用户数据，显著地提升了搜索引擎的质量，从而吸引更多用户来使用。此外，数据要素还通过改善运营、促进创新和优化资源配置的方法，在提升企业组织效率和用户体验上实现正外部性。

（6）部分排他性，公共数据是非排他的，但商业数据和机密数据具有排他性，从而数据在总体上具有部分排他性的特征。关于数据的排他性，Gaessler 和 Wagner（2019）指出，当数据要素的规模足够大、内容足够复杂时，就会表现出高度的排他性，因其能够创造巨大的价值，所以拥有数据的企业或机构不愿意将其公开并选择"窖藏"，而非分享数据。在现实中，大多数私营机构都不会随意公开自己拥有的各项数据。以机器学习为例，机器学习产生的知识是公开的，而输入到机器学习算法的数据却是保密的——每家企业都在收集自己的数据，形成训练数据集之后再交由人工智能进行训练、学习。虽然有一些企业将自己的训练数据集公之于众以鼓励研发，而大多数企业都将数据视为自己的一项核心竞争力而极少公开。此外，数据的排他性也通过一定的技术来实现，需要成熟的技术来保障数据在储存、传输与使用过程中不会被泄露。

三、数据要素的重要意义

近年来，数字经济日益成为各国经济增长的重要驱动力。根据许宪春等人（2020）

的研究显示，我国的数字经济增加值从 2007 年的 1.39 万亿元人民币逐年增长至 5.30 万亿元人民币，年平均增长率达到了 14.32%，累计增长近 4 倍；2017 年中国数字经济增加值在 GDP 中的占比约为 6.46%，并成为国民经济的重要组成部分。数字经济的发展使得数据的价值不断提升，《经济学人》杂志在 2017 年指出："世界上最有价值的资源已不再是石油，而是数据。"2017 年，习近平总书记主持中共中央政治局第二次集体学习并在讲话中指出："要构建以数据为关键要素的数字经济。"2020 年，《中共中央国务院关于构建更加完善的要素市场化配置体制机制的意见》将数据作为一种新型生产要素写入文件。2021 年，国家统计局发布的《数字经济及其核心产业统计分类（2021）》对数字经济做出具体定义，并指出："数据资源是数字经济发展中的关键生产要素。"由此可见，数据成为生产要素，并成为数字经济关键组成已经成为国家共识。尽管数据要素在宏观经济增长过程中的积极作用已得到了最新研究的支撑（徐翔和赵墨非，2020），且数据要素的产业经济基础、创新价值乃至数字税费等问题也开始得到关注，但是相关文献仍然缺乏对整个数据要素市场的流通和交易机制的深入研究。

过去，数据之所以没有被单独作为一类生产要素，主要是因为数据往往被归在信息通信技术中。例如，一些学术研究认为，信息通信技术的投资可以促进相关产业和整个经济的发展（何小钢等，2019），而数据一直在这个过程中发挥着重要支撑作用。随着实践的推进，数据对经济发展的促进作用日益凸显，将数据称为一种生产要素更能深刻和精细地体现出对数字经济的认识。Jones 和 Tonetti（2020）指出，创意是生产函数，而数据则是生产要素，作为生产要素的数据本身不形成产品，却能够在产品的生产过程中发挥作用。也就是说，互联网平台企业收集到的个人数据本身并不是一种产品，但是通过人工智能、大数据等算法的处理，这些数据可以被用于预测，以帮助平台企业更好地开展生产活动，比如在广告服务、短视频推送、个人信用评级等方面。此外，数据的聚集可以帮助整个系统提升效率。由此可见，数据作为一种重要生产要素，和其对经济发展的促进作用已经成为大家的共识。

第二节　数据生态的解构

在数据产业中，从授权采集到消费，不仅涉及要素全流程、产业链各环节，还需要各方主体的积极配合，以协同实现数据产业价值。相比于传统供应链，数据市场更加复杂和动态化，逐渐呈现出商业生态系统的特征，即数据产业结构往往表现为一种更加复杂和动态的形式。在生态系统中，利益相关主体之间将发生更加高频的互动与合作，主体之间的关系也因潜在的互补性而得到了拓展。

根据上述理论，我们将数据生态定义为：围绕数据产业发生交互的各类组织、企业和个人共同支撑的一个数据产业共同体。数据生态中的成员囊括了政府、行业协会、供应商、主要生产商、竞争对手、客户等一系列利益相关者，这些生态伙伴在整个生态共同演化的过程中，分享愿景、发展解决方案、相互建立信任，以构建命运共同体。其中，生态的核心企业将在整个过程中起到关键的主导、协调和促进作用。根据数据生态的定义，数据生态的构建已经不再是一家企业可以独自完成的，必须引入生态合作伙伴。基于 Rong 和 Shi（2014）的理论，可以从差序格局的视角出发，将数据生态中的合作伙伴划分为产业价值网络和泛社区网络两大类，两类网络将随着产业发展不断动态迭代、演化，如图 13.1 所示。

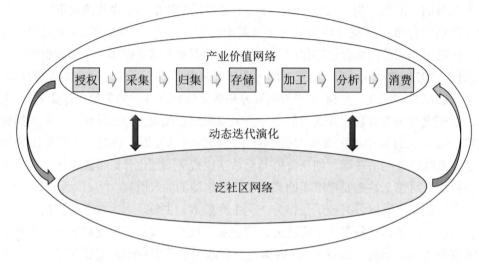

图 13.1 数据生态的解构

一、数据产业价值网络

数据产业价值网络是指企业为实现数据产业价值而建立的合作伙伴系统。在数据产业价值链中，凡是参与数据授权、采集、归集、存储、加工、分析、消费的所有合作伙伴均在产业价值网络内，并根据其在数据产业价值网络中的地位可分为核心企业、领袖合作伙伴、产业链中的其他合作伙伴。

与合作伙伴类别相对应，数据产业价值链包括数据授权、采集、归集、存储、加工、分析、消费等核心环节，如图 13.2 所示。其中，数据的授权和采集涉及所有产生和采集数据的主体。产生数据的主体包括政府、企业、平台、个人等，而采集数据的主体只包括政府、企业、平台等；数据加工涉及的主体主要包括各类基于原始数据开发数据要素和数据产品的机构和企业；数据消费涉及所有与数据确权、数据使用相关的利益主体；此外，数据交易可能发生在数据价值链的任何环节，并由市场机制决定，其涉及的主体主要包括不同类型数据的供给者和需求者。为满足某些特殊场景的需求，数据加工方还会将数据要素和产品进行再加工，从而延长了数据价值链，衍生出了数据相关的新产业、新分工、新市场、新模式、新财富，也扩展了数据产业价值网络的主体范围。

图 13.2 数据产业价值网络

二、数据泛社区网络

在第十一章数字生态的介绍中,我们阐述了泛社区网络的内涵,而在基于数据产业所形成的数据生态中,同样需要考虑数据泛社区网络。泛社区网络的核心特征是,泛社区网络中的合作伙伴在当前并没有直接参与数据生态价值创造的过程。根据数据产业发展的现状和数据生态构建的情况,当聚焦于数据产业价值网络时,主要需要考虑数据生态中数据产业价值网络内各类主体的连接,而当聚焦于整个数据生态时,还需进一步考虑泛社区网络中各类合作伙伴带来的影响。

数据泛社区网络中的合作伙伴包括了没有直接参与数据生态价值创造,但是却有助于数据要素价值实现的各类主体。第一类是实现未来数据生态价值所需要的潜在合作伙伴,他们当前不参与价值创造的过程。例如,一些暂时难以大规模采集、交易和利用数据的企业,虽然在当下无法参与数据生态价值的创造,但在未来具有价值创造的前景;第二类是所有支撑企业实现数据生态价值,但又不直接创造数据生态价值的间接合作伙伴。比如,政府可以通过制定相关的法律法规,以帮助实现数据要素市场的规范化发展。此外,产业联盟、评级机构等可以制定数据要素市场的标准,以促进数据要素市场的标准化发展。

三、数据生态的动态迭代与演化

在数据生态中,随着商业模式的开发和应用场景的拓展,数据泛社区网络中的合作伙伴有可能进入到数据产业价值网络之中;而有些数据产业价值网络的合作伙伴也可能因为商业模式的不可持续性,转化为数据泛社区网络中的合作伙伴。这种动态迭代与演化可以更好地激发数据要素市场的活力,及时淘汰不合理的商业模式和制度设计,最终摸索出兼顾经济效率和治理规范的数据要素市场的最终形态。

在某些场景下,数据的直接交易是不可行的,那么专门服务于数据直接交易的数据交易中心将面临退出数据产业价值网络的情况。对此,数据交易中心可以选择进入数据泛社区网络,为其他类型的数据交易提供经验支撑;也可选择加快调整,转变为具有隐私计算能力的数据交易中心,以在数据产业价值网络中继续发挥作用。在数据生态中,明确参与主体和激发市场活力可以帮助形成一个经济效益高、监管体系强的数据要素市场,最终为数据要素市场的收益分配奠定基础。

第三节 数据算法

在数字经济时代,作为生产要素的数据通常不能直接产生价值,需要通过算法对其进行加工和处理,而算力则是实现算法的基础支撑和动力来源。在对大量数据进行价值挖掘的过程中,对数据的加工和应用是最关键的环节,并且在数据交易的过程中,也涉及一些前沿的算法,本节将就两个环节中涉及的数据算法展开介绍。

一、加工和应用中的数据算法

在数据加工和应用的过程中,算法主要涉及数据挖掘、机器学习和隐私计算。数据挖掘、机器学习和隐私计算之间存在一定的关联和重叠,但它们的侧重点各有不同,是相互平行的概念。数据挖掘侧重于描述数据的应用,机器学习更强调在数据中发现新知识或新模式所采用的方法,隐私计算则更关注数据加工建模过程中的隐私保护问题。

(一)数据挖掘

数据挖掘是指通过算法从大量数据中挖掘出有价值的规律和知识。虽然目前已经开发出了很多新颖的数据挖掘技术,但数据挖掘作为一种分析工具其实早已存在,自从第一台计算机发明以来,人们就一直在计算机上进行数据分析。经过多年的发展,数据挖掘根据侧重内容不同出现了各种名称,如商业智能、知识发现、预测建模和预测分析等。

数据挖掘的对象是原始数据,根据其存储格式,用于挖掘的对象包括关系数据库、面向对象数据库、数据仓库、文本数据源、多媒体数据库、空间数据库、时态数据库、异质数据库以及互联网等。要想从数据中获得好的知识,首先需要有高质量的原始数据,除了要尽量完整和真实外,原始数据中噪声的多寡和样本是否平衡同样十分关键。另外,有关原始数据的背景知识也十分重要,因为对原始数据的背景理解越深,就越容易选取合适的算法和模型,一般将关于原始数据的背景知识称为"专家知识"。

数据挖掘的主要任务包括关联分析、聚类分析、分类、预测、时序模式和偏差分析等。用于完成这些数据挖掘任务的十大经典算法是:

(1) C4.5,是机器学习中的一种分类决策树算法,其核心算法是 ID3 算法。

(2) K-means,是一种聚类算法。

(3) SVM,是一种监督式学习的方法,广泛运用于统计分类以及回归分析中。

(4) Apriori,是一种挖掘布尔关联规则频繁项集的算法。

(5) EM,是最大期望值法。

(6) Pagerank,是谷歌算法的核心内容。

(7) Adaboost,是一种迭代算法,其核心思想是把同一个训练集不同的弱分类器集合起来,构成一个更强的分类器。

(8) KNN,是最简单的机器学习方法之一。

(9) Naive Bayes,在众多分类算法中,是应用最广泛的有决策树模型。

(10) Cart,分类与回归树。

关于数据挖掘最经典的案例是"啤酒与尿布"。在 20 世纪 90 年代的美国超市中,超市管理人员分析销售数据时发现,在某些特定的情况下,啤酒与尿布两件看上去毫无关系的商品会经常出现在同一个购物篮中,这种独特的销售现象引起了管理人员的注意,经调查发现,这种现象出现在年轻父亲的身上。该案例对于超市货物的摆放有一定的指导意义。

（二）机器学习

机器学习是一门研究算法的学科，其根据已有数据进行算法选择，并基于算法和数据构建模型，最终对未来进行预测。汤姆·米歇尔（Tom Michell）在 1997 年把机器学习描述为：对于某给定的任务 T，在合理的性能度量方案 P 的前提下，某计算机程序可以自主学习任务 T 的经验 E；随着提供合适、优质、大量的经验 E，该程序对于任务 T 的性能逐步提高。目前流行的深度学习是基于机器学习延伸出来的一个新的领域，该领域由一系列新的算法组成，这些算法的根据是以人类大脑结构为启发的神经网络，加之模型结构深度的增加，并伴随大数据和计算能力的提高而最终形成。

机器学习按照数据有无标签可分为监督学习和无监督学习。其中，监督学习是根据有标签的数据集，建立输入数据和输出标签之间关系的机器学习方法。在训练数据中完成模型优化后，可以根据已经优化好的模型预测未知标签的新数据标签。也就是说，监督学习中的训练数据既有特征（Feature）又有标签（Label），通过训练这些数据，能够得到关于特征和标签之间联系的机器学习模型。在面对只有特征没有标签的数据时，可以通过训练得到的模型判断出标签。无监督学习是一种在数据没有标签时可以采用的机器学习方法。在数据集缺乏标签时，数据集的特征之间的关系是未知的，需要根据聚类或一定的模型得到数据之间的关系。非监督学习分为三种：聚类、离散点检测和降维。

常用的机器学习算法包括多层感知机（MLP）、卷积神经网络（CNN）、循环神经网络（RNN）和长短期记忆网络（LSTM）。其中多层感知机是一种前馈人工神经网络模型，它将多个输入数据集映射变为一个输出数据集。除了输入层和输出层以外，多层感知机至少包含一个隐藏层。卷积神经网络是一种包含卷积运算的前馈神经网络，它是深度学习的典型算法之一，其具有表示学习的能力，能够根据输入数据的结构对输入数据进行平移不变分类。循环神经网络是一种以序列数据为输入，按序列演化方向递归连接所有节点（循环单元）的神经网络。长短期记忆网络是一种时间递归神经网络，是循环神经网络的一种特殊形式，适用于处理和预测时间序列中具有较长间隔或时滞的重要数据。

机器学习算法在人脸识别、语音识别、机器翻译、图像分析等领域已取得巨大成功，其在无人驾驶、金融预测领域也具有较好的应用前景。

（三）隐私计算

隐私计算，又称隐私保护计算，是指在提供隐私保护的前提下实现数据价值挖掘的技术体系。隐私保护计算将数据持有与使用相分离，在保障数据持有者能够控制数据的前提下，将数据加以利用，以实现了数据"可用不可见"。目前主流的隐私计算算法分为以下几类：联邦学习、安全多方计算、机密计算、差分隐私和同态加密。

联邦学习，又称联邦机器学习，本质上是一种分布式机器学习技术或机器学习框架。联邦学习的目标是，在保证数据安全及合法合规的基础上，实现共同建模，以提升人工智能模型的效果。例如，手机上用于预测下一步输入的功能就涉及联邦学习。

安全多方计算，又称多方计算，是密码学的一个重要分支，起源于 20 世纪 80 年代由姚期智教授提出的"百万富翁"问题,它可以让多个数据所有者在联合的数据上进行协同计算,以提取数据的价值,但不会泄露任何原始数据。伴随着云计算、人工智能、物联网等技术的快速发展及数据隐私安全问题的日益凸显,当前不同领域(比如金融、医疗健康、电子商务等)对安全多方计算均有着大量的需求,安全多方计算在现实中的作用变得越来越重要。

机密计算是在基于硬件的可信执行环境(Trusted Execution Environment,TEE)中执行代码以保护数据隐私和安全的技术之一。其中可信执行环境的定义是:在数据机密性、数据完整性和代码完整性三方面可提供一定保护水平的环境。机密计算的基本原理是:将需要保护的数据和代码存储在可信执行环境中,而对这些数据和代码的任何访问都必须通过基于硬件的访问控制,以防它们在使用中未经授权被访问或修改。

同态加密是基于计算复杂性理论的一种密码学技术。也就是说,对经过同态加密的数据进行处理,以得到一个输出,并将这一输出进行解密,其结果与用同一方法处理未加密的原始数据得到的输出结果是一样的。

目前,在各国普遍重视数据隐私保护的情境下,如何在满足各种关于数据隐私保护法规政策的条件下充分激活数据要素的经济价值,隐私计算技术将大有可为,华为、腾讯、阿里巴巴等大型互联网企业已纷纷对此展开布局。

(四)基于特定应用的数据算法

从商业应用的角度出发,目前被大规模使用的数据算法包括推荐算法和信用算法。

推荐算法是指基于用户的历史行为,使用一些包括神经网络、决策树和基于向量的表示等在内的基础算法进行建模,以推测出用户偏好的算法。推荐算法分可为基于内容的推荐算法、基于协同的推荐算法、基于关联规则的推荐算法、基于效用的推荐算法、基于知识的推荐算法和组合推荐算法,而具体选择何种推荐算法要视数据所具有的特征而定。推荐算法在电子商务的应用中已经相当广泛,国外的亚马逊、易贝等网站,国内的当当、豆瓣图书、淘宝、京东、字节跳动等网站都使用了推荐算法,在给平台带来巨大收益的同时,也给消费者带来了福利。

信用算法主要针对个人信用评分模型,其选用了个人基本信息、银行信用信息、个人缴费信息、个人资本状况等四类数据,通过数据挖掘或机器学习进行建模,以量化个人信用。信用算法在各大银行、保险机构或借贷平台中的应用十分广泛,是这些机构开展业务决策的核心依据,具有极大的商业价值。

二、数据交易中的算法

在大数据交易中,为了防止避免数据交易记录被篡改或数据在集中存储的过程中发生泄露,可在大数据交易中引入区块链技术和分布式存储技术。

区块链技术起源于比特币,是分布式数据存储、点对点传输、共识机制、加密算法等技术的新型应用模式。基于应用,区块链可看成是一个分布式的共享账本和数据库,具有去中心化、不可篡改、全程留痕、可以追溯、集体维护、公开透明等特点,因此能够解决一些特定场景下的信息不对称问题。在数据交易环节中可以采用区块链技术，使数据交易做到有据可查且不可篡改，从而减少数据使用过程中的负外部性。

分布式存储技术是指将需要存储的数据分散存储在多台独立的设备上。传统的网络存储系统多采用集中式存储服务器存放所有数据，不仅受到存储服务器性能瓶颈的制约，也容易引发可靠性和安全性的担忧，不适合进行大规模的数据存储。而分布式存储技术则采用可扩展的系统结构，利用多台存储服务器分担存储负荷，并利用定位服务器对存储信息进行定位，不仅易于扩展存储空间，还能提高系统的可靠性、可用性和存取效率，非常适合数据交易机构对海量数据进行存储。据了解，2021年成立的北京大数据交易所就是采用这种方式对数据进行存储的。

课 后 思 考

1. 数据有哪些特征？请举例说明。
2. 何为数据生态？一个完整的数据生态包括哪些部分？
3. 目前业界是否存在成熟的数据生态，在这些数据生态的产业价值网络和泛社区网络中分别有哪些著名的企业或组织？请举例说明。
4. 目前存在诸多算法应用带来的隐私泄露风险，思考一下在使用各类算法时应该遵循的原则。
5. 随着研究和实践的不断深化，人工智能算法越来越先进，甚至出现了很多"虚拟人"和"虚拟主播"，如清华的"华智冰"，你怎么看待这种现象？你认为它们有没有可能达到人类的智力水平？

CHAPTER 14
第十四章

数据的确权

本章主要围绕数据的确权和授权展开。数据的确权对数据要素市场的发展至关重要。数据在不同场景下所衍生出的权利具有复杂性和差异性,很难使用一个统一的标准对所有数据进行确权。本章提出了通过数据要素市场的分级授权来解决数据的确权问题。本章主要包括以下内容:数据确权的背景、研究基础、分级授权的模型分析、分级授权效果的影响因素、分级授权的制度设计等。因此,在本章里,大家将学到数据确权的相关理论和知识,理解数据确权的重要性,了解数据授权的必要性。同时,本章也会向大家介绍一些数据治理的内容,比如如何进行数据分类分级治理等。

第一节 数据确权的现实背景

数据确权是数据进行后续流通和交易的基础。从国民经济发展的历程来看,要素权属的重要性不言而喻。改革开放以来,生产要素的市场化改革为我国经济的发展做出了重要贡献,要素市场的扭曲会阻碍经济的进一步发展。要素的确权是一个要素市场得以健全运行的基础。在现阶段,数据的权属问题正在成为阻碍数字经济进一步发展的瓶颈,因此数据确权已经成为整个数据要素市场发展中亟待解决的重要问题。

当前数据要素市场中很多不合理的现象都是由数据权属不明确而导致的,比如,互联网平台在收集、运用数据的过程中存在大量的不规范行为。早在 2018 年,中国消费者协会就对 100 款 App 进行了测评,结果显示超九成的 App 涉嫌过度收集用户个人信息[①]。还有部分 App 存在账号注册容易注销难的现象[②],该现象导致用户无法在互联网平台上清除自身的数据。再比如,数据权属不明确导致数据后续的流通和交易面临障碍。显然,数据的流通有助于数据本身发挥更大的价值,如果无法对用

---

① 新华网. 中消协发布 100 款 App 测评结果 超九成 App 涉嫌过度收集个人信息 [EB/OL]. (2018-11-29) [2022-06-29]. http://www.xinhuanet.com/fortune/2018-11-29/c_1123781596.htm.
② 新华网. App 账号注册容易注销难 工信部:经营者应提供注销服务 [EB/OL]. (2018-06-24) [2022-06-29]. http://www.xinhuanet.com/legal/2018-06/24/c_1123026386.htm.

户在互联网平台上产生或授权的数据进行确权，数据要素在很多情况下可能无法以较低的交易成本流向最能发挥其价值的地方。而根据科斯定理，在交易成本很高的情况下，数据确权不当会影响资源的配置效率并损害社会福利（Coase，1960）。由此可见，数据权属不清造成的影响是贯穿整个数据要素流通的链条之中的，确权不合理很可能会降低整个数据要素市场的资源配置效率，进而损害用户的社会福利。

尽管数据确权非常重要，但是至今对数据确权问题的认识并没有在学术界达成一致。目前解决数据确权问题的主要思路是：数字平台上所产生的数据，其权属需要在用户和数字平台之间进行清晰的界定。有学者基于这一逻辑，试图对数据确权提出一个统一的标准（申卫星，2020）。但是，在不同数字平台应用场景下，数据衍生的权利可能存在差异，且用户和数字平台各自在多少程度上拥有数据所衍生的各项权利也存在很大的差异，因此很难用一个统一的标准去对所有应用场景下的数据权属进行清晰的界定。

鉴于此，本章认为，可以让用户和数字平台围绕着数字经济相关的生产活动进行市场化的数据分级授权。在实践中，数字平台对数据的基本诉求是能够让数据要素合法地进入到数字经济相关的生产活动之中，而数据所体现的与生产活动不相关的权利并不是数字平台关注的重点。因此在此思路下，用户不再需要考虑数据衍生出的具体权利有哪些，只需考虑数据能在何种程度上进入数字平台的生产活动之中即可。而事实上，针对数据进行分级的逻辑在一些最新的政策文件中也有论述。比如浙江省市场监管局批准发布的《数字化改革 公共数据分类分级指南》[①]提到，需要对公共数据的敏感程度进行从L1到L4的数据分级，从而促进公共数据进一步的共享开放和增值利用。但是这类的文件更多的是基于数据的敏感程度外生地提出分级标准，而不是基于数据要素市场本身内生地去决定数据分级。

当前，不论是在学术层面还是政策层面，有关数据要素市场的分级授权体系的研究仍然存在很大的想象空间。因此，本章通过经济学模型来论证数据的分级授权对数据要素市场带来的影响。研究发现，通过数据的分级授权，可以提升愿意授权数据的总用户数和平台企业获得的数据总量；也可以提升企业利润、用户福利和社会福利，并扩大用户在整个社会福利中的占比。这一系列的结论证实了，数据的分级授权有利于整个数据要素市场的健康、持续发展，也有利于用户更多地享受到数据要素市场发展所带来的红利。

第二节　数据确权的理论背景

尽管数据要素已经在数字经济中扮演着重要角色，但是数据要素的一些特征让数据的确权面临着更加复杂的局面。当前互联网平台所收集的数据主要为个人数据，但个人数据不等同于个人信息，个人数据能够体现个人信息，两者存在被混淆使用的情况。由此造成的后果便是，个人数据体现的个人信息可以被认为是一类人格权的客体，而客观

[①]《数字化改革 公共数据分类分级指南》.http://zjamr.zj.gov.cn/module/download/downfile.jsp?classid=-1&filename=2107091026421907102.pdf.

存在的个人数据又可以被认为是一种财产权的客体。因此个人数据兼具人格权和财产权的属性，这使数据的确权变得更加复杂。

数据这种兼具人格权和财产权的特征会极大地增大数据要素市场的交易成本，主要体现在以下三个方面：第一，要素定价需要同时考虑人格权和财产权。《民法典》规定人格权不得转让，但是可以许可他人使用，因此获得个人用户的许可或授权是互联网企业收集个人数据的前提。于是，数据要素市场中的数据价格既需要反映个人数据财产权相关权益转让的价格，也需要考虑其中包含的个人信息人格权许可的价格。第二，数据要素具备人格权会致使禀赋效应（Thaler，1980）的出现。禀赋效应是指用户对自身的个人数据拥有比互联网平台企业更高的价值评价，且这种评价具有异质性，这导致就算数据确权明晰互联网平台企业也可能需要和每一个用户进行谈判。第三，数据要素的规模报酬递增、非竞争性等特征容易导致数据垄断。另外，用户手中单一、少量的数据可能并不具备很高的价值，但是互联网平台企业收集起来的大规模的数据却能产生很高的价值。在这种情况下，互联网平台企业可以通过低价甚至是免费的方式收集用户的数据，同时这些企业又不愿意将收集到的数据进行分享。久而久之便会造成数据垄断，从而阻碍数据要素进一步的流通（熊巧琴和汤珂，2021）。通过科斯定理可知，在数据要素市场交易成本很高的情况下，数据确权不清晰会影响资源的配置并损害社会福利。鉴于数据确权所面临的问题以及确权不清晰所导致的后果，学者目前主要从两个方面对数据所衍生出的各类权利的确权探讨。

第一，偏重财产权，提出了二元权利结构。在经济学研究中，Dosis 和 Sand-Zantman（2019）曾经通过建模分析了数据所有权的归属问题，认为当数据生成市场更重要时，用户应该拥有数据；当数据使用市场更重要时，企业应该拥有数据。在法学层面，申卫星（2020）不仅考虑了数据的所有权，而且指出了用益权问题，并尝试性地提出了数据所有权与用益权的二元权利结构方案。具体而言，数据产生者拥有数据的所有权，数据处理者拥有数据的用益权。这一做法在理论上是可行的，但是在实际操作过程中不可避免地需要数据处理者与用户进行谈判，以确定获取用户多少数据、给予用户多少份额的数据收益等问题。

第二，不区分人格权和财产权，提出了新的确权体系。比如 Varian（2018）认为，数据所有权的提法更适用于竞争性物品，而数据接入权（Data Access）的提法更适用于非竞争性物品。因为用户将个人数据出售给平台企业的交易方式在实践中并不多见，更多的则是平台企业向用户请求数据使用的许可。但是，这样的做法往往无法规避平台企业过度收集数据的行为，所以通常情况下平台企业会向用户请求远超其提供的数字服务所需的数据许可。此外还有一种说法是，将数据市场看成是一种共享经济市场，如果把共享经济中的物品看成一类拟公共物品，那么除了区分共享物品的所有权和使用权，有研究同样提出了类似的接入权，并把共享经济称为接入经济（Access Economy）（Eckhardt and Bardhi，2015）。但是这种提法的前提就假设了数据是全社会共有的，虽然交易成本由此降低，但并不一定适用于用户层面。

总结而言，目前对数据确权的研究思路仍然是基于数据的基本属性，探讨数据衍生出来的各种权利如何在用户和数字平台之间进行合理地划分。本章认为，沿着这一研究思路可能并不能提出一个合理、统一的数据确权标准，反而需要针对不同的应用场景进行不同的确权探讨，但这不利于降低数据要素市场的交易成本。因此，本章提出了通过数据分级授权体系来解决数据确权的新思路。具体而言，针对用户在平台上所产生的各类数据，由用户和平台以市场化的方式达成不同层级的数据授权协议，以便让平台基于这一协议来使用数据要素进行数字经济相关的生产活动。签订这一数据分级授权协议的好处有两方面：一方面，平台无须考虑平台上数据衍生出的各类复杂权利及相关权属问题，可以直接通过市场化的授权协议合理、合法地使用数据要素；另一方面，可以在源头上解决数据的确权问题，并打通整个数据要素市场，以提升数据要素市场的效率，降低数据交易成本，为数据的进一步流通和交易打下基础。

第三节 数据分级授权带来的福利

为促进数据要素市场发展，既要注重提升数据要素的使用效率，也要兼顾整个数据要素市场的福利。根据戎珂等人（2022）的研究，本章将对未分级授权和分级授权的数据要素市场进行比较，探究数据要素市场的分级授权对数据要素市场的影响。

一、数据利益相关者福利

为了分析数据分级授权对平台企业和用户带来的影响，模型假设了两种情况：第一种是政府不要求分级授权的情况，平台企业在分级授权和不分级授权之间进行选择，用户则决定是否把数据授权给企业；第二种是政府要求分级授权的情况，平台企业在违背分级授权和遵循分级授权之间进行选择，用户不仅决定是否把数据授权给企业，还需决定是完全授权还是部分授权。模型分析的结果如表 14.1 所示。假设：在政府不要求分级授权的情况下，企业选择不分级或分级授权的利润分别为 π^* 和 π^{**}；在政府要求分级授权的情况下，企业选择违背或遵循分级授权的利润分别为 $\hat{\pi}^*$ 和 $\hat{\pi}^{**}$。在有效的分级授权制度下，平台企业选择遵循分级授权时，其利润会低于分级授权要求出台前的利润，即 $\hat{\pi}^{**} < \pi^*$，但会高于违背分级授权要求的利润，即 $\hat{\pi}^{**} > \hat{\pi}^*$。类似，可以进一步针对数据要素市场中的用户福利展开分析，可以发现，分级授权下的用户福利高于不分级授权下的用户福利，即 $w_u^{**} > w_u^*$。因此，在有效的分级授权机制下，企业会自发地遵循数据分级授权要求，用户福利也会得到提升，数据分级授权更有利于整个数据要素市场的健康发展。本节不介绍具体的模型求解，主要介绍模型结论，求解过程请参考论文原文[①]。

[①] 戎珂，刘涛雄，周迪，郝飞. 数据要素市场的分级授权机制研究 [J]. 管理工程学报，2022, 36(6):15-29.

表 14.1 政府构建数据要素市场分级授权机制后的对比

		企业利润	用户福利
政府不要求分级授权	企业选择不分级授权	π^*	w_u^*
	企业选择分级授权	π^{**}	/
政府要求分级授权	企业违背分级授权	$\hat{\pi}^*$	/
	企业遵循分级授权	π^{**}	w_u^{**}
福利对比		$\pi^* > \pi^{**} > \hat{\pi}^*$	$w_u^{**} > w_u^*$

二、数据授权量分析

接下来对整个数据要素市场中生产活动的数据要素授权量进行分析。可以从两个维度对数据要素授权量进行度量：愿意授权数据的人数和平台企业得到的数据要素总量。基于模型的求解结果，在有效的数据要素市场分级授权机制下，企业自发地落实数据分级授权要求，此时愿意授权全部数据的用户数下降，但愿意授权数据的用户数（授权部分数据用户 + 授权全部数据用户）上升，平台企业获得的数据总量也上升。因此，平台企业在搜集数据的过程中既履行了最小必要原则，也提升了数字服务的普惠性。

第四节 影响数据分级授权效果的因素

根据戎珂等人（2022）的研究，影响数据分级授权效果的主要因素为：数据要素的规模报酬水平、数据的分级授权标准。

一、数据要素的规模报酬

由于数据要素有着规模报酬递增的属性，而规模报酬的大小在一定程度上可以反映出平台企业处理数据的数字技术水平，因此有必要针对规模报酬的大小展开进一步的分析。首先，假设变量 β 反应生产函数中有关数据要素的规模报酬，即 β 越大，规模报酬就越大。因此，β 的取值可以衡量平台企业的数字技术水平。基于此，我们假定 $\gamma \in (0,1)$，具体变量的取值为：$D = 1.5, \varphi = 1.9, k = 0.5, \gamma = 0.7, \beta \in (1.5, 2.5)$[①]。

我们首先来看 β 对愿意授权的用户数和数据授权总量的影响，数值模拟的结果如图 14.1 和图 14.2 所示。图 14.1 说明，随着数据要素的规模报酬递增水平（β）逐渐增强，愿意授权数据的用户数（授权部分数据用户 + 授权全部数据用户）会上升。而相比于数据要素市场未分级授权的情况，在数据要素市场分级授权下愿意授权数据的用户数上

---

① 相关假设和变量设定等内容请参考戎珂等（2022）发表的原文。例如，β、γ 是平台企业生产函数中的参数，每一个用户在平台上所产生的数据总量为 D，平台企业为每个用户提供 v 质量的接入服务的成本为 φ，平台企业提供基础接入服务所需的数据为 kD。

升的速度更快。图 14.2 说明随着数据要素的规模报酬递增水平逐渐增强，平台企业获得的数据总量会增加。而相比于数据要素市场未分级授权的情况，在数据要素市场分级授权下平台企业获得的数据总量上升速度同样更快。我们认为，由于数据要素规模报酬递增水平的增强，平台企业可以提升数字服务的质量，从而可吸引更多用户愿意授权自己的数据以接入到数字服务中，进而提升获得的数据总量。当然，随着数据要素的规模报酬递增水平的进一步增强，最终有可能出现全部用户均愿意授权全部或部分数据的情况。基于这一数值模拟结果，可以认为：在有效的数据要素市场分级授权机制落实后，平台企业将遵循分级授权，此时数据要素规模报酬水平的增强对愿意授权数据的用户数、平台企业获得的数据总量的提升作用均更强。因此，有效的分级授权机制可以让数字技术提升所带来的好处更多地惠及用户。

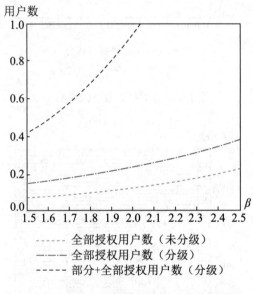

图 14.1　β 对愿意授权用户数的影响

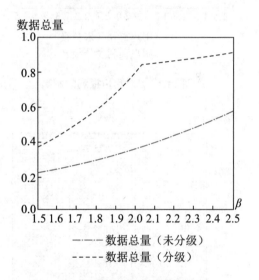

图 14.2　β 对授权数据总量的影响

我们再来看 β 对用户福利的影响，数值模拟的结果如图 14.3 至图 14.6 所示。图 14.3 和图 14.4 分别展示了在数据要素规模报酬递增水平逐渐增强的情况下，数据要素市场未分级授权和分级授权时用户福利和社会福利的变化趋势。可以发现，无论数据要素市场是否分级，长期来看规模报酬递增水平的增强均会提升社会福利和用户福利。图 14.5 和图 14.6 更清晰地展示了企业利润与用户福利的分配。可以发现，数据要素市场分级后，在同等数据要素规模报酬水平下，用户福利所占的份额更大。此外，一旦平台企业占据了整个市场后，再增强规模报酬递增水平时，用户福利所占的份额反而会下降。这是因为此时所有用户已经根据自己的偏好将数据部分或全部地授权给了平台企业，规模报酬递增水平的增强将主要作用于平台企业的生产力之上，用户福利份额的下降是因为企业利润的快速提升。总结后可以得出如下结论：在有效的数据要素市场分级授权机制落实后，平台企业遵循分级授权，此时社会福利、用户福利及用户福利份额更大，且数据要素规模报酬水平的增强对用户福利及用户福利份额的提升作用也更大。因此，有效的分级授权机制可以让数字技术更好地促进数据要素市场的"共同富裕"。

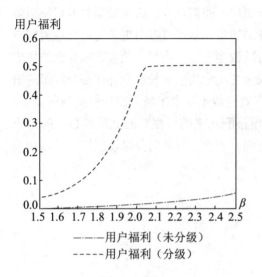

图 14.3 β 对用户福利的影响

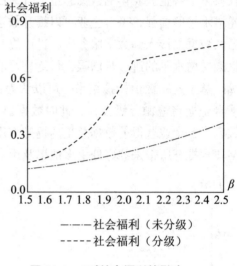

图 14.4 β 对社会福利的影响

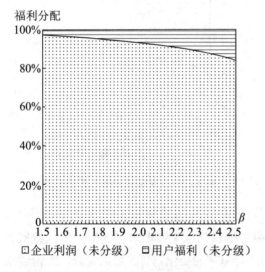

图 14.5 β 对社会福利分配的影响（未分级）

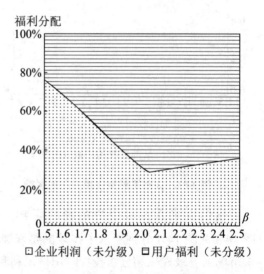

图 14.6 β 对社会福利分配的影响（分级）

二、数据的分级授权标准

下面我们来分析数据分级授权标准的问题。假设模型中的分级标准为 k，即代表平台企业提供基础接入服务时向用户收集的数据比例。我们希望平台企业能够遵守最小必要原则，即在提供基础接入服务时只收集这些接入服务所涉及的数据，而不去过度收集额外的数据。分级标准 k 在我们的模型中起着关键作用，其不仅仅体现数据的收集比例，也会通过对效用函数、生产函数的影响，最终反映在数据授权量和用户福利之中。同时，分级标准 k 也可以为平台企业确定基础接入服务的质量提供参考依据。平台企业可以制定较高的分级标准 k，从而提供质量相对较高的基础接入服务；也可以制定较低的分级标准 k，仅提供质量相对较低的基础接入服务。具体变量的取值为：$\beta=2.0, D=1.5, c=1.8, \gamma=0.7, k\in(0.1,0.9)$。

我们首先来看 k 对愿意授权的用户数和数据授权总量的影响，数值模拟的结果如图 14.7 和图 14.8 所示。图 14.7 和图 14.8 说明在数据要素市场分级授权的情况下，在平台企业全部占据数据要素市场之前，降低分级标准 k 既能扩大愿意授权数据的用户数（授权部分数据用户＋授权全部数据用户），同时也能增加收集到的数据总量。但是在全部占据数据要素市场之后，如果继续降低分级标准 k，愿意授权数据的用户数（授权部分数据用户＋授权全部数据用户）并不会改变，反而会降低收集到的数据总量。这是因为在占据数据要素市场之后，再降低分级标准 k，会让用户将原先愿意授权全部数据的用户转化为仅愿意授权部分数据的用户，从而导致授权数据总量的下降。基于上述分析，可以得到如下结论：在有效的数据要素市场分级授权机制落实后，平台企业将遵循分级授权，当平台企业提供基础接入服务的数据授权标准正好可以帮助平台企业占据全部市场份额时，平台企业获得的数据总量也最多。因此，一个合理的数据授权标准有助于平台企业更加合规、合理地采集更多的数据要素。

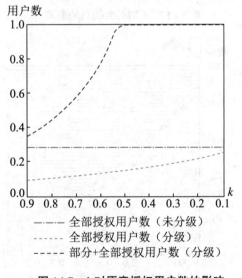

图 14.7　k 对愿意授权用户数的影响

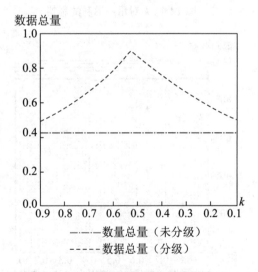

图 14.8　k 对授权的数据总量的影响

我们再来看 k 对社会福利的影响，数值模拟的结果如图 14.9 至图 14.12 所示。图 14.9 和图 14.10 分别展示了在分级标准 k 逐渐下降的情况下，社会福利和用户福利的变化趋势。可以发现，在数据要素市场分级授权的情况下，社会福利和用户福利均大于未分级授权的情况。同时还可以发现社会福利和用户福利会随着分级标准 k 的下降而先升后降。从图 14.11 和图 14.12 可以发现，在数据要素市场分级授权的情况下，用户获得的社会福利份额是要大于未分级授权情况下的。类似的，随着分级标准 k 逐渐下降，用户获得的社会福利份额同样是先升后降。基于上述分析，可以得到如下结论：在有效的数据要素市场分级授权机制落实后，平台企业将遵循分级授权，当平台企业提供基础接入服务的数据授权标准正好可以帮助平台企业占据全部市场份额时，用户福利及用户福利份额也最大。因此，一个合理的数据授权标准有助于促进数据要素市场的"共同富裕"。

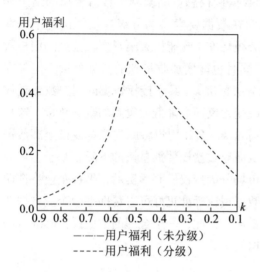

图 14.9　k 对用户福利的影响

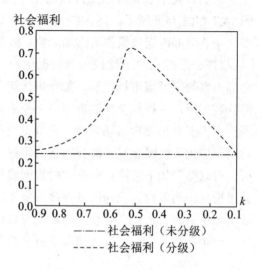

图 14.10　k 对社会福利的影响

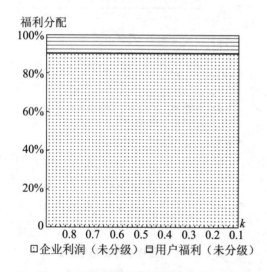

图 14.11　k 对社会福利分配的影响（未分级）

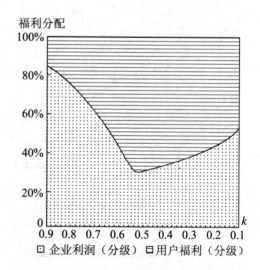

图 14.12　k 对社会福利分配的影响（分级）

总体而言，以上分析虽然只考虑了两级授权的情况，但所得到的结论在一定程度上可以推广到更多级分级授权情形。而在实际操作中，数据要素市场分级授权体系的构建也需要结合平台企业的实际情况，在权衡数据要素生产效率和用户权利保障的基础上进行更多级、更精细的分级授权设计，从而最终形成一个低交易成本的数据要素市场。

第五节　数据分类分级授权的制度设计

以上探讨了数据要素市场分级授权机制对整个数据要素市场带来的影响。可以发现，政府需要构建有效的数据要素市场分级授权机制，以使平台企业能自发地基于市场原则选择遵循数据分级授权的要求。一个可行且合理的数据要素分级授权机制设计，可以更好地促进数据要素市场的发展。接下来，对如何进行数据分类分级授权的制度设计进行介绍。

一、通过授权方式厘清数据权属

在不同场景下，数据就通过相关利益主体所达成的授权共识机制（如现有法律或者授权协议等相关文件）来实现确权。通过授权机制来确定各相关主体权利义务是数据市场化的手段，也是目前平台企业通常获取数据的方式。以互联网平台企业为例，用户登录 App 时一般需要同意某平台服务使用协议，该协议会明确告知用户数据被收集、使用的情况，并保证用户享有数据知情权。但值得注意的是，以前由于缺乏相关数据监管体系，各大平台的授权机制存在问题：一方面，授权协议存在"一刀切"的"霸王条款"。比如，一些 App 通过"一揽子协议"将收集个人数据与其功能或服务进行捆绑，用户如果不同意全面授权，就无法使用该 App。不少用户往往只能被迫接受"一揽子协议"，这严重损害了用户作为个人数据主体的决定权。另一方面，平台授权协议往往只针对初始数据使用环节征求用户同意，但并未考虑到数据在流转环节中用户的权利义务，这在一定程度上也侵犯了用户的数据知情权与收益权。

比如自然环境场景数据的收集，一般规定数据收集者有权合法收集、处理开放的不敏感自然数据。因为自然数据并不为个人所拥有，原则上可以允许采集者拥有不敏感自然数据的产权。但当收集的自然界数据超过一定规模后，数据的敏感性是否发生改变，尚没有明确的规定。诸如此类的场景比比皆是，单一方式确定数据权属是不合理的，因此需要制定分类分级的数据授权体系，从而在不同阶段不同场景下实现数据的合理确权。

二、构建分类分级数据授权体系

根据数据要素市场参与主体的角色和数据要素的基本特征，应从建立数据市场的基本制度体系，通过分类分级明确数据要素市场各参与方的权利和义务，规范数据使用行为，促进数据要素的充分流通和汇聚，最大限度实现发挥要素价值和控制规避风险的有机统一。下面将从数据特征出发，介绍如何建立分类分级的数据授权体系。

（一）数据分类体系

从数据的负外部性考虑，在保障国家安全和数据拥有者权益的前提下，按照数据遭到破坏后或泄露后，对国家安全、社会秩序和公共利益以及个人、法人和其他组织的合法权益的危害程度，对数据的敏感程度和流通属性进行分类。如果数据遭到破坏或泄露后对相关方造成的危害越大，则数据的敏感程度越高，同时在商用时审慎程度也应越高。根据此原则，数据可被分为5类，由低至高分别为：不敏感的公开数据（类别0）、低敏感的宽松条件下可商用数据（类别1）、较敏感的一定条件下可商用数据（类别2）、敏感的严格限制条件下可商用数据（类别3）、高敏感的禁止商业化数据（类别4），详细的数据类别、分类参考判断标准和示例如表14.2所示。值得注意的是，当数据敏感程度发生变化时，数据类别应重新确定并及时调整。数据敏感程度受时效、范围、加工等因素影响，数据时效性越强或覆盖范围越大，则数据敏感程度越高。

表14.2 数据要素分类体系

类别	类别标识	判断标准	数据示例
类别0	不敏感的公开数据（免费合法利用）	对国家安全、社会秩序、公共利益、国民经济、行业发展、主体利益均无明显不良影响	可公开的一般个人信息；企业联系信息、产品价目表等；政务公开信息等
类别1	低敏感的宽松条件下可商用数据（可商业化）	潜在危害符合下列条件之一的数据：对单个组织的正常运作造成轻微影响，或较小的直接经济损失；对个人的合法权益（人身和财产安全、名誉等）造成轻微损害	脱敏的一般个人信息；组织结构、员工规模等；根据公开信息整理的公众人物数据库
类别2	较敏感的一定条件下可商用数据（可部分商业化）	潜在危害符合下列条件之一的数据：对全社会、多个行业或行业内多个组织造成轻微影响；对单个组织的正常运作造成中等程度的影响，或较大的直接经济损失；对个人的合法权益造成中等程度的损害	姓名、性别、年龄、学历、职业、工作单位、工作经历等一般个人信息；企业购销的商业合同等；高速收费站过车信息等
类别3	敏感的严格限制条件下可商用数据（谨慎可商业化）	潜在危害符合下列条件之一的数据：对全社会、多个行业或行业内多个组织造成中等程度的影响；对单个组织的正常运作造成严重影响，或大的直接经济损失；对个人的合法权益造成严重损害	电话号码、通信记录、宗教信仰、种族、行踪轨迹、网页浏览记录等个人敏感信息；企业商业秘密等
类别4	高敏感的禁止商业化数据	潜在危害符合下列条件之一的数据：对全社会、多个行业或行业内多个组织造成严重影响；对单个组织的正常运作造成极其严重影响，或特别巨大的直接经济损失；对个人的合法权益造成极其严重损害	个人身份信息、财产信息、健康生理信息、生物识别信息等个人高度敏感信息；企业财务信息；国防敏感信息等

（二）数据分级体系

从数据的正外部性和市场开发程度出发，根据数据提供者赋予数据采集者可对数据使用权限范围的大小，对数据授权内容和程度进行分级，来明确数据产生和流转再到应用的级别。即数据在交易流通中可转让的权利范围越大，那么数据的授权级别越高。根据此原则，数据可被分为从"拒绝授权"到"完全授权"等多级。拒绝授权指的是数据提供者不向数据采集者授予任何数据使用权；部分授权指的是数据提供者向数据采集者授予部分数据使用权，比如允许收集保存数据，但数据仅限服务必需；完全授权指的是向数据采集者完全转让数据，同意数据采集者进行数据的开发利用，并同意其对数据进行再次转让。且需要注意的是，各级授权在确定时一般应有明确的期限。

上述理论为简单介绍，详细内容请参考戎珂等人（2022）发表的论文[①]。

课 后 思 考

1. 数据确权为什么重要？
2. 目前数据确权的方法有哪些？这些方法是否完善？
3. 数据分级授权的可行性体现在哪些方面？
4. 如何进行数据分级授权？
5. 目前有哪些数据分级授权的实践案例？

---

① 戎珂，杜薇，刘涛雄. 培育数据要素市场与数据生态体系 [J]. 中国社会科学内部文稿，2022.

CHAPTER 15 第十五章

数据的定价与交易

本章主要围绕数据的定价与交易展开,具体内容包括:数据定价、数据交易体系和数据分类分级标识体系。第一,关于数据定价,本章将介绍会计学、信息熵、多维度等数据定价方法。第二,关于数据交易体系,本章将首先介绍目前流行的数据交易模式及其局限性,然后探究如何构建合理的数据要素市场交易体系。本章认为,需要从交易内容和交易模式两大维度出发,打造"多层次、多样化"的数据要素市场体系。第三,关于数据分类分级标识体系,本章认为,为了提高数据交易效率、保证数据交易安全,应该针对数据收集、存储、处理和交易的关键环节,建立全流程、动态可追溯的分类分级标识体系。

第一节 数据定价

一、数据定价方法

目前,数据定价难是阻碍数据交易、数据应用的一个重要问题。在当今,如果数据要素能够与资本、劳动力等传统生产要素产生协同作用,便可实现产品和商业模式的创新以及运行效率的提升,激发市场增长潜力,优化市场和政府行为,从而促进经济高质量发展。但是,数据要素的虚拟性、正外部性、规模报酬递增等特征,不仅让其区别于其他传统生产要素,也决定了其价值确定的复杂性。因此,为了促进数据市场,专家学者和业界都在纷纷探索数据定价模式,并提出了一些数据定价方法。尽管这些定价方法都存在着一定的局限性,然而这些尝试的确有利于数据市场最终形成成熟的数据定价模型。下面介绍一些数据定价方法,比如会计学定价法、信息熵定价法、多维度定价法等。

(一)会计学定价法

Reinsdorf 和 Ribarsky(2019)借鉴会计学的资产定价方法,总结出了数据资产价值的三种估计方法。第一,市场法(公允价值法):数据资产的价值由市场上可比产品的市场价格来决定。市场法一般侧重数据的交易价格，而交易价格主要由重置成本、可变现净值等决定。例如，企业收集数据的成本，可以根据企业购买同类数据而支付的价格而定。第二，成本法：数据资产的价值由数据的生产成本来决定。生产成本主要包括获取、收集、整理、分析与应用的成本。第三，收入法（贴现值法）：数据资产的价值由未来从数据中获取的现金流的价值估计来决定。收入法借鉴了金融资产的贴现法，将未来的可能收益进行折现并加总来估计价值。这三种数据定价方法都属于偏传统的会计学定价法，主要借鉴了其他资产的会计定价方法。

以上三种定价方法各有优劣，适用情况也有差异。第一，相对其他方法，市场法估计出的价格比较接近数据的真实价值。但是市场法比成本法更加费时，估计成本更高。而且市场法的应用条件要求较高，即市场上要有可比产品，且可比产品还要有市场价格。第二，成本法操作简单，估计成本较低。由于成本法适用范围比较广泛，对于生产成本公开、供给竞争激烈、个人隐私定价等场景则可以采用成本法。不过，成本法往往会低估数据的价值。第三，收益法考虑了数据未来的市场潜力，适用于原始数据直接交易等场景。但收益法需要选择适当折现率，而确定适当的折现率往往并非易事。另外，收益法需要考虑数据的特征及其多元化的收益实现机制。数据要素的特征使其表现出多样化的收益实现机制：数据要素非竞争性使其生产函数体现出规模收益递增效应；数据要素生产与消费统的一性使数据要素价值增长具有典型的供给侧规模经济和需求侧规模经济的协同特征。因此，需要根据不同场景下的收益实现机制来确定数据的未来价值。

目前，由于成本法易于操作，因此对该方法的应用较多。例如加拿大统计局（2019）[①] 采用成本法的估计方法，参考劳动力成本的数据估计了数据资产的价值。具体来说，加拿大统计局首先在国家职业分类体系中筛选出了与数据资产（具体包括"数据""数据库"以及"数据科学"）的生产有关的职业，并对各职业在生产数据资产上耗费的工作时间占比给出假设，并作为各自生产数据时直接劳动力成本的权重。此外，设定总工资成本的 50% 为间接劳动力成本和其他成本之和，并附加一个 3% 的加成作为对资本服务的衡量。通过加总以上各项成本，便可得到对数据相关资产投入的价值估计。估计结果显示，加拿大在 2018 年在数据资产上的投入为 295 亿~400 亿美元，自 2005 年起年均增长 5.5%，占加拿大全国固定资本形成总额的 5.9%~8.0%。其中"数据"投入了 94 亿~142 亿美元，"数据库"投入了 80 亿~116 亿美元，"数据科学"投入了 120 亿~142 亿美元；从存量上看，2018 年加拿大的数据资产净资本存量为 1 570 亿~2 170 亿美元，占非住宅建筑、机器设备以及知识产权总量的 6.1%~8.4%，占知识产权净资本存量的 68.9%~95.2%。其中"数据"存量 1 050 亿~1 510 亿美元，"数据库"存量 190 亿~270 亿美元，"数据科学"存量 340 亿~400 亿美元。

（二）新定价方法

关于数据的定价，传统的会计学定价法将数据类比无形资产，因此比较容易操作。

---

① Statistics Canada. The value of data in Canada: Experimental estimates[R]，2019.

但是，这种做法往往忽略了数据资产的特殊性。由于存在数据重置成本难确定、市场交易规模小而缺乏合适参照物、生产成本难确定、价值具有不确定性、使用寿命难确定等问题，传统的定价方法难以适应目前的数据要素市场。因此，需要针对数据要素市场设计新的定价方法。目前一些新的数据定价方法已经应运而生，包括信息熵法、投资模型定价法、零价商品估值法、多维度定价法等。

（1）信息熵定价法。信息熵指的是信息排除冗余后的信息量。信息熵与信息不确定性相关，具体来说，信息熵公式如下：

$$H = -\sum_{i=1}^{K} p_i \ln p_i \quad (15\text{-}1)$$

式中，H为信息熵；p为各种可能结果的概率。

事件不确定性越高，其信息熵越大。在信息熵定价法中，数据价值取决于信息熵的大小，信息熵越大，数据价值越高。在数据的信息熵定价法中，可以根据单位数据所含隐私、供给价格等因素来进行定价。信息熵定价法考虑了数据资产的稀缺性，强调数据的信息量及其分布。但是信息熵定价法也存在很多局限，比如操作难度较大、适用范围有限、信息熵不能完全表达数据质量等。

（2）零价商品估值法。已有学者开始尝试测度数据要素对于总产出的贡献（Begenau et al., 2018）。研究认为数据要素产生了额外的生产者剩余和消费者剩余，应被纳入GDP核算体系之中，以体现数据要素对经济增长的影响。Brynjolfsson等人（2019）考虑到数字经济中新商品的频繁引入和零价商品的不断增加，在传统GDP的基础上提出了一个新的度量标准"GDP-B"，其中包含了具有隐含价格的免费数字商品。通过量化和捕捉这些商品对福利的贡献，该指标避免了传统GDP核算中对于数据生产要素的遗漏和误测。

（3）多维度定价法。数据是一种性质非常复杂的资产。以上所介绍的方法都只考虑了数据的单方面属性，因此，估计出的数据价值也往往存在偏差。数据价值取决于数据的多维属性，其估计应该考虑数据成本、数据现值、数据特征、数据种类、数据质量、买方异质性等多维度属性。其中，单论数据质量就已经受到很多因素的影响，比如数据的信息熵、时效性、完整性、协同性（互操作性）、可移植性、独特性、准确性等，在评估数据价值的时候需要考虑影响数据质量的主要因素。多维度定价法应该包括多个步骤：首先应对数据的各个维度属性进行评估，以得到数据每个维度的细分价值，然后通过一定的方法将各个细分价值进行整合，从而得到综合价值。

（三）数据定价方法总结

在不同场景下，数据的定价方法可能存在很大差异，未来将会有更多数据定价的方法来度量不同场景下的数据价值。数据定价需要遵循一些基本的原则和要求，包括实行市场化定价、保护隐私和数据安全、重视买方异质性和具体场景、考虑多个数据属性维度、实现卖方收益最大化、促进收入分配公平等。具体来说，第一，需要发挥数据交易市场的作用，让市场在资源配置中发挥决定性作用。数据交易价格由市场决定，发挥市场价格机制、运行机制（供求机制、竞争机制、监管机制等）的作用。第二，需要保护用户隐私和数据安全,这是基本要求。第三,数据交易场景非常多样化,既有场内大规模交易,也有现在常见的场外分布式交易,因此,需要有针对性地开发相应的定价模式。第四,需要考虑买方异质性,以满足数据需求方的差异化需求。第五,需要考虑多个数据属性维度。总的来说,数据要素的价格主要由数据要素的价值和市场供需共同决定。同时,数据要素的定价还需要考虑生产数据的成本和未来能够从数据中获取的现金流数额。

二、数据定价机制

数据定价机制是数据市场运行机制的重要组成部分。由于数据的应用场景呈多样化,并且价格受多种因素影响,因此需要通过多种定价机制,促进多主体参与,以满足不同场景下数据买卖双方的需求。基于以上的数据定价理论和定价方法,目前在数据市场上已经探索出了多种具体的数据定价机制,具体包括:固定定价、差别定价等静态定价机制,以及自动实时定价、协商定价、拍卖定价等动态定价机制。下面主要介绍五大定价机制。

第一,固定定价是指数据提供方在交易平台上设定固定的销售价格,设定价格时主要考虑数据成本和市场的供需情况等。该方法的优势主要体现在交易成本低,比如交易双方的沟通成本低。但其局限性也比较明显,体现在使用范围较小,在成本不容易确定、市场波动较大的时候难以定价。第二,差别定价是指针对不同的数据需求者而设定不同的价格,需求者以不同的价格购买同样的数据产品。这种定价机制常见于数据垄断情形,相当于价格歧视。由于数据价值存在买方异质性,所以一定程度的差别定价可能具有一定的合理性。第三,自动实时定价是指交易所或平台针对各种数据产品或服务而设定的一个定价模型,即自动计算出价格,以撮合数据供需双方的交易。其优势在于系统自动定价,而不足在于实施难度较大,定价模型很难构建。这种定价机制对交易所的要求比较高,比如需要具备强大的算力和算法等。第四,协商定价是指数据买卖双方经过协商而确定一个大家都能接受的价格。这种定价方式比较简单,但是要求交易双方对数据价值达成共识,交易成本可能比较高,协商过程需要投入很多时间。第五,拍卖定价是指数据价格通过拍卖的形式确定。这种形式一般适用于存在一个卖家和多个买家的市场。随着隐私安全需求的提高,目前数据一般都经过了"脱敏"等处理,因此买卖双方难以确定数据的价格。此时拍卖就提供了一个很好的定价和交易的方式。这种方式有利于制定一个较高的销售价格,从而激励数据提供者转让和共享数据。

目前数据市场常见的是静态定价机制与动态定价机制并用的方式,如表15.1所示。其中,微软云、甲骨文等采用固定定价机制;Factual采用差别定价机制;Qubole、浙江大数据交易中心、贵阳大数据交易所等采用自动实时定价机制;上海数据交易中心等采用拍卖定价机制;长江大数据交易中心、上海数据交易中心、贵阳大数据交易所等采用协商定价机制。数据市场中虽然已经形成了这些定价机制,但仍尚未形成有序的数据定价规则,数据定价体系仍处于混乱状态,具体表现为:价格指标体系尚不统一、数据质量评价指标不完善等。随着数据要素市场的不断完善,未来一定会形成统一完善的数据定价体系,但在此之前还是需要通过不同场景下的定价模型解决定价问题。

表 15.1 典型数据交易平台的定价机制[1]

数据交易平台	具 体 定 价	定价机制类型
微软云、甲骨文	固定定价	静态
Factual	差别定价	
Qubole、浙江大数据交易中心、贵阳大数据交易所	自动实时定价	动态
上海数据交易中心	拍卖定价	
长江大数据交易中心、上海数据交易中心、贵阳大数据交易所	协商定价	

第二节 数据要素市场交易体系

由于数据要素不同于传统要素,因此在建立数据要素市场体系的同时,需要探究数据要素市场与传统要素市场之间的差异,以建立合适的数据要素市场体系。数据要素市场与传统要素市场存在很多差异,主要包括两个方面。第一,交易内容方面。由于数据具有敏感性,原始数据的交易存在很大的风险。考虑到个人隐私保护和数据安全,原始数据不适宜进行大规模交易。相对而言,传统要素市场可能更重视要素本身的流通。从本质上来看,数据要素市场发展的核心不在于数据本身的流通,而在于数据内包涵的信息和价值的流通,数据价值的流通有利于促进各类企业创新,并在总体上提高社会福利。第二,市场结构方面。数据要素的流通区别于一般要素和一般商品的流通,数据要素流通不仅包括原始的数据授权环节的流通,也包括授权后的原始数据的流通,还包括原始数据加工后产生的数据产品的流通。而且这三种数据要素流通各自具有不同的特征,需要分别设计其交易机制。

一、目前的数据交易模式

根据交易内容(数据加工的程度)的不同,目前数据交易一般可分为直接交易和间接交易,因此数据市场可以形成两级市场体系。如表 15.2 所示,直接交易指的是数据卖方向数据买方直接提供没有加工的原始数据。间接交易指的是数据卖方向数据买方提供经过一定加工的数据产品。两种交易模式在适用条件、交易方式、交易规模等方面存在显著差异。在适用条件方面,当原始数据价值容易评估的时候,直接交易更适用;当数据网络外部性、敏感性较强的时候,数据脱敏后才能保证数据的安全,因此间接交易更适用。在交易方式方面,直接交易可以采用订阅模式、捆绑销售、多阶段销售(先提供部分随机数据,再交易所有数据)等多种方式;间接交易可以采用两部定价法(固定费用+计量费用)、拍卖、第三方平台等方式。

---

[1] 中国信通院. 数据价值化与数据要素市场发展报告(2021 年)[R]. 2021.

表 15.2　直接交易和间接交易的对比

市场级别	直接交易	间接交易
定义	数据卖方向数据买方直接提供没有加工的原始数据	数据卖方向数据买方提供经过一定加工的数据产品
适用条件	数据价值可预期、容易评估	数据的网络外部性较强、敏感性较强
具体交易方式	订阅模式、捆绑销售、多阶段销售等	两部定价法（固定费用＋计量费用）、拍卖、第三方平台等
案例	金融数据销售企业（如彭博、万得）等数据中介企业往往采用这种交易模式	腾讯利用地图、消费等数据为麦当劳提供选址服务（数据服务）

目前的数据交易模式有很多，其中比较典型的包括以下几种。

（一）数据交易所模式

数据交易所一般是政府牵头、多方参与建设的一个场内交易场所，比如贵阳大数据交易所、东湖大数据交易中心、华中大数据交易所、上海大数据交易中心、江苏大数据交易中心等。在数据交易所，数据供需双方可在政府监管下进行原始数据的交易。但是，由于信息不对称，原始数据的交易存在很多障碍，因此大部分数据交易所的交易规模有限，交易所的发展速度不是特别快。

从广义的交易所概念来说，传统的交易所主要包括证券交易所和商品交易所两种，其建立目的是为了提高资本和商品的流通效率。而伴随着数字经济的快速发展，数据成为了生产中一种不可或缺的关键要素，是正在不断积累的一种新型资产。这种资产在本质上具有非竞争性，因此能够带来规模报酬递增的效应，蕴含着促进经济增长的巨大潜力。然而，数据在确权、授权和定价等方面仍然存在着不规范和标准不清晰等问题，导致数据要素市场发展缓慢，阻碍了数据的高效流通。这种不成熟的数据市场条件，不利于充分发挥数据非竞争性所能带来的社会经济效益，因此，作为场内交易的交易所模式，由于其具有交易流程规范、监管相对严格等优势，将成为促进数据流通的一种可行的交易模式。

2008年，地理大数据服务商 Factual 在美国洛杉矶成立，其服务聚焦于"地理位置数据"的交易，以及数据托管、数据评分、买卖双方评分等各个方面，可以说是利用场内交易模式来促进数据流通共享的早期雏形。Factual 的创始人认为，经过清洗，值得信任且便于使用的地理数据能够帮助企业更加敏锐地判断消费者的行为模式，从而为企业决策带来全新的视角。在这样的初衷下，Factual 开始致力于促进地理位置数据流动的服务，该服务大致可以分为以下几个流程：首先，Factual 会从脸书、苹果和优步等企业处收集或购买海量的地理位置信息，从中提取原始数据并进行存储。此后，利用启发式算法和机器学习算法，从原始数据中获取核心属性并总结出规律，从而将混乱无序的原始数据转化、汇总为结构化数据。最后，从全面性和准确性等维度对数据质量进行评估、筛选，并与数据的需求方完成数据的交易。通过这种方式，Factual 的位置数据涵盖了全球 50 个国家共 7 500 万个位置，并推出了"流式数据处理平台"，使实时数据交易得以实现，极大地促进了数据的流通。

然而，Factual 的数据交易对象更多局限于与"地理位置信息"相关的数据上，相对整个数字经济对于数据高效流通的需求来说，仅支持特定类型数据交易的平台显然是不够的。此外，Factual 作为一家企业主导型的数据服务商，在数据确权和数据安全等问题上的监管不足，并存在着一定的隐患。与此相对，2015 年 4 月，由我国政府主导建立的，中国第一家以数据流通交易为目的的大数据交易所——贵阳大数据交易所在贵州正式挂牌运营。该交易所的成立旨在推动政府数据公开、行业数据价值发现，并通过清洗、脱敏、分析、建模等技术手段来规范大数据交易，推动大数据与传统产业的融合，进而驱动全国乃至全球的数字经济发展。从贵阳大数据交易所的运营模式来看，交易所扮演着交易中介的角色，协助买卖双方进行数据定价、交易结算等，同时也会接受会员的委托，定向采购其所需要的数据。提供政府、金融和社交等 30 多种各类底层数据的众多卖方，则需要向交易所支付对数据进行清洗、分析、建模和可视化等操作的服务费用。而买方可以向交易所提出数据需求，并获得对数据供应商进行整合后的数据源。此外，买方也可以进一步对数据进行二次开发，形成新的数据产品或结果，再重新卖回交易所。与此同时，相较于 Factual 这样的数据服务商，贵阳大数据交易所在数据确权和交易上都具有更加严格的规则和监管，其出台的《数据确权暂行管理办法》《贵阳大数据交易所 702 公约》和《贵阳大数据交易所数据交易规范》就是典型的例证。

即便如此，从当前的现实来看，数据交易所在运营模式上还仍然不够成熟，数据确权、定价和交易规则等不够完善或认可度不高，相关法律法规和行业标准也有所缺失，这些不足也都从低迷的交易成交金额中反映了出来。当然，除了贵阳大数据交易所外，我国也还有其他一些以数据、数据产品和数据资产等为交易对象的交易所（中心），以及像 Factual 一样以企业需求为导向的数据服务商。其中，政府主导的主要有华中大数据交易所、上海数据交易中心等，以企业（个体）需求主导的则主要有京东万象平台等。从表 15.3 可以看到国内外部分数据交易平台的对比。

表 15.3 国内外部分数据交易平台的对比

交易平台	贵阳大数据交易所	华中大数据交易所	上海数据交易中心	京东万象平台	Factual
类型	政府主导	政府主导	政府主导	企业需求主导	企业需求主导
数据源	政府、企业、网络	政府、数据供应商、企业、网络	供应方的业务生成（包括用户授权）、向第三方购买授权、供应方采集跟踪（公开数据）	分布式采集系统的数据、提供方上传数据	脸书、苹果、优步等企业
交易对象	经过清洗、分析、建模、可视化后的原始数据	标准化产品、数据定制和托管服务、技术支持服务	数据产品、数据集、数据处理工具、数据应用	应用程序编程接口（API）、脱敏原始数据（数据包）、数据报告、数据服务	原始地理位置数据经机器学习算法提取处理后形成的结构化数据

续表

交易平台	贵阳大数据交易所	华中大数据交易所	上海数据交易中心	京东万象平台	Factual
规则标准	《数据确权暂行管理办法》《贵阳大数据交易所702公约》《贵阳大数据交易所数据交易规范》	《大数据交易安全标准》《交易数据格式标准》《大数据交易行为规范》	《数据互联规则》		

从以上比较中可以看出，由政府主导建立并监管的交易所（中心）具有更加广泛的数据来源，与此同时，在数据确权、交易标准和交易安全等方面也具有更加严格的规范和保障。相对而言，以企业或个体需求主导的平台所提供的数据及服务会聚焦于买方需求，因此在供需匹配的效率上表现更加出色。但在用户数据安全的保护上，这样的交易方式可能存在监管不力的灰色地带，导致隐私被侵犯等诸多问题。而在交易所模式下，数据的交易流程更加规范，但参与者的广泛性也导致供需更加分散，进而造成了成交量低迷的现象。针对这一缺陷，将数据包装处理为标准化程度更高的中间态进行交易，可能是未来的一种可行方法。

（二）场外直接交易模式

现实中存在着大量的数据需求，很多无法通过数据交易所得到满足，因此市场上很多数据需求者是通过一定的渠道找到数据供给者，经过协商后并以数据交易合同的形式进行数据的交易。这种模式也存在很多问题，比如私下交易难以监管、数据容易被二次转让等。因此，在这种模式下数据提供者的权益难以保障，而且数据安全和隐私保护也难以实现。

（三）资源互换模式

目前，资源互换模式（免费模式）是很多互联网平台常用的手段，互联网平台以免费 App 服务来获取用户的数据使用权。目前这种模式带来了很多问题：第一，由于双方地位不对等，互联网平台往往会过度收集用户数据，会超过其基本功能需要之外。第二，数据滥用问题严重。互联网平台常常会过度使用用户数据，在没有得到用户授权的情况下将数据投入其他用途或将数据转让给他人。第三，用户对自己数据的复制权、迁移权等难以得到保障，一般用户较难将自己的数据迁移到其他平台。第四，平台利用用户数据开发数据产品后，用户却难以获得其合理的数据收益。2021 年我国实施的《个人信息保护法》针对这些问题，规定个人信息处理应遵循最小方式、最小范围、最短时间等"三最"原则。

（四）云服务模式

云服务模式是指数据供给方向数据需求方提供相应的云服务，而不是直接提供数据。在这种情况下,数据需求者相当于购买了数据服务,这有利于保护数据安全和供给方的权益。

(五) 会员模式

会员模式是指数据供给方建立俱乐部,需求方可通过注册来享受会员服务,即可以获得相应的数据访问权利。会员可以分级,不同级别的会员有不同级别的数据访问权限。这样数据供给方就可以区分不同类型的消费者,以增加数据收益。

(六) 接口模式

区别于直接提供数据,还有很多数据提供者会向数据需求者提供数据的接口,这种模式可以促进数据的流通,增加数据的交易规模。而且可以控制数据开放的范围,控制开放的对象。

(七) 数据产品交易模式

数据产品交易模式可以基于隐私计算、密码学等数字技术,实现数据的加密、数据的"可算不可识"。在保障数据安全的前提下,数据提供者可以向数据需求者提供数据产品或服务。这种模式的技术要求虽然较高,但安全性也更有保障。

二、数据要素市场交易体系的构建

如何构建合理的数据要素市场交易体系呢?首先,需要明确原则。构建数据要素市场的基本逻辑和原则应该包括:

(1) 数据需要保护,也需要流通;

(2) 数据所有权和用益权二元分离;

(3) 在数据要素市场中不仅仅是数据本身的流通,更多也是数据价值的流通;

(4) 数据交易模式应该多元,数据供求双方应根据自身需求选择合适的交易模式。

其次,参考已有文献(戎珂等,2022),基于数据市场的基本逻辑和原则,需要从交易内容和交易模式两大维度出发,打造多层次、多样化的数据市场交易体系,以鼓励场内交易,规范场外交易。一方面,在交易内容维度,拓展目前已有的两级市场体系,建立多层次数据市场,具体可以包括三个层次:第一级市场主要指数据资源市场,解决原始数据授权等问题;第二级市场主要指数据要素市场;第三级主要指数据产品和服务市场。另一方面,在交易模式维度,由于数据的交易模式受应用场景、买方异质性的影响较大,因此应该建立多种数据要素交易模式,具体包括以下三种:第一种交易模式是场内集中交易模式,即通过数据交易所、交易中心等平台进行数据集中交易。此处的"场内"并非仅限于交易所,而是指包括交易所、交易中心等在内的,由政府主导、可监管可溯源的集中交易平台,而是多主体、多层级的数据集中交易平台。第二种交易模式是场外分布式交易模式,即在集中交易平台外进行数据分散交易。第三种交易模式是场外数据平台交易模式,即通过数据平台进行多方数据交易。目前的数据要素市场交易体系如图 15.1 所示。

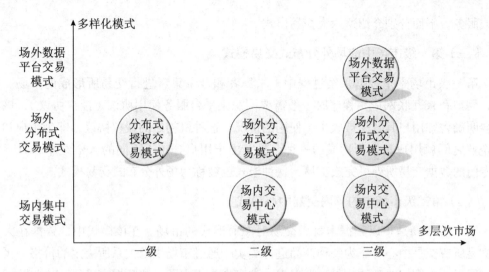

图 15.1 多层次、多样化的数据要素市场交易体系

表 15.4 六种数据要素交易模式的案例分析

案 例	某 App 登录授权	贵阳大数据交易所	Factual	北京国际大数据交易所	腾讯数据服务	华为云 TICS
市场级别	第一级	第二级	第二级	第三级	第三级	第二级 第三级
交易模式	场外分布式交易模式	场内交易中心模式	场外分布式交易模式	场内交易中心模式	场外分布式交易模式	场外数据平台交易模式
主导情况	App 企业主导	政府主导或牵头	数据服务商主导	政府主导或牵头	企业主导	大型 ICT 企业主导
交易对象	用户数据	经过清洗、分析、建模、可视化后的数据	原始地理位置数据经机器学习算法提取、处理后形成的结构化数据	利用隐私计算、区块链等手段分离数据所有权、使用权、隐私权，然后提供数据产品或服务	通过腾讯系软件所掌握的个人定位数据和人口流动数据，向麦当劳提供基于定位信息的定制数据服务	基于可信执行环境 TEE、安全多方计算等技术，实现数据"可用不可见"，并提供数据产品和服务

在此体系下，应建立并完善六种具体的数据要素交易模式，如图 15.1 和表 15.4 所示。在第一级市场中，建立场外分布式交易模式。即不同主体在此市场下，确定数据可授权的类别和级别，使原始数据进入交易流程。在第二级市场中，建立场外分布式交易模式和交易中心模式，或两种交易模式并存，同时注重规范数据流通。在第三级市场中，建立场外分布式交易模式、交易中心模式和数据平台交易模式，可场内、场外交易并存，鼓励培育数据产品多样化，以提高数据市场活力。在第二级和第三级市场中，建立数据平台交易模式。其中，数据平台交易模式是一种集成模式，有多个数据主体进行联合交易和计算，通过隐私计算等技术手段实现大规模联合计算，并生成相应的数据产

品或服务。下面分别介绍这六大交易模式。

（一）第一级市场中的场外分布式交易模式

第一级市场是指数据采集过程中，采集者和被采集者进行交易所形成的市场。比如，用户登录互联网应用程序时一般需要同意某平台服务使用协议（授权协议），该协议会明确告知用户其数据被收集、使用的情况。这种最初始的授权协议，即为用户和平台企业之间就用户数据所达成的一种交易。由于用户分布于不同的 App 之中，且不需要专门的数据交易所即可完成交易，这种模式也被称为场外分布式交易模式。

（二）第二级市场中的场内交易中心模式

第二级市场是指以数据本身为交易对象而形成的市场。在该模式中，数据在大数据交易所或交易中心可作为一种商品进行买卖。通过市场供求关系所决定的价格，买卖双方得以达成数据要素的交易。近年来，政府牵头成立了一些数据交易所，这些数据交易所类似于股票交易所，在其中买卖双方需要注册成为交易所成员，然后在政府的监管下，集中在交易所进行数据交易。贵阳大数据交易所作为全球第一家大数据交易所，所采取的交易模式便是场内交易中心模式。

贵阳大数据交易所于 2015 年开始运营，通过自主开发的大数据交易平台来撮合客户的大数据交易。截至 2019 年，其已发展 2 000 多家会员，接入 225 家优质数据源，上线 4 000 多个数据产品（这些数据产品主要涉及数据资源、初加工的数据要素）。贵阳大数据交易所还在 11 个省市设立了分中心，累计交易额约 4 亿元人民币。

（三）第二级市场中的场外分布式交易模式

第二级市场对数据的交易，并不一定得在一个具体的数据交易所中进行。一些行业的数据服务商（如 Factual 等）采用分布式场外交易模式，对数据资源进行一定的加工后，一对多地进行数据的直接交易，这种模式同样也归属于场外分布式交易模式。

（四）第三级市场中的场内交易中心模式

第三级市场并不交易数据本身，更多是对数据的价值进行交易。北京国际大数据交易所等新数据交易所作为新型的数据共享和交易平台，利用隐私计算、区块链等手段分离数据所有权、使用权、隐私权，然后提供数据产品和服务。

作为北京市创建"全球数字经济标杆城市"的重要项目，北京国际大数据交易所于 2021 年 3 月成立。以往数据交易所往往存在数据权属界定不清、要素流转无序等问题，但北京国际大数据交易所作为采用隐私计算技术的第一个交易所，通过隐私计算、区块链等手段分离数据所有权、使用权、隐私权，从而解决数据交易的重大难题。

（五）第三级市场中的场外分布式交易模式

广告服务、定位服务等企业定制的、基于各类数据所开发的数据服务，同样可以在场外进行交易。数据服务的交易可以完全以市场化商业模式展开,通过企业间的业务合作,完成数据服务的交易。市场化交易中的主体主要包括提供数据的平台和数据用户,最终形成小规模、智能定制化的数据产品市场。

比如,腾讯通过其腾讯系软件所掌握的个人定位数据和人口流动数据,向麦当劳提供基于定位信息的数据服务,帮助麦当劳更加合理地进行门店的选址。麦当劳则通过市场化的价格向腾讯购买这一数据服务。

(六)第二级和第三级市场中的数据平台交易模式

基于隐私计算的数据平台(第三方平台)可提供计算入口,以实现数据要素、数据产品的互联互通,并做到"可用不可见,可算不可识"。因为各类数据处于孤岛状态,通过联合隐私计算才能具备更高的价值,所以需通过由联盟或由主要大型厂商牵头成立的可信数据平台,以隐私计算、联邦学习等方式构建互通有无的"交易"机制。具体来说,如图 15.2 所示,数据提供商提供计算接口,数据平台促进各方联合来匹配数据需求用户,最终形成大规模、定制化的数据市场范式,以满足市场对数据、数据产品的需求。平台方会有意识打造领袖数据伙伴,通过联合不同类型的数据接口伙伴,服务特定样本行业,从而慢慢形成网络效应,建立起数据服务市场。

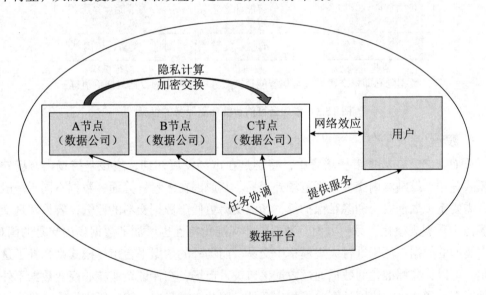

图 15.2　数据平台交易模式

根据《中国隐私计算产业发展报告》(2020—2021),基于隐私计算的数据交易市场或将达到千亿级。从 2018 年开始,蚂蚁、百度、字节跳动、腾讯等互联网企业纷纷布局隐私计算,开发了多方安全计算、联邦学习、差分隐私等技术,并参与国际标准的制定,着力构建隐私计算生态体系,以打造数据经济体。它们利用隐私计算赋能消费金融、医疗、支付、航空、营销等多种场景,例如浦发蚂蚁联合风控、腾讯医疗健康、字节的火山引擎营销等。

华为云可信智能计算服务（Trusted Intelligent Computing Service，TICS）作为基于可信执行环境的数据计算平台，打破了跨机构的"数据孤岛"。如图15.3所示，华为云可信智能计算服务平台基于可信执行环境、安全多方计算、联邦学习、区块链等技术，实现数据在流通、计算过程中全链路的安全保护，推动跨机构数据的可信融合和协同，安全释放数据价值，实现了数据"可用不可见"。华为云可信智能计算服务可保障多方隐私，具备可信高效、安全隐私、多域协同、灵活多态等优势。华为云可信智能计算服务倡导共建合规可信的数据智能生态，并推动多方机构协同进行模型训练和数据分析等多方数据隐私计算，助力政企信用联合风控与政府数据融合共治，以提升政府、企业和金融机构治理效能。华为云可信智能计算服务已在政务数据流通、政企数据融合、普惠金融、数据交易等多个场景进行了落地实践。

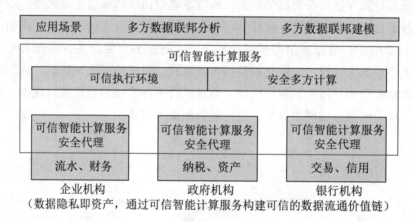

图 15.3　华为云可信智能计算服务的框架

资料来源：华为开发者大会 2021。

总而言之，在数据市场培育中，特别是在市场发展初期，应该坚持场内、场外交易模式并用，鼓励场内交易，规范场外交易。其原因在于：一方面，数据不同于一般产品，需要重视数据安全和隐私保护等，场内交易更便于数据交易的监管，容易实现交易可溯源和数据规模化。另一方面，数据的非标准化特性也增加了数据场内交易的困难，很多类型的数据不便于进行大规模集中交易，而场外的数据平台市场模式则弥补了这个不足，可以让非标准化的数据通过数据接口进入市场，在保证企业核心商业数据不外流的情况下，通过多方协同计算生成相应产品。因此，在第二、第三级市场中，除了场内交易之外，还需要建立多种场外交易模式，以弥补场内交易的不足，促进各种场景的各类数据要素流通。

第三节　分类分级标识体系构建思路

为了促进数据安全流通，保障市场机制的平稳运行，我们还根据不同的数据授权体系，设计了分类分级的数据要素治理体系，以明确相应监管主体和要求，规范各级各类的数据交易，将治理体系落实到数据要素生产流程各环节、各层级及各相关责任主体。

针对数据收集、存储、处理和交易的关键环节，应建立全流程、动态可追溯的分类分级标识体系，主要包括以下三个方面。

原始数据收集过程中的分类分级标识。数据收集是数据要素最初的生成过程，数据收集者在合法收集数据的同时应通过订立合同等方式，按照第十四章中所提到的分类分级体系，向参与数据生成的相关主体明示所收集数据的分类，并获得这些主体使用数据时对应的授权分级。具体授权可在分级选项的框架下，进行更具体细致的约定。数据收集阶段获得的授权是收集者获得后续数据处理权的基础。获得各类数据各级授权后，收集者应在保存数据时对数据类别、级别打上明确标签。

数据存储和处理过程中的分类分级标识。在数据存储和处理过程中应完好保护原始数据收集过程中所形成的分类分级标识。在数据处理过程中，对于数据相关信息没有重大改变，原分类分级仍然适用时，应维护好原数据分类分级的标识。对于数据相关信息有重大改变的情况，比如将原可识别的个人数据脱敏转变为不可识别的个人数据时，并及时对新数据集进行分类分级标识。

数据交易流转过程中的分类分级标识。在数据交易和流转过程中，数据出让方可根据已获得的授权，向数据接受方让渡或授予部分数据使用权，同时应明确约定接受方所获得授权的分类分级标识，此分类分级标识是数据接收方对数据进行后续处理的权限基础。在数据交易流和转过程中，约定的数据分类不得低于出让方所持有同样数据的分类，出让者对接受者的授权应在自身对数据的使用权限范围内。数据在交易和流转过程中应有明确分类分级标识，接收方收到数据后成为数据持有者，应维护好所持有数据的分类分级标签标识。数据出让方应对数据交易和流转过程中分类分级标识的变动情况进行存档，使数据在流通过程中的分类分级标识信息可追溯。

课 后 思 考

1. 数据的定价方法有哪些？各自的优缺点是什么？
2. 数据的信息熵定价法如何理解？
3. 怎样设计一个合理的数据定价方法？设计时需要遵循哪些基本原则和要求？
4. 目前有哪些数据交易模式？这些模式有哪些局限？
5. 如何构建一个更加合理的数据要素市场交易体系？

CHAPTER 16 第十六章

数据的治理与监管

数据要素市场的良好运行需要有效的市场监管，本章从国内外数据治理现状出发，介绍包括欧洲、美国、中国和国际各类组织在内的数据治理体系和数据要素市场监管实践，并探讨了数据治理体系目前存在的问题，主要涉及数据确权、数据交易、数据资产收益分配等，最后提出了与数据分类分级相对应的分类分级监管体系。

第一节 国内外数据治理和跨境流通现状

一、国内外数据治理现状

2010年以后，各主要经济体开始将数据相关技术与产业的发展问题上升到国家战略层面。一个国家拥有的数据规模与数据分析处理能力，已经成为其国家竞争力的重要组成部分。当前，全球有76%的国家已经或即将出台数据与隐私相关法律，其中最具影响力的数据要素市场监管模式主要有欧洲模式、美国模式和中国模式三种。

（一）欧洲模式

欧洲从平台企业数据处理和个人数据保护两方面出发，在个人信息的绝对安全方面逐步构建了数据治理体系，同时鼓励非个人数据可开放共享，从而保证企业的活力。具体而言，欧盟颁布了一系列法律法规来促进数据治理体系的构建，这些法律法规主要有以下特点。

第一，要求所有数据控制者和处理者维护个人数据的绝对安全。2016年，欧盟颁布《欧盟一般数据保护条例》（GDPR）[①]，要求在合法、公平、透明、数据收集最小化、保障数据的完整性与保密性等原则下开展个人数据的采集、存储、加工等活动。并且原则上禁止处理个人敏感数据，如种族或民族、政治观点、信仰、工会、健康与性、基因、经处理后可识别特定个人的生物识别数据等，就此确立了个人数据主体对自身数据的绝对控制权。此后，又专门针对数字平台制定了系列监管规则。

---

① 具体请参考欧盟的法律官网：https://eur-lex.europa.eu/eli/reg/2016/679/oj.

2020年12月15日，欧盟委员会发布了《数字服务法案》和《数字市场法案》。其中，《数字服务法案》就网上平台等在线中介服务机构的法律责任和义务制定了新规则，对在线平台的透明度提出了更高要求，建立了明确的问责制度;《数字市场法案》则创新地提出了"守门人"（Gatekeeper）的概念，基于活跃用户数等指标，把一些大型平台界定为"守门人"，并提出了"守门人"要遵循的监管规则。这体现了欧盟全新的监管思路，即在事前制定规则，对"守门人"进行行为约束，而不是通过事后的反垄断调查来亡羊补牢。同时，该法案还赋予了监管机构更强的调查权，允许欧委会开展有针对性的市场调查，以便立法机构及时更新监管规则。

第二，逐渐完备对个人信息的保护。2017年1月，欧盟公布了《隐私与电子通信条例》（简称 e-PR）草案。即对电子通信数据进行保护，落实了私人和家通信等方面的隐私权利保护。

第三，鼓励数字创新，但把人工智能发展作为重要监管对象。2017年，欧盟委员会提出要保护数据生产者权利（Data Producer's Right），以解决数据的使用问题。此外，2018年颁布的《非个人数据自由流通条例》和2019颁布的《开放数据指令》，构建了非个人数据开放共享的制度体系。2020年颁布的《数据治理法（提案）》致力于解决负载个人数据权利、企业数据权利等不同利益的多重数据共享问题，体现出兼顾个人数据绝对安全和数据利用模式创新的多重价值追求。

（二）美国模式

作为全球第一大数字经济体，美国秉持着尊重数据要素市场和网络自治的价值观和治理观，在法律的基础上为个人数据提供保护，并针对金融、医疗、教育等特殊领域使用个人数据进行立法，以重点保护可识别的个人敏感信息。同时，在数据利用方面，美国给予市场主体充分的自由，并致力于吸引世界各地的数据向美国流动，从而为美国的经济发展和科技创新提供更多的数据资源。美国数据治理体系的建立在各州进度不一，但总体来看，其目的都是最大程度提高企业的数据活力，因此呈现出如下特征。

第一，数据战略全球领先，但针对个人信息保护的数据治理体系明显滞后于欧洲。在战略上，自2009年开始，美国政府先后颁布《开放政府指令》等政策，并在2012年实施了大数据研究和发展计划，以推进相关研究机构的创新研究和商业转化。2019年，美国政府发布《联邦数据战略与2020年行动计划》，明确将数据作为一种战略性资源进行开发，并构建了各部门宏观统筹协调、社会各界广泛参与的机制。虽然美国早在1974年就颁布了《隐私法案》，但对于个人的数据权利却长期予以限制，不承认个人数据的独立价值，是少数没有在国家层面针对个人数据统一立法的国家。与此同时，由于注重数据价值的挖掘，美国在数据研发与应用上一直居于全球领先地位。总的来看，美国虽然鼓励数据的充分应用，但对个人数据的保护力度不够。

第二，各州的数据治理体系虽有不同，但进度明显快于全国。虽然在近20年里，美国联邦层级的隐私立法并未有实质性的进展，但在脸书的数据泄露事件后，实行联邦层面的统一隐私立法似乎已经成为了新的共识。同时，考虑到美国各州差异巨大，联邦层面的隐私立法不会过于翔实，具体的执法细则根据各州的具体情况进行规定。同时制度规范也不会像 GDPR 那般严苛，而是更加注重消费者保护的实际效果和促进企业发展、技术创新之间的平衡。如 2018 年 9 月，加州通过了《2018 年加州消费者隐私法案》（CCPA）和《信息隐私：连接设备法案》（SB-327）。其中，CCPA 被认为是美国国内最严格的隐私立法，而 SB-327 旨在管理物联网设备，是美国首部关于物联网隐私的州立法。2019 年，华盛顿州颁布了《数据泄露通知法案》的修正案，旨在保护敏感数据，并敦促企业通知数据被泄露的个人，使其能够迅速做出反应，以减少潜在的损害。

第三，专门针对数字平台制定系列法案。2021 年 6 月 11 日，美国国会众议院公布了五项法案——《终止平台垄断法案》《美国选择和创新在线法案》《服务交换法案》《平台竞争和机会法案》《并购申请费的现代化法案》。其中，前四项法案提出了"广覆盖平台（Covered Platform）"的概念，这一概念类似于欧盟的"守门人"，也是指活跃用户数超高、估值巨大的平台企业。满足"广覆盖"标准的平台企业主要包括谷歌、亚马逊、脸书和苹果四家科技巨头，它们通常也被称为"GAFA"。

（三）中国模式

党的十九届四中全会首次把数据列入五大生产要素，说明我国已将数据保护和利用的立法问题上升到国家层面。当前，中国互联网平台企业市场垄断能力强，用户议价能力弱，没有公平第三方从中管控，平台巨头凭借垄断优势滥用数据的行为没有得到有效约束。对此，中国采取了兼顾安全与发展两个方面、国内与国际"双循环"的数据治理体系，具体措施有如下。

第一，兼顾数据安全与数字经济发展。在保障数据安全方面，2016 年 11 月 7 日第十二届全国人民代表大会常务委员会第二十四次会议通过了《中华人民共和国网络安全法》，强调要"维护网络空间主权和国家安全、社会公共利益，保护公民、法人和其他组织的合法权益，促进经济社会信息化健康发展"；2020 年 4 月 13 日，国家网信办等 12 部门联合颁布了《网络安全审查办法》，强调要"确保关键信息基础设施供应链安全，维护国家安全"。在推动发展方面，中国在"十三五"期间颁布了《促进大数据发展行动纲要》《大数据产业发展规划（2016—2020 年）》，并先后建立了贵阳大数据交易所、北京大数据交易所、上海大数据交易所等数据市场化交易平台。在党的十九届四中全会之后，中国开展了系列数据治理的制度建设和针对平台数据治理的管控行动，力求建立健康可持续的数据治理体系。

第二，倡导数据分类分级。2020 年 2 月 27 日，工业和信息化部办公厅印发了《工业数据分类分级指南（试行）》，旨在"指导企业提升工业数据管理能力，促进工业数据的使用、流动与共享，释放数据潜在价值，赋能制造业高质量发展"，并在工业数据方面采用了分类分级制度。2021 年 9 月 1 日，中国正式施行了《中华人民共和国数据安全法》。其中强调，数据保护的总则是"规范数据处理活动，保障数据安全，促进数据开发利用,保护个人、组织的合法权益,维护国家主权、安全和发展利益",并提出将建立数据分类分级保护制度、数据交易管理制度、数据安全审查制度、全流程数据安全管理制度等。

二、国内外数据跨境流通现状

自 2012 年亚太经合组织(APEC)提出《跨境隐私规则体系》(CBPR)[①] 以来,国际上许多国家和组织都制定了数据跨境流通政策,涉及数据本地化、数据全球化、兼顾数据本地化与全球化三类。

(1)数据本地化。欧盟和俄罗斯是数据本地化的倡导者,2020 年欧盟颁布《欧洲数据战略》,提出要在欧盟境内构建更多数据存储和处理的环境,以提高数据安全水平。2015 年俄罗斯颁布《第 242-FZ 号联邦法》,规定国内外企业必须在俄罗斯境内的服务器上存储和处理俄罗斯公民的个人信息,并强势推进数据本地化。

(2)数据全球化。美国是数据全球化的积极倡导者,早在 2012 年亚太经合组织推出《跨境隐私规则体系》之始,美国就成为亚太经合组织跨境隐私规则体系(Cross-Border Privacy Rules,CBPR)首个参与国。CBPR 旨在促进区域隐私政策趋同,促进个人数据在企业间的跨境流通不受阻碍(只规范自愿加入 CBPR 的企业)。随后,墨西哥、日本、加拿大、新加坡、韩国、澳大利亚、菲律宾等也纷纷加入。此外,美国也在其他组织持续推动数据全球化,以扩张网络空间。2019 年 3 月 25 日,WTO 就数字贸易规则进行谈判并提交了《电子商务倡议联合声明草案》,提出"数据跨境流动不应设限"。除美国外,新加坡也是数据全球化的积极倡导者。2013 年,新加坡个人信息保护委员会开始推行《个人信息保护法案》(Personal Data Protection Act,PDPA),却导致数据无法流通。于是在 2019 年,新加坡重新修订该法案,由数据本地化转为全球化,开始提出开发"数据港"的倡议。

(3)兼顾数据本地化与全球化。中国是倡导数据的实用性,强调数据跨境流通应该兼顾本地化与全球化,并积极参与国际数据跨境治理。中国的具体做法如下。

第一,中国指出数据出境需评估。2021 年,中国颁布了《数据安全法》《个人信息保护法》,提出"数据本地化应兼顾对数据跨境流通的需要",并明确指出:"国家机关处理的个人信息应当在中华人民共和国境内存储;确需向境外提供的,应当进行安全评估。"(《个人信息保护法》第 36 条)2021 年 10 月 29 日,中国颁布《数据出境安全评估办法(征求意见稿)》,以进一步加强数据跨境监管。对于向境外提供在中华人民共和国境内收集和产生的重要数据的情形,需要采用"风险自评估 + 申报安全评估"的方法进行评估。其中,申报安全评估的适用条件包括:① 关键信息基础设施的运营者收集和产生的个人信息和重要数据;② 出境数据中包含重要数据;③ 处理个人信息达到一百万人的个人信息处理者向境外提供个人信息;④ 累计向境外提供超过十万人以

[①] 《跨境隐私规则体系》由九大个人信息保护原则构成,包括避免伤害、通知、收集限制、个人信息使用、选择性、个人信息完整性、安全保障、查询与更正、问责制。

上个人信息或者一万人以上敏感个人信息。关于数据安全评估的维度，重点考察数据出境活动可能对国家安全、公共利益、个人或者组织合法权益带来的风险，主要包括：① 数据出境的合法性、正当性、必要性；② 境外接收数据方的数据安全保护情况；③ 数据出境中、后被泄露、篡改等的风险；④ 数据安全和个人信息权益是否得到有效保障；⑤ 数据处理者与境外接收方订立的合同对数据安全的保障。此外，有一些数据处理者虽然不需要申报安全评估，但均需要进行数据出境风险自评估，且合同要明确发送方和接收方的数据安全保护义务。

第二，中国积极参与国际数据治理。2020年9月8日，中国在"抓住数字机遇，共谋合作发展"国际研讨会上提出了《全球数据安全倡议》，建议"各国应以事实为依据全面客观看待数据安全问题，积极维护全球信息技术产品和服务的供应链开放、安全、稳定"，并强调："各国应尊重他国主权、司法管辖权和对数据的安全管理权，未经他国法律允许不得直接向企业或个人调取位于他国的数据"。2020年6月，新加坡、新西兰、智利三国联合签署《数字经济伙伴关系协定》（DEPA），该协定旨在加强三国间数字贸易合作并建立相关规范的数字贸易协定，核心内容包括电子商务便利化、数据转移自由化、个人信息安全化等。2021年11月，中国主动申请加入DEPA，希望与各成员加强数字经济领域合作、促进创新和可持续发展。

第二节　数据要素市场面临的问题

目前，数据要素市场存在着权属不清、交易模式不完善、分配不合理、市场监管不力、制度体系化程度不够、治理法治化程度不高等问题。下面介绍其中几个主要问题。

一、确权问题

数据确权作为数据价值链的第一个环节，是数据交易、流通等环节的基础和先决条件。中国政府高度重视数据保护和利用的立法。在《网络安全法》《民法典》《数据安全法（草案）》《个人信息保护法（草案）》等法律法规中，补充、完善了关于数据和个人信息保护的条款。其中《数据安全法（草案）》规范了数据交易流程，提出"从事数据交易中介服务的机构在提供交易中介服务时，应当要求数据提供方说明数据来源，审核交易双方的身份，并留存审核、交易记录。"但目前，一些企业分别掌握不同的数据且相互设置流通壁垒，还有个别互联网大企业滥用个体用户数据并形成数据垄断，导致个人数据权益得不到保护，同时平台的垄断也不利于形成良好的创新竞争环境，总体上阻碍了数字经济的健康发展。

互联网平台企业拥有海量用户数据，用户议价能力弱，平台巨头容易凭借数据优势形成市场垄断。截至2021年1月，在工信部组织的十批次检测中[①]，腾讯的应用宝、小米的应用商店、豌豆荚、OPPO的软件商店等手机App应用商店中的违规App占比分

---

① 此处仅列举部分违规应用，详情参见工信部信息官网"关于侵害用户权益行为的App通报（2021年第1批，总第10批）"https://www.miit.gov.cn/jgsj/xgj/gzdt/art/2021/art_be0ce4f6d2b046b7aa2cac04c59fd5ea.html。

别高达 22.3%、12.0%、10.3%、9.9%。出现这种情况的根本原因是数据权属模糊。而数据权属问题难以确定，则是由于"脱敏"后的数据属于个人还是平台企业难以确定。

二、交易问题

目前，中国已经建立了数十所大数据交易所，这些交易所主要都是原始数据的交易平台。然而，它们的实际交易规模较小，并没有得到很好的发展，而交易所外的分散交易又存在很多障碍和风险。总体来看，导致这些问题的主要原因包括以下几个方面。

（1）发展阶段因素。目前中国数据要素市场处于成长期，发展时间较短，因此数据交易所模式不够成熟，场外交易体系也正在建立。

（2）数据要素特征因素。由于数据不容易标准化，不方便进行大规模集中交易，因此以原始数据交易为主的传统数据交易所难以快速发展。

（3）制度因素。一方面，现有数据相关的法律法规不够完善，因此数据权属不清、交易规范不明等问题比较突出；另一方面，有些制度设计不够合理，导致数据要素市场交易的成本较高。

（4）技术因素。一方面，数据交易技术不够先进，使交易所的大规模交易受限；另一方面，相对于原始数据交易模式，数据产品和服务交易模式可以很好解决数据安全问题，但是数据产品和服务的生成需要很多相关的技术，而现有数据技术尚不先进。

（5）市场因素。一方面，互联网巨头垄断海量数据，且不愿意对外提供，使中小企业难以获得足够的数据；另一方面，目前大量的数据相关主体（中小企业）缺乏数据加工和分析能力，导致数据利用效率较低。

三、收益分配问题

合理的数据要素收益分配制度可以促进数据的交易和流通。促进数据要素的合理配置，激发数据要素市场活力，是经济高质量发展的重要环节。总体来说，数据要素收益分配要兼顾效率和公平，既要遵循基本的要素市场分配原则，也要基于数据要素的特征来使分配更加合理。目前，在数据要素收益分配过程中存在较多问题，比如数据垄断、定价模式缺少、分配主体不明确、分配机制不完善等。目前各大互联网平台都掌握着海量数据，并违规滥用个体用户数据，从而形成数据垄断。数据垄断不仅提高了市场准入的门槛，也影响了数据要素收益的合理分配，个人数据的安全和权益得不到保护。互联网平台利用掌握的数据进行数据产品和服务的开发，所带来的价值增值是巨大的，但是这部分收益是不是完全属于平台，在当前仍旧莫衷一是。另外，目前数据要素收益分配主要以一次分配（初次分配）为主，二次分配、三次分配在数据要素收益分配中没有得到真正落实。目前在中国，暂时还没有数字服务税或数据税计划，因此政府对数据要素收益分配的调节作用也非常有限。

四、市场监管问题

目前数据要素市场体系不够完善，数据要素市场监管体系也不够成熟。市场监管存在很多不足，主要体现在以下几个方面。

第一，数据要素市场监管还不到位。目前，中国数据要素市场监管体制以行业主管部门负责为主，监管主体较为分散，这导致实践中容易出现监管空白、重复监管等问题，从而影响市场正常运行，不利于企业发展、个人维权。另外，目前没有一个统一的数据要素市场监管机构，多个监管主体的权责边界不清，导致难以形成监管合力。

第二，数据侵权行为处罚力度小。《中华人民共和国数据安全法》规定："开展数据处理活动的组织、个人不履行本法第二十七条、第二十九条、第三十条规定的数据安全保护义务的，由有关主管部门责令改正，给予警告，可以并处五万元以上五十万元以下罚款。"但是相较之下，欧盟的 GDPR 中第一档惩罚最高可处以 1 000 万欧元或全部营收 2% 的罚款；第二档最高可处以 2 000 万欧元或者全部营收 4% 的罚款。可见 GDPR 的惩罚力度远高于中国。中国目前对数据侵权惩罚力度不够，数据违法的成本过低，因此法律约束力需要加强。

第三，数据跨境流动监管不完善。中国目前在数据跨境流动监管方面的具体规制不够细化且比较滞后，滴滴赴美上市事件就是典型的例子。滴滴上市后，网络安全审查办公室才按照《网络安全审查办法》对"滴滴出行"实施网络安全审查，审查期间"滴滴出行"才停止新用户的注册。从另一个角度来看，中国数据跨境业务的发展与整体数字经济高速发展态势不太匹配，而且数据跨境政策的国际化程度不高，数据跨境相关政策与国际规则的对接不充分。

第三节 数据要素市场分类分级的监管体系

从经济学的角度来看，数据监管的目的是最大限度地减少数据在采集、交易、流通和利用过程中由于泄露和滥用等原因造成的负外部性，最大限度地维护数据资源正常的开发与利用，从而增加整个经济社会的总福利。

数据的来源多种多样，其性质和敏感程度也各有不同，在第十五章，我们已经从商业化的角度对数据的分类分级进行了介绍。我们对数据的分级是从数据的负外部性考虑的，即在保障国家安全和数据来源主体权益的前提下，按照数据遭到破坏后产生危害的严重程度进行分类的。而对数据的分级则从数据的正外部性出发，根据赋予数据持有者使用数据权限范围的大小，对数据授权内容和程度进行分级。

针对分类分级数据授权体系以及全流程数据产业链环节，不同场景的数据交易市场应建立相应的分类分级市场监管体系。该监管体系必须发挥多方主体的力量才能实现共治共建、成果共享的初衷。

首先，相关企业应承担构建分类分级体系的主体责任，大中型企业尤其是专门从事数据经营的企业应率先根据自身数据产品的种类和特征建立分类分级授权体系。鼓励企业成立专门的数据治理部门，并指定专人负责落实分类分级活动。这里所说的企业包括各类互联网企业、平台、生产制造行业的企业。由于数据是企业重要的生产资源，因此加强其内部的数据治理，有利于减少数据的负外部性，进而避免由于数据治理不当而引发的监管处罚。

其次，鼓励相关行业协会和行业组织，通过制定行业标准发展第三方认证体系。大力开展行业协作交流或活动，以推动数据要素分类分级工作。行业协会是一个行业的自治组织，基本涵盖与该行业相关的主要企业以及产学研组织，具有半官方的性质，对该行业的理解和认识最为深入，因此由各类行业协会组织来推动数据要素的分类分级是最为适合的，这有助于加快数据要素分类分级工作的落实，还能避免同行业内各大企业各自为政从而造成数据分类分级不统一的现象。

最后，各级政府及主管部门应该承担数据要素分类分级的督促和落实工作。县级以上政府负责所管辖范围的政务数据分类分级工作的落实，同时推动、指导并监督落实好辖区内各市场主体和社会组织的数据分类分级工作。政府作为引领经济社会健康发展的机构，在数据要素分类分级的督促和落实中是至关重要且无可替代的角色，其可以采用奖励补偿和政策倾斜等方式促进各主体快速落实数据要素分类分级工作。但是，政府也不能大包大揽，也不能对所有行业和所有企业搞"一刀切"，这会使数据要素分类分级工作的效率大打折扣。政府应该充分听取各行业协会和各类头部企业的意见，认真细致地落实数据要素分类分级工作，尽量减少数据要素市场的负外部性，充分发挥数据要素的市场价值。

对照数据分类分级体系，数据要素的监管措施应按照其所属类别和级别进行相应管理，按照类别越高，级别越高，监管措施越严格的原则，建立四个层次的监管机制：许可经营、备案制、自主经营、开发共享。具体措施如下。

第一，针对敏感程度很高、授权范围很大的数据，应采取负面清单制度，原则上不允许收集与交易。对于确有需要的情形，可采用许可经营制度，即进入相关市场须经经营范围内省以上相关行政部门许可，并接受相应监管。

第二，针对严格限制条件下可商用但授权程度较低的数据，以及一定条件下可商用但授权程度高的数据，主要采取备案制。具体的制度设计是，数据持有者应每年编制"年度数据要素使用概要"，对当年度持有相关数据的范围、数量、来源、数据交易流转、相关内部监管措施及合规情况等进行报告，并提交行政主管机关备案。另外，如对此类数据实行备案制，建立行业标准评价机构则不可或缺。通过该第三方的认证体系，可以定期对数据使用情况进行监督检查。

第三，针对一定条件下可商用并且授权程度较低的数据，以及宽松条件下可商用但授权程度较高的数据，可采取自主经营原则，鼓励相关主体自主进出相关市场，以促进数据的充分流动和使用。

第四，针对公开数据以及较低授权程度的宽松条件下可商用数据，应采取自主经营。各级政府应建立财税激励机制，以鼓励该类数据面向社会开放共享。

采取上述分类分级监管体系，可以从制度上杜绝敏感数据进入数据要素市场，从而避免了数据要素市场中潜在的风险和隐患。对于具有一定敏感性但又同时蕴含商业价值的数据，监管体系也应明确处理办法，即由相关主管部门分别判断能否进入数据要素市场或满足何种条件才能进入市场，这样既最大限度发挥了数据要素的商用价值，同时也最大限度地避免了数据泄露带来的危害。而对于敏感性不高的数据，监管体系应鼓励其商用和共享流动。因此，该分类分级监管体系达到了尽量避免数据要素负外部性的目的，并最大限度发挥了数据要素的经济价值。

课 后 思 考

1. 请根据国际上各类数据监管现状和遇到的问题，判断未来发展趋势。
2. 请结合数据的特征，讨论数据流通过程中可能遇到的潜在问题。
3. 在经济全球化的大背景下，应如何提升中国在全球数据要素市场中的地位和话语权？
4. 如何做好数据跨境流通的监管与治理？
5. 请选择一个特定领域的数据要素市场，设计针对该领域的数据确权方式和数据交易组织形式。

第七部分

新冲击：数字经济的宏观影响

在本部分，本书将会从宏观经济的视角，探讨数字经济带来的新冲击。在第十七章，本书基于传统宏观经济的大框架，探讨数字经济对传统宏观经济运行带来的影响。第十八章和第十九章，分别从数据要素和数字经济两大视角，探讨其对宏观经济增长的贡献。之后，第二十章、第二十一章和第二十二章分别聚焦于人工智能与就业、大数据与绿色发展、数字货币与数字税费，帮助大家更为全面地理解数字经济的宏观影响。

CHAPTER 17 第十七章

数字经济和经济发展

数字经济正与传统经济的各个领域深度融合,对宏观经济产生着全方位的影响。因此,有必要系统地分析数字经济对经济发展产生冲击的方式以及背后的潜在原因。本章节将基于传统的宏观经济理论,分析数字经济渗透所带来的冲击。此外,本章节所形成的分析框架,也将是本书整个第七部分的基本框架。读者将会在重新审视宏观经济的同时,深入探究数字经济在整个经济系统中的地位。

第一节 数字经济对宏观经济活动的影响

一、宏观经济的基本框架

以家庭部门、企业部门和政府部门为核心的三部门经济是很多宏观经济问题分析的基本框架,如图 17.1 所示。

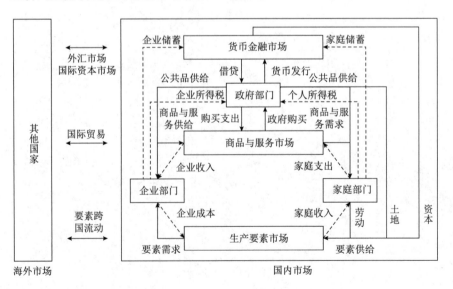

图 17.1 宏观经济的基本框架

（一）家庭部门

家庭部门在其涉及的三大市场（即图中的商品与服务市场、生产要素市场、货币金融市场）中的经济活动如下：在商品与服务市场中产生购买需求，并进行家庭支出；在生产要素市场中提供劳动力，并取得家庭收入；在货币金融市场中进行储蓄，并形成资本的部分供给。此外，家庭部门也可以享受到政府部门提供的公共品，但同时也需要向政府部门缴纳个人所得税。当然，图 17.1 并没有进一步反映更为复杂的经济活动，比如家庭部门可能从政府部门获得转移支付或退税，以及也可以直接从货币金融市场进行借贷。

（二）企业部门

企业部门在其涉及的三大市场（即图中的商品与服务市场、生产要素市场、货币金融市场）中的经济活动如下：在商品与服务市场中提供各类产品和服务的供给，并在售出后获取企业收入；在生产要素市场中以不同的成本获得劳动、资本和土地等生产要素；在货币金融市场中进行储蓄，形成资本的部分供给。类似地，企业部门也可以享受到政府部门提供的公共品，但同时也需要向政府部门缴纳企业所得税。图 17.1 同样没有进一步反映更为复杂的经济活动，比如企业部门可能从政府部门获得转移支付或退税，以及需要的技术生产要素也可能涉及企业内部的研发活动或企业之间的技术溢出。

（三）政府部门

政府部门在其涉及的三大市场（即图中的商品与服务市场、生产要素市场、货币金融市场）中的经济活动如下：通过政府支出，在商品与服务市场中产生部分的市场需求；在土地公有制下，向生产要素市场供给土地；在货币金融市场中通过中国人民银行进行货币的发行与供给，同时以国债的形式从货币金融市场进行借贷。除此之外，政府部门还需承担向企业部门和家庭部门提供公共品的职责，这些公共品涉及军事、交通、医疗、教育等。与此同时，政府部门也会根据相关法律向企业部门和家庭部门分别征收企业所得税和个人所得税。

（四）海外市场

上面对宏观经济运行基础的分析都是基于封闭市场，但在现实情况下，几乎所有国家都或多或少与海外市场存在联系。具体而言，一个国家的金融货币市场会在开放环境下形成外汇市场，并承担不同货币间的结算和兑换；一个国家的产品与服务市场会在开放环境下与海外市场连接，从而产生各种类型的国际贸易；一个国家的生产要素市场会与海外的生产要素市场发生流动，进而实现外资进入、对外投资以及人才流动等。

因此，当我们从宏观经济的视角去解构经济运行的规律时，所涉及的部门、市场以及经济活动是多元且复杂的。

二、数字经济影响哪些宏观经济活动

基于图 17.1 中的宏观经济基本框架，本节将对数字经济可能影响到的宏观经济活动进行进一步的总结分析，如图 17.2 所示。

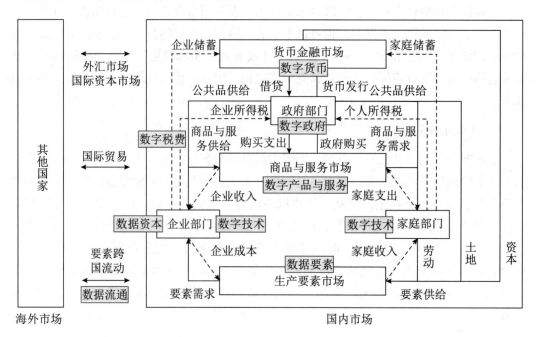

图 17.2　数字经济与宏观经济的基本框架

（一）数据要素与数据资本

本书的第六部分已经详细阐述了数据要素市场下的数据生态、数据确权、数据定价与交易以及数据的治理与监管。而从宏观经济的视角来看，数据要素对经济增长所产生的影响及其作用机制同样值得进一步探讨。首先，在数字经济时代，除了劳动、土地、资本等传统的生产要素外，家庭部门可以提供大量的用户数据，而政府部门则可以提供大量的公共数据。这些数据经过生产要素市场进入到企业部门的生产活动中，可极大提高企业部门的生产效率，从而促进国民经济的发展。因此，数据要素和经济增长的关系，或者说数据要素对经济增长的贡献是在数字经济背景下需要专门研究的重要内容。本书的第十八章将对这一专题进行系统而深入的探讨。

（二）数字产品与服务

随着数字经济在各行各业的渗透，在商品与服务市场中越来越多的产品开始带有数字化的属性。大部分的电子产品带有芯片，很多电子设备也需要通过各种形式的联网才能实现更多的功能。同时，随着各类电子设备的普及，在电子设备上通过各类软件、App、网站提供的数字服务也成为服务市场中的重要交易品。以智能手机为例，其出货量或销售量在一定程度上已经成为经济发展水平的一个参考指标，而且能够非常好地反映出居民的消费水平和消费能力。具体来说，在经济上行时期，居民更换手机的频率以及购买手机的价位均要高于经济下行时期。与此同时，我们也看到了数字服务正成为居民在闲暇时段的重要消费场景，覆盖了衣食住行等，已成为日常生活必不可少的一部分。在第十九章，本书会从一个更为宏大的视角，对整个数字经济的贡献进行测算。

（三）数字技术

技术作为一类生产要素，对经济发展的影响巨大，这得到了大量实践的检验。在改革开放伊始，邓小平同志就曾提出："科学技术是第一生产力。"数字经济的发展依托于各类数字技术的革新与突破，因此数字技术同样会对宏观经济的各个部门产生不同的冲击。鉴于技术往往具有两面性，探讨数字技术带来的影响时同样需要从正反两个方面进行分析。比如，企业部门可以使用大数据、人工智能等一系列先进的数字技术来提升自己的生产水平，但是人工智能或机器人的应用同样也会在家庭部门造成失业。再如，在家庭部门，用户可以使用 P to P 技术便捷地进行文件的传输和资源的共享，极大地提升了自身的效用，但是潜在的盗版现象也可能会对企业部门造成难以估量。因此，数字技术是一把"双刃剑"，它在促进经济发展的同时，也会带来一些负外部性的损害。本书的第二十章将重点探讨人工智能和机器人的应用所带来的正面影响和负面冲击。

（四）数字政府

党的十八大以来，我国高度重视数字经济的发展，数字政府建设步入快车道，中央和地方各级政府部门都在积极探索数字政府的建设方式。2022 年 4 月，习近平主席召开中央全面深化改革委员会第二十五次会议，审议通过了《关于加强数字政府建设的指导意见》，并指出要"把数字技术广泛应用于政府管理服务，推动政府数字化、智能化运行，为推进国家治理体系和治理能力现代化提供有力支撑"。数字政府建设是《"十四五"数字经济发展规划》的重要组成部分，主要体现在一体化政务服务的开展以及对数字营商环境的改善。在数字经济时代，数字政府在整个经济社会的数字化、智能化过程中占据着不可或缺的地位。具体来说，数字政府既是我国构建数字经济治理体系、促进数字经济健康持续发展的基本需求，也是国家治理体系和治理能力现代化的重要推动力。建设数字政府可能不仅仅只是局限于电子政务的打通与开展，同时也要求充分利用好政府部门的公共数据资源，统筹安全与发展，推动数据共享，充分调动好数字经济中的各类互补者，集合社会各级力量做好数字共治，最终共同推动数字政府的建设。因此，数字政府的建设会让政府在宏观经济的公共管理领域发挥出更加高效的作用，从而对整个经济的发展产生影响。本书的第二十一章将针对数字政府如何以大数据为抓手，推动绿色发展与低碳发展展开探讨。

（五）数字货币与数字税费

数字货币与数字税费，同样也是数字经济渗透经济活动的重要产物。诸如区块链、云存储等数字技术的发展，让数字货币的发行成为可能。数字货币具备传统货币不具有的优势，同时也有潜在的风险。总体而言，数字货币的发行将会对整个货币金融市场带来冲击。同时，数字经济相关生产活动也创造出了越来越多的价值，但这些价值几乎都被互联网巨头企业所获取。在部分情况下,数据要素带来的价值增值可能并没有被核算至传统的税收体系中,互联网巨头企业在免费收集用户数据的同时也没有支付相关的费用。因此,针对这些新的现象,需要引入一套较为科学、完整的数字税费体系,以促进数字经济更为健康持续地发展。本书的第二十二章将针对数字货币与数字税费进行详细的介绍。

(六)数据流通

数据的跨境流通是当前数字经济领域关心的一个重要问题。在数据成为数字经济时代的重要生产要素后,掌握或接入更多的数据资源将成为数字经济下商业模式发展的一个重要前提条件。为了在全球范围内进行数字经济企业的国际化拓展,在不同国家提供多样的数字化服务,数据流通至关重要。当前,包括美国、日本、韩国等在内的国家和地区在原有 CBPR 的框架上,试图建立一个名为"全球 CBPR"的全新框架。欧盟则是在 2018 年便已经推出了 GDPR,旨在更好地保护数据流通。因此,鉴于全球各国均在积极探索数据流通的可能性以及需要遵守的各类制度、规则,针对数据流通的某些国际组织很有可能会在未来成为一个与现有世界贸易组织相类似的组织机构。比如,当前已有学者开始提出了成立"世界数据组织"(World Data Organization)的构思。

第二节 数字经济下宏观经济活动的特点

鉴于数字经济已经对各类宏观经济活动产生了不同程度的渗透,那么传统的宏观经济活动是否又会表现出一些不一样的特点呢?本节将简要探讨消费、生产和治理活动的一些新特征。

一、消费活动

消费活动是指在宏观经济中以家庭部门为单位而进行的一类经济活动。具体而言,家庭部门会做出有关消费、储蓄和劳动力供给等方面的决策。消费直接影响到总需求的形成,储蓄则关系到企业部门资本要素的来源,劳动力供给则关系到企业部门劳动力要素的来源。在进行家庭部门的分析时,一般借用效用函数。家庭部门的效用受到消费和闲暇的影响,消费可以带来效用的提升,消费之余的积蓄则会进入储蓄,以便企业部门以一定成本获取之后进行投资;闲暇同样可以带来效用的提升,闲暇之余家庭部门需要通过劳动力获取家庭收入,以实现新的消费。

数字经济的发展不仅影响了家庭部门的消费行为,也会影响家庭部门的闲暇。这些影响最终形成了数字经济下消费活动的一些新特征。

(一)电子商务和线上消费

在 21 世纪初期,互联网行业的发展促进了电子商务平台的崛起,不管是美国的亚马逊还是中国的淘宝,都是在这个时期实现了高速的发展。但是从整体来看,在互联网时代,市场消费行为主要还是集中在实体店。到了数字经济时代,随着更多电子设备的普及，消费者接入电子商务平台的方式也变得多样化。打破空间限制、地域限制、甚至国家限制的消费行为变得越来越普遍。与此同时，电子商务也不再仅仅局限于传统的产品买卖，可以看到，外卖平台、视频平台、问答平台、团购平台等的出现已经让线上消费涉及衣食住行的方方面面。

与传统的消费相比，电子商务的普及在很大程度上改变了消费者的消费习惯。线上消费一方面让消费变得更为便利，另一方面也可能会对传统的消费造成挤出，其利弊值得进一步的探讨。根据相关数据显示，线上消费与线下消费是一个此消彼长的过程。如图17.3所示，中国实物商品网上零售额从2015年的32 424亿元人民币增长至2021年的108 042亿元人民币，年均增长率高达22.21%。同时，实物商品网上零售额占社会消费品零售总额的比重也从2015年的10.77%增长至2021年的24.51%。具体而言，在2021年，实物商品网上零售额中，吃类、穿类和用类商品分别增长17.8%、8.3%和12.5%。因此，如果线上消费市场能够得到合理规范，其对整个经济的促进作用还是值得肯定的。

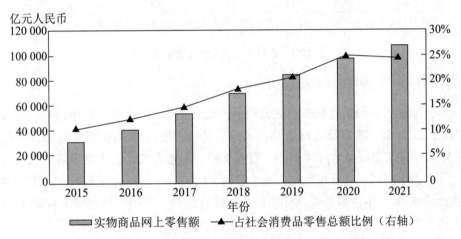

图17.3　中国2015—2021年实物商品网上零售额占社会消费品零售总额的比例

资料来源：国家统计局。

（二）数字服务与闲暇消费

居民的消费主要发生在闲暇时段，而不同类型的消费偏好会在很大程度上影响居民的闲暇消费。随着我国经济的不断发展，居民的收入水平逐年提高，消费结构也在发生不断变化。可以发现，过去一段时间以来，居民在购买相关的电子产品后，花费在电子产品上的时间也越来越多。过去的消费需要居民走出室外，在出行、逛街、住宿等环节开展；而基于电子设备，居民可以足不出户，便能购买自己所需要的各类数字服务，这无疑是对过去消费场景的一个重要补充。目前的数字服务包括了各种类型的网络游戏、网络小说、在线音乐、在线视频乃至相关的在线直播。多元化的数字服务可以极大提升闲暇消费的效用，进而影响到居民在闲暇与劳动之间的决策。

如图 17.4 所示，中国网民人均每周上网时间从 2015 年 12 月起，便已经稳定在 26 小时以上。这一数据意味着，在一周七天的时间里，有多余一天的时间被中国网民用以网上冲浪，换算成每天则为平均每天至少 3.71 小时。随着数字经济的发展，上网娱乐已经占据了中国网民大量的日常闲暇时间，极大提升了闲暇所带来的效用。

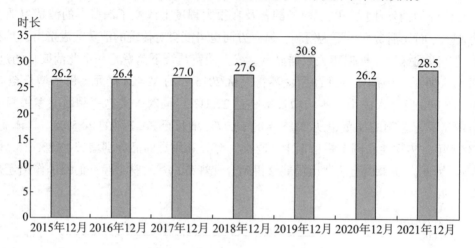

图 17.4　中国网民人均每周上网时长

资料来源：中国互联网络发展状况统计报告。

此外，根据工业和信息化部的数据显示，截至 2020 年 12 月，在中国移动互联网的 App 市场中，共有 345 万款不同类型的 App。其中，游戏类 App 数量为 88.7 万款，占比为 25.7%；日常工具类 App（例如，石墨文档、墨迹天气、百度网盘等）数量为 50.3 万款，占比为 14.6%；电子商务类 App（例如，淘宝、京东、拼多多等）数量为 34.0 万款，占比为 9.9%；生活服务类 App（例如，每日优鲜、美团、携程等）数量为 31.0 万款，占比为 9.0%。这些种类丰富、数量繁多的 App 可以为不同类型的用户提供不同的 App 服务，从而满足用户闲暇之余的娱乐需求。

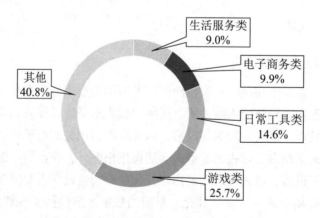

图 17.5　中国 App 分类占比

资料来源：中国工业和信息化部。

二、生产活动

生产活动主要是指以企业部门为核心而展开的经济活动。企业需要基于自身所处的行业做出借贷、雇佣、投资、研发、生产、销售等一系列的决策，目标在于实现企业的利润最大化。在生产要素市场，企业以不同的形式获取各类生产要素，典型的生产要素包括资本和劳动力。这些生产要素需由企业从要素市场以不同的交易形式来获取，并分别投入到研发、生产、销售等环节，最终在产品价值实现后转化为企业收入。生产要素价格的变化在一定程度上会引导企业投资方向的转变，在劳动要素较为低廉的情况下，可能以发展劳动密集型产业为主；在资本较为充足的情况下，则有可能发展资本密集型产业。

数字经济正在深刻地影响着企业的各类生产活动，比如大数据的应用可以帮助企业更为精准地进行销售预测，5G等数字基础设施的普及可以帮助企业更好地进行部分生产活动的监测，大量工业软件的应用也让企业可以基于生产活动所产生的数据做出更好的决策。从现有的实践来看，数字经济时代下的生产活动主要体现出两大新的特征：利用数据要素的价值、拥抱产业互联网。

（一）数据要素与数据密集型产业

在数字经济背景下，数据成为了一类新的生产要素。在过去的十几年里，数据要素的价格呈现出了非常明显的下降趋势。数据要素的价格取决于数据采集、存储和处理过程中所产生的成本，也取决于市场对数据的需求。数据资本是生产要素意义上数据的存量，数据资本的测算可以基于货币形式，即有多少按货币计量的数据资本；也可以基于物理形式，即有多少存储规模的数据资本。对数据资本的估计则可以帮助我们更好地去理解数据要素的价值。

理解数据价值链是进行数据资本估算的前提。借鉴加拿大统计局、美国经济分析局等机构的研究成果，我们可以将数据价值链划分为数据采集、数据清洗与存储、数据加工三个阶段，如图17.6所示。其中，数据采集是将原始信息转换为数字形式，并可以储存、传输或处理。数据清洗与存储是对采集到的数据以一定的标准进行初步处理，并有组织的进行数据存储，以方便后续的检索和操作。数据加工指的是基于存储的数据，有系统地进行创造性活动，将初步处理的数据加工成表征一定模式的、可以更好地在各种数字经济场景中直接发挥作用的数据。

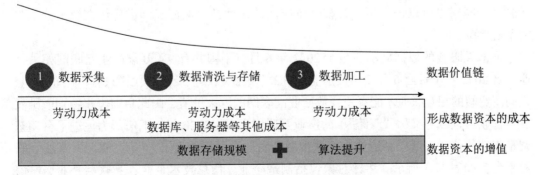

图 17.6 数据价值链与数据资本

当然，目前仍然没有一个比较公认的估算数据资本的方法。根据加拿大统计局（Canada Statistics，2019）的估算显示，2018年加拿大的数据资本在90亿美元到140亿美元之间，大约占2018年加拿大GDP的0.53%到0.82%。美国经济分析局（BEA，2022）进一步基于美国在线就业招聘的数据，使用机器学习的方法来更为精准估算形成数据资本的直接劳动力成本。估算结果显示，美国的数据资本从2003年的826亿美元增长至2020年的1 595亿美元，年均增长率在3.9个百分点。数据价值的膨胀，也让数据成为一种和资本一样重要的生产要素，而拥有大量数据的相关产业自然也成为了数据密集型产业。

尽管没有一个全球范围的数据资本估算体系，但是从另一个视角来看，数据存储规模也可以反映数据要素资源的积累。根据国际数据公司（International Data Corporation，IDC）的估算，全球的大数据存储规模从2013年的4.3ZB增长至2020年47ZB。如此大量的数据存储规模，一方面说明全球当前确实在数据要素方面具有一定的积累，另一方面也说明当前各国企业在数据要素的利用上仍然具有非常大的潜在空间。在中国，平台企业可以通过提供数字服务的方式，较为廉价地从用户手中收集大量的个人数据，而政府也拥有大量的公共数据。这些数据如果能以较为合理的价格流入数据要素市场，进入到企业的生产活动之中，便能催生一批以数据要素为主要投入的产业。由于数据要素的价格较低，数据密集型产业很有可能是未来的一个重要发展方向。

（二）数字化转型与生产网络

数字化转型主要还是指企业上云或企业引入企业资源计划（Enterprise Resource Planning，ERP）等战略选择的行为。数字化转型的根本出发点是在于，让生产活动中所产生的数据能够再次以生产要素的形式进入到后续的生产活动之中，以帮助企业更好地提升生产效率。在一个产业链内部，如果能够实现产业链上下游之间的数据打通，一方面可以通过对资金链、物流链等链条进行协同管理，以保证供应链更为畅通地运行；另一方面也可以得到供应链各个环节更为及时的反馈，从而快速对生产活动进行调整。一个非常典型的案例便是产业互联网下的大规模定制。通过对需求端产品定制需求的及时反馈，整个供应链可以非常及时、迅速地进行生产的调整，从而满足不同类型的消费需求。这种数字化生产模式的改变，不仅可以提高整个生产环节的效率，也可以在未来形成更为复杂的生产网络，将生产环节更好地连接起来。这种复杂、多元的生产网络也可以进一步提升整个供应链的韧性，以保证我国供应链在全球分工中的重要地位。

根据天眼查的数据显示，截至2022年6月，中国共有9.4万家产业互联网相关企业，且2022年1月至6月新增注册企业3.3万家。在数字经济时代，只有不同领域间、不同产业间的相互联通才能真正释放产业互联网的巨大价值，因此目前国家特别鼓励发展跨行业跨领域（又称"双跨"）的产业互联网平台。2020年，工信部为促进平台动态调整与迭代优化，基于制造业与互联网融合发展水平评选出了15家"双跨"工业互联网平台，如表17.1所示。参评对象包括制造企业、信息技术企业、互联网企业、电信运营商、科研院所及其联合体等，形成具有示范作用的中国产业互联网领军平台。

表 17.1 中国产业互联网"双跨"示范企业和平台

序号	单位名称	平台名称
1	海尔卡奥斯物联生态科技有限公司	卡奥斯 COSMOPlat 平台
2	航天云网科技发展有限责任公司	航天云网 INDICS 平台
3	北京东方国信科技股份有限公司	东方国信 CLOUDIIP 平台
4	江苏徐工信息技术股份有限公司	汉云平台
5	树根互联技术有限公司	根云 ROOTCLOUD 平台
6	用友网络科技股份有限公司	用友精智平台
7	阿里云计算有限公司	阿里云 supET 平台
8	浪潮云信息技术股份公司	云洲平台
9	华为技术有限公司	华为 FusionPlant 平台
10	富士康工业互联网股份有限公司	富士康 Fii Cloud 平台
11	深圳市腾讯计算机系统有限公司	腾讯 WeMake 平台
12	重庆忽米网络科技有限公司	忽米 H-IIP 平台
13	上海宝信软件股份有限公司	宝信 xIn3Plat 平台
14	浙江蓝卓工业互联网信息技术有限公司	supOS 工业操作系统
15	紫光云引擎科技（苏州）有限公司	UNIPower 平台

资料来源：中华人民共和国工业和信息化部《2020 年跨行业跨领域工业互联网平台清单公示》。

三、治理活动

宏观经济管理或国民经济管理一直是宏观经济运行过程中非常重要的一个环节。改革开放以来，我国经济的快速发展和政府在宏观调控以及宏观政策上的把握密不可分。因此，政府部门的治理活动同样也是宏观经济活动的一个重要组成部分。与企业部门、家庭部门不同，政府部门并不是直接参与到市场之中，而是更多地规范市场运行，构建合理经济制度，降低市场交易成本。这些过程一方面需要相关数字技术的支持，为宏观经济运行提供更好的服务；另一方面也需要进行相关的立法，通过法律手段规范市场中的各种行为。

（一）数字经济相关法律法规

在数字经济背景下，企业和家庭部门的行为可能会发生变化，且呈现出新的规律，因此我们有必要从法与经济学的视角出发，针对一些新的行业、新的领域出台合适的法律，更好地进行国民经济的管理。在平台经济出现大范围垄断的巨头，且垄断巨头的行为严重损害数字经济健康持续发展的背景下，国务院反垄断委员会于 2021 年 2 月 7 日发布了《关于平台经济领域的反垄断指南》。当前在互联网企业收集数据的过程中，出现了大量损害用户个人隐私的行为。在这样的背景下，中国于 2021 年 11 月 1 日起正式实施了《中华人民共和国个人信息保护法》。相关立法工作的推进，为数字经济的发展营造了健康的法律环境。目前，国家发展与改革委员会以及各级地方政府均推出了数据要素的相关条例，并积极探索数据要素市场的构建，这些都体现出了立法规范数字经济发展的必要性。

这些法律法规会对整个数字经济相关的产业产生约束，并能够更好地规范数字经济的发展。以工信部 2021 年印发的《关于开展信息通信服务感知提升行动的通知》中有关建立个人信息保护"双清单"这一条例为例。工信部要求，各相关企业应建立已收集个人信息清单和第三方共享个人信息清单。首批设立"双清单"的企业包括了腾讯、拼多多、阿里巴巴、百度、网易等中国知名互联网企业，涉及了微信、QQ 音乐、拼多多、淘宝、百度地图、支付宝等用户日常使用频率非常高的 App。以微信为例，如图 17.7 所示，在完成"双清单"的改造后，微信的我→设置→隐私选项下，可以非常清晰地看到个人信息收集清单和第三方信息共享清单。点开个人信息收集清单，可以看到微信对用户基本信息、设备信息、用户使用过程信息、社交与内容信息、联系人信息等用户个人信息的收集情况；点开第三方信息共享清单，则可以看到诸如云闪付 SDK、微信支付/网络支付服务、微保、微粒贷服务、小程序/公众号、微信登录 OpenSDK、广告服务等第三方主体，以及共享的信息、使用场景、使用目的、共享方式和第三方个人信息处理规则等用户关心的内容。

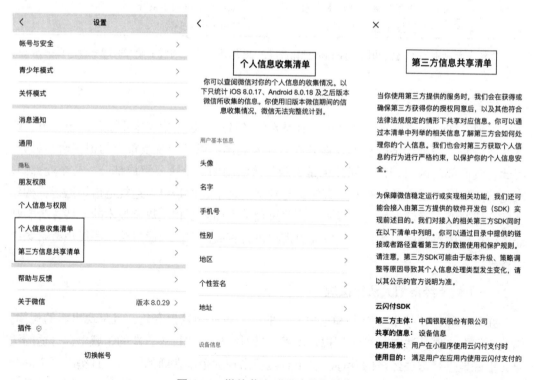

图 17.7　微信落实"双清单"情况

（二）数字技术与宏观治理

政府治理行为的另外一个特征便是，将数字技术与传统宏观经济管理进行了结合。在引入数字技术后，以财政、货币政策为核心的宏观经济调控政策，均有新的拓展空间。比如在财政政策中引入数字税费的措施，具有帮助解决数字鸿沟问题的潜在可行性；在货币政策中引入数字货币，可以克服使用纸币存在的部分劣势，让货币手段更为灵活。此外，在社会问题的治理上，政府部门也可以借助当前的社交媒体平台，与民众进行更为高频的互动，让民众也能参与到相关问题的治理之中，更好地实现"数字共治"。我们可以看到，在目前的微信公众号、微博以及抖音等社媒平台上，地方政府的各个部门均开通了相关的政务号，这些政务号在政策传播、信息传递的过程中都起到了非常重要的协助作用。

在数字经济时代下，政府治理过程中对数字技术的使用其实并不受传统地理区位因素的限制，数字技术、数据要素可以帮助打破地理区位因素的分布差异，更好地帮助实现政府治理行为的数字化。

课 后 思 考

1. 数字经济对当前的宏观经济发展带来了哪些冲击？
2. 数字经济带来的冲击都是有利的吗？请举例说明。
3. 数字技术的发展带来了平台经济的繁荣，你认为平台经济影响消费活动的渠道都有哪些？
4. 政府部门将公共数据授权给企业部门的过程中需要注意什么问题？
5. 还有哪些宏观经济活动可能会受到数字经济的影响？

CHAPTER 18 第十八章

数据要素和经济增长

本章将介绍数据要素是如何影响经济增长的。首先,介绍生产要素与经济增长之间的关系,并梳理传统生产要素对经济增长的影响。之后,探讨生产要素影响经济增长的方式,并对现有的模型进行介绍。

第一节 生产要素与经济增长:一个历史的视角

学术界关于人类经济形态的历史更迭有多种划分方法,相关研究主要集中在哲学和马克思主义研究领域、社会学领域、经济学领域。

在哲学和马克思主义研究领域,将经济制度和经济体制看作社会经济形态的具体形式或发展形式,即经济形态与社会形态紧密相连,形成了社会形态理论。在社会形态理论的研究中,又从不同视角分为"五形态"论与"三形态"论两种主要观点。其中,"五形态"论是马克思主义唯物史观的一个基本观点,指的是人类社会由原始社会、奴隶社会、封建社会、资本主义社会,经过社会主义社会的过渡而达到共产主义社会的五种社会形态演变发展的一般规律(中共中央宣传部理论局,1989);"三形态"论则以人的发展状况为标准,将人类社会分为自然经济社会(人的依赖性)、商品经济社会(物的依赖性)和产品经济社会(个人全面发展)三种社会形态。

在社会学领域,根据人与自然的关系,将经济社会形态划分为狩猎与采集经济时代、农业经济时代、工业经济时代、信息经济时代、生物经济时代五种经济形态(邓心安和张应禄,2010)。

在经济学领域,基于"生产力与生产关系的矛盾运动是人类社会不断发展的根本动力"的论断,认为生产力的变化首先表现在技术进步上,生产力的发展带来生产关系的变革,从而形成新的经济形态。根据这个理论,一般将经济形态划分为原始经济、农业经济、工业经济、数字经济四种经济形态(龚晓莺和杨柔,2021),或者基于微观的视角,将工业经济之后的新经济形态概括为共享经济、零工经济、平台经济、生态经济等更具体的形态(李海舰和李燕,2020)。

为便于划分不同经济形态的标志节点,本书遵循"技术—(规则)—

经济"的演进范式，以技术变革作为经济形态更迭的标志，将人类经济形态的历史演进划分为原始经济、农业经济、工业经济、数字经济四种经济形态，如图18.1。对现代文明而言，由于原始经济几乎不复存在，因此，本研究重点考察后三种经济形态的演变。伴随着农业经济、工业经济、数字经济三种经济形态延续发展，人类生产力不断提升，最具标志性的改变有三个方面：一是新产业、新分工、新市场、新模式、新财富不断涌现；二是科学技术不断进步，且在生产活动中的应用不断深入；三是核心资源、关键生产要素[①]和主导经济生产和财富分配的力量发生改变。

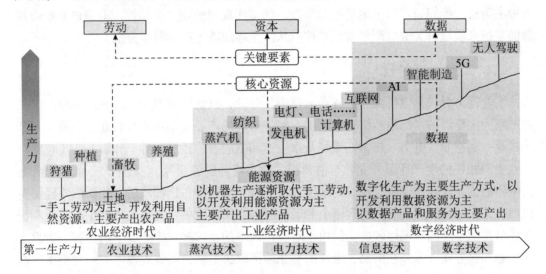

图 18.1　人类经济形态的历史演进历程

资料来源：整理自《Digital Economy Report（2019）—Value Creation and Capture Implications for Develop》、亿欧智库。

一、农业经济时代

农业经济时代是以手工劳动为主要生产方式，以自然资源为主要劳动对象，以农产品为主要经济产出的经济时代。农业经济时代的产业类型主要有农产品种植业、畜牧业、渔业等，对自然条件十分依赖。例如，农产品种植业一般分布在湿润和半湿润的平原和盆地，对土壤、降水、气温等都有一定要求，且不同种类农作物之间还存在较大差别；畜牧业一般分布在大面积的干旱、半干旱气候区，对自然条件的要求与种植业大不相同；而渔业则对水域环境条件的要求比较高，且由于不同养殖对象的生态习性相差较大，对水域环境条件的要求也相差较大。

农业经济时代的开启是以农业技术的诞生和由"农业技术群"推动的生产力和生产

---

① 本书根据《中共中央关于坚持和完善中国特色社会主义制度 推进国家治理体系和治理能力现代化若干重大问题的决定》（2019）和《中共中央 国务院关于构建更加完善的要素市场化配置体制机制的意见》（2020）关于生产要素在收入分配制度中确立的地位，将土地、劳动、资本、技术、数据等五大生产要素列为一类生产要素，将文件中涉及的知识和管理两大要素，以及其他生产要素列为二类生产要素，并列入资本类生产要素。因此，本书讨论的生产要素也限定为土地、劳动、资本、技术、数据等五大生产要素。

关系的变革为标志的。在农业经济时代，由于生产方式主要以开发利用土地为主，因此农业经济时代的核心资源是土地。在假定技术不变的前提下，由于土地面积在短期内保持不变，财富的积累主要依靠劳动力数量的增多来实现，因此农业经济时代的关键生产要素是劳动。从长期来看，随着农业技术的进步，土地和劳动的质量都将发生改变，进而极大释放要素价值。这种由于技术进步带来的财富增加远超过劳动力数量的增多带来的财富效应，因此农业技术是农业经济时代的第一生产力。

总体来看，在农业经济时代，主导经济生产和财富分配的力量往往是掌控大量土地的地主阶层，他们通过对土地的绝对掌控，间接实现对劳动力的掌控，即通过对核心资源的掌控来实现对关键生产要素的掌控，从而主导经济生产和财富分配。

二、工业经济时代

工业经济时代是以机器生产逐渐取代手工劳动，以能源资源为主要开发对象，以工业产品为主要经济产出的经济时代。工业经济时代的产业类型主要有农业、工业（包括采矿业、制造业、电力、热力、燃气及水生产和供应业、建筑业等）和服务业（包括与工业生产相关的生产性服务业和与消费相关的消费性服务业等）。其中，工业和服务业占主体地位，农业在经济结构中的地位和在经济产值中的占比都较低。相对农业经济时代而言，工业经济时代的交通运输业和通信服务业快速发展，占据主体地位的工业和服务业对自然条件的依赖性较低。但由于对生产效率的追求和对生产成本的控制，世界上的工业和服务业大多都在沿海、沿江的平原地区聚集发展，形成规模经济，并衍生出都市圈、城市群，因此其对区位条件有一定的要求。

工业经济时代的开启是以工业技术的诞生和由"工业技术群"推动的生产力和生产关系的变革为标志的，至今已经历了三次工业技术革命，分别是：18世纪60至70年代以蒸汽技术的发明和利用为主要标志的第一次工业技术革命，19世纪70年代以电力技术的发明和利用为主要标志的第二次工业革命，以及20世纪50年代以微电子技术的发明和利用为主要标志的第三次工业革命。

在工业经济时代，由于生产方式主要是以开发利用能源资源为主，因此工业经济时代的核心资源是能源。在假定技术不变的前提下，由于工业经济发展受土地面积的约束较小，财富的积累主要依靠劳动力和资本数量的增多来实现。但随着多次工业技术革命的推进，资本对财富积累的作用日益显著，因此工业经济时代的关键生产要素是资本。从长期来看，随着工业技术的进步，土地和劳动力的质量都将进一步提升，新生产技术、新工艺流程、新分工模式、新市场结构都会不断涌现，且因为工业技术带来的要素价值增值远大于农业技术，因此工业技术取代农业技术成为了工业经济时代的第一生产力。

总体来看，在工业经济时代，主导经济生产和财富分配的力量往往是掌控大量资本的资产阶层，他们通过对资本的绝对掌控，间接掌控能源资源。与农业经济时代不同，工业经济时代的资产阶层是通过对关键生产要素的掌控来实现对核心资源的掌控，从而主导经济生产和财富分配。

三、数字经济时代

"数字经济"一词最早出现于20世纪90年代中期[①],在"数字经济"诞生之初,主要关注的是互联网对商业行为所带来的影响。2002年,美国学者贝欧姆苏·金(Beomsoo Kim)首次将数字经济定义为一种特殊的经济形态,认为数字经济的本质是以信息化形式进行商品和服务交易。当前,国际上广泛接受的数字经济定义是2016年9月二十国集团领导人杭州峰会通过的《二十国集团数字经济发展与合作倡议》提出的,即数字经济是指以使用数字化的知识和信息作为关键生产要素,以现代信息网络作为重要载体,以信息通信技术的有效使用作为效率提升和经济结构优化的重要推动力的一系列经济活动。2021年12月,国务院颁布的《"十四五"数字经济发展规划》正式将数字经济定义为,是继农业经济、工业经济之后的主要经济形态,是以数据资源为关键要素,以现代信息网络为主要载体,以信息通信技术融合应用、全要素数字化转型为重要推动力,促进公平与效率更加统一的新经济形态。本书借鉴相关研究,并延续农业经济时代、工业经济时代的定义范式,将数字经济时代定义为:以数字化生产为主要生产方式,以开发利用数据资源为主,以数据产品和服务为主要经济产出的经济时代。

数字经济时代的产业类型除了仍然保留农业、工业和服务业之外,还会衍生出新的数字产业。其中,传统的农业、工业和服务业在经济结构中的地位和在经济产值中的比重会逐渐降低,数字产业以及被数字技术赋能的数字化工业和服务业,在经济结构中的地位和在经济产值中的比重会逐渐上升,如大数据产业、云计算产业、车联网产业、金融科技产业等。相较于工业经济时代,数字服务产业,可以依靠平台企业和OTA(Over-the-Air Technology,空中下载技术)远程管理和服务技术为用户提供服务。因此数字经济时代的工业和服务业不再必须依靠产业的地理集中来实现规模经济,还可以通过数字经济的网络效应来实现规模经济。由此可见,数字经济时代的经济生产对自然条件和区位条件的依赖将进一步降低。

数字经济时代的开启是以20世纪90年代互联网的普及为标志的。此后,随着数字技术的不断发展,推动了生产力和生产关系新一轮的变革。在数字经济快速发展的近30年历程中,随着数字技术的不断进步,人工智能、5G、物联网、区块链、大数据、云计算等已应用到社会生产领域,出现了互联网经济、共享经济、零工经济、平台经济、生态经济等系列形态,推动了智能制造等生产方式和无人驾驶等生活方式的变革。值得一提的是,20世纪陆续出现的信息技术相对于当前的数字技术而言,其对经济的影响尚未具备颠覆性,只是提质增效的辅助工具,因此二者具有本质的区别。

在数字经济时代,由于生产方式主要是以开发利用数据为主,因此数字经济时代的核心资源是数据资源。同样,在假定技术不变的前提下,数字经济发展受土地、劳动、资本数量的影响较小,但受数据的数量和质量的影响较大。特别地,由于数据不同于传统生产要素,它具有多维属性,应用的场景越丰富,其价值就越能被充分释放,因此数字经济时代的关键生产要素是数据。从长期来看,随着数字技术的进步,不仅土地、劳

---

① UNCTAD. Digital Economy Report — Value Creation and Capture Implications for Develop[R]. 2019.

动力的质量将得到提升，数据的数量和质量也都将得到极大的升级，新生产技术、新工艺流程、新分工模式、新市场结构也会不断涌现。且由于数字技术带来的要素价值增值远大于工业技术，因此数字技术将取代工业技术成为数字经济时代的第一生产力。此外，由于数据要素不仅可以依靠自身数量的增加和质量的提升来实现财富积累，还可以通过大数据的运算来优化和升级数据模型，进而赋能其他生产要素，因此，数据可以被看作数字经济时代的第一生产要素。

总体来看，在数字经济时代，主导经济生产和财富分配的力量往往是掌控大量数据的科技企业，它们通过对数据的绝对掌控来间接掌控其他要素和资源。与农业经济时代和工业经济时代不同，数字经济时代的科技企业通过掌控数据要素，不仅可以间接掌控其他生产要素和资源，还能获得推进数字技术进步的先决条件，具有强于地主阶层和资本阶层的能力，从而成为主导经济生产和财富分配的新力量。

第二节　数据要素如何影响经济增长

在宏观经济框架下，生产要素影响经济增长的两个维度就是总供给和总需求。以劳动力为例，在生产部门，劳动力作为生产要素进入到生产活动之中，并最终影响到总供给；与此同时，劳动力是由家庭部门提供的，家庭在做效用最大化的决策时会考虑闲暇时间与工作时间的分配，从而使得效用最大的需求，并最终影响到总需求。

类似的，数据要素影响经济增长的方式同样也不是单一的。作为数字经济时代的一种关键生产要素，数据要素无疑在经济增长的过程中起到了举足轻重的作用。首先，数据要素作为企业的一种无形资产，在生产和管理活动中发挥着指导决策、促进效率的作用，通过提升全社会的生产效率，数据要素促进了经济增长；其次，创新的本质是在高度复杂的知识空间当中发现既有知识的全新组合，而数据要素能够显著提高有用组合的发现率，从而促进创新，并推动经济发展；最后，在金融部门，数据要素是企业和投资者提高预测精准度，从而得以在正确时间掌握正确信息的关键所在。为了缓解金融市场中的信息不对称和不确定性等问题，数据要素同样对经济增长起到了一定的稳定和促进作用。

数据要素是一种非竞争性的资产。对于经济中的一般实物商品或资本来说，一个人对它的使用通常会减少其他人在同一时间对它的使用。而数据像所有的信息一样，能够轻易地进行存储、复制和传输，因此一般商品的竞争性并不适用于数据要素。Jones 和 Tonetti（2020）指出，在技术层面上，数据是无限可用的，即现有的数据可以被任意数量的企业或个人同时使用，且不会减少。所以，无论是数字图像、人类基因组、人口普查还是汽车行驶的数据，都具有非竞争性的特征，任何数量的企业、个人或机器学习算法都可以同时使用这些数据，而又不会减少其他人可用的数据量。数据要素的非竞争性又进一步产生了规模报酬递增的效应。Jones 和 Tonetti（2020）用一个类比进行了说明：由于实物资本是竞争性的，因此每家企业都必须有自己的办公楼，每名职员都需要有自己办公桌和电脑，每个仓库也都需要有自己的叉车。但如果这些资本是非竞争性的，这就意味着经济中的每个人都可以同时使用整个行业的资本存量，显然这将创造巨大的经济收益，而这也正是数据要素的特征所在。因此，数据要素的非竞争性赋予了其促进经济增长的极大潜力。

徐翔和赵墨非（2020）还提出了数据资本的定义：以现代信息网络和各类型数据库为重要载体，基于信息和通信技术的充分数字化、生产要素化的信息和数据。在这一定义当中，一个关键点就是数据的生产要素化。简单堆积的数据并不能作为资本，只有在经过整合和处理后，可以为新的生产过程提供助力的数据才是数据资本，才能作为经济增长过程中的重要生产要素。具体到其影响经济增长的作用机制上，首先，投资数据要素就像投资于传统物质资本和信息通信技术资本一样，能够直接助力企业的生产，继而促进经济增长；与此同时，与传统生产要素不同的是，数据要素还可以通过促进企业生产要素的合理配置来间接提升社会生产效率。具体来说，数据要素的这一独特影响机制可以解释为两重创新性：一方面，数据要素能够促进企业生产效率的升级和经济结构的改善，例如，经过处理的实时交通数据，再通过与计算机系统相结合，能够改进自动驾驶算法，从而推动交通部门的技术进步；另一方面，数据要素的使用还可以提升其本身的积累效率，即循环促进数据的分析和处理能力，使得同样规模的数据能够形成更多的数据资本。例如，随着近年来电商数据的不断增多和处理经验的不断提升，平台能够从大数据中精准地提炼出消费者的购买习惯以及其他有用的信息，以支持精准推送和各类增值服务，从而创造出更多的生产者和消费者剩余。

一、数据要素促进经济增长的方式一：促进研发和知识积累

不同于劳动和资本这两种生产要素，数据要素可内生的产生，且具有动态非竞争性以及所有权灵活的特点，这些特点使得数据要素能对劳动力市场及其政策产生影响。然而，大数据应用的激增往往会侵犯消费者隐私，还易引发数据歧视和数据滥用现象。为了减少数据在使用中产生的负外部性，各国均颁布了与数据隐私保护相关的法律法规，例如欧洲的《通用数据保护条例》（GDPR）、美国的《加利福尼亚消费者隐私法》（CCPA），以及日本的《日本个人信息保护法》。然而，在数据要素作为新生产要素的动态经济中，有关隐私监管政策、数据要素利用或滥用以及数字基础设施如何影响该动态经济的知识积累和增长的基础性问题，仍然没有得到很好的解决，这有待进一步研究。

为了回答这一问题，Cong 等（2021）提出了一个数字经济的内生增长模型，该模型的关键创新在于，依据经验事实做出了消费数据促进研发和知识积累的假定。此外，在该模型中，数据是经济活动中具有潜在隐私泄露问题的副产品，并且与劳动或资本等其他要素不同，因为经济增长可以内生地产生数据要素。在基准模型中，消费者在意识到存在数据泄露和滥用风险的情况下，会选择向中介企业出售数据，而创新型中介企业利用原始数据进行研究，这有助于最终产品的改良。简言之，该模型具有其他增长模型所没有的特征：数据要素能够转化为中间产品，因此数据要素能通过知识积累产生溢出效应。并且随着时间的推移，当数据被交易并被多方使用时，这种溢出效应会进一步增

强，因为其复制成本很低。不过值得指出的是，模型中的这种溢出效应会被潜在的数据隐私泄露或数据滥用带来的副作用所削弱。

基于此模型，可以证明在均衡增长路径上，去中心化经济的增长率与社会最优增长率相同。但由于研发部门的就业不足和数据的过度使用，社会福利和消费者剩余会严重下降。这是因为数据要素中间产品在生产中的垄断加价导致研发部门的劳动力被挤出，从而导致生产者以过度使用数据的方式来补偿研发中劳动力就业的不足，最终造成对数据研发劳动力的挤出达到社会过度水平。因此，在该模型中，从事研发的劳动力的就业和数据要素的利用可能与社会规划者所设想的不同，特别是在均衡增长路径的初始阶段。

Jones 和 Tonetti（2020）的研究认为，即便将数据的非竞争性和消费者对使用其数据造成隐私泄露的担忧考虑在内，数据仍然会被过度使用。而对数据使用的直接监管会以经济增长为代价，并形成从后代到当代的财富转移。但 Cong 等（2021）的模型显示，相比于对数据使用征税，对数据研发人员或中间生产者进行补贴，对缓解社会低效率则更有效。此外，由于数据要素的利用扩大了创新可能性的边界，使其规模收益递减，因此历史数据的使用降低了未来数据使用产生的效益，从长远来看，这可能导致人均数据提供量的下降。随着经济向稳定增长过渡，消费者提供的数据在下降之前可能会经历加速增长的过程。颇为重要的是，即便在社会规划者的解决方案中，较低的初始增长也可能会限制数据的生成，从而进一步延迟向高增长阶段的过渡，这是一种"增长陷阱"。发展数字基础设施或者请求外界支援等干预措施有助于摆脱这一"增长陷阱"，但其前提是经济的增长对数据生成仍具有约束力，即经济活动产生的数据量相对不足。

二、数据要素促进经济增长的方式二：数据的多样化利用

在 Cong 等（2022）的另一篇论文中，建立了考虑数据用途多样性的内生经济增长模型。该模型中的代理人为创新部门和生产部门提供的劳动力，通过其消费活动生产数据，并能将数据出售给创新者和生产企业，但代理人会反对潜在的隐私侵犯和数据滥用。与劳动这一生产要素不同，数据要素不仅在使用时间维度上是非竞争的，还具有水平非竞争性以及垂直非竞争性，这意味着生产中的数据利用不会限制其在创新中的利用。也就是说，跨部门的数据使用以非平凡的方式相互作用，并对消费者的数据贡献、隐私成本以及跨部门的劳动力分配造成影响，从而影响经济的长期增长。此外，消费者在平衡数据利用与数据隐私保护的过程中内生地贡献数据。该模型在上述框架中刻画了均衡增长路径上的均衡，并比较了数据的多样化利用对经济增长的利弊。

该模型显示，在新产品和新企业如雨后春笋般地涌现的情况下，消费者贡献的数据量越大，创造性破坏就越严重。由于消费者的报酬仅由现有企业支付，但其数据贡献会导致知识溢出，而未来创建的企业却并未给消费者足够的补偿，这导致同期数据供应处于次优水平。因此，在去中心化经济体中，内生增长率会低于社会规划者的设想。与此

同时，数据的次优利用降低了创新部门的劳动生产率，而不是生产部门的劳动生产率，从而扭曲了劳动力的配置，造成劳动力过多向生产部门转移，这进一步减缓了经济增长，因为知识只在创新部门积累。简言之，生产企业对消费者数据贡献的低估抑制了生产效率的提高，从而导致创新部门就业不足和生产部门就业过剩。

此外，该论文进一步推测了数据的长期使用情况，并将数据在生产部门和创新部门的贡献进行分解。结果发现，创新部门在数据使用和数据对增长的贡献方面占据主导地位，原因在于数据是动态非竞争性的，并能增加知识的累积。除此之外，创新活动对生产部门的数据使用具有"脱敏"效应，即创新部门在数据要素中获得的知识可以在未来重复使用，而不会带来任何额外的隐私保护成本。当创新部门将相同数据再次用于生产部门时，消费者的隐私保护成本会增加。但是，如果数据在创新部门形成知识，并通过扩大创新可能性边界，然后再进入生产部门，隐私保护成本则不会增加，因为积累的知识不会泄露个人信息。

近年来，对于数字经济的研究通常侧重于如何增加同期产量（Jones and Tonetti, 2020）和对未来进行预测（Farboodi and Veldkamp, 2021），而不关注长期增长。尽管Cong 等（2021）介绍了数据要素在创新部门的使用情形，虽然涵盖了数据对知识积累的作用和动态数据非竞争性的特点，但所有这些模型都采用了半内生增长框架，且还没有将数据利用的总体水平与增长联系起来，也没有提供关于数据多重使用的见解。但在 Cong 等（2022）的新模型中，采用了一个完全内生模型来分析数据对经济和人口增长的影响。此外，通过该模型发现，相对于社会规划者的设想，去中心化的经济体的经济发展并非是有效率的。这与之前研究揭示的数据在创新部门或生产部门的过度使用不同，其揭示了数据的普遍利用不足。此外，尽管这一模型以及 Farboodi 和 Veldkamp（2021）的研究都表明数据对增长的贡献是有限的，但后者的研究假设是基于数据预测的信息量范围的，它被认为来自于对隐私担忧的弥补。

第三节　数据要素和经济增长：宏观经济模型简介

本节将主要基于 Jones 和 Tonetti（2020）的最新论文，介绍如何将数据要素纳入到生产函数之中，从而更好地理解数据要素在经济增长中所起的作用。本节的讨论仍然聚焦于模型的设计思路，而具体的模型求解请大家详见原文。

首先，假定经济体中包含了多个品类的产品，而每个品类的产品均是基于同一个研发生产过程得到的。由于研发需要知识或想法的积累，我们假定一个质量为 A_i 的想法结合数量为 L_i 的劳动力后，可以得到某个品类产品的产出 Y_i 为

$$Y_i = A_i L_i \tag{18-1}$$

由于想法具有非竞争性，即类似的想法可以被多家企业用于生产不同的产品。因此，基于想法的生产函数对劳动力是规模报酬不变的。之后，我们假定该经济体中包含了 N 个品类的产品，并采用常弹性 CES 生产函数，得到整个经济体的总产出 Y 为

$$Y = \left(\int_0^N Y_i^{\frac{\sigma-1}{\sigma}} dy_i \right)^{\frac{\sigma}{\sigma-1}} = N^{\frac{\sigma}{\sigma-1}} Y_i \quad (18\text{-}2)$$

式中，σ 为生产函数的替代弹性。

从式（18-1）和（18-2）可知，整个经济体的总产出并不是各个品类产出的一个简单加总。以共享出行为例，市面上可能存在特斯拉、优步、辉摩（Waymo）等品类。这些品类所提供的出行服务并不是完全一致的，它们的服务源自于不同质量的共享出行理念，而且最终提供的出行服务之间可能也存在着互相竞争或互补的关系。

接下来引入数据要素，以探究数据要素对生产系统的影响。我们假定数据可以用来提升想法的质量，即越多数据的支撑可以提升想法在生产活动中所的作用。因此，数据要素对想法的影响可用如下公式表示：

$$A_i = D_i^\eta \quad (18\text{-}3)$$

式中，D_i 表示投入的数据量；η 为一常数。

同样以共享出行为例，不同的企业均具备共享出行这一商业模式的想法，但是这些想法之间存在差异性。通过相关的出行数据，可以进行机器学习算法的训练，从而让整个出行服务变得更为高效和安全。从不同的场景来看，可能只需要少量数据，就能训练出简单路况下的紧急制动模型；而在高速公路这种复杂且高速移动的场景下，需要大量的数据才能训练出合适的模型。同样，经过大量数据验证后的想法在实际应用过程中可以依靠同样的劳动力以获得更高效的产出。因此，数据可以被认为是能够提升想法质量的。

在这一逻辑下，不同企业的异质性还体现在它们对数据的算法能力上。比如，同样两家出行企业，它们在使用相同数量的数据后所训练出来的机器学习模型可能仍然存在质量的差异。为了捕捉这种差异性，模型的式（18-3）中引入了参数 η，η 越大则说明该企业对数据的算法能力越强。

于是，将式（18-3）代入式（18-1），可以得到如下生产函数：

$$Y_i = D_i^\eta L_i = D_i^\eta L / N = D_i^\eta v \quad (18\text{-}4)$$

这里假定 L 是整个经济体中的劳动力总量，N 是整个经济体中的企业数量。因此，v 可以被理解为是按劳动力数量度量的生产每个品类企业的规模。每当一个品类被消费，就会产生一份数据，比如每公里的驾驶数据可以用来提升未来驾驶的算法。与此同时，这些数据对自身品类的产品都有用，当所有品类合在一起时，这些数据对各自品类也存在着一定的用处。因此，可以用来提升想法质量的数据被记为如下形式：

$$D_i = \alpha x Y_i + (1-\alpha) B = \left[\alpha x + (1-\alpha) \tilde{x} N \right] Y_i \quad (18\text{-}5)$$

式中，Y_i 是消费某一品类而产生的数据；x 是在所有数据中可以使用的份额；B 是其他品类消费活动中所产生的数据集合；x 是某一品类可以从其他品类消费活动所产生的数据中使用的份额；α 和 $1-\alpha$ 是两类数据来源的占比。

基于式（18-5），我们代入一开始提出的生产函数，就可以得到

$$Y_i = \left(\left[\alpha x + (1-\alpha)\tilde{x}N\right]^{\eta} v\right)^{\frac{1}{1-\eta}} \tag{18-6}$$

这个公式意味着，越多的用户消费产品，能产生越多的数据，以不断提升生产力，从而让用户消费更多的产品，并进一步产生更多的数据。最后，我们把式（18-6）代入 CES 生产函数，就可以得到

$$Y = N^{\frac{\sigma}{\sigma-1}}\left(\left[\alpha x + (1-\alpha)\tilde{x}N\right]^{\eta} v\right)^{\frac{1}{1-\eta}} \tag{18-7}$$

把式（18-7）写成人均产出的形式，结合 $L = vN$，我们可以得到

$$y = N^{\frac{1}{\sigma-1}}\left(\left[\alpha x + (1-\alpha)\tilde{x}N\right] v\right)^{\frac{\eta}{1-\eta}} \tag{18-8}$$

这便是数据要素影响经济增长的方式。我们可以看到，只要有产出 y，便有对应的数据以 x 或 $\tilde{x}$ 的比例进入到生产活动之中，再作用于产出 y。以此不断循环，最终达到经济增长的均衡。这里，$\frac{1}{\sigma-1}$ 度量了传统生产函数中的投入多样性，而 $\frac{\eta}{1-\eta}$ 则度量了数据对产出所起的作用。

这一生产函数非常好地刻画了数据要素的非竞争性，同时也解释了数据要素进入研发（提升想法质量）的过程中所起的作用。此外，该模型表明，数据要素除了非竞争性外还有很多其他的特有属性，且也不仅仅只是能够进入到研发的流程之中，在生产、匹配的过程中同样可以发挥自己的作用。这一数据要素影响经济增长的模型为我们提供了一个非常实用的建模思路，读者可以在此基础上考虑更多数据要素的属性，并试图将这些属性引入到生产函数之中，以进一步探究数据要素对经济增长的不同影响机制与影响路径。

课 后 思 考

1. 从历史的视角出发，简单分析生产要素与经济增长之间的关系。
2. 简要分析数据要素对经济增长的影响路径。
3. 在数字经济时代，为什么数据要素对经济增长的影响变得尤为重要？
4. 数据要素除了通过研发和生产影响经济增长外，是否还存在其他可能的路径？

第十九章 数字经济的宏观贡献

在数字经济的发展过程中,数据要素和数字技术对经济增长的影响是复杂而多元的,且存在各类经济机制和影响路径。那么,数字经济对整个宏观经济的贡献到底有多大?如何去测算不同类型的数字经济部门对宏观经济的贡献?

第一节 国外数字经济规模的测算方法及结果

一、美国人口普查局

早在1999年,美国人口普查局就已经在数字经济的体量测度[①]上有了雄心勃勃的计划。在计划的初期,他们面临的第一个问题就是:数字经济统计框架的衡量内容究竟是什么?在当时,电子设备以及互联网已经在美国经济中得到了迅速应用和发展,政策制定者、企业或媒体也的确在使用各种各样的术语来描述数字经济活动,但是这些术语却常常被混用,各界对这些术语涉及的范畴和彼此之间的关系并没有达成共识。这也就意味着,必须要制定一套能够明确且一致地描述不断增长、不断变化的数字经济的术语,才能对数字经济规模进行准确的统计。在明确这一目标后,1999年的夏天,美国人口普查局给出了他们对于数字经济的定义描述,并将数字经济界定成为三个主要的组成部分,分别为"电子商务基础设施(E-business Infrastructure)""电子业务(E-business)"和"电子商务(E-commerce)"。

电子商务基础设施指的是总体经济基础设施当中被用于支持电子商务和开展电子交易的部分,包括用于电子商务和交易的硬件、软件、电信网络、支持服务和人力资本。电子商务是商业组织或非营利组织通过计算机媒介网络开展的任意活动过程,这些活动主要包括线上的采购、销售、生产管理、物流以及内部的通信和支持服务。电子交易是通过计算机媒介网络进行的产品和服务售卖,具体来说,当买方和卖方在线上

[①] 详细的测量方法,请参考 Mesenbourg, Thomas L. *Measuring the Digital Economy*[J]. US Bureau of the Census, 2001, 1: 1-19.

达成产品和服务的所有权或使用权的转让协议时,即视为一次电子交易"完成"(而不必是已经完成了支付)。此外,电子交易仅对定价过的交易进行计量,而像免费软件的下载将不会被考虑在内。

由此可以看出,美国人口普查局对于数字经济的定义更多地聚焦于电子商务。为了使得各个组成部分更加直观,美国人口普查局分别为其列举了具体的例子,如表 19.1 所示。

表 19.1 美国人口普查局的数字经济分类

组 成 部 分		示 例
电子商务基础设施	硬件	计算机、路由器和其他硬件
		卫星、有线和光通信
		网络
	软件	操作系统和应用软件
	支持服务	网站开发、托管和咨询
		电子支付和认证服务
	人力资本	程序员
电子业务	在线采购	访问供应商产品名录
		在供应商处下单
		向供应商进行电子支付
	内部活动	电子邮件
		信息共享
		视频会议
电子商务		通过互联网销售书籍或光盘
		通过企业内网络向企业内部的另一座工厂销售电子元件
		通过 EDI[①]网络向零售商销售制造品

根据表中的范围界定,美国人口普查局通过对企业进行直接调查的方式来收集数据,并主要聚焦于零售业的电子交易。从 1999 年秋天开始,他们在每月的零售业调查中增加了两个问题。首先,他们询问了大约 8 000 家零售企业是否在线上开展了销售活动,如果这一回答是肯定的,则进一步要求企业提供它们的电子交易销售额数据。通过逐月收集和逐季报告,美国人口普查局展示了 1999 年第四季度和 2000 年四个季度的估计结果,如表 19.2 所示。

表 19.2 美国零售业季度估计总额和电子交易额

时　　期	零售额(百万美元)		电子交易额占销售总额百分比	季间百分比变动	
	总额	电子交易额		总额	电子交易额
2000 年第四季度	856 234	8 686	1.01%	5.4%	35.9%
2000 年第三季度	812 158	6 393	0.79%	−0.4%	15.7%
2000 年第二季度	815 677	5 526	0.68%	9.1%	5.5%
2000 年第一季度	747 934	5 240	0.70%	−8.9%	0.8%
1999 年第四季度	821 351	5 198	0.63%	8.5%	—

---

① EDI(Electronic Data Interchange),是指能够将订单、发货单、发票等商业文档在企业间通过通信网络自动地传输和处理的系统。

从表 19.2 的结果可以看出，虽然在当时人们已经对电子交易给予了很大的关注，但电子交易销售额仍然只是零售业总额中相对较小的一部分，截至 2000 年第四季度才仅仅占到零售业总额的 1%。然而从增速上来看，2000 年第四季度的零售总额增长率仅为 5.4%，而电子交易则高达 35.9%，显示出强劲的发展潜力。

在完成了零售行业的电子交易价值估计后，他们将测算涉及的行业范围进一步扩大，涵盖了零售业（19 000 家企业）、批发业（6 900 家企业）以及北美产业分类体系（NAICS）中的服务业（51 000 家企业）。除此之外，对于制造业，他们不仅收集了电子交易的数据，同时还收集了电子商务过程中的相关信息。不同于电子交易数据，该部分信息的收集并不以企业的会计核算为目标，而是为企业内各个工厂的经理设计了专门的补充性问卷表。具体来说，1999 年制造业年度调查（Annual Survey of Manufactures，ASM）的特别补充问卷，从大约 50 000 个制造工厂处收集了以下问题的数据：①电子交易的销售和采购；②制造厂商在线上同供应商和客户共享的信息类型（设计规范、产品描述、需求计划、订单、库存和生产计划等）；③电子商务活动的举办情况（包括当前情况和未来计划），这里明确了 25 个以上的特定电子商务活动。

通过总结上述四类行业的调查得知，制造业在所有行业当中处于领先地位，1999 年其电子交易量达到 4 850 亿美元，占制造业产品总销售额的 12%。批发业次之，电子交易量为 1 340 亿美元，占其总销售额的 5.3%。该统计中所选的服务业的电子交易收入为 250 亿美元，占这些行业总收入的 0.6%。零售业的电子交易销售额为 150 亿美元，占其行业销售总额的 0.5%。此外，制造业和批发业作为以 B to B 为主要形式的行业，其电子交易占比远高于以 B to C 为主要形式的零售业和选定的服务业。在更严格的假设下，超过 90% 的电子交易都是以 B to B 为形式的。

二、美国经济分析局

随着互联网快速发展，数字化的环境已经扩展并改变了企业的运营方式，以及消费者与企业、消费者与消费者之间进行交易的方式。美国国家电信和信息管理局（NTIA）的一份报告称，2015 年有 75% 的美国人在使用互联网，而在 2000 年这一数字仅为 44%。数字和互联网技术正快速并还将持续改变人们工作、交流、购物以及日常生活的方式，企业和消费者越来越依赖数字产品和服务，数字技术在促进国家经济增长、提高国家竞争力上的作用也越来越显著。因此，衡量数字经济的规模和影响对于理解整体经济的运行状态至关重要。

根据美国经济分析局的估计[①]，数字经济一直以来都是美国经济的亮点，从 2006—2016 年，美国数字经济的年平均增长率为 5.6%，对比来看，美国整体经济的年均增长率仅为 1.5%。2016 年，数字经济价值规模（1.21 万亿美元）占 GDP（18.62 万亿美元）的 6.5%。与美国传统行业相比，数字经济在 21 个行业当中排名第 7，略低于科学和技术服务业（占当年 GDP 的 7.1%），但高于批发业（占当年 GDP 的 5.9%）。同年，数字经济提供了 590 万个工作岗位，占美国总就业岗位数（1.5 亿个）的 3.9%，与金融保

---

① 详细的测量方法，请参考 Barefoot K., et al. Defining and Measuring the Digital Economy [J]. US Department of Commerce Bureau of Economic Analysis, 2018, 15.

险、批发以及运输仓储等行业的情况相类似。从事数字经济工作的员工，平均年薪为 114 275 美元，而在整个美国经济中，员工的平均年薪为 66 498 美元，数字经济行业的员工薪酬占整体经济总薪酬的 6.7%。从以上数据中不难看出，数字经济对整体经济做出了显著的贡献。

为了得到这些统计数据，美国经济分析局是在供给—使用表（Supply-Use Tables）[①]的框架下，参考了美国经济分析局其他卫星账户制作中使用的方法。他们的估算过程包括三个主要步骤：①给出数字经济的定义；②确定供给—使用框架中与第一步定义的数字经济衡量相关的商品和服务；③借助供给—使用框架来确认负责提供这些商品和服务的行业，随后估计产出、增加值、就业、薪酬和其他的相关变量。

第一步，给出数字经济的定义。美国经济分析局对于数字经济的定义主要是从互联网和信息通信技术的角度切入的，并吸取了专业分析人员以及数字经济相关现有文献和统计的经验。尽管并非所有信息通信技术的商品和服务都应当被纳入到讨论范围内，但信息通信技术部门与数字经济之间在很大程度上是关联的。因此，美国经济分析局对数字经济的定义是以信息通信技术部门作为起点。具体来说，美国经济分析局对数字经济的定义是同样主要分为三部分：①数字赋能（Digital-enabling）基础设施；②电子商务（E-commerce）；③数字媒体（Digital Media）。

计算机网络是整个数字经济的基础，数字赋能基础设施是计算机网络存在和运行的前提，主要包括：计算机硬件、软件、电信设备和服务、建筑物、物联网以及基础设施的支持服务。电子商务从广义上描述了所有通过计算机网络进行的商品和服务的购买及销售活动。美国经济分析局认为电子商务包括了数字化订购、数字化交付以及平台支持的交易活动，这些交易主要分为三类：B to B、B to C 以及 P to P。最后，鉴于消费者正越来越多地放弃书籍、报纸、音乐和视频的实物载体，转而在线上访问数字形式的同类产品，数字媒体则被定义为人们在数字设备上创建、访问、存储或查看的内容。各部分的具体细节描述，如表 19.3 所示。

表 19.3 美国经济分析局的数字经济分类

组成部分	二级分类	解释及示例
数字赋能基础设施	计算机硬件	构成计算机系统的实体原件，包括但不限于显示器、硬盘驱动器、半导体、无线通信产品和视听设备
	软件	个人电脑或商用服务器等设备上使用的程序，包括商用软件和企业内部供自己使用的软件
	电信设备和服务	通过电缆、电报、电话、广播或卫星进行信息的远距离数字化传输所需要的设备和服务
	建筑物	包括数字经济生产者生产数字经济商品或提供数字经济服务的建筑，同时还包括为数字产品提供支持服务的建筑，例如数据中心等
	物联网	具有嵌入式硬件的互联网设备，如电器、机械和汽车，允许它们相互通信并连接到互联网
	支持服务	数字基础设施运行所需的服务，如数字咨询服务和计算机维修服务

---

① 供给表（Supply Table）描述了商品和服务的供给，包括了国内生产和进口；使用表（Use Table）描述了经济中商品和服务在何处以及怎样使用，分为消费、资本和出口。

续表

组成部分	二级分类	解释及示例
电子商务	B to B	利用互联网或其他电子化手段进行企业与企业间的商品和服务交易的电子商务
	B to C	利用互联网或其他电子化手段向消费者销售商品和服务的电子商务，或零售电子商务
	P to P	即所谓"共享经济"，也称为平台电子商务，涉及通过数字应用促进消费者之间的商品和服务交换。这些服务包括但不限于住宿租赁、送货和快递服务、消费品租赁、洗衣服务和清洁服务等
数字媒体	直销数字媒体	企业可以通过逐项收费或订阅服务的形式直接向消费者销售数字产品以换取收入
	免费数字媒体	一些企业向消费者免费提供数字媒体，如优兔或脸书。正如许多纸媒或广播电视台所采用的模式一样，提供这些服务的企业通过在数字产品的边缘销售广告空间来赚取收入。此外，一些消费者也会制作原创的线上内容供其他人消费，称为 P to P 数字媒体
	大数据	一些企业将生成大数据集作为其正常运营的一部分。这还可能包括利用数字媒体收集消费者行为或偏好信息的机制。企业可能通过出售这些信息（有时称为"大数据"）或以其他方式利用这些信息来赚取收入

第二步，识别数字经济中的商品和服务。根据第一步中的数字经济定义，结合供给—使用表中的详尽数据，美国经济分析局可以可靠地确定纳入数字经济初步估算的商品和服务。他们利用了一个基于北美产业分类体系且包含大约 5 000 种商品和服务的框架，将供给—使用表中的数据进行了分类，随后依照专业分析人员和外部研究的建议，选出了 200 多个商品和服务类别，并纳入到对数字经济的初步估算中。

最后一步，确定数字经济的行业标准并计算结果。美国经济分析局的估算，主要集中在数字经济的名义增加值、总产出、薪酬和就业情况。在确定数字经济中包含的商品和服务后，美国经济分析局使用供给表确定了生产这些商品和服务的行业。按行业划分的数字经济总产出就是所选的所有数字经济商品和服务中各行业生产的总产出的总价值。数字经济的增加值由数字经济行业产出与总行业产出之间的关系计算而来。也就是说，假定了数字经济行业产出的中间消耗率等于总行业中间消耗占总行业产出的比率。薪酬和就业情况的计算与增加值的计算过程相同。具体来说，就是利用各行业数字经济产出占总产出的比率来计算"数字经济就业（总就业）"和"数字经济薪酬（总薪酬）"。

按行业划分的总产值或增加值数据是衡量一个行业对整体 GDP 贡献的一个关键指标。根据美国经济分析局的初步分析，数字经济是 2006—2016 年间 GDP 增长的重要引擎。2016 年，数字经济实际增加值（考虑了通货膨胀）共计 1.3 万亿美元，较 2005 年增长了 82.2%，如图 19.1 所示。从 2006 年到 2016 年，数字经济的实际增速每年都超出了 GDP 的增速，这缓解了由于 2008 年到 2009 年经济衰退引起的 GDP 的下滑趋势。

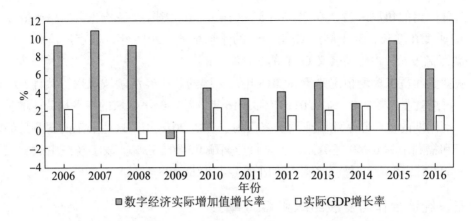

图 19.1　数字经济实际增加值和实际 GDP 增长率的对比

资料来源：美国经济分析局。

数字经济相对强劲的驱动力使其对经济增长的贡献始终大于其在经济中的份额贡献。2016 年，实际数字经济的增长仅为 6.6%，但却贡献了实际 GDP 总体增长的 1.5 个百分点中的 28%，即数字经济的增长使实际 GDP 增长了 0.41%。从 2006 到 2016 年，数字经济年均实际增长率为 5.6%，而实际 GDP 仅为 1.5%。从数字经济的各个组成部分来看，数字产品实际增加值的年均增长率为 9.1%，超过数字服务的 5%。

如图 19.2 所示，从增加值的总量来看，在 2005 年到 2016 年间，数字经济的名义美元增加值占美国名义 GDP 的 6.2%。2016 年，数字经济的名义增加值总量为 1.2 万亿美元，占美国全部名义 GDP 总量（18.6 万亿美元）的 6.5%。具体到分类，相对于数字产品而言，数字服务占据了整个数字经济的主导地位，其名义增加值占数字经济总增加值的 87.5%。

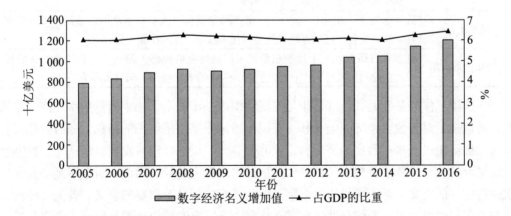

图 19.2　数字经济名义增加值及其所占名义 GDP 的比重

资料来源：美国经济分析局。

从总产出的角度来看，在 2006 年到 2016 年间，美国数字经济实际总产值以每年 4.4% 的速度在增长，高于同期 GDP1.1% 的年均增速。2016 年，数字经济名义总产值为 1.97 万亿美元，占美国名义 GDP 的 6.2%。

从就业和员工薪酬情况来看，2016 年，美国的数字经济领域雇用了共计 590 万名员工，占总就业人数的 3.9%。2011 年到 2016 年，数字经济领域的年平均就业增长率为 3.7%，而同期的整体年平均就业增长率仅为 1.7%。2016 年，这些员工的薪酬总额（包括工资和福利）为 6 740 亿美元，占全行业薪酬总额的 6.8%。数字经济中的员工平均年薪为 114 275 美元，而整个经济体的平均年薪为 66 498 美元。

三、经济合作与发展组织和 G20 峰会

数字经济的范畴被两种广泛存在的"数字化"现象不断扩展。一种是"将信息转换为数字形式"（Digitization）现象的不断增多，另一种是"数字技术应用"（Digitalization）范围的不断扩大。在 2016 年成立数字经济工作组（Digital Economy Task Force，DETF）以及 2017 年制定数字化发展路线图（Roadmap for Digitalization）后，二十国集团也明确认识到，为了抓住数字经济的机遇并更好地应对数字经济带来的挑战，需要加强国际以及多方利益相关者有关数字经济衡量的对话。2018 年，G20 主席国阿根廷和经济合作与发展组织领导的国际组织合作，发布了一套衡量数字经济的"工具包"（G20 Toolkit for Measuring the Digital Economy）。这一工具包确定了衡量数字经济三大关键方面的指标，具体内容如表 19.4 所示。

表 19.4 G20 衡量数字经济的"工具包"

一级指标	二级指标
基础设施	宽带投资、移动宽带兴起、互联网速度、联网价格、物联网基础设施、安全服务器基础设施、家用电脑、家用网络
赋能社会	数字原住民（Digital Natives）、缩小数字鸿沟、人们对互联网的使用、电商消费者、移动支付、民政互动、数字时代的教育、ICT 技能人员
创新和技术应用	机器学习研究、人工智能相关技术、制造业的机器人使用、信息产业的研发投入、企业研发支持、ICT 相关创新、企业的 ICT 使用、云计算服务

在这项工作的基础上，经济合作与发展组织进一步提出了一个衡量数字经济的路线图，其包括了对于数字经济的定义和一套用于衡量数字经济增长的指标。随后，经济合作与发展组织进一步对数字经济进行定义和测算[①]。经济合作与发展组织认为，数字经济定义上的差异导致了对数字经济规模的估计出现巨大差异。因此，对数字经济及其层次进行统一的定义，对于选择衡量数字经济的适当指标具有重要的意义。首先，经济合作与发展组织提出了一个综合性的数字经济定义：数字经济包括所有依赖于数字化投入（包括数字技术、数字基础设施、数字服务和数据），或由数字化投入显著促进的经济活动；它囊括了所有在经济活动中利用这些数字化投入的生产者和消费者（包括政府）。

---

① 详细测量方法请参考 OECD. A Roadmap toward a Common Framework for Measuring the Digital Economy[R]. G20 Digital Economy Task Force. Saudi Arabia，2020.

为了使得定义更加准确、灵活，以更好地指导统计和决策，经济合作与发展组织还制定了可以与该定义结合使用的分层定义的框架，具体包括以下几层。

第一，核心数字经济的衡量。仅包括数字内容、ICT 产品以及 ICT 服务生产者的经济活动。

第二，狭义数字经济的衡量。在上述核心部门的基础上，还包括了依赖数字化投入的企业的经济活动。

第三，广义数字经济的衡量。在包括上述两层的同时，还包括了由数字化投入显著促进的企业的经济活动。

第四，数字社会（Digital Society）的衡量。在数字经济的基础上进一步延伸，涵盖了数字化的交互和 GDP 生产边界外的活动（零价数字服务）。

此外，另一个可选的衡量范围涵盖了所有涉及数字化订购或数字化交付的经济活动。这是衡量数字经济的另一种视角，该视角可根据交易的性质而非企业的产出或生产方法来描述经济活动。

在以上总体及分层定义的基础上，经济合作与发展组织提出了一套用于衡量数字经济增长的指标。总的来说，衡量数字经济对整体经济增长的贡献程度和方式需要一种全面的方法，要考虑到其影响增加值、生产率以及贸易的不同机制。

第一个指标为数字经济的增加值指标。经济合作与发展组织以信息产业相关的增加值作为相应的指标，并以占 GDP 总增加值的份额的形式予以展示。增加值由生产价值减去中间投入成本后的净值组成，其中包括了总利润和工资。经济合作与发展组织还根据国际行业分类标准（ISIC Rev.4），将信息经济部门定义为 ICT 行业和数字媒体及内容服务行业的集合。自 2010 年以来，各国对 ICT 产品的需求是在不断增加的，但在大多数 G20 经济体中，信息产业增加值所占份额大体保持不变，比如 2017 年平均为 GDP 的 5.3%。随着生产转移到新兴经济体，先进经济体的计算机和电子制造业以及电信服务业在总增加值中的比重有所下降，同时，生产率的增长和竞争的加剧也导致了价格的下降。2017 年，G20 国家的 ICT 制造平均占总增加值的 1.2%，电信服务占 1.5%。另一个可以用来比较的指标是更广泛的数字密集型部门（信息产业是其子集）占总增加值的份额。一般来说，这些行业将通过 ICT 的广泛使用显示出更高的生产率以及对增加值的更高贡献。事实上，在现有的 G20 经济体中，高（High）和中高（Medium-high）数字密集型行业平均占总增加值的 46%，在德国和美国该比重高达 54%。

第二个指标为数字经济中的多要素生产率（Multi Factor Productivity，MFP）指标。多要素生产率是指劳动和资本共同使用的总体生产率。其中，资本生产率是单位 ICT 资本投入所带来的产出数量。ICT 资本具体指"信息和通信设备"和"计算机软件和数据库"的固定资本形成总额，但数据库中的数据价值并不包括在内。劳动生产率是每单位劳动投入（用就业人员数或工作小时数表示）产生的产出数量。在核算劳动力生产率时，还需要考虑资本深化（Capital Deepening），即资本服务总量与总工作时间之比的变动。资本深化对劳动生产率增长的贡献是通过利用资本成本在总成本中所占的份额对其进行加权来计算的。

具体而言，2010年至2018年，G20国家对ICT资产的投资保持稳定，平均占GDP的2.3%。在数字转型时期，该类投资总体稳定的部分原因可能是ICT产品价格的下降，以及资本投资与云计算等ICT服务购买之间的替代，这使得用户能够在不直接购买ICT资产的情况下，通过互联网来获得软件、存储空间以及数据处理能力。此外，通过协助从事非常规任务的工人或替代从事常规任务的工人，数字技术可以提高每小时工作的产出水平，从而提高劳动生产率。如果在生产中的每单位劳动使用更多资本（资本深化），或通过提高劳动力和资本共同使用的多要素生产率，就可以实现这一目标。在2010年到2018年间，ICT资本深化对所有G20国家的增长都起到了积极的推动作用，多要素生产率也是如此。多要素生产率的贡献在韩国、德国和日本尤其高，这三个国家的劳动生产率在此期间分别增长了2.9%、1.2%和1.1%。

第三个指标为数字经济相关的国际贸易指标。ICT产品进出口涵盖了在国外销售和购买的ICT部门的主要产品，这些产品主要分为五类：计算机与相关设备、通信设备、消费电子设备、电子元件和其他ICT产品。这些都是对数字经济的重要投入。联合国贸易和发展会议（United Nations Conference on Trade and Development，UNCTAD）将数字化交付的服务（Digitally-deliverable Services）定义为保险和养老金服务、金融服务、知识产权使用费、电信、计算机和信息服务、其他商业服务以及视听和相关服务的集合。这一定义的基础是联合国贸易和发展会议在2015年的一份技术说明中提出的"潜在ICT赋能服务"（Potentially ICT-enabled Services），即可远程交付的服务，包括ICT服务、市场营销、管理、行政、工程、研发、教育和后勤服务。

对G20国家的ICT产品进出口进行比较分析得知，2017年中国占全球总出口的27%，低于2010年的29%。同期，墨西哥（16%）的出口份额也出现了类似的下降，而韩国（25%）的出口份额却上升了4个百分点。G20国家当中有10个国家的ICT产品出口占商品总出口的比例不到3%。而从进口的角度来看，大多数G20国家进口其所使用的ICT产品（包括那些用作制造ICT产品的中间投入品）的比例很高。有六个G20国家的ICT产品进口占商品总进口的比例超过10%，但在意大利和土耳其，这一比例低至5%~6%。ICT产品在中国、韩国和墨西哥的进口中所占份额最大。这些国家在ICT制造方面实力雄厚，并且已经融入了全球供应链。ICT服务贸易近年来有所增长，2017年达到5 300亿美元，占全球服务贸易总额的10%。与ICT产品贸易的情况相似，少数几个经济体的ICT服务出口占据了全球ICT服务出口的大部分份额。2018年，在G20国家中，印度是ICT服务的主要出口国，占其服务出口总额的28%。ICT服务出口对中国（18%）、阿根廷（13%）和德国（12%）也特别重要。这四个国家与加拿大一起，占据了全球ICT服务出口的一半。除此之外，教育、营销和医疗服务等一系列可数字化交付的服务在许多G20国家的服务出口和进口中占据很大份额。特别是，它们占英国（71%）、印度（65%）、巴西（61%）、德国（58%）、加拿大（58%）和美国（56%）服务出口的一半以上。

第二节 国内数字经济规模的测算方法及结果

一、中国信息通信研究院

根据中国信息通信研究院的测算[①]，数字经济已经构筑起了经济增长的关键支撑。2020年，我国数字经济的增长延续了此前的良好势头，其规模达到39.2万亿元人民币，较2005年的2.6万亿元人民币增长了14倍，如图19.3所示。伴随着新一轮的科技革命以及产业变革的持续推进，数字经济已经成为当前"最具活力、最具创新力和辐射最广泛"的经济形态，是国民经济的核心增长极之一。

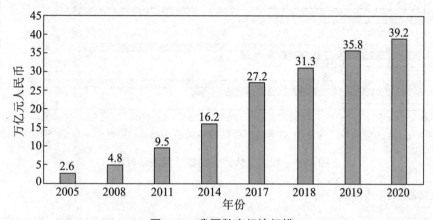

图 19.3 我国数字经济规模

资料来源：中国信息通信研究院。

从增长率来看，在全球经济增长乏力甚至衰退的背景下，数字经济仍然保持着强劲的增长势头。2020年，我国数字经济的增长率为9.7%，远高于同年GDP的名义增长率（3.0%），如图19.4所示。数字经济不仅成为了中国国民经济增长的强大推动力，同时也是疫情等外部冲击存在条件下经济发展的稳定器。

图 19.4 我国数字经济与 GDP 增长率

资料来源：中国信息通信研究院。

---

① 中国信通院. 中国数字经济发展白皮书 [R]. 2021.

从规模占比来看，数字经济在国民经济中的地位不断提高。根据信通院的估算，从 2005 年到 2020 年，中国数字经济占 GDP 的比重由 14.2% 提高到 38.6%，并且该比重正在逐年增加。如图 19.5 所示，从分行业来看，第一、二、三产业的数字经济增加值占行业总增加值的比重也在逐年提高，各个行业都在深化自身的数字化转型。由此可见，数字经济对国民经济的贡献水平正在显著提升。

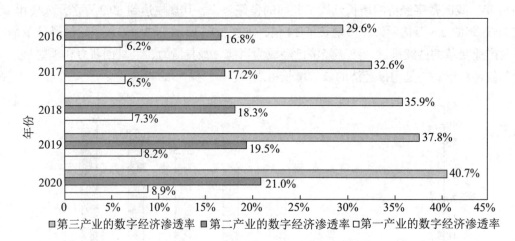

图 19.5　我国三大产业的数字经济渗透率

资料来源：中国信息通信研究院。

下面介绍中国信息通信研究院对于数字经济规模估计的测算方法。根据其对数字经济的定义，数字经济共包括数字产业化和产业数字化两个部分。数字产业化部分指的是信息产业的增加值，即数字技术创新和数字产品生产。该部分的规模由电子信息制造业、基础电信业、互联网行业以及软件服务业的增加值直接加总而来。产业数字化部分指的是数字技术与其他产业的融合应用，即国民经济其他非数字产业部门使用数字技术和数字产品带来的产出增加和效率提升。关于传统产业中数字经济部分的计算：通过建立模型，把不同传统产业产出中数字技术的贡献部分剥离出来，然后将各个传统行业的该部分的产值进行加总，从而得到产业数字化部分的增加值。

二、学术视角下的测算

中国信息通信研究院的数字经济规模测算基于的是一个广阔的口径，通过纳入传统行业中的数字经济融合部分，对一个相对广义层面上的数字经济进行了估计。下面介绍国内另一种相对精确的数字经济测算方法，该研究在梳理了信息经济、互联网经济以及数字经济的演变历程后，提炼了数字经济的内涵与关键要素，并在此基础上构建了统计核算的框架，包括数字经济的核算范围、数字经济的相关产品和数字经济的相关产业。该测量方法来自于许宪春和张美慧（2020）的研究。

正如大多数数字经济估算研究的步骤一样，第一步仍旧是界定数字经济的内涵范围。该研究借鉴国际上已有的经验以及中国数字经济发展的实际情况，将数字经济的内容划分为四个部分,本别是:①数字化赋权基础设施;②数字化媒体;③数字化交易;④数字经济交易产品。不难看出,前三类内容与美国经济分析局等对数字经济的分类具有相当的一致性。除此之外,该研究还将数字经济交易产品纳入测算框架,具体包括货物、服务、信息或数据三项。第一步,根据已经定义的数字经济四大组成部分,分别从国家统计局发布的《统计用产品分类目录》中逐一筛选出相对应的数字经济产品,并进一步在《国民经济行业分类》中确定生产该产品的产业,从而为数字经济规模的测算做好准备。最后,通过构建行业增加值结构系数、数字经济调整系数以及行业增加值率这三个工具系数来估算筛选出的数字经济相关产业的总产出、增加值等总量指标。

对2007—2017年中国数字经济增加值与总产出等指标进行测算的结果显示,2017年,中国数字经济增加值为53 028.85亿元人民币,占GDP的6.46%;数字经济总产出为147 574.05亿元人民币,占GDP的6.53%。基于国际比较的视角,2017年,中国数字经济增加值约为美国的58.12%;数字经济增加值占GDP比重比美国低0.44个百分点;2016年,中国数字经济增加值约为美国的52.77%,占GDP比重低于美国0.77个百分点,略高于澳大利亚0.03个百分点。近年来,中国数字经济增加值年均实际增长率明显高于美国和澳大利亚。2008—2017年,中国数字经济增加值年均实际增长率达14.43%,明显高于国内生产总值年均实际增长率8.27%,数字经济对整体经济增长的贡献作用十分突出。

第三节 数字经济测算的其他视角

一、数字经济中的"零价商品"

GDP衡量的是经济中生产所有最终产品的货币价值,反映了一个国家或地区在一定时期内的经济状况。然而在许多情况下,数字经济并没有在GDP中得到充分体现,原因在于GDP的测算是基于人们为商品和服务支付的费用,而数字经济中普遍存在的零价商品在统计上将不会对GDP产生贡献。例如,用户通过授权自己的个人数据来换取搜索引擎、社交网络以及数字地图等服务,而这些服务都是完全"免费"的。因此,捕捉这些零价商品带来的消费者剩余的价值,对于衡量数字经济也有着重要的意义。

Brynjolfsson等(2019)采取了大规模线上选择实验的方法来估计零价商品创造的消费者剩余。具体来说,他们在线上让消费者在两个选项里做出单一选择:保留某种商品的使用权,或者放弃某种商品以换取特定金额的货币补偿。该实验只要求每位消费者回答一个问题,并在每次实验的数千名消费者中系统地改变价格水平,从而得到对于零价商品接受意愿(Willingness to Accept,WTA)的价值估计(接受失去商品使用权所需的补偿金额)。在该研究中,实验询问消费者是愿意继续访问脸书还是放弃一个月的使用权来换取货币补偿,并在1美元至1 000美元的范围内系统地变动该补偿的价格水平。为了使实验能够真正对消费者产生相应的影响，他们还公布将从每 200 名受访者中随机挑选 1 名来实现其选择（若经核实当月没有使用脸书，该消费者在月底将会获得相应的现金补偿）。

实验结果显示，约有 20% 的用户愿意在每月 1 美元的水平上停止使用脸书，而约有 20% 的用户拒绝在 1 000 美元以下的水平上停止使用脸书。总体而言，实验中的脸书用户样本愿意接受的单月补偿金额的中位数为 48 美元。Brynjolfsson 和 Collis（2019）在上述结果的基础上，估计出自 2004 年脸书成立至 2017 年，美国消费者已经从中获取了 2 310 亿美元的剩余价值。并且在 2004—2017 年，即使仅将脸书这一种数字商品的消费者剩余价值纳入 GDP 中，都会使美国的 GDP 平均每年增加 0.11%，相比之下，在此期间美国 GDP 平均每年的增幅也仅为 1.83%。

二、数据要素

在数字经济时代，数据已经成为了新的关键生产要素。为了聚焦这种生产要素对经济增长的影响，已有研究使用成本法的测算方法[①]，对中国 2012—2019 年间的数据要素规模进行了估计。

首先，该研究在加拿大统计局的数据价值链的基础上，将数据分为"原始及结构化数据（数字化的事实和行为以及经过处理后可以直接用于分析的数据）"和"数据载体（数据储存、处理和展示的各类数据库、软件、系统和虚拟平台）"两大部分。对于第一部分"原始及结构化数据"，通过获取各行业就业人员的工资总额，即劳动力成本，并设定一个适当的数据要素生产时间占总工作时间的比重，计算出原始及结构化数据的生产成本，并以此作为其投资价值的估计；对于第二部分"数据载体（数据库）"，则根据 2016 年国民经济核算体系的说明，直接选取相关行业中的固定资产投资总额数据进行估计。加总各个行业的计算结果，即得到各地区在各年度的数据要素投资规模。随后按照资本积累的一般逻辑，并结合数据要素在短期内不存在折旧的零折旧假设，使用永续盘存法计算出各年度的数据要素存量。最后，在改良的柯布-道格拉斯经济增长函数的框架下，估计出数据要素对经济增长的贡献程度。

根据估算结果，2019 年中国的数据要素投资达到 2.23 万亿元人民币，较 2012 年的 9 200 亿元人民币扩大了 1.42 倍，年平均增长率达到 13.46%。在样本覆盖的八年间，中国数据要素投资的增长率始终高于实际 GDP 的增长率，并且高于实际固定资产投资增长率（除 2018 年以外）。2019 年全国数据要素投资占 2019 年 GDP 的 2.26%，占当年非农户固定资产投资的 2.92%，并占当年资本形成总额的 7.24%。2012—2017 年的六年间，中国数据要素投入的平均产出份额为 15.27%，实物资本、劳动力和数据要素对经济增长的总贡献分别为 51.37%、4.89% 和 17.75%。由此可得，数据要素对经济增长的贡献占全部要素投入对经济增长贡献的 23.98%。

---

① 资料来自于徐翔等 2021 年的论文：《中国有多少数据要素？——基于就业人员工资与投资数据的估计与分析》。

课 后 思 考

1. 评价当前国内外的几种数字经济规模测算方法。
2. 当前国民经济产业、行业的划分是否适用于数字经济的统计？
3. 国内数字经济规模测算的口径差别较大，你认为哪种口径更能反映中国数字经济的发展水平？
4. 结合数字经济规模的测算，评价全球数字经济的发展趋势。
5. 未来有哪些国家有可能会在数字经济的竞争中取得领先地位？

CHAPTER 20 第二十章

人工智能与就业

上一章分析了数据要素对经济增长的重要性,在本章将会把目光聚焦到另一个宏观经济的关注点——就业。就业问题不仅仅是一个经济问题,同样也是一个社会问题。随着人工智能技术的不断发展,人工智能赋能的机器人开始在各类行业中大规模应用。很多研究者认为,人工智能或机器人的发展在创造大批新就业岗位的同时,也可能会对已有就业岗位带来负面的冲击。本章将梳理人工智能时代的发展脉络,并探讨人工智能赋能下,机器人的大规模应用对就业带来的影响。

第一节 人工智能时代

人工智能最早在 1956 年夏天美国达特茅斯大学的一场学术会议中被提出并获得肯定,这次会议也标志着人工智能科学正式诞生。如图 20.1 所示,1956 年达特茅斯会议中的很多学者被认为是人工智能的先驱者、奠基者,其中包括了作为召集人的达特茅斯学院数学系助理教授并在之后被誉为"人工智能之父"的约翰·麦卡锡(John McCarthy)、麻省理工学院人工智能实验室创始人之一的马文·明斯基(Marvin Minsky)、被誉为"信息论创始人"的克劳德·香农(Claude Shannon)、被誉为"机器感知之父"的奥利弗·塞弗里奇(Oliver Selfridge)、后来的图灵奖和诺贝尔经济学奖获得者赫伯特·西蒙(Herbert Simon)、以及与赫伯特·西蒙共同获得图灵奖的艾伦·纽厄尔(Allen Newell)、发明了"机器学习"这一词的亚瑟·塞缪尔(Arthur Samuel)等。

人们首次将像人类那样思考的机器称为"人工智能"。一般而言,人工智能指的是用机器模拟、实现或延伸人类的感知、思考和决策等思维或行为能力。不同于传统的计算机技术,人工智能还具有自学习、自组织、自适应、自行动的特点,有近似生物智能的效果。人工智能在被提出伊始,便被赋予了很高的期待。来自学术界、业界的研究人员认为,人工智能将驱动新一轮科技革命,打造经济发展的新引擎,并显著提升社会生活的质量。

图 20.1 人工智能的先驱者

人工智能的美好蓝图和愿景，在历史上引发了好几次人工智能的发展热潮。在 2019 年前后，人工智能迎来新一轮的关注，各国政府均将政策关注点之一放在了人工智能的发展上，很多人认为一个真正的人工智能时代正在到来。比如，我国《2019 年政府工作报告》将人工智能升级为智能+，以推动传统产业改造提升；2019 年 2 月 11 日，美国总统特朗普签署了第 13859 号行政命令，启动了美国新的人工智能计划，这是提升美国人工智能领导力的国家战略；2020 年 2 月 19 日，欧盟委员会发布《人工智能白皮书》，旨在大力促进欧洲人工智能的研发，同时有效应对其可能带来的风险。尽管全球已经经历了几波人工智能的发展浪潮，但目前的人工智能仍未实现大规模的商业化应用，反而遇到了发展瓶颈。从商业数据来看，2018 年全年，近 90% 的人工智能企业处于亏损状态，而 10% 赚钱的企业基本是技术提供商。与此同时，市场上存在着大量伪人工智能企业，他们借用了人工智能概念，但并没有真正掌握和使用人工智能技术来提高生产效率、降低生产成本。另外，很多企业赶上了 2016 年和 2017 年的人工智能风口，获得了过高的估值，但其在商业化方面并没有真正落地，持续烧钱却难以"造血"。在这种背景下，国内外人工智能的投资热潮在下落，人工智能初创企业发展陷入泥淖，需要寻找更多的应用场景实现商业上的突破。

下面将会分别介绍人工智能的发展阶段、人工智能的技术基础、人工智能的解构框架。

一、人工智能的发展阶段

目前比较公认的人工智能发展阶段分别是 1956—1974 年的第一代人工智能、1975—2010 年的第二代人工智能和 2011 年至今的第三代人工智能。张钹院士研究团队于 2020 年在《中国科学》期刊发表的论文详细介绍了这三代人工智能的特征。

(一)第一代人工智能

第一代人工智能,即符号主义,是基于知识和经验的推理模型。第一代人工智能具有较好的可解释性,与人类思考问题的过程很一致。由于是基于知识的符合学习,可以克服基于数据驱动机器的缺陷。但是由于专家知识稀缺且获取成本非常昂贵,推理模型本身具备很高的门槛。同时,第一代人工智能也存在以自然语言形式表示的知识难以处理、知识表示与推理较为困难、从数据中自动获取知识较为困难等缺陷。第一代人工智能引发了人工智能发展的第一次浪潮,尽管某些场景具备较为成熟的知识和经验,但是由于算法的不成熟以及算力条件的不具备,第一次人工智能的发展浪潮逐渐消退。

(二)第二代人工智能

第二代人工智能,即深度学习,通过深度神经网络模型模拟来人类的感知。与第一代人工智能相比,第二代人工智能不需要领域知识,因此技术门槛相对较低。同时,第二代人工智能可以处理大数据,因此对数据的依赖远远高于第一代人工智能。但是第二代人工智能也存在很多缺陷,比如由于依赖大数据,因此很多时候存在结果的不可解释性以及数据的不安全性,易受攻击。此外,对大量样本的需求,也导致其推广性大打折扣。第二代人工智能同样引发了第二次人工智能的发展热潮,在这次热潮中算法和算力都得到优化和提升,但是行业大数据的缺乏仍然制约着人工智能进一步的发展。

(三)第三代人工智能

第三代人工智能,是把第一代知识驱动的方法和第二代数据驱动的方法结合了起来,具有可解释、鲁棒的人工智能理论与方法基础,且有安全、可信、可靠和可扩展的人工智能技术作为支撑,极大地推动了知识驱动加数据驱动这类"双驱动"的人工智能创新应用。当前正处于第三代人工智能所引发的发展热潮之中,由于已经处于大数据时代,算力得到很大提升,算法百花齐放。但当前的挑战主要集中在算法的智能、应用的可行性,以及可能要面对的社会伦理等方面。

二、人工智能的技术基础

在理想情况下,人工智能是人类创造的智能体,能够在没有明确指示的情况下智能地执行任务,能够理性地思考和行动。因此,大家有必要对人工智能背后的技术基础有一个较为全面的认识。

(一)人工智能的技术原理

一个完整的人工智能系统需要经历五大步骤来最终形成决策。第一,识别问题。人工智能是一套工具,不是一个解决方案,因此需要在不同的场景下对具体问题进行识别。第二,数据准备。人工智能依赖大数据,对可获取的数据进行清洗,包括对结构化数据（比如姓名、日期、地址等）和非结构化数据（比如录音、图像、邮件等）的处理。第三，选择算法。需要根据识别的问题以及可以获取到的数据进行算法的选择。一般而言，包括例如分类、回归等在内的监督学习算法，非监督学习算法和强化学习算法。第四，训练算法。选择完算法后，需要通过数据对算法进行训练，以提高模型的准确率。这个过程可能需要多次、长期的再训练调优，涉及 C++、Java、Python、R 等多种类型的编程语言。最后，平台决策。在训练且准确率得到保证后，通过人工智能平台对一开始识别出来的问题进行决策。

人工智能系统运作的框架如图 20.2 所示，其以能够进行人工智能算法分析的人工智能芯片为基础，结合基础性的人工智能框架和各类人工智能算法，对模式识别、知识图谱、计算机视觉、自然语言处理等基础性的关键技术进行整合，最终运用于各类行业之中。其中人工智能芯片属于数字基础设施的重要组成部分，如果缺乏制程先进、算力强大的人工智能芯片，那么后续的人工智能技术将无用武之地。诸如 MindSpore、TensorFlow、PyTorch 等人工智能算法库可以为人工智能算法的开发提供最基础的算法支撑，极大地方便了各类人工智能算法的开发。这些算法最终将会被用于对某些人工智能关键技术的突破上。以自然语言处理为例，新的人工智能算法可以更加快速、精准地对各类自然语言进行处理，最大程度地利用好自然语言中所包含的各类信息，以实现人与计算机之间的有效沟通。最后，这些不同关键技术的组合可以满足不同的应用场景，以实现人工智能最终的商业化落地。

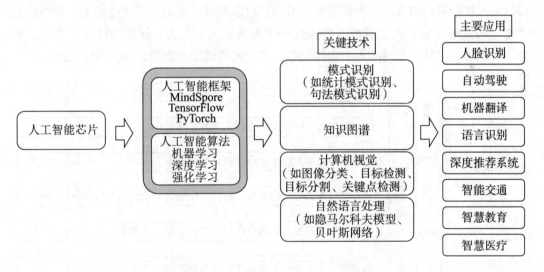

图 20.2　人工智能的技术框架与主要应用

（二）人工智能的技术发展趋势

实际上无论是哪一代人工智能，无论是哪一种具体的人工智能算法，人工智能技术发展的趋势其实和人类自身的发育趋势相比是高度相似的。张钹院士判断，人工智能技术发展趋势会从感知智能，到理性智能，再到类人行为，最后到类人情感。

首先，感知智能。具体而言，在算法上，数据驱动的视觉算法已跨越裂谷，如图像识别、3D 视觉等；在场景上，非常丰富，覆盖生活万象；在产业应用上，开辟了一些新的领域，比如视频监控、平安城市等，并孕育了一批诸如海康威视的企业。

其次，理性智能，也可以理解为认知——学习推理和规划。具体而言，在算法上，语言识别比较成熟，有较多应用。但语义理解算法还未非常成熟。目前在提出 GPT—3 等模型，尝试解决这方面的问题。在应用上，出现了语音输入法、翻译笔、会议口译等应用场景。理性智能开辟了智能生活，并孕育了诸如科大讯飞、亚马逊的 Echo 音响、阿里巴巴的天猫精灵等企业和相关产品。

再次，类人行为。具体而言，在算法上，通过与环境的交互，可学到一些基本知识。通过这种交互，可以强化学习，用来模拟人类的学习行为。类人行为的人工智能在视频游戏、棋牌游戏、机器人导航与控制、人机交互等场景中得到了较为广泛的应用。

最后，类人情感。具体而言，综合运用算法、云计算和大数据，形成向情商（Emotional Quotient，EQ）方向发展的完整人工智能体系。这个技术阶段的一个案例便是微软的小冰，小冰感官运用到了微软在人工智能领域 20 多年的积累，如自然语言处理、计算机视觉、语音识别和语音合成等细分领域的成果。

三、人工智能的解构框架

张钹院士等在 2020 年的研究中指出，人工智能的发展目标是需要建立可解释和鲁棒的人工智能理论与方法，发展安全、可信、可靠和可扩展的人工智能技术。从当前人工智能的发展来看，人工智能需要构建一个具有算法、算力、算据、算知、算者、算景、算理等"七算"在内的人工智能生态，才能实现健康的发展，如图 20.3 所示。

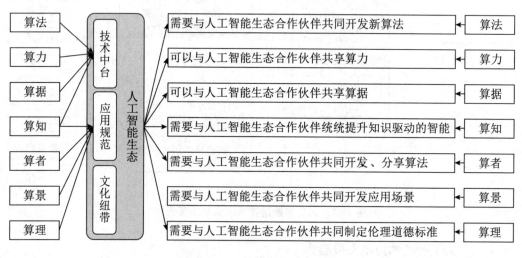

图 20.3　人工智能的七大要素

其中，算法、算力、算据、算知、算者共同构成技术中台，算者、算景、算理共同构成应用规范。与此同时，需要形成一个完整的人工智能生态，不仅包括技术中台、应用规范，也包括文化纽带。人工智能生态中的合作伙伴，需要从"七算"的诉求出发，共同开发、共同分享、共同制定，将整个人工智能行业变得更为规范。

在具体的行业应用中，人工智能生态可以按照图20.4中"茶立方（TEA Cube）"三个维度来解构，如图20.5所示。其中，纵轴为人工智能技术轴（Technology），表示感知智能—理性智能—类人行为—类人情感的技术突破路径，其具有"3E"的特征，即可嵌入（Embedded）、可延展（Extendable）、可探索（Explorable）；斜轴为人工智能生态轴（Ecosystem），表示需要从整个人工智能生态的视角出发，发展包括高校、初创企业、领袖企业等在内的梯次分布的合作伙伴，其具有"3I"的特征，即拣选合作（Identifying-collaborating）、培育开发（Incubating-developing）和整合促进（Integrating-facilitating）；横轴为人工智能应用场景轴（Application），表示人工智能可以应用于制造、交通、医疗、采矿等各种行业的应用场景之中，其具有"3S"的特征，即能者带动（Skilled）、场景驱动（Scenario）、政府导向（State）。

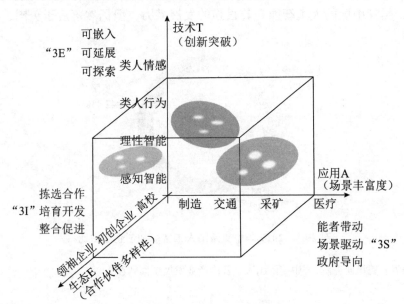

图 20.4　人工智能的解构

第二节　人工智能的国际格局

从上一节的介绍中可知，人工智能的源头主要在美国。但是，随着人工智能技术的持续发展，以及相关应用场景的持续扩张，从当前的竞争格局来看，全球已经鼎立了美国、欧洲和中国三大主要"玩家"。

一、中美人工智能的对比

2018年全球部分国家的人工智能专利分布，中国已经超过美国成为全球最大的人工智能专利开发国家，专利数是美国的2倍多。而加拿大、韩国、英国等国家所开发的人工智能专利，远低于中国和美国。2018年全球部分国家的人工智能论文发表分布，中国同样为世界第一，是排名第二的美国的 1.5 倍左右。此外，英国、德国、西班牙、日本、印度等国家同样有着一定的竞争力。将英国、德国和西班牙三个国家的人工智能论文相加，基本就和美国的人工智能论文持平。

从人工智能的专利开发和论文发表来看，中国都表现出了非常强大的国际竞争力。但是，落脚到真正的商业竞争上，中国和美国相比还是存在着一定的差距，美国仍然是全球人工智能的引领国家。根据腾讯研究院的《中美两国人工智能产业发展全面解读》显示，2017 年的美国吸引了 7.87 万位人工智能专家，而同期的中国仅为 3.92 万位，仅为美国的 49.8%。图 20.5 展示了 2017 年全球人工智能初创企业的分布情况，可以发现美国共有 1 078 家，占比最高，达到了 43%；中国有 592 家，排名第二，占比为 23%；剩下的其余国家合在一起共有 872 家，占比为 34%。因此，从初创企业的活跃程度来看，美国是中国的 1.82 倍左右。图 20.6 从更加动态的视角展示了中美两国之间的差异。总结来看，尽管中国的人工智能有着很强的发展潜力，但仍然落后于美国，处于追赶地位。

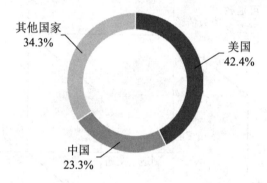

图 20.5　2017 年中美两国人工智能初创企业占比

资料来源：腾讯研究院，《中美两国人工智能产业发展全面解读》。

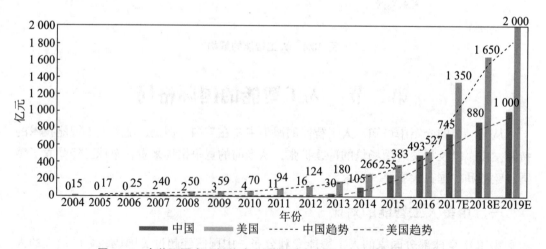

图 20.6　中美两国人工智能产业累计融资走势（E 为当时预测年份）

资料来源：腾讯研究院，《中美两国人工智能产业发展全面解读》

二、中欧人工智能的互补性

作为全球人工智能领域的又一大重要组成部分,欧洲实际上在人工智能的发展过程中遇到了一定的阻碍。与中国和美国相比,欧洲国家在数字化发展中处于相对落后的地位。而数字化发展进度的落后也在一定程度上影响了欧洲获取人工智能投资的数额,进而制约了欧洲人工智能初创企业的成长。在2018年,美国在人工智能上获得了大约360亿美元的私人融资,中国大约为250亿美元,而欧洲仅为40亿美元。这种商业化的落后并不意味着欧洲在人工智能技术层面存在短板,主要还是因为其他层面的短板所导致的。在欧洲各国中,英国诞生了"计算机科学之父"、人工智能的奠基者阿兰·图灵(Alan Turing),人工智能人才充沛且注重人工智能人才的培养,是传统的人工智能学术研究重地。英国目前拥有欧洲最为发达的人工智能生态,是全球第四大的人工智能市场。法国在数学领域非常强,是人工智能卷积算法的发源地。瑞士有实力雄厚的人工智能实验室。芬兰则是欧洲第一个发布人工智能战略的国家,被认为是欧洲人工智能发展的先锋。在算景方面,法国的能源行业、德国的汽车行业、西班牙的可再生能源行业等均是非常有潜力的人工智能应用领域。

图20.7从"七算"的视角,展示了中欧有关人工智能的发展对比。中国在算景、算据和算力方面存在一定的优势,中国应用场景丰富,也已经积累了大量的数据和具有全球竞争力的算力。但是中国在人工智能行业应用伦理相关的法律法规体系及相关标准还不健全。此外,尽管中国有很多的工科青年人才积累,但与欧美相比,高端人才不足。欧洲,在算理、算法、算者方面优势非常明显,欧洲的人工智能伦理、标准体系建设较为成熟,有着非常前沿的算法,且有着很强的人工智能高端人才积累。但是欧洲目前最明显的短板在于算力,在数字经济领域的落后导致了欧洲缺乏大量的人工智能算力。同时,对于算知和算据的积累也不如中国。因此从这一对比来看,中欧之间的人工智能存在很强的互补性。

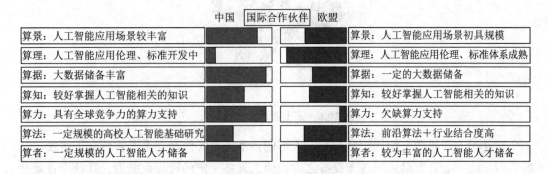

图20.7 中欧人工智能发展对比

第三节 人工智能、机器人与就业

一、人工智能与机器人

提到人工智能，那么很快能想到的另一个概念就是机器人。在电影《终结者》当中，终结者机器人是人工智能、高端材料等方面的科技结晶，其所具备的人工智能技术，已经完全达到了类人感情的阶段。在现实实践中，美国波士顿动力的机器人曾经引起行业轰动，其 Spot 机器狗、Atlas 机器人有着非常灵活的身手和强大的人机交互能力，如图 20.8 所示。从技术层面来看，波士顿机器狗涉及智能导航、视觉识别、动态平衡、360 度感知避障、算法控制等技术，具有很强的人工智能属性。在原本的畅想中，波士顿机器狗将会在一些比较恶劣的环境下，替代人进行工作。但是由于其电池电力、生产成本等方面的制约，最终被抛弃。与此相反，波士顿动力的另一款产品 Stretch 反而会有更强的商业应用前景。Stretch 的定位很简单，就是在仓库中搬运各种重物。其连续工作 16 小时的高强度搬运工作，足以在很多场景中对现有的人工搬运进行替换。事实上，该企业在 1992 年成立后便开始进行人工智能领域的布局。让机器人更聪明、更敏捷、更灵巧并最终实现"提高生产力"均需要人工智能的帮助。但是目前波士顿动力在商业变现上的困境已成为制约波士顿机器人进一步发展的瓶颈，这也是波士顿动力七年换了三任"东家"的原因。而突破这一困境的关键仍然在人工智能上。在 2022 年 8 月，波士顿动力成立了波士顿动力人工智能研究所，以最终用更加智能的机器人实现商业化的变现。

图 20.8　波士顿动力的机器人

与这类人形机器人相比，另一类非人形的机器人其实已经在生产领域有了更加广泛的应用。将"七算"融入到各类设备之中，使之具备一定的智能化能力，这些设备就是某种意义上的"机器人"。当然，现阶段的机器人并不具备非常高水平的人工智能，主要是在某些行业的生产领域之中起到辅助生产的作用。比如，某些生产线上的机械手臂，是基于一定程度的工业数据、工业软件进行操控的；部分具备图像、视频分析功能的摄像头也在很多场景中替代人类进行智能监控。一个非常典型的应用案例便是 AGV（Automated Guided Vehicle）智能分拣机器人。这些智能分拣机器人通过人工智能算法进行最优化的分拣安排,并最终形成 24 小时不间断、大批量分拣货物的能力,实现了无人搬运和关灯仓库,极大地提升了分拣工作的效率。除了在体力劳动领域,在脑力劳动领域,机器人也展示的强大的能力。从 1997 年国际商业机器公司的机器人深蓝击败当时排名世界第一的国际象棋棋手加里·卡斯帕罗夫(Garry Kasparov),到 2017 年谷歌旗下 DeepMind 的机器人阿尔法围棋(AlphaGo)击败当时排名世界第一的围棋运动员柯洁,可以看出机器人在脑力劳动领域也正在逼近人类脑力劳动的极限。

显然,尽管这些"机器人"并不够聪明,有些也只能从事一些简单的、复制性强的工作,但是其大规模的应用还是对劳动者的就业产生严重的冲击。基于人工智能发展出来的机器人不同于以往的机器大生产,哪怕其只具备最为初级的人工智能,也足以在更大范围内取代部分劳动岗位。因此,人工智能与就业的关系分析是数字经济发展过程中不可回避的一个话题。

二、机器人对就业的冲击:一个经济学模型的分析

国际机器人联合会(The International Federation of Robotics,IFR)的数据显示,在 2003 年到 2015 年间,全球机器人年安装量增长了将近 2.14 倍,年平均增长率达到 16% 左右。到 2025 年,全球机器人的安装量预计会增长到 400 万~600 万台。机器人的大范围应用确实会让很多人担心,不久的未来会出现机器人"抢饭碗"的局面。那么,机器人对就业市场到底会带来何种冲击?又是通过哪些渠道带来这些冲击的呢?接下来,我们从经济学分析的视角,来进一步思考这些问题。

基于 Acemoglu 和 Restrepo(2020)的研究[①],本节将对机器人影响就业的路径进行简单介绍。具体的完整模型分析,请大家研读论文原文。

首先,对模型进行简单介绍。在整个经济中,假定有 C 个通勤区和 I 个行业,通勤区可以被理解为消费者活动的一个范围。每个通勤区($c \in C$)对这些行业的产出均有一个消费的偏好,可以假定每个通勤区可以自给自足。引入 CES 模式的消费函数后,可以认为每个通勤区 c 的总消费需求如下:

$$Y_c = \left(\sum_{i \in I} \alpha_i Y_{ci}^{\frac{\sigma-1}{\sigma}} \right)^{\frac{\sigma}{\sigma-1}} \tag{20-1}$$

基于 CES 产出函数,$\sigma > 0$ 可以表示不同行业生产的商品之间所形成的替代弹性,而 α_i 则表示通勤区内每个行业消费 Y_{ci} 的份额。根据 CES 的假定,得到份额之和为 1,即 $\sum_{i \in I} \alpha_i = 1$。如果每个通勤区可以自给自足,那么除了总产出与总消费相等,也得到每个行业 i 的产出和消费相等。若假设通勤区 c 中行业 i 的产出为 X_{ci},那么便可以得到

$$Y_{ci} = X_{ci} \tag{20-2}$$

[①] Acemoglu, D., and P. Restrepo. Robots and Jobs: Evidence from US Labor Markets[J]. Journal of Political Economy,2020,128(6): 2188-2244.

之后,将生产过程划分为一系列的任务$s \in [0,S]$,即所有的生产过程都需完成一系列的任务。对于行业i,假定生产X_{ci}所涉及的任务数量为$x_{ci}(s)$,这些任务按照固定的比例彼此配合,最终完成X_{ci}的生产。具体的生产函数如下:

$$X_{ci} = A_{ci} \min_{s \in [0,S]} \{x_{ci}(s)\} \quad (20\text{-}3)$$

其中,A_{ci}体现的是行业i的生产力。显然,由于固定的比例搭配,$x_{ci}(s)$会约束到X_{ci}的最终产出。

此模型中,机器人的特征在于部分任务是可以由机器人进行替代的。对于所有的任务$s \in [0,S]$,可以假定在行业i中,$[0,M_i]$的任务是可以由机器人进行替代完成。为了简化模型,假定机器人的生产力被标准化为1,而人工的生产力则被固定为一个数值$\gamma > 0$。基于这一假定,可以进一步得出$x_{ci}(s)$的生产函数如下:

$$x_{ci}(s) = \begin{cases} r_{ci}(s) + \gamma l_{ci}(s) & \text{若} s \leq M_i \\ \gamma l_{ci}(s) & \text{若} s > M_i \end{cases} \quad (20\text{-}4)$$

具体而言,$r_{ci}(s)$是行业i在通勤区c中执行某个任务s时所使用的机器人,$l_{ci}(s)$则是相应的所使用的劳动。

那么,是否使用机器人或人工的另外一个因素便是成本。假定,每个通勤区内机器人和劳动的供给函数可以用如下表示:

$$\begin{aligned} W_c &= \omega_c Y_c L_c^\epsilon, \quad \epsilon \geq 0 \\ Q_c &= \varrho_c \left(\frac{R_c}{Y_c}\right)^\eta, \quad \eta \geq 0 \end{aligned} \quad (20\text{-}5)$$

式中,W_c为劳动的工资;ω_c为单位劳动的工资;L_c表示劳动的总数量;Q_c为机器人的价格;ϱ_c为单位机器人的价格;R_c表示机器人的总数量。

因此,在满足在所有的通勤区生产活动的利润最大化以及供求平衡的市场出清条件后,市场均衡会包括一系列的机器人和劳动的价格组合$\{W_c, Q_c\}_{c \in C}$和一系列的机器人和劳动的数量$\{R_c, L_c\}_{c \in C}$。

最后,假定通勤区c中行业i生产的商品价格为$P_{X_{ci}}$;通勤区c行业i中的劳动份额为ι_{ci},并定义$\pi_c = 1 - \frac{Q_c \gamma}{W_c}$,可以得出通勤区$c$对劳动的需求$L_c^d$满足如下条件:

$$\mathrm{d}\ln L_c^d = -\sum_{i \in I} \iota_{ci} \frac{\mathrm{d}M_i}{1 - M_i} - \sigma \sum_{i \in I} \iota_{ci} \mathrm{d}\ln P_{X_{ci}} + \mathrm{d}\ln Y_c \quad (20\text{-}6)$$

式(20-6)表明,对劳动的需求受到三大效应的影响:

第一,替代效应($-\sum_{i \in I} \iota_{ci} \frac{\mathrm{d}M_i}{1 - M_i}$):在价格和产出不变的情况下,机器人在部分任务

中（$[0, M_i]$的任务）替代了人工，从而减少了对劳动力的总体需求。

第二，价格—生产力效应（$-\sigma \sum_{i \in I} \iota_{ci} \mathrm{d}\ln P_{X_{ci}}$）：由于机器人降低了整个行业的生产成本（$P_{X_{ci}}$下降），有利于整个行业的扩张，从而增加了行业对劳动力的需求（$-\sigma \sum_{i \in I} \iota_{ci} \mathrm{d}\ln P_{X_{ci}}$增加）。

第三，规模—生产力效应（$\mathrm{d}\ln Y_c$）：机器人的应用带来了生产成本的降低，而生产成本的降低可以引致总产出的增加，进而提高了对所有行业人工的需求。

由此可见，该模型解释了机器人对就业形成冲击的三大机制，且这三大机制带来的影响有正有负，现实中究竟会带来何种方向的冲击还是需要结合数据进行进一步的分析。之后，基于式（20-6），该研究也对机器人对就业和工资水平的影响进行了深入论证，得到的结论如下：

$$\mathrm{d}\ln L_c = -\frac{1+\eta}{1+\epsilon} \sum_{i \in I} \iota_{ci} \frac{\mathrm{d}M_i}{1-M_i} + \frac{1+\eta}{1+\epsilon} \pi_c \sum_{i \in I} \iota_{ci} \frac{s_{icL}}{s_{cL}} \frac{\mathrm{d}M_i}{1-M_i} \quad (20\text{-}7)$$

$$\mathrm{d}\ln W_c = -\eta \sum_{i \in I} \iota_{ci} \frac{\mathrm{d}M_i}{1-M_i} + (1+\eta) \pi_c \sum_{i \in I} \iota_{ci} \frac{s_{icL}}{s_{cL}} \frac{\mathrm{d}M_i}{1-M_i} \quad (20\text{-}8)$$

式（20-7）和式（20-8）的第一项反映取代效应（Displacement Effect），而第二项则反映两种生产力效应，即综合考虑了价格—生产力效应和规模—生产力效应。显然，和式（20-6）的逻辑一样，机器人对就业和工资水平的影响机制同样有正有负，若取代效应为主导，则为负；若生产力效应为主导，则为正。

总结而言，机器人对就业带来的冲击需要从两个视角去看待。首先，对那些机器人可以从事的任务而言，其原本的人工肯定被替代掉了；其次，由于机器人带来的生产率的提高，相关配套任务的劳动力需求会变得更大。因此，机器人带来的生产率的提高将对冲击是正还是负的判定起到关键影响。

三、部分研究观点

（一）美国的数据

Acemoglu 和 Restrepo（2020）使用来自国际机器人联合会的美国工业机器人存量数据和 Tolbert 和 Sizer（1996）所定义的 722 个通勤区数据，对进行美国市场进行分析。国际机器人联合会收集了 1993 年以来美国工业机器人的总存量数据，并在 2004 年提供了美国工业机器人分行业的数据。而 722 个通勤区则覆盖了美国除阿拉斯加和夏威夷以外的整个大陆领土。通过计量经济分析，美国的数据表明，工业机器人的使用对就业造成了负面冲击。大概在每千名工人中增加一台机器人，就业人口比率将降低 0.18% 至 0.34%，工资水平也将会相应降低 0.25% 至 0.5%。也就是说，在美国机器人带来的生产率的提高程度可能还不足够，生产力扩张所带来的就业增加无法弥补行业中部分环节被机器人替换掉的就业。

（二）德国的数据

Dauth 等（2017）的研究表明，机器人尽管会影响就业的结构，但是并不会导致就业的下滑。具体而言，根据 1994—2014 年间德国制造业的数据，大概每个机器人会顶替两份制造业的工作，但是这种变化完全被服务部门额外的工作岗位增长所抵消。此外，机器人并没有增加制造业在职工人的失业风险。相反，更多接触机器人的工人尽管因为机器人的替代不再从事与之前的工作，但是因为更为了解相关的工作内容而更有可能继续在原来的工作场景下就业。而制造业的就业总体下降完全是由于年轻的劳动力进入市场使新的工作岗位减少所带来的。当然，这种在原有工作场景下就业，或这些工人工作稳定性的增强是以降低工资为代价的。具体而言，机器人对个人收入的负面影响主要体现在中等技能工人身上，而高技能的管理人员则反而受益。从总体上看，机器人提高了劳动生产率，但没有提高工资。因此，它们的应用也促成了劳动收入份额的下降。

（三）中国的数据

对于中国就业市场，机器人同样带来了冲击。具体而言，李磊等（2021）从中国海关总署《中国海关贸易数据库》提供的企业产品贸易数据中获得了工业机器人的进口信息，包括了每个贸易企业产品层面的信息，诸如贸易价格、数量和金额等。此外，他们又从中国国家统计局《中国工业企业数据库》获取了企业层面的信息。在将这两个数据库进行匹配后，得到了实证分析所需要的数据，分析结果显示，相对未进口机器人的企业，使用机器人企业的就业规模显著提高。类似的，机器人进口对企业的就业水平也是显著的正向冲击。显然，无论是采用何种指标来度量机器人的使用状况，机器人使用都将显著改善我国劳动力就业水平。我国企业引入机器人参与生产并没有导致劳动力出现大规模失业，反而促进了就业。这意味着中国企业的机器人应用对劳动力就业的促进效应大于替代效应。

课 后 思 考

1. 人工智能的技术发展可以分为哪几个阶段？
2. 如何看待人工智能在机器人中的应用？
3. 机器人对就业带来冲击背后的机制有哪些？
4. 如何看待不同国家机器人对就业的冲击不太一致问题？
5. 在未来，机器人是否有可能取代所有类型的人工劳动？

CHAPTER 21 第二十一章

大数据与绿色发展

在本章，我们将介绍大数据的相关知识，及其对社会发展带来的深刻影响。数据要素在未来的发展中变得越来越重要，而以大数据为基础的发展模式、治理模式被认为是绿色、低碳的。在介绍完大数据后，本章将重点聚焦于大数据应用对绿色发展的影响。一方面，各类平台企业在过去的发展过程中已经积累了大量的数据，成为了数据密集型企业的典范；另一方面，各级政府在开展政务治理的过程中也同样积累了大量的公共数据。本章将基于数据产业的发展和公共数据的使用，对大数据支撑绿色发展、低碳发展的逻辑展开分析。

第一节 大数据时代

数据要素对经济增长的贡献已经得到了广泛关注，随着数据存储的成本不断下降，以及 5G、光纤等数据传输技术的不断发展，人类经济社会正在逐渐步入大数据时代。著名咨询公司麦肯锡于 2011 年[①] 提出，"大数据的时代"即将到来，大数据在医疗、交通、金融等行业都会迎来进一步的发展。事实上，从数据采集的角度来看，大数据主要还是来源于平台企业和政府部门。在 2021 年中国移动全球合作伙伴大会上，华为公司董事长梁华表示，当今时代，全球 70 亿人每人每天产生高达 1.5GB 数据。尽管这些数据并不会全部被储存下来，但是日积月累仍然是一个非常庞大的数据资源。

华为的相关专家曾预计，在所有产生的数据中最终只有 20% 会被存储下来，而被存储下来的 20% 的数据又大约只有 20% 会上传至服务器。这就意味着最终上云的数据可能只有全部流量数据的 4%。那么根据这样的一个估算逻辑，大数据其实又是一项非常稀缺的资源，并不是随便一家企业就能够非常容易地获取到这些存储下来的数据，更别说后续进一步数据分析了。在此背景下，如何利用大数据实现更高的经济社会价值，一直是研究者所关注的重点。

---

① McKinsey. Big Data: The Next Frontier for Innovation, Competition, and Productivity[R]. 2011.

一、大数据的发展历程

近年来,大数据已成为一个热门、流行的词汇,很多新成立的企业均把大数据作为自身的标签之一。在上一章介绍人工智能的"七算"时,我们就指出"算据"是人工智能发展的重要一环。无论是"算据",还是所谓的数据要素,其最通俗的解释就是体量巨大的、被大规模存储的数据。因此,大数据实际上是在经济社会发展的过程中,积累下来的数据达到一定规模后所被提出的概念。在科学历史上,物理学、天文学、生物学、医学均存在一个非常基础的数据分析阶段。那么事实上,对数据的分析可以追溯至17世纪,比如在1663年,英国的约翰·格兰特(John Graunt)就开始尝试介绍腺鼠疫的统计数据分析。格兰特出版了第一本公共卫生的记录集,该记录集中详细地记录了格兰特观测到的英格兰地区腺鼠疫期间的死亡率及其变化。当然,这种案例体现的仅仅只是小规模的数据记录,还远未达到大数据的体量。随着科技的进步,人们记录、分析数据的便捷性也在不断提升。比如到了1884年,赫尔曼·霍勒瑞斯(Herman Hollerith)发明了穿孔制表机,用以更加方便地对美国人口普查的数据进行统计。该机器随后被大量应用于各类企业的会计业务和产品统计中,让数据分析开始普及。而霍勒瑞斯所成立的企业最终成为组成著名的国际商业机器公司的三家企业之一。自此开始,数据分析和处理的硬件研发便和数据处理的算法开发紧密相连。到了1943年,英国在第二次世界大战时期所使用的纳粹密码破译机,更是数据、算法和硬件结合的一大典范。

尽管人类社会对数据的收集和分析有着并不短的历史,但是真正提出大数据概念还是在互联网诞生之后。而大数据的发展也基本可以被分为以下三个阶段。

(一)大数据萌芽阶段:1980年至21世纪初

1980年,世界著名未来学家阿尔文·托夫勒(Alvin Toffler)在其所著的《第三次浪潮》一书中,首次提出了"大数据"一词,并在书中将大数据冠以"第三次浪潮的华彩乐章"的美誉。而1980年后,信息技术开始蓬勃发展,互联网、个人电脑、数据库等的发展让数据的大规模采集和存储成为一种可能。很多研究者开始憧憬,当数据的积累达到某种程度后,将给信息技术的发展带来一次质变,让大规模的数据分析成为现实。因此,在大数据萌芽阶段,其主要特征是数据存储技术开始发展,但是数据的处理水平或计算能力仍然比较弱。

(二)大数据发展阶段:21世纪初至2010年

在进入21世纪以后,越来越多的研究者开始重视大数据,其中最具代表性的便是2001年高德纳(Gartner)的分析员道格·莱尼(Doug Laney)。其在一篇关于数据管理的论文中提出了大数据的三大维度:数据量(Data Volume)、数据处理速度(Data Velocity)、数据多样性(Data Variety)。而到了2010年,《经济学人》杂志更是发表了一篇《数据,无处不在》的封面文章,如图21.1所示。这也标志着大数据经过多年的发展,基本已经渗透到了人们社会生活的方方面面。

数据量角度来看,从2004年开始,互联网进入到Web 2.0时代,大量的用户可以更加方便地产生信息或数据，很多平台开始承担这些信息或数据的交互和分发功能，并形成了强大的网络效应，诸如脸书、阿里巴巴、腾讯、亚马逊、谷歌等互联网企业蓬勃发展，互联网中的数据量也开始爆发式增长。

从数据处理速度角度来看，芯片企业开始实现跨越式发展，带动了算力的大幅度提升。以美国芯片企业因特尔为例，2001年因特尔首次针对数据中心推出了因特尔至强处理器品牌；2003年因特尔的处理器累计销量达到了10亿片；2006年因特尔酷睿处理器诞生，制程工艺65纳米，集成晶体管数量达到2亿。芯片的发展，不仅仅带来了个人电脑的普及，更是让服务器和数据中心的算力可以满足更多的大数据运算需求。

图 21.1 《经济学人》杂志关于数据的封面文章

从数据多样性角度来看，互联网的发展以及移动互联网的出现让基于互联网的应用场景变得更加多元化，由此收集到的数据的多样性也在不断提升。诸如谷歌、脸书、淘宝等平台企业，均通过对用户数据的分析进行广告投放，不断丰富了互联网的商业模式。

因此，在大数据发展阶段，其主要特征是数据存储和数据计算技术的同步发展，数据计算水平已经逐渐跟上了数据存储量，大数据开始逐渐发挥出更大的价值。

（三）大数据爆发阶段：2011年至今

2011年后，大数据确实实现了一个爆发式的发展，特别体现在大数据不再是个别企业、个别场景才能用到的工具，而是已经普及成为很多行业发展过程中的常用工具之一。以谷歌、脸书、亚马逊、腾讯、阿里巴巴等为代表的互联网企业基于其自身所掌握的大数据，推出了各类App抢占互联网市场，并迅速成为全球市值领先的企业。

随着互联网巨头的迅速成长，也让各国政府意识到了大数据的价值，并开始纷纷出台各类促进大数据发展的相关政策文件。比如2012年，美国白宫科技政策办公室发布了《大数据研究和发展计划》，到了2014年美国再次发布《大数据：把握机遇、守护价值》的白皮书。英国商业、创新与技术部则在2013年牵头编制并发布了题为《把握数据带来的机遇：英国数据能力战略》的报告。同年，法国中小企业、创新和数字经济部发布了《法国政府大数据五项支持计划》。这些政策文件进一步促进了大数据相关产业的爆发式发展。如图20.2所示，根据国际数据公司（IDC）的估算，全球的大数据存储规模从2013年的4.3ZB增长至2020年47ZB，年均增长率高达40.73%。

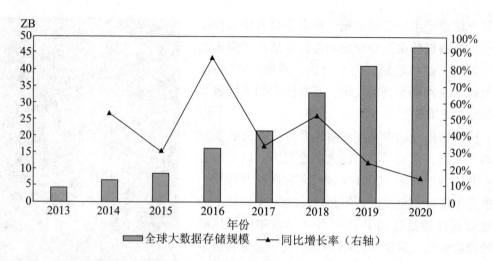

图 21.2 2013—2020 年全球大数据存储规模及其同比增长率

资料来源：国际数据公司。

在数据爆炸式增长的同时，以云计算、智能计算为代表的算力也在快速增长。21 世纪初期，电商平台企业亚马逊、阿里巴巴，搜索引擎企业谷歌，即时通信企业腾讯，操作系统企业微软均已经完成转变，成为全球云计算市场的重要力量。而不管是垄断计算产业市场多年的英特尔芯片，还是基于安谋架构研发的鲲鹏芯片，均在大数据爆发式增长的年代提供着越来越强劲的算力。而以英伟达、华为等为代表的企业，也开始推出一系列顶级的人工智能计算芯片，以帮助各类大数据发挥出更大的价值。

在大数据爆发阶段，可以认为数据存储和数据计算技术是同时高速发展的，两者相互促进、相互成就，并在可预见的未来将继续推动大数据时代不断向前发展。

二、中国数据存储规模测算

如果从宏观视角下分析大数据带来的影响，就有必要对中国历年来的数据存量进行一个简单的测算，从而帮助理解为何在大数据时代下，数据会迎来爆发式的增长。数据存储规模是指以二进制位串（Bit Strings）存储在物理意义的介质中的数据量大小。比如，一个 16GB 的 U 盘中储存了 8GB 的各类数据，那么这个 U 盘的数据存储规模便为 8GB。对中国数据存储规模的测算主要使用永续盘存法。具体步骤如下。

（一）获取半导体存储器市场规模数据

从中国海关、世界半导体贸易统计协会（World Semiconductor Trade Statistics，WSTS）等相关网站，获取 2003—2020 年以人民币计价的中国半导体存储器市场规模，记为 MS_t。这里需要注意的是，半导体存储器有很多类型，比较简单地可以被划分为三类，分别是动态随机存储器（Dynamic Random Access Memory，DRAM）、NAND 快闪记忆体（NAND Flash Memory）和 NOR 快闪记忆体（NOR Flash Memory）。在这三类中，DRAM 可以被理解为我们日常计算机中的内存条，主要是在计算机进行运算时对各类数据进行临时的存储。如果计算机的电源被切断,存储在 DRAM 中的数据往往会丢失。而快闪记忆体可以理解为各类存储介质,又称闪存。除了各类 U 盘、移动硬盘,装载在笔记本电脑中的机械硬盘或者固态硬盘也属于闪存。闪存的存储相对来说比较稳定,因此闪存也是当前大部分数据存储的载体。为了便于估算数据的存储规模,本文主要使用了闪存的数据。

(二)估算半导体存储器的存储规模

之后,从世界半导体贸易统计协会获取到半导体存储器以美元/GB 计价的价格 P_t。当然,由于闪存的细分类型还有很多,比如不同品牌的闪存单位价格并不一致,不同容量的闪存单位价格也并不一致。一般而言,闪存容量越大(比如 1TB),其单位价格也就会越低。以美元/GB 计价的价格 P_t 一定程度上是市面上各类具有代表性的闪存的平均价格。图 21.3 展示了 2003—2020 年半导体存储器的单位价格。可以发现,在 2004 年之后,半导体存储器的单位价格急速下滑,到了 2020 年,单位价格仅为 0.09 美元/GB。

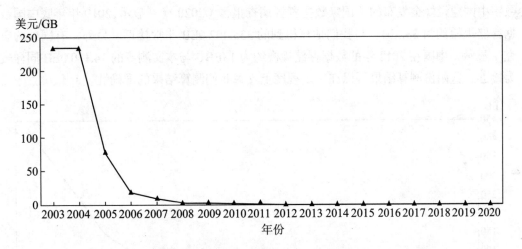

图 21.3　半导体存储器单位价格走势

为了换算成人民币计价,可以从国家统计局获取到美元汇率 e_t。最后,通过对腾讯、华为等企业的调研可知,一般存储介质的使用率在 60% 左右。因此,可以得到每年市场投入的半导体存储器存储规模 d_t 为:

$$d_t = \frac{0.6 MS_t}{P_t e_t} \quad (21-1)$$

(三)历年数据存储规模

使用永续盘存法估算中国历年的数据储存规模。通过对腾讯、华为等服务器厂商的调研,得到服务器硬盘的一般寿命在 5~8 年,本文假定使用寿命为 6~7 年之间,根据平均年限法,那么折旧率 δ_d 可以算作 35%[①]。不同于传统的固定资产,硬盘报废后数据均

---

① 一般而言,固定资产的年折旧率 =(2/ 预计使用寿命)×100%。

会转移至新购买的硬盘之中，因此不存在数据意义上的残值。

我们选定基年为 2003 年，根据每年市场投入的半导体存储器存储规模 d_t，可以通过下式得到前五年 d_t 的几何年平均增长率：

$$\overline{g_d} = \sqrt[10]{\frac{d_{2013}}{d_{2003}}} - 1 \quad (21\text{-}2)$$

从而再结合折旧率 δ_d 可以得出基年，即 2003 年的数据存储规模为

$$D_{2003} = \frac{d_{2003}}{g_d + \delta_d} \quad (21\text{-}3)$$

那么最终每年数据存储规模 D_t 可以通过如下公式进行估算：

$$D_t = D_{t-1}(1 - \delta_d) + d_t \quad (21\text{-}4)$$

最终，我们得到了 2003—2020 年中国市场的数据存储规模，如图 21.4 所示。具体而言，我国的数据存储规模从 2003 年的 0.015 0EB 增长至 2020 年的 423.405 9EB。为了验证这一估算的准确性，我们也同目前市场上的核算结果进行了对比。根据第四届数字中国建设峰会发布的《国家数据资源调查报告（2020）》[1] 显示，2019 年年底中国数据存储规模约为 332EB，与我们估算得到的 335.402 0EB 非常接近。另外，有国外的研究[2] 显示，中国在 2012 年的数据存储规模约为 13EB，与本文测算的 14.110 0EB 同样较为接近。这两份测算结果可以在一定程度上支撑我们测算结果的准确性。

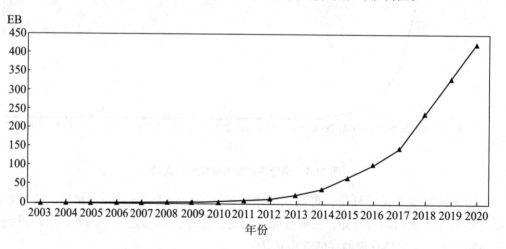

图 21.4　2013—2020 年中国市场的数据存储规模

三、基于大数据的连接与计算

另一个影响大数据是否可以释放足够多的社会经济价值的关键，便是大数据的数字基础是否已经能够支撑大数据的应用。除了最原始的数据存储，连接（Connecting）和

---

[1] 中国信息通信研究院、中国网络空间研究院. 国家数据资源调查报告（2020）[R]. 2021.
[2] Simone Foxman. The US is home to one third of the world's data—here's who's storing it[EB/OL]. (2013-07-18) [2022-06-29]. https://qz.com/104868/the-us-is-home-to-one-third-of-the-worlds-data-heres-whos-storing-it/.

计算（Computing）是另外两个大数据时代受到较多关注的数字基础技术。

（一）大数据的连接

如果在云或某个数据仓库中已经存储了大量的数据，那么如何接入这些数据，或者如何上传更多的数据是值得进一步思考的问题。无论是消费端还是生产端，数据都是每天在源源不断产生的。普通消费者在使用手机的过程中，可以连接移动网络或 WiFi 网络，这些网络在让消费者接入网络世界的同时，也在向各种不同的数据采集者上传他们所形成的数据。一个覆盖面广、速度快的网络可以将采集到的数据及时地上传到服务器中，从而马上进入后续的大数据分析环节。

以 5G 为例，根据 VIAVI 发布的《5G 部署现状》最新报告[1]显示，到 2021 年年底，全球拥有 5G 网络的城市数量为 1 947 座，中国以 356 座位居第一，美国以 296 座紧随其后。从中国的进度来看，工信部的最新数据显示，截至 2022 年 5 月末，我国 5G 基站总数已达 170 万个，占移动基站总数的 16.7%，较上年末提高 2.4 个百分点。在 5G 网络中，移动端具有非常大的流量潜力，可以为数据的流通奠定基础。

（二）大数据的计算

实现大数据价值的第二个数字基础技术便是大数据的计算能力。目前的大数据计算主要还是采用云计算的形式，部分数据的分析可以放在边缘端。

云计算对算力有着极大的需求，需要大量服务器来支撑。目前，传统计算产业市场主要还是以英特尔的服务器为主，当然也有部分安谋架构的服务器试图进入这个市场，比如华为的鲲鹏服务器。在智能计算产业市场，包括国外的谷歌、亚马逊、微软和国内的华为、阿里巴巴等企业，均有这方面的布局。华为对应的智能计算昇腾芯片采用自研的达芬奇架构。

边缘计算可以理解为终端设备可以直接进行的数据处理。同样从消费者的角度来看，消费者购买的手机或笔记本电脑，其计算能力和其内部的配置息息相关。苹果公司 2021 年为苹果手机推出的 A15 仿生芯片已具备强大的图形处理能力，其神经网络引擎的每秒梳理次数达到了 15.8 万亿次。该芯片提供的强大计算能力，可以帮助苹果手机轻松运行图形处理 APP、视频 APP 以及高性能游戏。

总结来看，进入大数据时代后，一方面大数据本身可以赋能很多经济社会发展的目标，另一方面大数据的商业模式往往也具备自身的一些特征。接下来，本章将从绿色发展的视角，探讨大数据如何更好地帮助实现绿色发展。

第二节　数字经济与"双碳"目标

早在 2017 年，中国共产党十九大报告便明确指出，要"加快建立绿色生产和消费的法律制度和政策导向，建立健全绿色低碳循环发展的经济体系"。因此，绿色发展、

---

[1] VIAVI. The State of 5G[R]. 2021.

低碳发展一直是我国在追求经济增长的过程中非常重视的发展问题。绿色发展可保证经济发展的可持续性，即可帮助我国民众更好地享受到经济发展带来的生活水平的提升，又能为实现更长期的经济发展目标提供支撑。

一、"双碳目标"

在绿色发展的大框架下，低碳一直是非常重要的一个组成部分。鉴于二氧化碳大量排放带来的温室效应和全球气候变化会对当前的人类发展带来很大的不利影响。在2016年，全世界178个缔约方共同签署《巴黎协定》这一气候变化协定，是对2020年后全球应对气候变化的行动作出的统一安排。在2020年9月，我国明确提出了2030年"碳达峰"与2060年"碳中和"的目标，又称"双碳"目标。在2021年10月，党中央国务院又发布了《中共中央国务院关于完整准确全面贯彻新发展理念做好碳达峰碳中和工作的意见》，对"双碳"目标进行了更为细致和全面的解读。

实现"双碳"目标并不是说要放弃化石能源以及其他会带来碳排放的经济发展模式，而是要在实现经济发展的同时积极探索降低碳排放的方法。因此，从本质上来看，相关技术水平的提升是同时实现经济发展和"双碳"目标的关键。事实上，已有研究发现碳交易的实施在一定程度上会倒逼技术的发展（Calel，2020）。为了达到碳排放目标，企业部门会试图挖掘已有技术或者研发新技术，来降低生产成本，从而在碳排放约束下实现自身的利润最大化。当然，在这个过程中，也有可能低碳发展只促进了已有技术的应用，同时反而导致技术研发的滞后。

二、数字经济的低碳潜力

任何形式的低碳发展，最终都会落脚于减少对化石能源的依赖，增加清洁能源的使用比例之上。因此，并不是说某个商业模式规避了碳排放，这种商业模式就是完全低碳的。比如，当前新能源汽车已成为低碳发展的一种重要趋势，欧盟甚至考虑在2035年起全面禁售燃油车。但是，如果新能源汽车电池的生产也需要消耗大量的化石能源，那么新能源汽车是否是一种真正的清洁能源产品，那就需要经过进一步的碳排放核算才能下结论。

同样的逻辑在数字经济层面同样成立。尽管在大部分应用场景下，数字产品的生产并不会直接消耗化石能源，但如果追本溯源，那就需要进一步的思考和核算。Jiang et al.（2021）曾在 *Nature Communications* 发文，探讨了中国比特币挖矿与碳排放之间的关系。其中一个结论就指出，中国与比特币"挖矿"相关的能耗和碳排正在快速增长，如果不进行更为严格的监管和政策调整，比特币这种商业模式可能会对全球的可持续发展造成负面影响。当然比特币"挖矿"这种场景只是整个数字经济中很小的一部分，大部分数字经济的应用场景确实有着很强的低碳发展潜力。图21.5给出了中国各省份2017年数字经济增长率和二氧化碳排放量的散点图以及拟合的曲线，其中数字经济增长率的数据来自于韩兆安等（2021）的研究，二氧化碳排放量的数据则为自行计算得到。这个简单的散点图显示，数字经济增长率越高的省份，其二氧化碳排放量越低。这一现象可以说明,在对能源消耗进行追本溯源后,数字经济很可能是一种综合考虑量下的低碳发展模式。

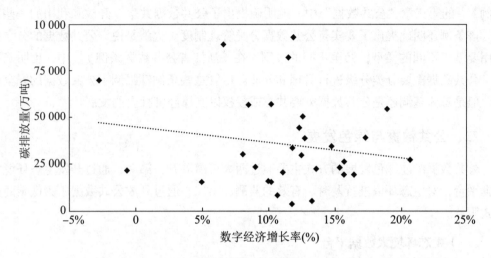

图 21.5　2017 年中国各省份数字经济增长率和二氧化碳排放量的关系

当然,图 21.5 这种单一的散点图并不能非常准确地说明两者之间的真正关系。魏丽莉和侯宇琦(2022)的研究则进一步通过效率分析、熵值法,测度了 2011—2018 年中国 285 个地级市及以上城市的数字经济和绿色发展水平。该研究通过一个较为严谨的面板模型,发现数字经济对城市的绿色发展具有促进作用,并进一步佐证了数字经济会是一种低碳的发展模式。

在数字经济下,数据已成为重要的生产要素,所以经济社会中的生产活动在一定程度上确实可以减少对化石燃料的依赖。接下来,本章将从大数据发展的视角,探讨大数据对绿色发展及"双碳"目标实现的潜在作用机制。

第三节　大数据赋能绿色发展:以公共数据为例

一、数字政府与公共数据

2022 年 6 月 23 日,国务院印发了《关于加强数字政府建设的指导意见》,明确了数字政府建设的七个方面重点任务,其中就包括了强化经济运行大数据监测分析。此外,该《指导意见》中还提到了在构建开放共享的数据资源体系方面,要创新数据管理机制,深化数据高效共享,促进数据有序开发利用,充分释放数据要素价值。事实上,数据资源与数据生产要素的核心区别在于,数据是否进入了数字经济相关的经济活动之中。政府具有采集社会各类数据的合法性,在国家发展的过程中积累了大量的数据资源。这些数据资源在过去发展电子政务的过程中发挥了重要作用,而进入到数字政府时代的一大关键便是能否构建一个成熟的公共数据要素市场。构建公共数据要素市场的核心在于让公共数据实现从数据资源到数据生产要素的转变,从传统服务于政府政务拓展到服务于数字经济发展。

在此背景下，将公共数据进行授权，从而使其应用到经济社会发展之中成为一大趋势。目前公共数据的授权已经得到很多政府机构的重视。比如，在《深圳经济特区数据条例》①的第三章"公共数据"中，就明确提出了公共数据共享、开放和利用的一些原则。该条例还明确提出了要实行公共数据分类管理制度。也就是说，公共数据的分享和利用要基于不同的类型，乃至不同的级别。在《浙江省公共数据条例》②中，也明确指出了公共数据需要分类分级进行管理和开放。尽管这些条例都强调了公共数据的安全问题，但是总体基调还是公共数据需要共享或授权以支撑经济社会的发展。

二、公共数据与绿色发展

公共数据赋能绿色发展的方式主要通过两大渠道展开：第一，通过开发生态环境大数据平台，对生态环境进行及时、有效的监测；第二，通过开放公共数据，为低碳商业模式服务。

（一）生态环境大数据平台

生态环境大数据平台所集成的数据主要来自于两个方面：第一，卫星遥感监测系统，主要通过相关卫星观测后所形成的生态环境数据；第二，地面信息数据系统，主要是通过地面观测站观测后形成的与生态环境的数据。基于这些大数据，一方面可以通过对过去生态环境大数据的分析，得出不同类型的监测模型，并制定相应的生态环境政策；另一方面也可以基于现有的生态环境大数据，进行合理的预测，从而可以更好地对未来可能发生的各类生态治理问题做好准备。

以内蒙古生态环境大数据的应用为例（李明娜等，2022），在内蒙古"一湖两海"的水质监测评价体系中，流域内的各类内部站点监测数据和外部包括水文、气象、地形等的数据实现了非常完备的整合，整个大数据平台共有流域手工监测数据610 251条、自动监测数据2 069 101条。这些数据可以帮助内蒙古非常实时地了解"一湖两海"的水质现状以及水质动态变化趋势。

（二）公共数据赋能低碳商业模式

低碳经济要求在整个经济体系中具备更多的低碳商业模式，那么一个可行的方案便是从以往的资源，特别是化石能源密集型产业向资本密集型或数据密集型产业进行转化。公共数据的开放或授权，可以盘活数据交易市场，并在一定程度上催生一批以公共数据为重要生产要素的数据密集型产业。这些产业不仅可以创造新的就业，而且对化石能源的整体依赖度低，可以被认为是低碳商业模式的典型。

一个比较成功的案例便是航旅纵横。航旅纵横是中国民航信息网络股份有限公司于2012年推出的基于航空交通的移动服务产品，其基于航空大数据，为用户提供从出行

---

① 深圳市政务服务数据管理局. 重磅！《深圳经济特区数据条例》正式公布 [EB/OL]. (2021-07-07) [2022-06-29]. http://www.sz.gov.cn/szzsj/gkmlpt/content/8/8935/post_8935483.html#19324.
② 浙江省人民代表大会常务委员会. 浙江省公共数据条例 [EB/OL]. (2022-02-10) [2022-06-29]. http://www.qjq.gov.cn/art/2022/5/26/art_1389659_59014118.html.

准备到抵达目的地的全流程完整信息服务。作为中国民航大数据的最大受益者，航旅纵横几乎可以免费获取到官方的航空大数据，为其探索基于这些数据的商业模式奠定了基础。航旅纵横的全流程服务除了传统的航空订票服务，也包括了送机、接机、酒店等一系列的附加服务。可以看到，传统的航空行业是碳排放比较高的行业，但是航旅纵横基于航空数据开发出来的各项服务却是碳排放很低的服务行业，这些服务行业可以为一批劳动者创造出更多的就业。从长远发展的视角来看，这些新创造出来的就业也为淘汰碳排放高的高能耗产业提供了缓冲空间。随着公共数据的进一步开放，相信类似于航旅纵横这类涉及数字经济的企业会越来越多地基于大数据技术创造出更多的低碳商业模式，为我国实现"双碳"目标作出贡献。

课 后 思 考

1. 为何说现在已经进入了大数据时代？
2. 数据存储规模有没有可能在未来的几年里实现更大程度的增长？
3. 绿色发展或"双碳"目标是否会反过来促进数字技术的进步？
4. 政府掌握的公共大数据可以通过哪些形式助力"双碳"目标的实现？
5. 公共大数据还有哪些具备落地可能性的商业模式？

CHAPTER 22 第二十二章

数字货币与数字税费

数字经济同样对传统金融财政领域带来了冲击。在本章,我们将介绍数字货币的发行对传统货币市场所带来的影响,也将探讨数字税费的收取方式及其意义。

第一节 数字货币简介

一、数字货币的起源与发展

本节探讨的是狭义的数字货币,不是广义的电子货币。狭义的数字货币用来特指完全数字化的、基于区块链等技术的加密数字货币。数字货币是一种基于数字技术,依托网络传输,以非物理形式存在的价值承载和价值转移的载体。可以分为匿名币、稳定币和央行数字货币(Central Bank Digital Currencies,CBDC)。匿名币通过加密技术在交易过程中能够隐藏交易金额、发送方和接收方身份的交易媒介,如比特币等。稳定币是与法定货币或稳定资产挂钩的加密数字货币,价值相对稳定,如脸书发起的天平币(Libra)。央行数字货币是各国央行主权信用货币的数字化形式,本质也是法定货币。目前,中国的数字货币/电子支付(又称DC/EP,其中DC全称为Digital Currency,指数字货币;EP全称Electronic Payment,指电子支付)、加拿大的CADcoin、瑞典的eKorna、美国的FEDcoin,以及委内瑞拉的石油币,都是各国央行推进的数字货币。

在人类历史上,货币经历了"一般等价物—金属货币—信用货币—法定货币(也属于信用货币)"的发展过程。货币是价格尺度、流通手段、财富贮藏,其背后起支持作用的是财产所有者与市场进行交换的契约,是大家公认的约定。

随着技术的不断进步,首先出现的是电子化的银行业务,进而为了满足以下三大需求,出现了数字货币的雏形:第一是在小额零售方面的快捷高效需求;第二是对个人隐私的保护需求;第三是建立去中心化的货币信任机制。以哈耶克为代表的经济学家提出"货币非国家化",以实现市场内生的货币体系。

（一）隐匿币

在这些需求的驱动之下，先后出现了 eCash、E-gold、B-money、BitGold 几种具有阶段性意义的数字货币。

1989 年的 eCash 使用了盲签名加密技术，首次实现了匿名性。但是由于 eCash 本身需要有一个中心机构管理运行，并要求其服务器时刻保持稳定正常运转，这存在很大风险，同时这一模式没能得到商业银行的支持。以上原因导致了其最终失败。

1996 年的 E-gold 是影响力比较大的数字货币，其币值与黄金 1∶1 绑定，用户可以在账户中实现 E-gold 与法币的直接兑换。到 2009 年，E-gold 拥有 500 万名账户，雅虎、亚马逊等巨头企业都拥有其支付账户。但是，其同样没有解决 eCash 涉及的中心化机构的问题。

1998 年 B-money 的突破在于其部分地解决了中心化运营的问题，首创性提出分布式存储技术应用于数字货币，即实现了分布式记账（Distributed Ledger Technolgy，DLT）：交易者发起交易，全网广播，全网用户进行记账，具有不可篡改性。但是其问题在于，没有解决货币创造问题：由谁发行，币值如何度量？

2005 年出现的 BitGold 最大的进步在于引入工作量证明共识机制（Proof-of-Work，PoW），挖出区块奖励数字货币，解决了货币创造的问题，但是这一设想没有成功实现。

2008 年，具有划时代意义的去中心化数字货币比特币出现，又被称为区块链 1.0。其采用了分布式记账技术，即以实现去中心化的机制为前提，用非对称加密技术解决点对点之间交易信息的传输和加密问题，并采纳工作量证明共识机制作为货币创造的源头，每当有用户解决区块中的"题目"，就能获得比特币奖励。同时，区块链 1.0 还可以通过调节"题目难度"来控制货币增长的速度。

但是比特币存在以下问题：第一，交易速度慢，一笔交易从交易方生成信息、大家争夺记账权、全网广播、写入区块，这一过程确认至少需要 10min。同时处理速度也受局限，比特币转账交易处理的速度为 7 笔/s，远远不能满足现实经济生活中的速度要求。第二，有通货紧缩倾向，比特币总量一定，发行速度既定，因此随着经济总量的增长，比特币的币值会越来越高，容易陷入通货紧缩。第三，比特币并不能解决匿名性的问题，因为其他人还是可以从用户的节点信息、IP 地址、MAC 地址等获得该用户的身份信息。

2014 年以太坊的出现，拓宽了区块链中的符号和用途，又被称为区块链 2.0。不同于比特币简单的产生和交易，以太坊更像是一个开源开放的智能合约平台，开发者可以在上面自行开发非中心化应用和发行代币。通过智能合约，可以结合的场景有：众筹、供应链追踪、融资租赁、数字货币等，以太坊作为平台，将收取一定的使用费，这种费用以以太币作为价值衡量。但同样地，在区块链网络上的每一笔区块链交易都需要网络所有节点去处理，所以同一时间能够进行的计算量有限，其还是没有彻底解决拥堵的问题。

在以太坊之后，又发展出了商用分布式设计区块链操作系统（Enterprise Operation System，EOS），被称为区块链3.0。区块链操作系统的共识机制从工作量证明共识机制变成权益委托证明共识机制（Delegated Proof of Stake），只有21个被选出的节点参与认证，同时提供了更为便捷的模块，供开发者依据不同的功能选用模块。也就是说，区块链操作系统或许可以在一定程度上解决拥堵的问题。

总而言之，总体上匿名币币值波动很大，不能作为日常经济生活中的交易媒介，因此稳定币应运而生。

（二）稳定币

稳定币最突出的特点就是其币值可以锚定法币或金银等资产，利用区块链技术和智能合约实现币值的稳定，比如在出现某种币值波动的时候，可以买进或卖出准备金。相对有名的就是泰达币（Tether USD）和天平币。

泰达币由泰达公司运营，按照1∶1锚定美元。由于只有泰达公司参与，因此问题在于其治理机制如何。泰达币由于其储备金真实性和运行透明度被怀疑而逐渐走向衰落。天平币则以"一揽子"各国银行存款作为储备资产，可以有效降低币值风险，所以其宣称要建设无国界的金融基础设施。

天平币由脸书推出，采用混合式而非分布式的P to P架构，可以提高以交易效率。其采用的共识机制也不是工作量证明共识机制，而是采用拜占庭容错共识机制（Practical Byzantine Fault Tolerance，PBFT），即只要2/3节点正常就可以正常运行，就能够提升交易处理量。与比特币的大家都参与记账的公有链不同，天平币采用的是被许可的人（协会成员）才可以参与记账的联盟链机制。

从治理结构上看，天平币虽然由脸书发起，但是由100个成员组成的协会进行管理，投入1 000万美元可以获得一票表决权。天平币希望通过以"一揽子"储备资产，让用户可以将本国货币自由兑换天平币，以对欠发达地区提供普惠的金融服务。但是各国官方对于天平币持谨慎态度，它有可能冲击本国的主权货币，在经济不稳定、发生过严重的通胀的中小国家有可能成为替代货币。另外，它冲击了原有的外汇兑换体系，也对各国的外汇管理提出了挑战。目前，因为包括贝宝、万事达、维萨、贻贝等合作伙伴的退出，天平币被迫改名Diem并重新设计，目前仍在等待监管部门批准，距离上线遥遥无期。

（三）央行数字货币

国际货币基金组织对于央行数字货币给出的定义是一种新形式的货币，由中央银行进行数字化发行，并被用作法定货币。相较于纸质货币，央行数字货币具有发行维护成本低、时效性强、便于控制和实现货币政策、便于追踪、安全性高等优点。依据《中国数字人民币的研发进展白皮书》[①]显示，我国对数字人民币的定义表述如下：数字人民币是人民银行发行的数字形式的法定货币，由指定运营机构参与运营，以广义账户体系为

---

① 中国人民银行. 中国数字人民币的研发进展白皮书[R]. 2021.

基础，支持银行账户松耦合功能，与实物人民币等价，具有价值特征和法偿性。

从央行数字货币的实践历程来看，最早的是 2018 年委内瑞拉推出的石油币，锚钉委内瑞拉的一桶原油，可以被认为是最早的数字法币。2020 年 1 月，国际清算银行与英国、瑞典、瑞士、日本和加拿大央行成立了央行数字货币组织，并开展数字货币的研发。2020 年 2 月瑞典推出其数字货币，之后法国、韩国等也推出了央行数字货币。我国从 2014 年开始央行数字货币的研究，2020 年之后，应用场景不断扩大，以雄安新区、深圳等城市为试点，通过数字人民币红包等方式加速测试应用。随后到了 2020 年 10 月，数字人民币试点又新增加了上海、海南、长沙、西安、青岛、大连 6 个省市。

二、数字货币的推广

（一）去中心化的匿名币

基于区块链技术的创新得到了国家的大力支持。习近平总书记在中央政治局第十八次集体学习时强调："把区块链作为核心技术自主创新重要突破口，加快推动区块链技术和产业创新发展。"并提出："要抓住区块链技术融合、功能拓展、产业细分的契机，发挥区块链在促进数据共享、优化业务流程、降低运营成本、提升协同效率、建设可信体系等方面的作用。"

防范区块链安全风险非常重要，特别是对匿名币。发行的代币一旦进入交易所，成为金融产品，进行融资活动，由于其剧烈的价格波动，就会带来极大社会风险，因此在我国代币融资是被严格控制的。另外，比特币等匿名币也可能成为黑产进行洗钱的重要渠道，会给国家、企业和个人带来巨大损失。因此 2017 年 9 月 4 日央行等七部委发布的《关于防范代币发行融资风险的公告》中要求，对于存在违法违规问题的代币融资交易平台，金融管理部门将提请电信主管部门依法关闭其网站平台及移动 App。此后，我国境内多个虚拟币交易平台宣布停止人民币交易业务。在《人民银行法》中表述为：为防范虚拟货币风险，明确任何单位和个人禁止制作和发售数字代币。

（二）央行数字货币

对于央行数字货币的总体设计与研发，首先是关注"一币两库三中心"的核心要素。其中，"一币"是指央行数字货币的本质是由央行进行担保并签名发行的代表一定价值数额的加密数字串；"两库"是指央行发行库和商业银行的银行库；"三中心"是指对机构和用户身份信息进行集中管理的认证中心；记录央行数字货币和用户身份对应，记录流水（产生、流通、清点、核对、消亡）的登记中心；和反洗钱，支付行为分析，监管调控指标分析的大数据分析中心。其次是建立"二元三层"的治理体系。包括央行—商业银行的二元体系。具体而言，商业银行需向央行缴纳 100% 准备金。发行时，由央行将数字货币发行给商业银行的银行库，同时等额扣减商业银行存款准备金，再由商业银行将数字货币兑换给公众。即由央行负责发行，商业银行则与央行合作，维护数字货币的发行和流通体系。这一体系一方面能够促进央行与其他商业银行和机构的合作，可以充分利用资源并分散央行所承担的风险；另一方面能够延续当前的货币发行体系，避免对商业存款产生挤出效应，导致金融脱媒。

基于上述核心要素和治理体系，我国积极推进了《中国人民银行法》等相关法律法规的修订。针对出现的新情况，研究制定了数字人民币相关管理办法，如明确"人民币包括实物形式和数字形式"（第19条），以加强数字人民币个人信息保护。完善业务规则和技术标准。建立健全数字人民币运营系统全流程安全管理体系。我国在设计研发央行数字货币时，同步推进其标准体系的建设，《数字人民币研发进展白皮书》中表明，我国围绕技术体系，探索建立了总体标准、业务操作标准、互联标准、钱包标准、安全标准、监管标准等较为完备的标准体系。同时，在国际货币基金组织、国际清算银行、金融稳定理事会（FSB）等多边组织和国际合作中，我国还积极参与法定数字货币的标准制定，以共同构建国际标准体系。

央行数字货币的推行，具有很多潜在的好处。当前零售环节法定货币的需求量不断增加，但目前商业银行的存款货币无法代替法定货币发挥价值尺度和记账单位功能，因此支付工具虽然使商业银行存款货币支付实现了电子化，但是不能替代最基础的法定货币。同时，央行数字货币也能缓解移动支付的局限性。移动支付在账户紧耦合模式下，场景覆盖、普惠金融、用户隐私保护等方面存在局限性，部分偏远地区和人群还受到"数字鸿沟"的影响。而数字货币能够较好地改善以上问题。此外，央行数字货币也能维护人民币的法币地位。近年来私人发行的加密资产、外来的数字货币对我国法定货币造成了潜在的威胁，我国需要提前布局。同时，央行数字货币的可控匿名性也有利于打击和追踪洗钱、诈骗、恐怖主义融资等违法犯罪活动。

央行数字货币也能丰富现有的货币政策体系。具体来说，第一，央行数字货币有利于丰富货币政策工具箱、理论上有利于负利率政策的实施。如果以法定数字货币支付利息，该利率可以作为一个新的货币政策工具，央行可以将该利率设为负值（而现金不可以）。第二，法定数字货币有利于增强央行对货币供应量的控制，有利于央行更有效地对流动性进行管理并引导基准利率。第三，减少货币政策时滞，提高货币政策效力。政策目标内嵌到数字货币投放过程中，有利于实现精准调控、智能调控。

三、数字货币与移动支付的区别

通过上述介绍，我们基本已经对数字货币有了一个较为系统的了解。移动支付是电子支付的一个延展，其在形式上也体现为移动支付账户（比如微信、支付宝账户）上的资金流动。可见，数字货币与移动支付在本质上是不一样的，但是实际上很多人对这两者并没有形成非常明晰的区分。因此，有必要对数字货币与移动支付进行对比。表22.1总结了数字货币与移动支付的几大区别，主要体现在如下七大方面。

表 22.1　数字货币与移动支付的区别

区　别	数 字 货 币	移 动 支 付
货币属性	法定货币	第三方支付
发行/推出主体	中国人民银行	第三方支付厂商
结算属性	现金结算	商业银行存款货币结算
流通效力	不得拒收	可以拒收
支付场景	可以离线	小额可以离线
信用背书	国家信用	商业银行及第三方支付厂商
匿名属性	小额可以匿名	必须实名

（一）货币属性

数字货币属于法定货币，是数字化形式的纸币，而移动支付只能算第三方支付的一种方法或手段。因此，移动支付的本质是货币以电子形式进行的支付，而数字货币的背后则对应着法定货币的发行。

（二）发行/推出主体

数字货币由央行法定发行，除央行外的其他任何主体均无发行数字货币的权力。移动支付则是由第三方支付厂商推出，不同的支付厂商只要获得了相应的支付牌照，便能开展移动支付业务。我国比较有名的移动支付包括微信支付、支付宝等。

（三）结算属性

数字货币的结算本质上是对数字化的纸币进行结算，而移动支付的结算本质上是对商业银行存款货币进行结算。移动支付最终需要连接到商业银行的结算体系之中，和银行账户绑定。

（四）流通效力

数字货币属于国家法定货币，和纸币类似。任何商家或个人不能以不合理的理由拒收数字货币。而移动支付因为是一种支付手段，商家或个人可以拒绝对方以移动支付的方式进行支付。

（五）支付场景

数字货币可以在离线的情况下完成支付，并不一定依赖互联网。而移动支付则需接入互联网才能完成。当然，部分小额支付场景下，移动支付同样可以离线，但是会在设备重新接入互联网后马上完成支付结算。

（六）信用背书

数字货币由于是央行发行的法定货币，因此有法偿性，由国家信用进行背书。移动支付则主要由第三方支付厂商及参与结算的商业银行来提供信用担保。如果第三方支付厂商倒闭，或商业银行倒闭，那么移动支付中的资金也存在受损的可能性。

（七）匿名属性

数字货币在部分小额支付的场景下允许使用者匿名。比如，用户在超市使用现金支付或数字货币支付时均可实现匿名化。但是移动支付由于在注册时便已经进行了实名认证，因此哪怕是 1 分钱的流动，都是实名的。

第二节　数字货币的应用场景

接下来以中国的数字人民币为例，对央行数字货币的应用场景、运营机制以及其带来的影响进行分析。数字人民币的应用逻辑基本上是遵循从简单到复杂、从有基础成熟的行业到需要各类技术深度配合的领域。数字人民币将从消费零售领域拓展到产业领域，在产业领域内部也将从金融领域拓展至实体产业，并在远期将实现资产数字化。

一、消费应用场景

《央行数字货币白皮书》表述到："数字人民币是一种面向社会公众发行的零售型央行数字货币，其推出将立足国内支付系统的现代化，充分满足公众日常支付需要。"因此我们归纳提出，央行数字货币的消费零售场景主要从以下三个思路进行扩展。

思路一：基于普惠特性，扩展用户群体，打通连接全民的"最后一公里"。

银联数据显示，我国网民规模已达到 8.54 亿名，七成在使用移动支付[1]。中国互联网络信息中心发布《中国互联网络发展状况统计报告》也显示，截至 2020 年年底，8.54 亿名网民移动支付使用比例为 86.4%[2]。而我国手机普及率体现为 2020 年全国居民每百户拥有 253.8 部手机。从数据上看，仍有一部分手机用户未能使用移动支付工具。此时，也仍有一些群体不能拥有或熟练使用移动设备。数字人民币的多样化，可以更好地实现普惠性，如惠及被移动互联时代丢下的老年人群体，采用数字可视卡的"硬件钱包"形式，类似于公交卡提前储值，以方便没有移动设备的老年人群体进行支付。

思路二：基于效率特性，扩展各行各业，由试点到推广。

在推广之初，数字人民币可以由政府公共服务部门开始，如在政府税收、转移支付、扶贫资金、社保收支等场景进行试点。另外，针对其可追溯性和可编程性，数字人民币有可能将作为重要交易的交易凭证，在企业或个人授权的情况下，对农民工工资的发放、银行用以查询企业交易流水和征信，也可以在一定程度上便利中小企业的融资。数字人民币也可以定向对个人、对企业、对行业的信贷支持资金的专款专用，精准投放，精准追踪。通过部分地区，部分行业和领域的政策优惠，如向支持数字人民币支付的餐厅和用户提供优惠，从试点到推广，不断拓展。

思路三：基于便利特性，扩展终端载体，使消费场景迈向万物互联。

---

[1] 中国银联. 2019 中国移动支付市场分析报告 [R]. 2020.
[2] 陈子萍. 2020 年中国移动支付行业发展现状和市场格局分析 支付宝占一半以上份额 [EB/OL]. (2020-04-13) [2022-06-29]. https://www.qianzhan.com/analyst/detail/220/200410-3b61ea9a.html.

相对于传统移动支付，数字人民币的便利性优势和扩展优势主要体现在其"硬件钱包""双离线支付""碰一碰""可控匿名性"特性上。数字人民币的硬件钱包将在特定的场景中发挥极大优势。数字人民币在载体上也将有很大扩展，如智能手环、耳机、拐杖等，未来都可以在其中集成数字人民币的芯片模块，实现人民币的支付功能。之前在冬奥会上已出现具有支付功能的手环、运动服等。此外，在物联网时代，家庭、办公场景中的设备之间有大量连接的需求和有大量交易的产生。

案例：以车为核心终端的消费应用场景。

如图 22.1 所示，建设银行在汽车场景中使用了的数字人民币芯片，使用该芯片可以在 ETC、加油、停车缴费等各个与"车"有关的场景实现瞬间支付，极大地节省了人工收费和支付扫码的时间。同时，通过写入车的程序，在车提示低油量的时候，车可以被导航至最近的支持数字人民币的加油站。这些应用也进一步推进了车联网的生态建设。①

图 22.1　以车为核心终端的数字人民币消费场景应用

二、产业应用场景

虽然央行当前的文件还是表明其主要服务于消费零售领域，但是在未来，央行数字货币的应用不会局限于零售或消费相关的场景。

我们根据与火链科技等前沿企业的交流，并结合工信部文件《关于加快推动区块链技术应用和产业发展的指导意见》作出推测，一些企业基于区块链技术将在产品溯源、数据共享、供应链管理等领域培育出一批知名产品，以形成场景化应用。总结起来，区块链技术在未来在实体经济中可以实现三大应用：存证、数据共享、资产上链。

存证主要是指区块链交易的记账。作为交易的凭证，存证可以自动记录该企业交易的过程、对象，为企业自身经营、投融资、开展合作、打击犯罪提供参考依据。在数据共享方面，区块链主要有以下两种结构：隐私计算＋一个可以信任的中心节点；隐私计算＋区块链点对点。最后是资产上链，即将线下的资产与线上的记账进行结合。这部分应用在未来前景广阔，但是目前还只有初步的实践。从上链难度上看，金融标准品基本已经可以实现，比如有一些企业尝试给茅台酒、景德镇瓷器进行标记上链。但这样做需

---

① 澎湃新闻. 数字人民币硬件钱包齐聚世界人工智能大会，有的形态超你想象 [EB/OL]. (2021-07-07) [2022-06-29]. https://www.thepaper.cn/newsDetail_forward_13481571.

要其他主体进行配合，即需要第三方机构将链上链下资产进行对应、兑换，然后还需要物联网、人工智能图像识别等技术的配合。

从产业应用场景来看，我国在金融产业已有数字人民币的应用探索。金融领域经过了多年的发展已经对"凭证化""数字化"的部分进行了抽象的整合，并形成了金融标准品，为金融资产上链和金融资产的数字人民币交易奠定了基础。

案例：聚焦于金融领域的产业应用场景。

中国邮储银行联合大连德泰控股有限公司、辛特数字科技集团、大连市两家燃油贸易企业，通过在航运产业平台——海联商城上探索了数字人民币的应用，并实现了全国首笔 B to B 数字人民币结算。其相较于传统支付方式，数字人民币结算的优点为：首先，央行数字货币的存证功能，能够实时监控和后期查询人民币的流转过程，以供决策参考，并降低了信息不对称。其次，资金流转和支付更为高效。金融标准品结合区块链与智能合约，开展数字人民币结算，一方面可以提升交易的安全性，另一方面可以更好地解决跨链跨金融系统的互联互通问题。[①]

第三节　数字税费的设计理念

数字税费中，数字税一直是国际数字经济发展中的热点问题。从实践上看，数字税目前仍然处于探讨阶段，并没有实现真正的落地。数字税的征收与对数据自由流通所持的态度有着一定的关联。一般而言，对数据流通持保守主义态度的，则往往会通过收取数字税的方式来限制平台企业进行大规模的数据采集；对数据流通持自由主义态度的，则倾向于不收取数字税，以积极推动数据要素的流通。

一、欧盟：积极推动

欧盟本身的数字经济发展水平与美国存在较大的差异，且其境内并没有很多数字经济的平台型企业。在欧洲市场开展数字经济活动，并提供数字经济服务的很多都是美国的平台企业。在这样的背景下，欧盟高度重视数字经济发展，主要是通过出台一些较为严格的、偏于保守的法律法规来限制美国平台企业在欧洲市场获取过多的利益。过去几年来，欧盟先后出台《数字化单一市场战略》《通用数据保护条例》和《人工智能合作宣言》等一系列法规、战略，旨在促进本土数字经济的发展。针对外来的平台企业，比如苹果、谷歌、脸书等，则经常通过反垄断的调查，收取高额的反垄断罚款。事实上，数字经济的迅速发展并没有为欧盟国家带来对等的财政收入，数字企业的有效税率不足传统企业的 50%。针对这一现象，欧盟认为这主要是因为目前全球企业税的发展是严重滞后于数字经济实践的，政府无法对跨国的、虚拟的、实体存在被弱化的平台企业征收符合实际的企业税。也就是说，这些平台企业在欧洲获取了大量的价值，但在税收上却并没有体现出来，当前欧洲对平台企业的税收规模是远远小于平台企业实际在欧洲市

---

① 中国新闻网. 中国首笔数字人民币 B to B 支付结算在辽宁大连完成 [EB/OL]. (2021-03-15) [2022-06-29]. https://www.chinanews.com.cn/cj/2021/03-15/9432777.shtml.

场创造的价值的。在此背景下，欧盟内部普遍支持欧盟委员会提升税收制度的公平性，约75%的人希望欧盟采取行动打击平台企业的避税行为。也正是基于这一原因，当前欧盟委员会正在积极推动对企业数字服务收入征税，即数字税（又称数字经济税），相关数字服务可能包括搜索引擎、社交媒体、在线视频、即时通信等。

欧盟为此还专门进行了测算，并指责美国平台企业带来了巨大的税收缺口，其远低于传统企业的税负成为欧盟征收数字税的主要依据。欧盟委员会的测算表明，平台企业的实际税率是9.5%，而实体企业高达23.2%。这之间的税率差距，需要通过数字税的形式进行补全。造成这种缺口的原因和平台企业的商业模式相关。平台企业主要通过收集和挖掘用户在平台上的数据，进行精准的广告投放和信息推送，以获得高利润。在当前税收体系下，平台企业根据其实体所在地向税务部门纳税，而大部分平台用户其实并不在平台企业的实体所在地，因此这些用户创造的价值无法在税收上予以体现。因此，欧盟希望数字税可以改变现有的税收体系。首先，欧盟认为只要平台企业在欧洲的业务规模超过一定的标准，这些平台企业就可被认定为在欧盟国家具有"数字存在"。然后根据"数字存在"，而非平台企业的实体所在地进行征税。这种征税模式意味着，平台企业在欧盟国家获得的所有利润都可以成为征税的对象。当前，欧盟对平台企业征收的反垄断罚款，本质上就是基于这些平台企业在欧盟国家所获得的利润。反垄断罚款和数字税背后的逻辑有一定的共通之处。

二、美国：表示反对

与欧盟积极推动数字税相比，美国对数字税的态度则较为消极。美国拥有全世界最强大的平台企业，比如谷歌为全球大多数国家的用户提供搜索服务，从而在这些国家收集了大量的用户数据。包括脸书、亚马逊、奈飞等平台均完成了非常完备的国际化布局。因此，美国本质上是希望这些平台企业能够更加便捷地在全球各国收集数据，以获取价值，并不希望数字税对平台企业带来太大的约束。

数字经济下，税收面临的挑战是税基侵蚀和利润转移（Base Erosion and Profit Shifting，BEPS）。早在2017年二十国集团（G20）财长就授权经济合作与发展组织数字经济工作组，研究如何通过税基侵蚀和利润转移包容性框架来解决平台企业的税收问题。后续经济合作与发展组织基于税基侵蚀和利润转移提出了"两大支柱"，其中"第一支柱"希望通过修改利润分配和联结度规则来重新分配征税权；"第二支柱"则是其他尚未得到解决的税基侵蚀和利润转移问题。显然，"第一支柱"更多与数字税的征收相关，且研究更为成熟。

在2019年，经济合作与发展组织发布《应对经济数字化的税收挑战》，主要针对"第一支柱"的落地提出了相关的建议，但因对其适用范围、计算方法和理由均有较大争议，各国仍然无法达成一致。经济合作与发展组织希望能通过基于"第一支柱"的"统一方法"，最终让各国均能接受数字税的相关税收调整。其中持反对态度的便是美国。2019年12月，美国财政部长姆努钦明确表达了美国对数字税的态度，坚决反对数字服务税，并对"第一支柱"修改利润分配和联结度规则表示严重关切。其本质仍然是因为"第一支柱"直击数字化业务和消费品牌中的大型高利润跨国企业，会给美国的平台企业带来额外的税负成本。在此背景下，各国于2020年继续就数字经济税收问题多边解决方案展开协商活动。但截至2020年6月，美国和欧盟仍未达成共识，双方就数字税问题的谈判不欢而散。美国贸易谈判代表罗伯特·莱特希泽甚至表示，美国财政部已经决定暂停参与数字税的谈判。同时美国财政部长姆努钦致信法国、英国、西班牙、意大利等欧盟国家的政府官员，对欧盟的单边税收措施提出严重警告。

从经济合作与发展组织对数字税谈判的过程中来看，各国对数字税的态度本质上还是由各国在数字经济中的地位所决定的。欧盟处于劣势，则采取较为保守的态度，并希望征收数字税；美国处于优势，则持反对态度，希望可以更好地保证其互联网平台企业的商业利益。

三、数字税费设计

尽管美国坚决反对，但是从数字经济发展的视角来看，数字税在一定程度上是约束平台企业垄断行为的一个重要方法，因此"统一方法"在各国妥协和让步后，应该最终会达成。除了在平台企业获得大量利润后进行数字税的征收，在平台企业收集数据时收取一定的数字费也是约束平台企业的一种方式。因此，我们认为一个合理的数字税费体系，而不是单一的数字税更值得深入探讨。基于此，我们提出了如下的数字税费设计理念。

可以利用数据收集费+数据增值税的方式来收取数字税费，助力数据的治理，促使数据的合理利用，如图22.2所示。我们认为应根据数据的产生性质和规模，对平台企业收取数字税费。其中，数字税费包括数据收集费以及数据增值税两部分。数据收集费是指在企业获得用户授权的阶段，根据用户授权数量收取一定费用，可采用授权许可证（License，L）的方式。收取这部分费用，可提高数据收集门槛，从而防止平台企业恶意收集数据。数据收集费在将来可用于补偿用户提供数据过程中的福利损失。数据增值税是指对平台企业通过数据所取得的价值增值总额进行征税，可采取按比例收税（Royalty，R）的方式。这部分税收将来主要用于社会再分配，以促进中小企业的创新或提升普通民众的福利。综上所述，各国政府应该通过数字税费的方式来约束平台企业的行为，让平台企业创造的价值可以更好地惠及整个社会。

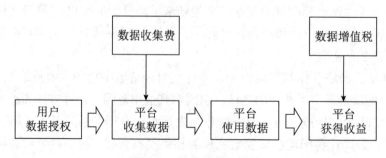

图22.2　数字税费的设计

课 后 思 考

1. 请简述数字货币的发展历程。
2. 数字货币与当前的移动支付相比,差异在哪里?
3. 国内数字人民币的推进处于什么阶段?
4. 国际上对于数字税都持什么观点?
5. 数字税的实施会给数字经济带来哪些影响?

第八部分
新格局：数字经济的区域扩张

    此部分将主要探究数字经济在空间维度上的扩张。数字经济让人们的交互变得更加便捷，也在一定程度上打破了传统经济地理上的区域联系。第二十三章将主要探讨数字经济在传统区域经济发展过程中发挥的作用，包括数字经济如何赋能区域发展，数字城市如何演绎，以及数字鸿沟到底是扩大还是减小了。第二十四章主要围绕数字经济的全球化，从贸易、平台型企业、生态等视角分别去看待国际化问题。

CHAPTER 23 第二十三章

数字经济与区域经济发展

本章基于区域视角,考虑数字经济的空间赋能维度,可具体分为数字经济影响区域经济发展的动力机制、数字城市的演绎路径以及数字鸿沟的变化过程三个维度。通过学习本章内容,可对数字经济空间维度发展阶段、数字城市发展路径以及数字鸿沟等前沿理论有所了解。

第一节 数字经济赋能区域经济发展的机制

本节将从数字经济影响区域经济的内外两方面,分析数字经济赋能区域经济发展的动力,具体分为数字经济优化区域的内部驱动以及数字经济改变区域外部网络布局两部分。本节主要回答了以下问题:①数字经济为什么是经济发展的重要驱动?数字经济影响区域经济发展的机制有哪些?②数字经济发展给城市经济、社会和生活带来了什么样的新机遇?数字经济如何影响城市的外部网络?数字经济会使物理距离消失吗?

一、数字经济驱动区域的内部发展

由于数字经济在技术创新能力、产业整合能力、市场拓展能力等方面都具有优势,因此数字经济在推动区域内部经济的高质量发展方面发挥着重要作用,被认为是区域经济发展的重要驱动力。近年来,各区域政府主体不断加大对数字经济的投入,相继出台了一系列关于数字经济的重大规划和政策指引。数字经济的相关规划和政策被政府用来释放区域数字创新的强大动能、提高技术创新速度以及促进产业结构升级,从而加快区域经济建设从"数量增长"向"质量增长"转变。关于数字经济与区域经济高质量发展的探讨视角大致可分为以下三类。

第一类视角是数字经济和经济高质量发展。数字经济可以通过提高某些因素的质量来促进经济高质量发展;同时,数字经济可以通过要素配置的演化、产业升级驱动力的演化以及经济增长质量的演化来促进经济发展。由于信息的增量边际收益,数字经济具有高增长、强扩散和低成本的特点,因此可以通过外部绩效和内部动力促进经济高质量发展。

此外，中国的经验也说明，数字经济能够显著促进经济高质量发展，特别是能够显著推动中国东部和西部地区的经济增长质量。而创业活动是数字经济带来经济高质量发展红利的重要机制，数字金融可以在数字经济背景下促进中国经济的普惠增长（张勋等，2019）。

第二类视角是技术创新和经济高质量发展。中国数字经济的发展可能会显著提高社会生产效率，促进经济发展。其中具体方式包括：不断完善和促进数字经济与传统实体经济融合的新基础设施建设；不断延伸和拓展数字经济与传统实体经济融合的广度和深度；不断发展数字经济下的新产业和新商业模式。经济高质量发展的关键驱动力是科技发展、技术发明和产业创新，同时推进核心技术创新有利于促进高质量的经济增长。由此可见，技术创新被视为经济增长的主要动力之一。

第三类视角是数字经济和技术创新。数字经济驱动的创新对区域经济发展具有影响，数字经济可以极大促进技术创新和产品创新。同时数字经济对企业、行业、区域创新的影响机制也值得进一步探究，因为数字经济的发展具有促进区域创新能力提高的潜力。

综上所述，从不同的视角出发，虽然数字经济影响区域经济发展的内生动力机制仍没有统一的定论，但可以认定，数字经济是区域经济高质量发展的重要驱动力。

二、数字经济影响区域的外部网络

如前所述，数字经济已经成为区域经济发展的重要驱动力，数字技术正在融入城市生产和生活的各个方面。在此大环境下，数字经济已成为新一轮城市竞争的契机，这可能会导致原有城市体系的改变。一些城市因为没有数字竞争力而逐渐落后，而另一些城市却成为了数字经济的"热点城市"，并吸引了大量的数字经济活动，新的均衡使这些城市引发了新一轮的排序。正如尼古拉斯·尼葛洛庞帝（Nicholas Negroponte）说："后信息时代将消除地理的局限性，数字生活将逐渐减少对特定地点的依赖。"在互联网蓬勃发展的早期，很多人谈论的是"距离的消亡"（Cairncross，1997），电子通信网络在全球范围内造成了"时空压缩"，重组了我们的社会关系结构和日常生活节奏。利用电子通信手段从事各种社会和经济活动，可带动人口和生产在空间上的快速扩散（Toffler，1980）。

但这一观点遭到地理学家的反对。由于数字基础设施和部分数字经济的商业模式仍然无法脱离空间的限制，数字经济同样需要空间上的集聚。面对互联网技术突飞猛进和城市问题的突显，哈佛经济学家爱德华·格莱泽（Edward Glaeser）于2011年出版了畅销书《城市的胜利》，认为在高技术时代，人与人之间的近距离接触反而变得更加重要。越来越多的经验表明了电子通信并不能替代面对面接触。事实上，那些物理上更接近的人，才可能更频繁地借助手机或网络进行联系。纽约的兴衰历史向我们揭示了这座现代大都市的核心悖论：尽管远距离的交流成本已经下降，邻近性却变得更有价值。因此，新的技术和信息构架仅仅是对"面对面"交流的补充，而不是替代。

不管是数字化的联接在替代传统空间上的联接，还是数字化的联接成为传统空间上联接的补充，数字经济下仍然存在着产业集群集聚于城市的现象。同时，数字技术如何影响城市网络以及区域之间的产业结构，这是城市发展的重要参考因素。当前，一些具有全球影响力的城市，如纽约和伦敦，已经与世界上其他城市形成了复杂的外部网络连接。有研究曾经使用企业网络、基础设施网络、铁路和航空流量等方式测量城市间的网络（Taylor et al., 2014），不少学者也开始从数字经济的视角探究城市的外部网络。数字经济下数据成为重要资源，而数据的传输与分布可以打破地理空间的限制，从而对区域的外部网络带来冲击。

第二节 数字城市的演绎路径

本节旨在梳理数字城市的演化脉络，展望数字城市的未来发展。从数字城市、数字孪生再到元宇宙，数字城市将会经历三个阶段：线下城市的信息化、从线下城市到线上城市的映射化、多种数字技术与线上线下城市的集成化。这三个阶段在内涵上不断丰富、在逻辑上不断递进、在技术上不断革新，最终会出现一个崭新的数字城市空间，从而改变我们对未来的城市布局与区域经济发展的认知。本节主要回答了以下问题：① 什么是数字城市？② 数字城市可能会经历哪些发展阶段？它们之间的逻辑关系是什么？这些发展阶段会给经济、社会和生活带来什么样的新机遇？③ 数字孪生等先进数字技术在数字城市的演进中起到了什么样的作用？④ 元宇宙是什么？它集成了哪些先进的数字技术？它未来会朝着什么方向发展？图 23.1 总结了数字城市演化的三个阶段，接下来本节就数字城市的演绎路径进行具体的探讨。

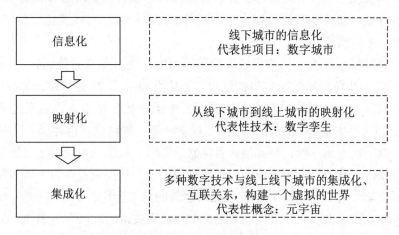

图 23.1 数字城市的发展阶段

一、数字城市：信息化

在数字化发展中，信息技术与城市治理相融合已成必然。运用信息技术使城市更加智能，已成为城市治理的发展方向。实质上，数字城市是将信息技术应用于城市的生产、生活、服务、治理等各方面，以实现城市诸要素的信息化和网络化，乃至智能化。

具体而言，数字城市要求将城市中的各种信息转化为数字形式并实现采集、存储、处理与使用；采用前沿的信息技术实现城市信息的快速交换；实现城市系统的信息自动采集与智能化调控。

数字城市的概念起源于21世纪末，1994年，荷兰的阿姆斯特丹实施了"数字城市"项目。4年后，美国副总统戈尔正式对未来的"数字城市"提出了设想。数字城市相关计划开始涌现，其主要原因有两点：信息技术快速变革的外生驱动，以及解决城市发展问题的迫切需求。互联网和信息基础设施的广泛普及提高了城市的信息化程度，人工智能、物联网等新一代数字技术的快速发展提高了城市的智能化水平，这些技术变革正是发展数字城市的前提条件。然而，城市化的推进和城市人口的迅速增加，给城市带来了许多沉重的负担。例如，环境污染、交通拥挤、能源短缺、水资源不足、失业和犯罪率上升等多方面的问题，严重地影响了人们的生活质量和经济的可持续发展，给城市带来了严峻的挑战。显然，新兴的信息技术有潜力，能为上述问题提供高效、智能、可持续的解决方案，遂被越来越多的城市所重视。

数字技术对城市发展的影响是深远的，且有更多潜力尚待挖掘。从世界范围来看，数字技术显著地促进了城市生产力和生活水平的提升。例如，巴塞罗那市已经在城市内运用了数字化的照明技术，借助低能耗的LED和智能化的感应设备，使其用电量下降了4~6成。根据波士顿咨询相关研究显示[①]，加拿大发起的"智慧建筑2020"项目建造百余座数字智能建筑，能够节省17%的建筑能耗；波士顿市开始实施的"智慧交通2030"项目，通过提升数字化自动互联能力，减少了约18%的交通拥堵；阿姆斯特丹市将智能技术应用于固体废料管理，使当地从废料中回收的能源能够满足当地3/4的家庭需求。这些数字城市的解决方案为节能减排、交通拥堵、气候变化等提供了新思路，改善了市民的生活质量。

目前，各国都在加大支持数字城市建设的力度。美国和欧洲分别有54座和118座城市已经开展或计划开展数字城市的建设，其中西班牙有25座城市公布了市级方案；印度政府投资了百余座城市的数字城市项目。中国的数字城市建设后发先至，方兴未艾。截至2021年，中国数字城市的试点超过750座，数量位列世界第一。基于治理理念的转变、数字技术的发展、寻找增长新动能的要求，数字城市项目建设越来越被政府重视。数字城市建设的巨大市场也吸引了大量中国顶尖科技企业参与布局和建设，它们正在引领数字城市建设标准，开展数字城市建筑的技术合作，从渠道、平台、大数据、基础设施等多个角度进入应用市场。未来，中国数字城市的发展有望翻开新篇章。

二、数字孪生：映射化

数字孪生是一个超现实的前瞻性概念，是物理产品数字化后所形成的映射系统，它有时也被称为数字镜像或数字双胞胎。具体而言，通过对现实世界的数字化表达，建构出与实体社会一模一样的平台，即数字孪生体，将社会问题在虚拟空间中模拟出来，形

---

① APEC、波士顿咨询. 建设数字城市，释放数字生命力[R]. 2021.

成清晰、有序的镜像，这就是数字孪生的映射过程（向玉琼和谢新水，2021）。数字孪生是数字世界最关键的技术之一，实现了从线下到线上的映射化。

数字孪生中的"孪生"概念缘起于"阿波罗计划"。在该计划中，美国国家航空航天局需要制造出两个完全一致的飞行器，一个在太空运行，另一个留在地球上。其中留在地球上的飞行器被称为"孪生体"，用以显示太空中正在工作的飞行器的状态。这时的孪生体还只是指实物，而不是虚拟物。直到2003年，美国的迈克尔·格里夫斯（Michael Graves）教授提出虚拟数字化表达的概念，希望对信息和数据进行更加清晰的表达，以进行更高层次的分析，这一概念后来被称之为"镜像的空间模型"和"信息的镜像模型"。随后，迈克尔·格里夫斯正式提出了数字孪生的概念，并沿用至今。

数字孪生有望得到越发广泛的应用。这得益于新一代数字技术的演进，以使数字孪生逐渐从概念走向现实。例如，在智能制造领域，新兴的数字孪生技术很有应用前景，有望使虚拟工厂与物理工厂智能地、高效地融合。在数字技术的支撑下，空客、西门子等许多著名企业开始探索基于数字孪生的智能生产新模式。在社会治理方面，数字孪生作为最前沿的信息技术之一，开始被应用于城市治理之中[①]。目前，在中国数字城市建设中，各地纷纷推动基于数字技术的城市治理，最为典型的有杭州城市大脑建设、雄安新区数字孪生城市规划等，数字孪生城市甚至被作为未来城市发展的"中国方案"（焦永利和魏伟，2018）。

数字孪生有助于突破数字城市发展的瓶颈。中国数字城市试点已近十年，在部分地区实现了城市的信息化。在数字城市的基础上，数字孪生实现了城市从线下到线上的映射。数字孪生对现实物理城市中的各要素进行数字化。创造一个与物理城市对应的"虚拟城市"，并使两者实现同生共存。因此，数字孪生将会推动数字城市的智慧化建设，提高政府的规划、建设和治理水平，并使所有市民能感受到品质生活。在参考《数字孪生应用白皮书（2020）》[②]后，我们将生活的品质提升归纳为以下三点。

（1）数字孪生有助于洞察城市运行规律。城市运用数字孪生技术可以实时地生成各种尺度的城市图景，通过从线下到线上的精准映射，以解决城市建设和管理过程中面临的技术问题。

（2）数字孪生有助于提升城市的科学设计和规划。城市运用数字孪生技术对城市进行实时监测，通过对居民流动轨迹的预测来推演城市未来的最优设施布局，并准确地评估公共和商业项目的实施效果。数字孪生能够赋能数字城市建设，帮助政府做出科学的城市建设决策，规避重复和低效的城市建设。

（3）数字孪生技术有望便利市民出行，改善社会秩序和风气。城市运用数字孪生技术可以实时地感知路况，对交通拥堵下的车辆进行分流。数字孪生可以帮助城市实时监测各类治安事件，为城市居民消除安全隐患，带来安全感。采用数字孪生技术还能够实时曝光城市中发生的践踏草坪、车辆逆行、违规占用车道等不文明行为，从而提高城市

---

① 网易. 以数字孪生技术提升城市治理能力 [EB/OL]. (2021-11-29) [2022-06-29]. https://www.163.com/dy/article/GPVO24M905488STE.html.
② 中国电子技术标准化研究院，树根互联技术有限公司. 数字孪生应用白皮书（2020版）[R]. 2021.

的文明水平。

总之，对于城市的生产活动而言，数字孪生是提高生产力的最优选择。对于城市的规划与治理而言，数字孪生能帮助政府洞悉城市发展规律，做出更科学的决策，促进城市治理能力的现代化。对于普通市民而言，数字孪生可以切实地提升他们工作和生活的体验。

三、元宇宙：集成化

元宇宙起源于科幻小说《雪崩》，是数字世界或数字社会发展的未来形态，可以简单理解为是一个平行于现实世界的虚拟世界。元宇宙与现实世界是互联互通的，人们在现实中能够做到的事情也同样能够在元宇宙中实现，包括社交、娱乐、创造和交易等。目前较为公认的元宇宙定义是：元宇宙是整合多种先进数字技术（数字孪生、扩展现实、区块链等）而产生的虚实相融的新型互联网社会形态[①]。不过，它仍是一个不断发展、演变的概念。数字技术在元宇宙中起到了关键作用，借助数字孪生技术，现实世界的镜像得以生成；增强现实技术（Augmented Reality，AR）和虚拟现实技术（Virtual Reality，VR）能够为用户带来身临其境的体验，区块链技术可用于构建元宇宙的经济系统。由此可见，元宇宙是对多种新兴技术的统摄性想象，是包括数字孪生在内的多种前沿数字技术的集成化，也是线上线下两个世界的集成化。

元宇宙的经济属性特别值得我们关注，特别是元宇宙的经济运行规律与当前社会的经济运行规律可能并不完全一致。元宇宙具有自己独立的经济系统，但又可以与现实世界的经济系统互通[②]。在元宇宙中，人们可以进行数字创造和数字生产，产出可供交易的数字化商品。基于区块链技术，元宇宙能够拥有自己的虚拟货币体系。人们可以在元宇宙中进行生产经营活动以获得数字货币。人们可以在元宇宙中拥有数字资产，并且这些资产具有产权属性，受到区块链等去中心化技术的保障。人们可以通过区块链的共识机制对交易进行确认，为交易留下不可篡改的记录，从而帮助元宇宙完成对数字产品的确权，建立数字资产。

正如前文所述，元宇宙的特征是它与物理世界同生共存、虚实交融、互联贯通。电影《头号玩家》展现了一种元宇宙的成熟形态。在影片中，未来的人们借助 VR 和 AR 等硬件设备登入"绿洲"数字世界。在这个世界中，有繁华的都市，有形象迥然不同、光彩照人的玩家用户，还有完整的经济系统（其中存在资产、货物和 IP 等）；用户和企业都可以对"绿洲"的内容进行创作；可以自由地进行商品交易；"绿洲"中的货币与现实世界货币拥有官方的互换渠道；通过数字分身，人们可以在"绿洲"中进行一切现实生活中的活动，活出另一种人生。"绿洲"世界基本满足了元宇宙的特征，不只是对物理世界的简单模拟。

元宇宙的实现需要集成诸多先进数字技术，相关数字技术如表 23.1 所示[③]。

[①] 清华大学新媒体研究中心. 2020—2021 年元宇宙发展研究报告 [R]. 2021.
[②] 头豹研究院. 2021 年元宇宙宏观研究报告 [R]. 2022.
[③] 清华大学新媒体研究中心. 2020—2021 年元宇宙发展研究报告 [R]. 2021.

表 23.1　元宇宙相关的数字技术

技术需求	技术名称	技 术 目 的
通信基础	5G	为了实现元宇宙所要求的沉浸感，高分辨率以及帧率是必要的。5G 具有多种优良特性，包括速率高、延迟低，能够支持大规模大范围的设备连接等。
算力基础	云计算	目前大型游戏 3D 图形渲染要求高，且非常依赖于终端计算。云计算提供了坚实的算力基础，将运算和显示两者分离，并在云端完成渲染任务。
用户界面	拓展现实（VR、AR、MR）	拓展现实技术是元宇宙从概念走向现实的必备工具，需要在视觉、听觉、触觉和动作捕捉方面使用户获得沉浸式体验。
内容生成	人工智能	智能地生产和呈现元宇宙的内容，并自动对元宇宙的内容进行审查
世界构建	数字孪生	通过数字孪生可以在元宇宙内智能化地建立真实世界的动态孪生体
经济系统	区块链	借助区块链技术，元宇宙能够实现资产确权、价值流通变现和身份的认证

元宇宙具有完整的、与现实世界相通的运行体系，因此完整的元宇宙不会被局限在某个应用场景，只是在技术不成熟的情况下，会先从某些应用场景中萌发。比如，游戏天然地具有虚拟场地和化身，它被认为是元宇宙目前最有希望起步的领域，有"元宇宙第一股"之称的 Roblox 游戏就是其中之一。然而，元宇宙未来的应用场景不会仅限于游戏，它指向的是数字世界中社会和文明的重塑。就这一点而言，元宇宙囊括了现实世界各个方面的内容，可以说是一种新型的数字社会。未来，元宇宙概念有望在工业生产、教育、旅游、医疗、环保和公共服务等领域落地生根，最终形成集成化的数字世界。元宇宙还有望提高数字城市的竞争力，降低碳排放。

虽然元宇宙在多种场景都有巨大的应用潜力，但是元宇宙在这些领域也面临着一些共同的挑战。第一，元宇宙所需的先进数字技术虽然已经初现雏形，但许多关键技术远未成熟，存在诸多技术短板。元宇宙要求用户的视觉、听觉、触觉等能够全方位沉浸于虚拟世界之中，但目前 VR 尚难满足这一条件，虚拟现实设备给用户带来的眩晕问题不易解决；元宇宙所需的数字孪生技术正处于发展阶段，且在各个子类中的应用相互割裂，还没有实现有效的联通。第二，元宇宙在发展初期可能面临着高投入、高风险与低收益的不经济困境，要实现产业化落地和商业化盈利还需要很长时间。尽管元宇宙的市场前景可期，但新一代数字技术的发展才起步不久，具有很大的不确定性。现阶段元宇宙市场规模有限，且发展依赖资本输血，自我造血乏力。第三，元宇宙产业发展存在较大的泡沫，市场非理性程度较高。元宇宙的热度很高，投资者热情暴涨，在资本鼓吹下股市随着舆论泡沫形成震荡。目前，元宇宙的应用目前主要集中在游戏领域，生态产业链条还未成熟，衍生的应用场景还不够丰富，元宇宙的设想与现实的技术发展存在很大差距，有待"去泡沫化"。第四，元宇宙也给用户的生理和心理也带来了新的影响。极度沉迷于元宇宙会引起现实的缺位，可能引发视力受损、空间错位、使用 VR 带来的平衡障碍等生理问题，以及身份认同危机、认知错位、社交恐惧等一系列心理问题。

元宇宙概念的落地仍然需要较长的时间。但是，我们可以对元宇宙的发展趋势进行一些合理设想。元宇宙的发展预计存在四个阶段。

第一阶段，初级的元宇宙平台将在部分领域陆续出现，这些平台是独立的、分散的。大型互联网企业和游戏、社交等泛娱乐领域的头部企业可能率先发展出一系列初级元宇宙平台。在此阶段，元宇宙的通信基础设施和虚拟现实等数字技术将会取得长足发展，逐渐接近沉浸式体验的要求。每个企业可以开发自己的元宇宙，但不一定具有统一标准。这些元宇宙雏形暂时不具有互联互通的条件。

第二阶段，随着元宇宙相关数字技术的进步，元宇宙将会向全行业拓展。工业制造、教育、医疗、公共服务的元宇宙雏形会相继诞生。得益于元宇宙消费行为的升温和区块链等技术的日趋成熟，元宇宙的经济系统也开始建立。每个行业都有各自的元宇宙雏形，以赋能本行业的发展。同一行业内部可能会建立一些标准，促使本行业的元宇宙在经济系统等方面实现初步统一，行业内的元宇宙也将实现互联互通。一些行业的元宇宙还可能出现兼并现象—同一行业内许多较小的元宇宙会被整合进一个或多个更大的元宇宙之中。但是，由于应用场景存在很大差异，不同行业的元宇宙还难以互联互通。

第三阶段，元宇宙打破行业壁垒，实现国家层面的整合。随着各个行业的元宇宙逐渐成熟，打破行业壁垒的尝试开始出现。不同行业的元宇宙开始整合起来，统一为用户提供全面的数字世界体验。人们几乎可以在同一个元宇宙中完成工作、学习、生活等全部活动。在一个国家内部，元宇宙将集中在一个或少数几个平台上运营。此时的元宇宙已经成为链接国家内部整个生产系统和消费系统的巨型线上虚拟系统。各国将会逐步建立健全元宇宙法律法规体系。但是，在国家之间，元宇宙无法互通或互通程度很低，即元宇宙平台的跨国整合尚未开始。

第四阶段，元宇宙开始打破国际壁垒，跨国元宇宙平台兴起。经济全球化和区域一体化将促使元宇宙跨国整合。多数国家的元宇宙将逐渐集中到几个跨国大平台上，这些跨国元宇宙平台之间是相通的。元宇宙将成为链接全球生产系统和消费系统的线上地球村。元宇宙的国际法律或公约开始建立。由于各国制度和文化的差异，全球的元宇宙不太可能进一步收敛于一两个大平台之中，部分国家也会要求保障本国元宇宙的相对独立性。

元宇宙给予了人们极大的想象空间，向人们展示了数字世界不可估量的发展潜力。沿着信息化—映射化—集成化的逻辑，数字城市的形态将会不断演化，从线下到线上的"第二世界"正在逐步形成。在未来，人类的社会形态和生产生活方式或将因此产生巨变。

第三节　数字鸿沟扩大了还是缩小了？

本节旨在梳理数字经济发展浪潮下凸显的数字鸿沟问题。从数字鸿沟的由来到学术前沿探析数字鸿沟的相关问题，本节主要回答了以下问题：① 数字鸿沟是什么？数字经济是扩大还是缩小了数字鸿沟？② 关于数字鸿沟的学术研究进展。

一、数字鸿沟概念的发展

过去 20 年里，在全球收入最高的 10% 的人群和收入占底层的 50% 的人群之间，收入差距几乎翻了一番。20 年前，全球收入最高阶层成员的收入是最低阶层成员的 8.5 倍，而现在这一差距飙升至 15 倍[①]。那么在数字经济浪潮席卷全球之际，数字鸿沟是扩大还是缩小的问题是学界关注的焦点（Van Dijk，2020）。数字鸿沟是指现代信息工具拥有者与未拥有者之间，在信息可及性上存在巨大差异，具体表现为信息技术带来的益处在社会中的不平均分配。换句话说，数字鸿沟是指能够充分获取 ICT 技术的人群与无法获取 ICT 技术的人群之间的差距。

1995 年，美国《洛杉矶时报》首次使用了"数字鸿沟"一词。随后，美国国家电信和信息管理局发布了《"漏网之鱼"：针对美国农村和城市中信息穷人的一项调查》的报告，描述了美国农村和主要城市中无法享受到国家信息基础设施的人群特征，其中包括低收入家庭、原住民和少数族裔、受教育程度较低者。该报告中多次提及"数字鸿沟"，让这一概念在美国媒体和政界中流行起来，此后不久传播到欧洲及世界其他地区。到 2000 年，学界就数字鸿沟的具体概念及涵盖的相关问题基本达成了共识。2001 年，英国政治学家皮帕·诺里斯（Pippa Norris）出版的《数字鸿沟：世界范围内的公民参与、信息贫穷与互联网》一书，成为首部被经常引用的关于数字鸿沟的学术著作。21 世纪以来，数字鸿沟被描述为社会正义的一个关键话题，一些学者认为它是贫困的根源，并使用了"数字贫困"一词来刻画它（Manduna，2016）。公平地说，正在进行的数字革命并没有平等地为每个人提供相同的机会，因此会造成社会不平等。

学者认为，数字鸿沟研究可分为 3 个层面，并对应 3 个时期，如表 23.2 所示。

表 23.2 数字鸿沟研究的主要观点

时 期	主 要 层 面	主 要 观 点
1995—2003 年	物理访问层面	① 有学者认为数字鸿沟并不存在，数字设备和服务会出现"涓滴效应"，即持技术决定论观点。 ② 也有学者认为对数字设备接入的差异，会带来数字鸿沟
2004—2012 年	技能和使用层面	① 学者和政策制定者开始跨出物理访问的讨论范畴，社会科学家首先提出"数字鸿沟是一个复杂的动态现象"。 ② 核心观点认为，数字鸿沟问题首先是社会、经济、文化和政治问题，而非技术问题。 ③ 随着互联网的快速普及，数字鸿沟研究的焦点转向新用户技能，研究范围大幅扩展，并将机会和不平等话题纳入进来。 ④ 2004 年以来，大部分数字鸿沟研究聚焦于计算机和互联网使用的差异和不平等，"数字鸿沟"一词使用逐渐减少。 ⑤ 2004—2012 年，焦点是用户群体，许多学者注意到与知识鸿沟相似的"使用鸿沟"开始出现

---

① World Inequality Lab. 2022 年世界不平等报告 [R]. 2022.

续表

时期	主要层面	主要观点
2012年至今	结果层面	① 从2012年延续至今，随着计算机和互联网的普及，一些学者和政策制定者开始思考数字鸿沟对公民、机构和社会的影响。 ② 未接入互联网且不具备必要技能的人将无法受益于越来越多的网络服务。 ③ 数字技能缺乏和数字技术故障导致劳动者生产率降低。同时，受教育程度较高的人、年轻人受益于互联网的程度远高于受教育程度较低的人、老年人

综合学者研究，我们将数字鸿沟界定为：在全球数字化进程中，不同国家、地区、行业、企业、社区之间，现代信息工具拥有者与未拥有者之间，由于对信息、网络技术的拥有程度、应用程度以及创新能力的差别，在信息可及性上存在巨大差异，具体表现为信息技术带来的益处在社会中的不平均分配，信息落差及贫富进一步两极分化。数字鸿沟影响着个体在教育、工作、市场、社群、政治和文化等领域的参与度，决定着个体是否能很好融入社会。数字鸿沟主要包括3个方面：机会鸿沟（接入的不平等）、能力鸿沟（数字技能的不均衡）以及结果鸿沟（数字产品的使用、消费和福利差别大）。

机会鸿沟是针对物理访问层面的接入不平等，即是否拥有计算机、是否可以接入互联网，并区分了发达国家与发展中国家之间的全球鸿沟、一国内部富人与穷人之间的社会鸿沟、是否将互联网资源用于社群参与的民主鸿沟（Norris，2003）。

能力鸿沟是针对技能和使用层面的不平等，即使用者是否拥有必要的技能、知识以及对有效使用的支持。随着手机的普及，一些学者认为数字鸿沟在缩小（Stump and Gong，2008），但随着研究进展不再局限在机会鸿沟的范畴，有研究发现，家庭电脑使用较少的非裔美国人往往缺乏自我满足及对使用互联网和通信设备的能力的信心。除了社会经济特征外，学者认为数字鸿沟与个人的数字技能、动机、文化和个性特征有关（Venkatesh et al.，2014）。

结果鸿沟是针对未接入互联网且不具备必要技能的人，包括数字技能缺乏和数字技术故障等带来的后果，一方面由于无法受益于无线下替代品的网络服务；另一方面这部分群体生产效率也会较低，从而进一步导致数字鸿沟的产生。比如受教育程度较高的人、年轻人受益于互联网的程度远高于受教育程度较低的人、老年人，不同区域、阶层、性别的人群之间也存在差距。Gran等人（2021）提出一种新形式的数字鸿沟，即考虑到算法系统对人们日常生活和信息获取的影响，无论是有益的还是有害的，算法知识有可能成为一个关键问题。如果算法对于参与公共生活的角色发挥关键作用，那么部分人缺乏对算法结果的认识是否会强化新的数字鸿沟呢？

二、数字经济对数字鸿沟的影响

在上述理解数字鸿沟产生的原因途径之外，还可以进一步探究数字经济的发展对数字鸿沟带来的影响。如果单纯用经济差距来度量数字鸿沟，那么数字经济影响数字鸿沟的主要机制包括：①有偏技术进步；②创造市场势力和租金。[①]

首先，有偏技术进步路径。数字经济具有低搜寻成本、可复制性、低交通和沟通成本以及验证性等特征，降低了经济活动的信息不对称程度。但是，数字经济发展对不同个体的影响并不相同，比如个体、区域、国别层面均可能存在差距，这就属于有偏技术进步。其次，创造市场势力和租金路径。随着数字经济的发展，平台企业的垄断势力愈发强大，企业边界也不断扩大，垄断造成的市场势力和租金会扩大经济差距。

在个人/企业层面，由于个体/企业利用数字手段的能力不同，有偏技术进步几乎体现在客体生活工作的所有方面。比如数字技术使得个体/企业能够获得更多的教育资源、学习资源、人力资本、就业/创业机会，也能获得金融、医疗、消费、文娱等生活服务机会。数字资源是否平均，数字技术有偏对哪些群体更有利，这些都是数字经济影响数字鸿沟的决定因素，但其对数字鸿沟的合力影响有待研究。

在区域/国家层面，增长核算研究表明，数字化对经济增长有明显正向贡献，但数字经济对区域/国家的经济差距的影响方向尚无定论。在市场租金方面并不能简单下定论，比如在发达国家和发展中国家中哪个更适合发展数字经济，一个国家内经济比较落后区域通过发展数字经济能否实现赶超，这些都有待研究。

简而言之，虽然数字经济对数字鸿沟影响的机制是比较容易理解的，但是实践层面，数字经济的发展究竟是扩大还是缩小了数字鸿沟仍然存在争论，有待进一步研究。

课 后 思 考

1. 在全球数字城市发展中，中国的优势在哪里？
2. 数字经济为什么能促进区域经济的高质量发展？
3. 数字技术使"距离消失"后，是否还有经济集聚现象？
4. 数字孪生有望将实体城市映射到线上，塑造一个虚拟的城市空间，请说明这对经济的绿色可持续发展有什么益处？
5. 有人认为元宇宙具有实际的基础，也有人说元宇宙是资本的泡沫，你怎么看待这些观点？

[①] 清华大学社会科学学院数字经济前沿系列讲座——刘涛雄：数字经济是扩大还是缩小了区域经济差距？

CHAPTER 24
第二十四章

数字经济全球化

作为全书的最后一章，第二十四章将视野拓展至经济全球化的背景之下，关注从工业全球化到数字全球化的发展，以及数字经济全球化给理论与实践带来的新变化与新启示。在本章中，大家将了解到经济全球化的发展阶段，并回顾经典国际贸易和国际商务理论。同时，大家也将进一步学习数字平台与生态系统在国际化、全球化情境下的发展与挑战。大家还可以结合前面学到的内容，对数字经济全球化的未来进行展望。

第一节 从工业全球化到数字全球化

一、工业全球化

从第一次工业革命以来，以工业全球化为代表的经济全球化开始逐渐发展。历史上的三次工业革命与工业全球化的进程密切相关，并最终形成当前全球市场的基本格局。

第一次和第二次工业革命促进了世界市场的初步形成。主要资本主义国家的工业企业在全球范围内开展贸易，并开始进行跨国投资的尝试。这阶段的跨国经济活动的主要形式是进出口贸易，跨国投资的方式尚处于起步尝试阶段，所涉及的国家和行业范围仍较为有限。20世纪中叶开启的第三次工业革命提高了工业全球化的速度。随着科技革命的迅速发展、国际分工的不断深化以及世界市场的不断扩大，各国企业纷纷以主动的姿态开展国际化经营。这一阶段突出的特征在于，跨国企业逐渐成为全球经济的核心组织者和最主要的经济活动主体。对外直接投资成为企业国际化经营的主导方式，其发展速度远远超过了国际贸易。在此阶段，虽然发达国家企业在国际化经营中继续保持领先地位，但一些新兴工业国家和发展中国家的跨国企业也纷纷崛起，并成为国际化经营中的一支重要的新兴力量。作为工业全球化活动最主要的载体，跨国企业的影响力越来越大。

二、工业全球化下的经济管理理论

本部分将重点介绍工业全球化的实践过程中所诞生的经济学、管理学理论。对这些理论的介绍，一方面可以帮助大家思考现有的国际化理论是否仍然适用于数字全球化，另一方面也可以鼓励大家从数字全球化的实践中总结出新的国际化理论。

（一）经济学视角：国际贸易理论

国际贸易理论源起于 15 世纪的重商主义学说，其关注国与国之间的经济行为，经过多年发展，已经成为经济学的一个独立分支。

国际贸易理论经历了从传统国际贸易到新贸易理论的发展。传统国际贸易理论产生于 18 世纪，以亚当·斯密（Adam Smith）的绝对优势理论、大卫·李嘉图（David Ricardo）的比较优势理论和赫克歇尔—俄林的要素禀赋理论为代表。

亚当·斯密的绝对优势理论认为，国际贸易应该基于各国在劳动生产率和生产成本上的绝对差异而开展，各国应该进行专业化分工，生产并出口具有绝对优势的产品，进口其不具有绝对优势的产品。李嘉图将绝对优势理论进一步发展为比较优势理论，并指出国际贸易与国际分工取决于两个国家的相对生产成本，而不是绝对生产成本，只要两国之间存在生产成本上的差异，即使其中一国不存在任何绝对优势，国际分工和国际贸易仍然能使双方获益。

在 20 世纪初，瑞典经济学家伊·赫克歇尔（Eli Heckscher）和贝蒂·俄林（Bertil Ohlin）提出要素禀赋理论，也称 H-O 理论。要素禀赋理论提出，各国应该生产并出口那些充分利用本国充裕要素的产品，进口那些需要密集使用本国稀缺要素的产品，从而实现国际分工。要素禀赋理论被称为新古典贸易理论，假设中劳动不再是唯一的投入，但生产的技术条件及规模报酬仍然不变。

20 世纪 70 年代末，保罗·克鲁格曼（Paul Krugman）提出规模经济贸易理论，认为各国应该利用规模经济来生产有限类别的产品，如果每个国家只生产几类产品，那么每种产品的生产规模就会比生产所有产品时的规模更大，这样才能实现国际分工的规模效益。20 世纪 80 年代以来，国际贸易理论的讨论主要围绕技术变动、经济增长与国际贸易展开。一部分学者仍然将技术作为外生变量，分析技术差异与技术变动对国际贸易的影响。另一部分学者则将技术视为内生，探究技术进步与国际贸易的关系。

（二）管理学视角：国际商务理论

国际商业理论的发展可以追溯到加拿大经济学家斯蒂芬·海默（Stephen Hymer）。海默首次在企业的维度解释对外直接投资的原因，基于产业组织理论，研究跨国企业的战略性投资，并提出跨国企业具有企业特定的优势（Firm Specific Advantage，FSA），这一优势来自于所有权、知识优势、规模经济与范围经济等。海默的研究首次以跨国企业行为作为研究中心，被视为是国际商务理论的开端。

到了 20 世纪 70 年代，内部化理论开始兴起。内部化理论基于威廉姆森（Williamson）的交易成本理论，提出当跨国企业的层级内部交易比外部市场交易能带来更低的交易成本、更高的效率时，跨国企业将选择内部化，而不是通过市场运作。约翰·邓宁（John Dunning）于1977年提出OLI范式，包括三个维度：跨国企业的竞争性所有权优势（Ownership，O）、特定国家在提供互补性资产方面的区位优势（Location，L），以及内部化理论所构建的跨国企业的内部化优势（Internalization，I）。

1976—1977年，Uppsala国际化进程模型（Uppsala Internationalization Process Model）提出了跨国企业渐进式国际化进程的动态视角（Johanson and Vahlne，1977）。Uppsala模型指出，心理距离是跨国企业国际化的主要障碍，因此跨国企业会选择一开始进入与本国市场环境更相似的外国市场，随着时间的推移，跨国企业不断学习经验，再逐渐进入不熟悉的市场。

以上理论都提出，跨国企业在海外经营时由于对东道国的不熟悉而面临外来者劣势（Liability of Foreignness，LoF），需要企业特定优势（FSA）或者持续的学习过程来克服。2009年基于商业网络视角的新Uppsala模型认为，跨国企业不再是一个单一的个体，而是嵌入在各地的商业网络之中。该模型提出了从外来者劣势到外部者劣势（Liability of Outsidership，LoO）的范式转变，后者指的是外国企业通常缺乏东道国当地的商业关系，位于当地的商业网络之外而产生的成本。

三、数字全球化

前三次工业革命推动了工业全球化的全面发展，塑造了工业时代的全球价值链体系。随着数字技术的发展，第四次工业革命即将来袭，将带来一个数字全球化的新时代。数字全球化的发展带来了几个突出的变化，给现有的国际贸易与国家商务理论带来了新的启示。

第一，传统国际贸易与国际商务理论大多聚焦于商品的国际流动，而数字企业大多是数字服务的提供者，而不是实体产品的生产者。许多数字企业的形态是一个提供连接和匹配服务的虚拟平台，同时平台型跨国企业的影响力愈发重要。不同于传统跨国企业中占主导地位的内部化、可转让的有形资产，数字跨国企业的企业特定优势主要基于潜在的无形资产，如技术、商业模式和知识。与此同时，数字平台型跨国企业的竞争成功在很大程度上取决于其与用户的互动质量和网络效应。传统国际商务理论认为，企业特定优势依托于企业自身以及可以跨境转移。但是数字企业享有的许多企业特定优势涉及与外部、本地合作伙伴的持续共同创造，它们也可能是受地点限制的。即使是那些可以转移到国外的企业特定优势，一般也需要与当地的补充资源相结合，这样才能在新的市场上获得竞争优势。

第二，数字全球化下数字技术的发展将带来新的模式。数字技术的采用可以扩大跨国企业的潜在地理边界，使其能够获得更多的信息，降低协调成本，并加速知识传播。与此同时，数据作为新的生产要素，其数量和质量对于数字跨国企业的技术开发与技术创新起到了决定性作用，从而塑造其竞争优势。数字贸易的贸易内容、贸易主体、贸易组织形式等也发生了巨大的转变，同时也对跨境贸易的标准框架提出了新的挑战。

第三，数字全球化的发展将打破传统价值链的组织形态，往往会出现一种更复杂和更动态的形式。数字化将促进更多不同的合作伙伴和利益相关者进行互动和合作,从而构建出数字生态系统。数字生态系统成员的潜在角色以及他们之间的关系,因具有很强的互补性而被大大扩展和复杂化。不属于传统价值链的伙伴和补充者,如社会网络和当地社区,也将成为这种生态系统的重要资源库。因此,数字跨国企业需要融入当地生态网络,才能形成生态系统的特定优势(Ecosystem Specific Advantage,ESA),该优势将强化跨国企业对融入当地互补性伙伴和利益相关者网络的依赖(Li et al., 2019)。

第四,数字全球化的进程和数字跨国企业的海外战略对于制度化建设提出了新的要求。现有的国际贸易和国际商务理论强调国家既有制度环境对于国际贸易行为和跨国企业战略的影响作用,企业进入外国市场需要去学习和适应当地市场与制度规则。相比之下,数字跨国企业往往寻求利用颠覆性的商业模式进入外国市场,它们往往需要从无到有地培育和塑造一个全新的细分市场,而不是逐步适应现有的成熟市场。除了连接潜在用户和商业伙伴、塑造新兴市场之外,这些依靠颠覆性战略的数字跨国企业还需要得到当地政府和更广泛社会成员的认可和授权,以取得合法性。例如,优步和爱彼迎等企业在进入一个新市场时都面临着严峻的合法性挑战,需要它们主动去塑造制度环境,以取得合法性。与此同时,各国的制度环境与数字跨国企业将产生前所未有的动态互动。同时,数字技术还带来了许多新问题,比如数字贸易安全、数据跨境流动、数据归属等问题,涉及数字全球化下新的全球格局与国家安全,美国、欧盟、中国等已经在积极推动相关标准体系与制度框架的落地。因此,在数字全球化的背景下,数字跨国企业将成为更加主动的制度塑造者,各国制度也将产生更多的互动,这些新现象对国际制度理论提供了新的研究情境。

总结来看,基于本书的框架,数字全球化将给全球经济带来六方面的新变化:新基础、新要素、新动能、新组织、新模式和新格局,具体描述如表24.1所示。

表 24.1 工业全球化与数字全球化的对比

	工 业 全 球 化	数 字 全 球 化
技术基础（新基础）	以传统蒸汽机技术与电气技术为基础,跨国企业依托于先进的工业基础设施	以新一代数字技术为基础;数字基础设施成为数字全球化的技术底座
生产要素（新要素）	依托于劳动力、土地、资本、技术等传统生产要素	数据成为新的生产要素
贸易动能（新动能）	实体产品或服务依托传统全球供应链进行全球贸易	数字技术不仅助推实体货物/服务的贸易,也促进大量全新的数字产品/服务涌现
产业组织（新组织）	依托于全球价值链和全球制造网络;取决于企业所处的位置和上下游的分工协作	依托基于产业互联网而建立的产业生态;取决于平台的网络效应、生态成员的多样性、能力聚合的广度和深度
商业模式（新模式）	依托单一商业模式,销售固定的产品	依托生态型商业模式,基于场景开发跨行业、可演化的平台型或生态型服务
世界格局（新格局）	发达国家领先发展中国家,形成"微笑曲线"的全球价值链格局	在人工智能、大数据、5G等数字新技术方面,需要各国协同努力,共建全球数字生态新格局

参考工业全球化中的国际贸易理论和国际商务理论，我们接下来将重点从新动能下的数字贸易、新组织下的平台型跨国企业和新模式下的数字生态国际化进行分析，并对新基础、新要素和新格局的未来进行展望。

第二节　新动能：数字贸易

一、数字贸易的概念

数字贸易起源于数字经济的飞速发展阶段。目前，数字贸易规模正在迅速发展，根据中国信通院数据显示，2019 年全球数字服务贸易出口规模已达 31 925.9 亿美元，同比增长 3.75%，增速超过同期服务贸易与货物贸易，占服务贸易比重上升至 52%，占全部贸易比重达 12.9%。数字技术的全面应用以及全球化的进一步发展使得传统贸易形式已向数字贸易形式演化。数字贸易的概念也随着数字经济的不断发展而逐渐深化。

电子商务可以被看作数字贸易的前身。电子商务包括买卖双方的商业交易本身、交易前后所有的互动和信息交流，以及相关的技术支持。按照进行交易的主体，电子商务主要被分为 B to B、B to C 以及 C to C 三种模式。电子商务的最早实践可以追溯到 20 世纪 70 年代初金融机构之间的电子资金转移。随着数字技术的不断发展以及普及，电子商务的内涵不断被拓展，数字贸易的概念也随之产生。

美国相关贸易组织对不同阶段的数字贸易做出了比较全面的表述。美国国际贸易委员会在 2013 年 7 月发布的《美国和全球经济中的数字贸易》中提出了数字贸易的概念，即通过互联网而实现的产品和服务的商业活动，既包括国内的商业活动，也包括国际贸易活动。其明确了数字贸易的三大特点：① 数字贸易以互联网为基础，以数字交换技术为手段，以互联网为媒介；② 数字贸易为供求双方提供交互所需的数字化信息，并以数字化信息为贸易标的物；③ 数字贸易不同于传统的贸易方式，是创新的商业模式，其提供的内容既包括数字产品，也包括数字服务。《美国和全球经济中的数字贸易》中还根据贸易标的物对数字贸易进行分类，数字贸易被分为数字内容（数字音乐、数字游戏、数字视频、数字图书）、社会媒介（社交网站、用户评论网站）、搜索引擎（通用搜索引擎、专业搜索引擎）以及其他产品和服务（软件服务、通过云计算提供的数据服务、通过互联网提供的通信服务、通过云计算服务）四大类。该表述即为第一阶段的数字贸易。

上述表述将数字贸易的标的物限定在数字产品与服务的范畴之中，与现实经济运行脱节严重。因此，美国国际贸易委员会很快就对数字贸易的表述进行了修改。2014 年 8 月发布的《美国和全球经济中的数字贸易 Ⅱ》将数字贸易的表述更新为：在订购、生产以及递送产品和服务中，互联网技术发挥关键作用的国内商务和国际贸易活动。数字贸易的标的物拓展为：使用互联网技术订购的产品和服务（比如电子商务平台上购买的实体货物）；利用互联网技术生产的产品与服务（如存储软件、音乐、电影的光盘）；以及基于互联网技术递送的产品与服务。在这一阶段的表述中，实体货物也被纳入数字贸易的交易标的中，该表述主要强调了数字贸易是由互联网技术实现的贸易，为第二阶段的数字贸易。

2017年，美国贸易代表办公室发布的《数字贸易的主要障碍》报告则进一步对数字贸易的表述进行了扩充。该报告认为，数字贸易的范畴应该更为宽泛，它应该不仅仅包括在互联网上销售的个人消费品和在互联网上提供的在线服务，它还应该包括全球价值链的数据流、实现智能制造的服务以及其他平台和应用。此即为第三阶段的数字贸易。表24.2对这三大阶段的数字贸易表述进行了总结。

表24.2 数字贸易概念演化

阶 段	第 一 阶 段	第 二 阶 段	第 三 阶 段
贸易标的物	数字产品与服务	数字产品与服务+实体货物	数字产品与服务+实体货物+全球价值链的数据流、实现智能制造的服务以及其他平台和应用

随着数字经济在中国的蓬勃发展，数字贸易也拥有了更具中国特色的解释。在中国，数字贸易一般是指以现代信息网络为载体，通过信息通信技术的有效使用实现传统实体货物、数字产品与服务、数字化知识与信息的高效交换，从而推动消费互联网向产业互联网转型，并最终实现制造业智能化的新型贸易活动。该定义突破了美版定义的局限，在美版定义的基础上强调了数字贸易发展将推动消费互联网向产业互联网以及智能制造的转型，深化了对数字贸易的整体理解，更具有中国特色，该定义为中国下一步数字贸易的发展指明了方向。

二、数字贸易的特征

（一）交易流程

数字贸易依托现代信息技术，并以平台和平台服务体系作为支撑，其整体贸易效率更高，成本更低。数字贸易与传统贸易存在许多不同，传统贸易需要较为固定的交易场所以及合同、单据等实体，而数字贸易则依托于互联网平台，全部流程实现了电子化，整体流程更加优化，成本更加低廉。同时数字技术拥有突破时空距离的属性，而传统贸易则受地理距离等因素影响巨大，因此依托于数字技术的数字贸易使得地理距离对于贸易的限制大幅减弱，整体交易效率大幅提升。

（二）交易对象

数字贸易的交易对象多为知识密集型产品，创新性更高，定制性更高。数字贸易的一大部分来自于数字产品以及服务的交易，数字产品以及服务多为知识密集型。同时数字贸易使得产品竞争更加激烈，数字贸易主体必须提高产品技术含量，提高自身创新能力。先进的通信技术使得产品上下游交流更为便捷，用户的个性化需求会及时传递到数字贸易产业链上游，产品定制化程度大大提高。

(三)交易规则

世界各国都非常重视关于数字贸易规则的制定,但目前仍未有被普遍认可的国际性规则。数字贸易与传统贸易的监管体系存在巨大差别。世界贸易组织针对数字贸易的规则还不完善,针对数字贸易规则制定的多边会议进展缓慢;《跨太平洋伙伴关系协定》《日本—欧盟自由贸易协定》以及《北美自由贸易协定》等区域性贸易协定在一定程度上对数字贸易做出了规范要求,但各种组织所推动的数字贸易规则并不匹配,难以上升成为国际共识。同时,各国对于数字贸易中关键要素"数据"的监管态度也千差万别。为了维持数字贸易的稳定发展,各国之间应加强监管合作,制定适用范围更广的国际性规则。

(四)交易模式

数字贸易更具普惠性、生态性,能够形成一个互利共赢的商业生态体系。随着现代信息技术以及移动互联网平台的普及,在传统贸易中处于劣势的群体能够更加便捷地参与数字贸易,各类企业都可以依托数字贸易获利。数字贸易更新了传统贸易的交易模式,平台、政府、商家、用户等在数字贸易中平等合作,共同协商,以实现价值的共同创造,从而形成了互利共赢的商业生态体系。

对于数字贸易四大维度的特征总结,如表 24.3 所示。

表 24.3 数字贸易特征

维 度	特 征
交易流程	依托现代信息技术,以平台和平台服务体系作为支撑,整体贸易效率更高,成本更低
交易对象	知识密集型产品及服务,创新性更高,定制性更高
交易规则	各国非常重视关于数字贸易规则的制定,但目前仍未有被普遍认可的国际性规则
交易模式	更具普惠性、生态性,能够形成互利共赢的商业生态体系

第三节 新组织:平台型跨国企业

一、平台型跨国企业的定义

随着数字技术的发展,平台企业成长迅速,并在数字经济全球化中扮演了重要角色。与传统的供应链型企业相比,新的平台组织应运而生,并发展出了非常不同的组织架构、交互机制和治理结构。本书给出平台型跨国企业(Platform Multinational Companies, PMNC)的定义为:平台型跨国企业是指采用平台组织与商业模式、具有多国业务的企业。平台型跨国企业的发展给全球经济带来了巨变,打破了企业的传统结构,改变了企业之间的互动方式,也变革了用户获取产品、服务和信息的传统方式和传统观念,重塑了全球产业格局。

二、平台型跨国企业的特征

与传统跨国企业相比,平台型跨国企业表现出了多种新的特征。

(一)特征一:轻资产和生而全球化

平台型跨国企业往往依托数字技术搭建一个线上平台,其运营成本低、数字资产扩散快。相比传统跨国企业,其需要通过跨国投资、跨国并购等进入新的市场,许多平台型跨国企业"生而全球化"。"生而全球化"的跨国企业,其特点是在诞生之初或成立后不久就开始国际化了,并很快从国外市场获得份额相当高的收入和利润。许多平台在建立之初就已经面向全球客户,比如 TikTok 以极快的速度占领了全球 200 多个国家的市场,这样的国际化速度是传统跨国企业无法比拟的。对于传统的跨国企业来说,其国际化战略就是产品战略,即将高性价比的产品出口到海外市场,以形成全球竞争力。在通常情况下,为了抢占当地的市场份额,国外进入者需要以更高的产品质量来与本土在位者进行竞争。平台型跨国企业则与传统跨国企业有着非常不同的市场结构,网络效应成为平台型跨国企业抢占国外市场的核心要素。

(二)特征二:网络效应和一体化创新

与传统跨国企业不同,平台型跨国企业通过互联网平台连接供应商和客户,平台型跨国企业的发展极大程度上会受到网络效应的影响。一方面,网络效应具有规模报酬递增的正反馈影响,平台型跨国企业能够凭借网络效应实现"赢者通吃",例如谷歌在全球浏览器市场占据了 60% 以上的份额,脸书在全球社交软件的市场也占据了高达 70% 的份额,基本在各自市场形成了强大的垄断势力。因此,用户规模决定了平台型跨国企业的国际竞争优势。对于传统跨国企业来说,用户往往只是其产品或服务的接受者,很难参与到企业的价值创造中。而对于平台型跨国企业,其价值创造与价值获取以用户的规模和参与为基础,因此平台型跨国企业的商业模式也不再由平台单方面主导,平台跨国企业需要通过与全球用户的互动,吸引更多用户规模,从而扩大自身的网络效应优势。另一方面,平台型跨国企业发展极度依赖需求端的网络效应,市场准入门槛相对传统企业较低。且平台型跨国企业模式容易被模仿,平台型跨国企业会面对更激烈的市场竞争。由于多数平台型跨国企业并不具备传统供应链,所以平台型跨国企业一般是在互联网行业的不同领域中对业务进行整合,它们必须通过一体化创新来拓展自身的市场势力。一体化创新是指平台型跨国企业将各种创新功能整合到其原始业务中,例如腾讯最初创建微信作为即时通信平台,但之后又整合了许多其他类型的创新产品与服务,包括移动支付、网络游戏、外卖应用以及本地服务应用等。

(三)特征三:网络效应的区位效用

尽管平台企业的网络效应可能带来"赢者通吃"的正反馈效应,但是并非所有的平台型跨国企业都能在全球化进程上畅通无阻。我们可以发现,包括电商、打车、支付等不同领域的许多平台型跨国企业在进入国外市场时都遭遇了不同程度的失败,例如,优步在中国、东南亚地区和俄罗斯市场已经被滴滴、Grab、央捷科斯等当地竞争对手击败；亚马逊在中国、东南亚地区也不敌当地电商阿里巴巴与 Lazada。因此，平台型跨国企业的网络效应并非不受地理区位限制。事实上，不同类型的平台型跨国企业由于其面向的用户群体存在差异，其网络效应的区位效用差异极大，比如优步的网络效应往往局限在一个城市内，而爱彼迎的网络效应可以覆盖全国乃至全球范围。因此，在平台理论中的直接和间接网络效应的基础上，可以进一步区分国内网络效应和跨国网络效应。跨国网络效应是平台型跨国企业进行国际化经营的重要支撑，拥有跨国网络效应的平台型跨国企业，其网络效应优势可以在全球市场内流动，该类平台型跨国企业的竞争优势不受本地约束，其国际化拓展更为便利；而另一些平台型跨国企业不仅需要线上平台，还需要线下的布局，这类平台型跨国企业无法产生很强的跨国网络效应，其竞争优势受到本地约束，其国际化拓展更为困难。

平台型跨国企业的总结如表 24.4 所示。

表 24.4　平台型跨国企业特征总结

平台型跨国企业	特征一	轻资产运营 生而全球化
	特征二	网络效应正反馈 赢者通吃和一体化创新
	特征三	跨国网络效应：全球用户 国内网络效应：本地局限

第四节　新模式：数字生态国际化

一、数字经济全球化的发展悖论

现有研究大多都会关注数字技术与数字经济对于全球化的正面作用。企业进行的数字化转型扩大了跨国企业的潜在地理边界，使其能够获得更多的信息，降低协调成本，并加速知识传播。数字化也推动了组织结构、业务流程、企业的资源寻求战略，以及全球价值链中的专业化和合作的转变。数字化在改变人们今天的购物、旅行、工作和娱乐方式，以及发展新的商业模式等方面发挥着重要作用。

许多早期研究表明，与提供实物商品的企业相比，平台型跨国企业可能会有较低的外来者劣势，面临较少的心理距离引起的摩擦，并能更快地实现国际化。平台型跨国企业享有轻资产的优势、很低的运输和通信成本等有利条件，这使它们能够在另一个市场迅速复制其商业模式。因此，平台型跨国企业很可能容易实现"生而全球化"。也有学者认为，平台型跨国企业的数字能力，如硬件基础设施的全球覆盖、互联网平台技术、数字品牌透明度和连接性，促进了其国际化进程。

然而，最近的研究指出，平台型跨国企业跨越地理边界的能力可能被高估了，即并不是所有的平台型跨国企业都能顺利地将其用户网络覆盖全球市场。例如，一些数字平台，如提供食品配送的平台，是高度本地化的；而其他平台，如游戏平台，可以很容易地将产品传播到世界各地。虽然平台型跨国企业的国际扩张受益于网络效应，但有些网络效应本身可能就是区域性的，而不是全球性的。同时由于用户异质性、各国市场环境差异以及缺乏本地知识等障碍，平台型跨国企业原有的用户网络往往不能直接复制到国外市场。同时，母国和东道国的制度因素，包括政府政策和法规、商业环境等方面的差异，也会影响平台型跨国企业的国际化进程。此外，许多平台型跨国企业，特别是那些新兴市场中的平台型跨国企业，它们的战略和竞争优势产生于克服了当地市场的不完善和当地制度的空白，这是它们所在国家所特有的。比如，移动支付在中国的成功很大程度上是因为中国缺乏快捷的支付手段与信用体系。因此，这些平台型跨国企业的商业模式和能力也很可能会被局限于特定的国家，如果企业试图将本国的商业模式直接复制到外国市场，可能面临巨大的风险和额外的成本，特别是当企业缺乏必要的外国市场知识来应对当地的制度挑战时。

因此，现有数字经济国际化的研究主要关注数字化带来的积极影响。但是，最近也有研究提出了数字经济全球化的悖论，即"生而全球化"的机会与难以适应外国市场的挑战并存。

二、数字生态国际化

与传统经济相比，数字经济的全球化涉及了更多元的利益相关者、更具颠覆性的创新模式以及高度动态的发展。因此，平台型跨国企业的国际化很多时候会变成以平台型跨国企业为核心的数字生态的国际化。数字生态的国际化涉及以下三大维度的主体：

第一，用户维度。支撑许多平台型跨国企业成功的关键因素是与用户的持续互动、与用户进行商业模式的共同创新和共同进化。现有研究表明，用户参与和用户规模带来的网络效应对平台企业的成功至关重要。传统的国际商务理论往往指出，跨国企业需要了解不同国家的用户群体的品位和偏好。然而，数字生态则强调，平台型跨国企业不仅需要识别、影响用户的行为，还需要与用户共同创造、共同创新。例如，腾讯经常先推出一个功能有限、尚不完善的功能，然后根据用户的反馈来进行完善，最终创建一个成功的产品。为了实现这一目标，腾讯建立了一系列机制来鼓励用户参与互动，为研发团队提供反馈意见，以确保产品架构和设计过程具有足够的灵活性，以便于迅速纳入新功能。平台型跨国企业进入新的市场时通常缺乏必要的用户基础、且对当地用户的生活方式缺乏了解。因此，需要建立一系列机制，实现与当地用户深度整合。

第二，互补者维度。对于数字生态来说，互补者的作用至关重要。平台型跨国企业往往超越了传统供应链的界限，它们需要创造多元的互补者网络，让互补者提供必要的互补产品和服务，动态地支持产品的生产、交付。比如，饿了么外卖平台从食品配送服务发展成为了一个"数字生活服务平台"。除了订餐之外,用户还可以通过饿了么 App 获得他们日常生活所需要的几十种服务,从洗车到家庭装修,从婚礼策划到宠物护理,不一而足,因此这需要大量与互补者的共同创新和共同发展。另外,与本地竞争者相比,平台型跨国企业由于缺乏对当地企业的深度了解,可能在吸引互补者方面会遇到阻碍。

第三,制度维度。平台型跨国企业需要与当地的制度进行必要的互动。制度可以划分为正式制度和非正式制度,主要涉及政治方面(如腐败程度、透明度)、法律方面(如经济自由化程度、监管制度)和社会方面(如道德规范、对创业的态度)(Peng et al., 2008)。即便在要素高度流动的市场中,制度也是相对固化的。许多平台型跨国企业的商业活动将高度依赖于与当地制度的成功互动和整合。例如,阿里巴巴与各地方政府共同合作,以助力淘宝农村电商业务在各地的落地。具体而言,当地政府需要投资建立当地淘宝服务中心,招募中心的工作人员,为商户们提供政策性补贴。除此之外,政府还需要为当地政府官员和有电商创业意识的村民提供电商业务培训。数字生态系统的建立需要与当地制度环境紧密结合,因此,平台型跨国企业在新的市场可能面临着合规性的问题,例如,优步在包括韩国在内的一些国家受到挑战,甚至被当地法律所禁止。鉴于此,平台型跨国企业需要通过深度整合的方式与制度进行互动,以寻求构建生态系统的制度支持。

因此,基于数字生态视角,平台型跨国企业的国际化可能在用户、互补者、制度三个维度面临挑战,这种挑战也被称为生态整合劣势(Liability of Ecosystem Integration,LoEI)。传统国际商务理论中的跨国企业所面对的外来者劣势与外部性劣势主要聚焦于供应链视角。与供应链企业不同,平台型跨国企业会和互补者共同构建数字生态,以数字生态的形式扩大市场势力。生态整合劣势扩大了外来者劣势与外部性劣势的范畴。生态整合劣势可以从三个维度进行解构:用户整合劣势、互补者整合劣势以及制度整合劣势。用户整合劣势是指平台型跨国企业在海外市场整合用户网络所需承担的成本;互补者劣势指与数字生态的海外互补者进行互动所带来的额外成本;制度整合劣势则来自于平台型跨国企业与当地制度的互动。

三、数字生态国际化现状

"生而国际化"的特性让很多平台型跨国企业在初期就将国际化作为其首要战略。但不同类型的平台型跨国企业在国际化道路上遇到的困难以及国际化的进程都截然不同。

许多平台型跨国企业依托于平台搭建其数字生态,因此平台的网络效应对于这些企业的生态版图的扩张尤其重要。表 24.5 总结了当前全球主要数字化企业的生态国际化进程。

表 24.5 主要平台型跨国企业的数字生态国际化进程

行业	企业	国家	成立年份	2018年收入	国际化程度	国际化难点
社交媒体	脸书	美国	2004	558 亿美元	高	新社交模式（如 TikTok 短视频）的冲击；部分市场存在本土竞争对手
	腾讯	中国	1998	456 亿美元	较低	全球绝大部分市场已被脸书等巨头占据；用户文化、习惯存在差异
搜索引擎	谷歌	美国	1998	1 368 亿美元	高	部分市场存在本土竞争对手
	百度	中国	2000	149 亿美元	较低	谷歌在全球绝大部分市场已经占据绝对优势
电子商务	亚马逊	美国	1994	232.9 亿美元	高	部分市场的用户习惯、文化存在差异
	阿里巴巴	中国	1999	560 亿美元	较低	亚马逊、本土电商企业具有先发优势
支付	苹果支付	美国	2014	120 亿美元交易额①	较高	贝宝等其他企业具有先发优势
	支付宝	中国	2004	124 亿美元 1 975 亿美元交易额	较低	贝宝等其他企业具有先发优势
共享出行	优步	美国	2009	113 亿美元	较高	跨国网络效应弱，本地约束强；各国本土竞争者众多
	滴滴出行	中国	2012	57 亿美元	较低	跨国网络效应弱，本地约束强；各国本土竞争者众多
食品外卖	优食	美国	2014	15 亿美元	较高	跨国网络效应弱，本地约束强；各国本土竞争者众多
	美团	中国	2010	54 亿美元	低	跨国网络效应弱，本地约束强；各国本土竞争者众多

第五节 数字全球化的未来展望

数字全球化已经给全球经济的发展带来了许多新变化。数字贸易不仅为传统产品和服务贸易带来新的增长渠道，也不断创造着全新的数字产品和模式，并持续更新着数字贸易的内涵。平台企业的繁荣发展将全球用户前所未有地连接了起来。产业互联网的发展也将突破现有全球供应链的边界和局限，走向更广泛的互联互通。在数字经济下，生态型商业模式将成为企业的发展方向，多场景、广连接的数字生态将全方位地赋能人们的生活。随着数字技术的不断更新和对产业的全面赋能，数字全球化的潜能将无可限量。

我们可以预见，数字基础设施将融入未来生产、生活的方方面面。一方面，数字基础设施可以赋能传统的工业基础设施，产业互联网等全新模式将繁荣发展，to C 端的数字经济繁荣现状将进一步拓展到 to B 端；另一方面，数字基础设施作为数字经济的技

---

① 由于苹果支付并未公开其收入数据，这里用交易额作为衡量标准。

术底座，将不断追求新的技术突破，驱动数字经济的发展进入下一个新的阶段。

我们可以期待，数据要素作为全新的生产要素，将给企业的生产、交易、创新等经济行为带来巨大的变革。未来，围绕数据要素，全新的商业模式、市场体系、监管机制将逐渐建立，我们将迎来数据赋能的巨大机遇与潜力，也将面临数据安全、个人隐私等全新的重大挑战。

我们也可以展望，数字经济的发展将给中国带来新的发展机遇，同时塑造全新的世界格局。中国数字经济后来居上，与美国、欧洲已处于同一起跑线，并开启了打破发达国家垄断高附加值生产环节的进程。未来，中国将在全球数字经济的发展和普惠中承担更重要的角色、贡献更核心的力量，并联合全球各国力量，共建开放、合作、普惠的全球数字生态。

课 后 思 考

1. 随着工业全球化向数字全球化的转型，全球经济会在哪些方面出现新的变化？
2. 数字贸易的表述经历了哪三个阶段的变化？
3. 平台型跨国企业在国际化进程中是否具有独特优势？
4. 如何看待许多数字平台型跨国企业的业务线越来越广泛的趋势？
5. 你认为未来数字全球化在哪些方面存在新的机遇和挑战？

参 考 文 献

[1] 陈晓红，等. 网红城市、流量效应与旅游发展 [J]. 管理科学学报，2022, 25(1): 1~22.

[2] 邓心安，张应禄. 经济时代的演进及生物经济法则初探 [J]. 浙江大学学报（人文社会科学版），2010, 40(2): 144~151.

[3] 冯振华，刘涛雄. 平台型垄断与反垄断政策 [J]. 研究与发展管理，2019, 31(5): 51~63.

[4] 龚晓莺，杨柔. 数字经济发展的理论逻辑与现实路径研究 [J]. 当代经济研究，2021(1): 17~25+112.

[5] 韩兆安，等. 中国省际数字经济规模测算，非均衡性与地区差异研究 [J]. 数量经济技术经济研究，2021, 38(8):164~80.

[6] 何小钢，等. 信息技术、劳动力结构与企业生产率——破解"信息技术生产率悖论"之谜 [J]. 管理世界，2019, 35(9): 65~80.

[7] 焦永利，魏伟. "未来之城"的中国方案：新区政策，理论，展望 [J]. 城市发展研究，2018, 25(3): 6~12.

[8] 李海舰，李燕. 对经济新形态的认识：微观经济的视角 [J]. 中国工业经济，2020(12): 159~177.

[9] 李磊，等. 机器人的就业效应：机制与中国经验 [J]. 管理世界，2021, 37(9): 104~119.

[10] 李明娜，等. 内蒙古生态环境大数据在"一湖两海"流域管理的应用 [J]. 环境生态学，2022, 4(Z1): 90~94.

[11] 李允尧，等. 平台经济理论研究动态 [J]. 经济学动态，2013(7): 123~129.

[12] 刘启，李明志. 双边市场与平台理论研究综述 [J]. 经济问题，2008(7): 17~20.

[13] 戎珂，等. 培育数据要素市场与数据生态体系 [J]. 中国社会科学内部文稿，2022.

[14] 戎珂，等. 数据要素市场的分级授权机制研究 [J]. 管理工程学报，2022, 36(6): 15~29.

[15] 戎珂，等. 从平台战略到生态战略的 STEP 模型 [J]. 哈佛商业评论，2018(10): 109~114.

[16] 申卫星. 论数据用益权 [J]. 中国社会科学，2020(11): 110~131+207

[17] 苏竣，等. 基于场景生态的人工智能社会影响整合分析框架 [J]. 科学学与科学技术管理，2021, 42(5): 3~19.

[18] 王勇，戎珂. 平台治理 [M]. 北京：中信出版社，2017.

[19] 王勇，等. 平台市场的最优分层设计 [J]. 经济研究，2021, 56(7): 144~159.

[20] 魏丽莉，侯宇琦. 数字经济对中国城市绿色发展的影响作用研究 [J]. 数量经济技术经济研究，2022.

[21] 夏宁敏. 产业互联网时代平台进化四部曲 [J]. 清华管理评论，2019(12): 104~111.

[22] 向玉琼，谢新水. 数字孪生城市治理：变革、困境与对策 [J]. 电子政务，2021(10): 69~80.

[23] 熊巧琴，汤珂. 数据要素的界权、交易和定价研究进展 [J]. 经济学动态，2021(2): 143~158.

[24] 徐晋，张祥建. 平台经济学初探 [J]. 中国工业经济，2006(5): 40~47.

[25] 许宪春，等. 大数据与绿色发展 [J]. 中国工业经济，2019(4): 5~22.

[26] 许宪春，张美慧. 中国数字经济规模测算研究——基于国际比较的视角 [J]. 中国工业经济，2020(5): 23~41.

[27] 徐翔，赵墨非. 数据资本与经济增长路径 [J]. 经济研究，2020, 55(10): 38~54.

[28] 张钹，等. 迈向第三代人工智能 [J]. 中国科学：信息科学，2020, 50(9): 1281~1302.

[29] 张勋，等. 数字经济、普惠金融与包容性增长 [J]. 经济研究，2019, 54(8): 71~86.

[30] 赵涛，等. 数字经济、创业活跃度与高质量发展——来自中国城市的经验证据 [J]. 管理世界，2020, 36(10): 65~76.

[31] 中共中央宣传部理论局. 马克思主义哲学学习纲要 [M]. 北京：中共中央党校出版社，1989.

[32] 周迪，等. 短视频行业的平台定位模型研究——以抖音、快手为例 [J]. 研究与发展管理，2019，31(5): 37~50.

[33] Acemoglu D, P Restrepo. The Race between Man and Machine: Implications of Technology for Growth, Factor Shares, and Employment[J]. American Economic Review, 2018, 108(6): 1488~1542.

[34] Acemoglu D, P Restrepo. Robots and Jobs: Evidence from US Labor Markets[J]. Journal of Political Economy, 2020, 128(6): 2188~2244.

[35] Adner R, et al. Platform Competition and Compatibility Decisions: The Case of Apple's iPad vs. Amazon's Kindle[J]. TEIS Workshop Working Paper, 2014.

[36] Adner R, R Kapoor. Value Creation in Innovation Ecosystems: How the Structure of Technological Interdependence Affects Firm Performance in New Technology Generations[J]. Strategic Management Journal, 2010, 31(3): 306–333.

[37] Amit R, C Zott. Value Creation in E-Business[J]. Strategic Management Journal, 2001, 22(6-7): 493~520.

[38] Armstrong M. Competition in Two-sided Markets[J]. The RAND Journal of Economics, 2006, 37(3):668~691.

[39] Barefoot K, et al. Defining and Measuring the Digital Economy[J]. US Department of Commerce Bureau of Economic Analysis, 2018(15).

[40] Bar~Isaac H, et al. Search, Design, and Market Structure[J]. American Economic Review, 2012, 102(2): 1140~60.

[41] Begenau J, et al. Big Data in Finance and the Growth of Large Firms[J]. Journal of Monetary Economics, 2018(97): 71~87.

[42] Brynjolfsson E, and A. Collis. How Should We Measure the Digital Economy[J]. Harvard Business Review, 2019, 97(6): 140~148.

[43] Brynjolfsson E, et al. GDP-B: Accounting for the Value of New and Free Goods in the Digital Economy[J]. National Bureau of Economic Research, 2019, No. w25695.

[44] Calel R. Adopt or Innovate: Understanding Technological Responses to Cap-and-Trade[J]. American Economic Journal: Economic Policy, 2020, 12(3): 170~201.

[45] Ceccagnoli M, et al. Cocreation of Value in a Platform Ecosystem! The Case of Enterprise Software[J]. MIS Quarterly, 2012, 36(1): 263~290.

[46] Coase, Ronald H. The Problem of Social Cost[J]. Journal of Law and Economics, 1960(3): 1~44.

[47] Cohen P, et al. Using Big Data to Estimate Consumer Surplus: The Case of Uber[J]. National Bureau of Economic Research Working Paper, 2016, No. w22627.

[48] Cong, Lin W, et al. Knowledge Accumulation, Privacy, and Growth in a Data Economy[J]. Management Science, 2021, 67(10): 6480~6492.

[49] Cong, Lin W, et al. Endogenous Growth under Multiple Uses of Data[J]. Journal of Economic Dynamics and Control, 2022: 104395.

[50] Cusumano M A, et al. The Business of Platform: Strategy in the Age of Digital Competition, Innovation, and Power[M]. Harvard Business School Press, 2019.

[51] Dosis A, W Sand-Zantman. The Ownership of Data[J]. Available at SSRN, 2019, No. 3420680.

[52] Dauth W, et al. German Robots—The Impact of Industrial Robots on Workers[J]. Available at SSRN, 2017, No. 3039031.

[53] de Reuver M, et al. The Digital Platform: A Research Agenda[J]. Journal of Information Technology, 2018, 33(2):124~135.

[54] Dunning, John H. The Eclectic (OLI) Paradigm of International Production: Past, Present and Future[J]. International Journal of the Economics of Business, 2001, 8(2): 173~190.

[55] Economides N, E Katsamakas. Two-sided Competition of Proprietary vs. Open-source Technology Platforms and the Implications for the Software Industry[J]. Management Science, 2006, 52(7): 1057~1071.

[56] Eckhardt, Giana M, and F. Bardhi. The Sharing Economy isn't about Sharing at All[J]. Harvard Business Review,

2015, 28(1): 881~898.

[57] Eisenmann, Thomas R, et al. Strategies for Two-sided Markets[J]. Harvard Business Review, 2006, 84(10):92~101.

[58] Evans, David S. Some Empirical Aspects of Multi-sided Platform Industries[J]. Review of Network Economics, 2003, 2(3):1~19.

[59] Farboodi M, L Veldkamp. A Growth Model of the Data Economy[J]. NBER working paper, 2021, w28427.

[60] Gaessler F, S Patents Wagner. Data Exclusivity, and the Development of New Drugs[J]. Review of Economics and Statistics, 2022, 104(3): 571~586.

[61] Gawer A, M A Cusumano. Industry Platforms and Ecosystem Innovation[J]. Journal of Product Innovation Management, 2014, 31(3): 417~433.

[62] Gran A B, et al. To be or not to be Algorithm Aware: A Question of a New Digital Divide?[J]. Information, Communication & Society, 2021, 24(12): 1779~1796.

[63] Hagiu A. Merchant or Two-sided Platform?[J]. Review of Network Economics, 2007(6): 115~133.

[64] Hagiu A. Two-sided Platforms: Product Variety and Pricing Structures[J]. Journal of Economics and Management Strategy, 2009, 18(4): 1011~1043.

[65] Hannah, Douglas P, Kathleen M. Eisenhardt. How Firms Navigate Cooperation and Competition in Nascent Ecosystems[J]. Strategic Management Journal, 2018, 39(12): 3163~3192.

[66] Iansiti M, R Levien. Strategy as Ecology[J]. Harvard Business Review, 2004, 82(3): 68~78.

[67] Iansiti M. The Value of Data and Its Impact on Competition[J]. Available at SSRN, 2021.

[68] Jacobides, Michael G, et al. Towards a Theory of Ecosystems[J]. Strategic Management Journal, 2018, 39(8): 2255–2276.

[69] Johanson J, J E Vahlne. Process of the Internationalization Development Firm—A Model of Knowledge Foreign and Increasing Market Commitments[J]. Journal of International Business Studies, 1977, 8(1): 23~32.

[70] Jones, Charles I, C Tonetti. Nonrivalry and the Economics of Data[J]. American Economic Review, 2020, 110(9): 2819~58.

[71] Jia X, et al. An Analysis of Multisided Platform Research over the Past Three Decades: Framework and Discussion[J]. MIT Sloan Working Paper, 2019, 589, 1~19.

[72] Jiang S, et al. Policy Assessments for the Carbon Emission Flows and Sustainability of Bitcoin Blockchain Operation in China[J]. Nature Communications, 2021, 12(1), 1~10.

[73] Kim B, et al. Virtual Field Experiments for a Digital Economy: A New Research Methodology for Exploring an Information Economy[J]. Decision Support Systems, 2002, 32(3): 215~231.

[74] Lenka S, et al. Digitalization Capabilities as Enablers of Value Co-creation in Servitizing Firms[J]. Psychology & marketing, 2017, 34(1): 92~100.

[75] Lewis G. Asymmetric Information, Adverse Selection and Online Disclosure: The Case of eBay Motors[J]. American Economic Review, 2011, 101(4): 1535~46.

[76] Li J, et al. Ecosystem-specific Advantages in International Digital Commerce[J]. Journal of International Business Studies, 2019, 50(9): 1448~1463.

[77] Li J Q, et al. Industrial Internet: A Survey on the Enabling Technologies, Applications, and Challenges[J]. IEEE Communications Surveys & Tutorials, 2017, 19(3): 1504~1526.

[78] Machlup F. The Production and Distribution of Knowledge in the United States[M]. Princeton University Press, 1962.

[79] Manduna W. Empirical Study of Digital Poverty: A Case Study of a University of Technology in South Africa[J]. Working Paper, 2016.

[80] Mesenbourg, Thomas L. Measuring the Digital Economy[J]. US Bureau of the Census, 2001, 1: 1~19.

[81] Miller P, J Wilsdon. Digital futures—An Agenda for a Sustainable Digital Economy[J]. Corporate Environmental Strategy, 2001, 8(3): 275~280.

[82] Moore, James F. Predators and Prey: A New Ecology of Competition[J]. Harvard business review, 1993, 71(3): 75~86.

[83] Nathan M, et al. Measuring the UK's Digital Economy with Big Data[M]. London: National Institute of Economic and Social Research, 2013.

[84] Negroponte N, et al. Being Digital[J]. Computers in Physics, 1997, 11(3): 261~262.

[85] Norris P. Digital Divide: Civic Engagement, Information Poverty and the Internet Worldwide[M]. Cambridge: University Press, 2001.

[86] Peng M, et al. An Institution-Based View of International Business Strategy: A Focus on Emerging Economies[J]. Journal of International Business Studies, 2008, 39(5): 920~36.

[87] Porat, Marc U, R Michael Rubin. The Information Economy[M]. Department of Commerce, Office of Telecommunications, 1977.

[88] O'Leary, Daniel E. Artificial Intelligence and Big Data[J]. IEEE Intelligent Systems, 2013, 28(2): 96~99.

[89] Ostrovsky M. Stability in Supply Chain Networks[J]. American Economic Review, 2008, 98(3): 897~923.

[90] Parker G, et al. Platform Ecosystems: How Developers Invert the Firm[J]. MIS Quarterly, 2017, 41(1): 255~266.

[91] Rai A, et al. Editor's Comments: Next-generation Digital Platforms: Toward Human–AI Hybrids[J]. MIS Quarterly, 2019, 43(1): iii ~ ix.

[92] Rennie, Michael W. Born Global[J]. The McKinsey Quarterly, 1993(4): 45~53.

[93] Reinsdorf M, J Ribarsky. Measuring the Digital Economy in Macroeconomic Statistics: The Role of Data[J]. International Monetary Fund Working Paper, 2019.

[94] Rochet J C, J Tirole. Platform Competition in Two-sided Markets[J]. Journal of the European Economic Association, 2003, 1(4): 990~1029.

[95] Rong K, Y Shi. Business Ecosystems: Constructs, Configurations, and the Nurturing Process[M]. Berlin: Springer, 2014.

[96] Rong K, et al. Redundancy in the Sharing Economy[J]. Resources, Conservation and Recycling, 2019, 151: 104455.

[97] Rong K, et al. Understanding Business Ecosystem Using a 6C Framework in Internet-of-Things-based Sectors[J]. International Journal of Production Economics, 2015, 159: 41~55.

[98] Rong K, et al. Social Information Disclosure of Friends in Common in an E-Commerce Platform Ecosystem: An Online Experiment[J]. Production and Operations Management, 2022, 31(3): 984~1005.

[99] Rysman M. The Economics of Two-sided Markets[J]. Journal of Economic Perspectives, 2009, 23(3):125~143.

[100] Shapiro C, et al. Information Rules: A Strategic Guide to the Network Economy[J]. Journal of Economic Education, 1999, 30: 189~190.

[101] Smith, Wendell R. Product Differentiation and Market Segmentation as Alternative Marketing Strategies[J]. Journal of Marketing, 1956, 21(1): 3~8.

[102] Stallkamp M, A P Schotter. Platforms Without Borders? The International Strategies of Digital Platform Firms[J]. Global Strategy Journal, 2021, 11(1): 58~80.

[103] Stremersch S, et al. Indirect Network Effects in New Product Growth[J]. Journal of Marketing, 2007, 71(3): 52~74.

[104] Stump, Rodney L, et al. Exploring the Digital Divide in Mobile-phone Adoption Levels Across Countries: Do Population Socioeconomic Traits Operate in the Same Manner as Their Individual-level Demographic Counterparts?[J]. Journal of Macromarketing, 2008, 28(4): 397~412.

[105] Sun M, E Tse. When does the Winner Take All in Two-sided Markets?[J]. Review of Network Economics, 2007, 6(1):1~25.

[106] Tapscott D. The Digital Economy: Promise and Peril in the Age of Networked Intelligence[M]. New York: McGraw-Hill, 1996:4~7.

[107] Taylor, Peter J, et al. Advanced Producer Service Firms as Strategic Networks, Global Cities as Strategic Places[J]. Economic Geography, 2014, 90(3): 267~291.

[108] Thaler R. Toward a Positive Theory of Consumer Choice[J]. Journal of Economic Behavior & Organization, 1980, 1(1): 39~60.

[109] Toffler A. The Third Wave: The Classic Study of Tomorrow[M]. Bantam, 2022.

[110] Tolbert, Charles M, M Sizer. US Commuting Zones and Labor Market Areas: A 1990 Update[J]. United States Department of Agriculture, Economic Research Service, 1996, No. 278812.

[111] Turrini A, et al. Networking Literature about Determinants of Network Effectiveness[J]. Public Administration, 2010, 88(2): 528~550.

[112] Van Dijk J A. The Digital Divide[M]. NY: John Wiley & Sons, 2020.

[113] Varian H. Artificial Intelligence, Economics, and Industrial Organization[J]. University of Chicago Press, 2018: 399~419.

[114] Veldkamp L, C Chung. Data and the Aggregate Economy[J]. Journal of Economic Literature, 2019, forthcoming.

[115] Venkatesh V, et al. Understanding E-Government Portal Use in Rural India: Role of Demographic and Personality Characteristics[J]. Information Systems Journal, 2014, 24(3): 249~269.

[116] Yablonsky S. A Multidimensional Framework for Digital Platform Innovation and Management: from Business to Technological Platforms[J]. Systems Research and Behavioral Science, 2018, 35(4): 485~501.

[117] Zhu F, X Zhang. Impact of Online Consumer Reviews on Sales: The Moderating Role of Product and Consumer Characteristics[J]. Journal of marketing, 2010, 74(2): 133~148.

[118] Zhu F, M Iansiti. Entry into Platform-based Markets[J]. Strategic Management Journal, 2012, 33(1):88~106.

[119] Zhu F, Q Liu. Competing with Complementors: An Empirical Look at Amazon. com[J]. Strategic Management Journal, 2018, 39(10):2618~42.